A TEORIA PURA DO DIREITO DE KELSEN

CONTRA
CORRENTE
10 ANOS

José Lamego

A TEORIA PURA DO DIREITO DE KELSEN

Coleção Áustria-Brasil

AVARÉ

2025

CONTRA CORRENTE 10 ANOS

idp

AAFDL EDITORA

Há mais de 100 anos a editar o futuro

Travessa Vergílio de Araújo Valim, 167
Avaré – SP – Brasil | CEP 18707 815
www.editoracontracorrente.com.br
contato@editoracontracorrente.com.br

EDITORES
Camila Almeida Janela Valim
Gustavo Marinho de Carvalho
Rafael Valim
Walfrido Warde
Silvio Almeida

EQUIPE EDITORIAL
COORDENAÇÃO DE PROJETO: Erick Facioli
PREPARAÇÃO DE TEXTO: Amanda Dorth
REVISÃO: Douglas de Magalhães
REVISÃO TÉCNICA: Beatriz Duarte Lopes
DIAGRAMAÇÃO: Gisely Fernandes
CAPA: Maikon Nery

EQUIPE DE APOIO
Carla Vasconcelos
Regina Gomes
Geovanna Sales
Julia Falanghe

Coedição AAFDL – Agosto 2022
Alameda da Universidade – 1649-014 Lisboa

Dados Internacionais de Catalogação na Publicação (CIP)
(Câmara Brasileira do Livro, SP, Brasil)

Lamego, José
A teoria pura do direito de Kelsen / José Lamego. -- 1. ed. -- Avaré, SP : Editora Contracorrente, 2025. -- (Coleção Áustria-Brasil)

Bibliografia.
ISBN 978-65-5396-290-3

1. Direito - Teoria 2. Kelsen, Hans, 1881-1973
I. Título. II. Série.

25-275850 CDU-340.11

Índices para catálogo sistemático:

1. Direito : Teoria 340.11
Aline Graziele Benitez - Bibliotecária - CRB-1/3129

@editoracontracorrente_
Editora Contracorrente
@ContraEditora
Editora Contracorrente

SUMÁRIO

NOTA DO AUTOR

O presente livro reúne parte das exposições que fiz num Seminário de 3º Ciclo por mim orientado na Faculdade de Direito da Universidade de Lisboa no ano lectivo de 2013-2014 e que tinha por objecto o estudo das principais linhas de desenvolvimento do positivismo jurídico de inspiração analítica no século XX, isto é, as obras de Hans Kelsen (1881-1973), Alf Ross (1899-1979) e Herbert Hart (1907-1992).

Para efeitos de uma leitura mais fácil, resolvi autonomizar as exposições relativas à Teoria Pura do Direito de Kelsen, que são agora dadas à estampa. A forma e a sequência do texto estão determinadas pelo seu propósito didáctico. O mesmo se diga do aparelho das notas, eventualmente excessivo e demasiado pormenorizado, que visa, tão-somente, servir de apoio a investigações futuras por parte dos alunos a quem o tema possa suscitar algum interesse.

Porquê esta recapitulação geral dos aspectos principais da obra de Hans Kelsen? Na obra de Kelsen sedimenta-se a investigação levada a cabo pela Teoria do Direito continental dos finais do século XIX e inícios do século XX – documentada nas obras de autores como Adolf Merkel (1836-1896), Karl Bergbohm (1849-1927), Ernst Rudolf Bierling (1841-1919) e Felix Somló (1873-1920), entre outros. Por outro lado, o desenvolvimento ao longo do século XX do positivismo jurídico de inspiração analítica teve sempre como base um diálogo implícito ou explícito com a obra de Kelsen. Além disso, e muito principalmente, a familiarização com a Teoria Pura do Direito de Kelsen constitui uma espécie de propedêutica ao estudo dos temas em que consiste o objecto específico da disciplina conhecida como "Teoria do Direito", a saber: *i*) a teoria da norma e a análise dos diferentes tipos de normas jurídicas; *ii*) a teoria do sistema jurídico; *iii*) as relações entre sistemas jurídicos (relações espaciais, temporais e materiais); *iv*) a teoria dos conceitos jurídicos fundamentais ("direito", "dever", "sanção", "responsabilidade" etc.).

Apesar de os objectivos do Seminário se centrarem na abordagem das questões centrais da Teoria do Direito, achou-se conveniente fazer uma alusão à multiplicidade dos interesses intelectuais de Kelsen e, em particular, ao relativismo da sua filosofia, de cariz anti-metafísico, não religioso e céptico e às consequências que no plano político ele retira dessa filosofia: a defesa da Democracia parlamentar como a melhor forma de convivência política e cívica.

De entre muitos Mestres e Colegas, quero deixar aqui, em registo de agradecimento, algumas referências especiais: a José de Sousa e Brito, que, nos finais dos anos 70 do século XX, deu um novo fôlego à investigação e ao ensino da Filosofia do Direito na nossa Faculdade; a Lourival Vilanova (1915-2001), Professor da Universidade do Recife, de quem tive o privilégio de ser assistente, no ano já longínquo de 1982, num semestre em que esteve como Professor convidado na Faculdade de Direito da Universidade de Lisboa – Lourival Vilanova é hoje um autor injustamente negligenciado: o seu livro *As Estruturas Lógicas e o Sistema do Direito Positivo* (São Paulo, 1977) constitui, a meu ver, uma das obras mais notáveis publicadas em língua portuguesa no século XX no âmbito da Filosofia e Teoria do Direito, mesmo que se considere o seu kelsenianismo de base fenomenológica como uma reminiscência de perspectivas situadas, basicamente, na primeira metade do século passado; a Mario Losano, Professor jubilado da Universidade de Turim, e a Clemens Jabloner, anterior Presidente do Supremo Tribunal Administrativo austríaco e co-director do Instituto Hans Kelsen de Viena, agradeço muita da informação sobre a vida e a personalidade de Kelsen; por fim, mas não por último, ao António Menezes Cordeiro e ao Miguel Teixeira de Sousa – iniciamos ao mesmo tempo, no ano lectivo de 1976-1977, a nossa actividade docente na Faculdade de Direito da Universidade de Lisboa – quero agradecer a motivação constante no sentido de que a dispersão por outras actividades não implicasse a diminuição do meu interesse pela docência e pela investigação.

Lisboa, verão de 2018.

APRESENTAÇÃO

Um jovem de 21 anos cruza o portão de um prédio público. Ao ganhar a rua, é abordado pela poetisa Sophia Breyner, que lhe oferece uma rosa. Admitida uma livre adaptação da primeira das distinções gizadas na Teoria Pura do Direito (TPD) para explanar o postulado da pureza,[1] qual significado institucional poderia ser imputado a esse ato? Com o que foi fornecido, pouco ou nada se infere.

O entendimento se expande, todavia, se anotarmos que: o prédio era a Prisão de Caxias, local onde o jovem estivera detido arbitrariamente e submetido a tortura, a data da libertação foi 26 de abril de 1974 e a flor era um oferecimento da Comissão Nacional de Socorro aos Presos Políticos. Era a Revolução dos Cravos, irrompida um dia antes para sepultar o que restava do Estado salazarista. Sendo fiel ao tratamento emprestado por Hans Kelsen para mudanças

1 Aquela distinção que decompõe o fato jurídico em dois elementos, a *percepção sensorial do ato* e a *significação jurídica do ato*: KELSEN, Hans. *Teoria Pura do Direito*. Trad. João Baptista Machado. São Paulo: Martins Fontes, 2000, p. 2 [2ª ed., 1960] (= KELSEN, Hans. *Reine Rechtslehre*. Viena: Österreichische Staatsdruckerei, 1992, pp. 1-2 [2ª ed., 1960]).

revolucionárias[2] (inclusive uma que teve lugar no Brasil),[3] o governo provisório, instaurado após a revolução, pode ser avistado como *suprema autoridade criadora do Direito*,[4] porque nele se encontra o fundamento último de validade para comandos que perfazem todos

---

2 A Teoria Pura do Direito ocupa-se em compreender a produção do Direito no interior de um ordenamento jurídico (nesse sentido, sua *autoprodução*), mas não possui critério para avaliar se um poder que sucede a outro é legítimo. Descritivamente, o conceito kelseniano de revolução não provê explicações que possam ir muito além de afirmar que uma nova ordem jurídica emerge quando um ato constituinte não autorizado previamente institui novas autoridades jurídicas (GROYSMAN, Simeon. "On the Kelsenian concept of revolution: a theory of the relationship between social and legal revolution and the case of the first Bulgarian constitutional transition (1944-1947)". *In*: BELOV, Martin; ABAT I NITET, Antoni (Coord.). *Revolution, transition, memory and oblivion*. Cheltenham: Edward Elgar Publishing, 2020, pp. 91-105).

3 Perguntado se o governo provisório que se instalou em seguida à queda da República Velha (1889-1930) "tem o direito de impor um regimento à Assembleia Nacional Constituinte" (aquela que funcionou entre 1933-1934), Hans Kelsen produziu parecer com a seguinte resposta: "não existe diferença essencial entre um governo de fato e um governo *de jure* em Direito das gentes e menos ainda no domínio do Direito Constitucional. Admitindo que o Governo Provisório é a mais alta autoridade legislativa que saiu diretamente da revolução, sem dúvida daquele governo depende determinar a convocação e a competência da Assembleia Nacional Constituinte". Cf. KELSEN, Hans. "A competência da Assembleia Nacional Constituinte" [Vorbemerkung]. *In*: SIQUEIRA, Gustavo. *Hans Kelsen no Brasil*: o parecer sobre a Constituinte brasileira de 1934, a Teoria Pura do Direito no Brasil e a viagem ao Rio de Janeiro em 1949. Rio de Janeiro: UERJ, 2021, pp. 137-138.

4 Expressão com a qual Hans Kelsen guardava distância do conceito de soberania, cuja onipresença na publicística só cessou em 1945. Referindo-se não a um "soberano", como Thomas Hobbes, mas à suprema autoridade criadora do Direito, Kelsen obtinha uma base conceitual universal-abstrata para abrigar as inúmeras variações que os arranjos de poder assumem no tempo e no espaço. Trata-se de um esquema teórico adequado para uma perspectiva que se atém ao problema da validade das normas, que não se aventura em incursões alusivas ao problema da legitimidade do poder (MOTTA, Mario. *Kelsen e il Leviatano*. Palermo: Sellerio Editore, 2006, pp. 168-171).

os aspectos da tríade de regulação (*Regelung*) da conduta humana (*gebieten*, *ermächtigen*, *erlauben*),[5] como: *ordenar* a soltura dos presos (norma prescritiva), *conferir competência* à Comissão (norma permissiva), *franquear* a livre manifestação política de pensamento, materializada na entrega da rosa (norma facultativa).

Esse era o tempo e o espaço daquele jovem de 21 anos. Seu nome: José Lamego. Muito sintomático que o nascimento público do jurista e político coincida com o da Terceira República Portuguesa, que forjou uma base institucional comprovadamente sólida para abrigar seu bem-sucedido sistema semipresidencialista de governo.[6] Sintomático porque também Lamego construiu uma trajetória robusta. Foi docente da Faculdade de Direito da Universidade de Lisboa desde 1977, onde se doutorou e permaneceu em exercício até sua jubilação como Catedrático em 2023. Desenvolveu pesquisas na Universidade de Munique (1989-1990) e empreendeu notável tradução da *Methodenlehre*, de Karl Larenz.[7] No âmbito político-governamental, serviu no Palácio das Necessidades como Secretário de Estado dos Negócios Estrangeiros e Cooperação de Portugal, atuou como Deputado (VI, VIII e X Legislaturas da Assembleia da República) e exerceu posição de dirigente partidário. É advogado de nomeada.

A *Coleção Áustria-Brasil*, publicada pela Editora Contracorrente e organizada pelo Centro Hans Kelsen de Estudos sobre a Jurisdição Constitucional (IDP/Brasília), brinda o público brasileiro com a publicação de uma representativa mostra dos talentos acadêmicos de

5 KELSEN, Hans. *Teoria Pura do Direito*. Trad. João Baptista Machado. São Paulo: Martins Fontes, 2000, p. 2 [2ª ed., 1960] (= KELSEN, Hans. *Reine Rechtslehre*. Viena: Österreichische Staatsdruckerei, 1992, pp. 15-16 [2ª ed., 1960]).

6 Um panorama seguro é dado por: NOVAIS, Jorge Reis. *Semipresidencialismo*: teoria geral e sistema português. 2ª ed. Coimbra: Almedina, 2021; e também: BLANCO DE MORAIS, Carlos. *O sistema político*. Coimbra: Almedina, 2018.

7 LARENZ, Karl. *Metodologia da Ciência do Direito*. Trad. José Lamego. Lisboa: Fundação Calouste Gulbenkian, 1983.

José Lamego. Este *A Teoria Pura do Direito de Kelsen* foi pensado e forjado na sala de aula. Dividido em vinte partes, cada qual se refere a uma sessão ministrada em seminário da Faculdade de Direito de Lisboa devotado ao tema. Estimamos que uma visada de conjunto autoriza asserir que a obra se estrutura sob *dois eixos principais* – embora ambos se interrelacionem por todo o texto e apenas sejam discerníveis para os fins argumentativos desta apresentação.

I

O primeiro cuida de explicar o que significa o *postulado da pureza* nos planos *metódico* e *teórico*. Por qual razão a Teoria Pura do Direito (TPD) apresenta-se como uma teoria formal do direito positivo? Quais são os desdobramentos dessa assunção de base? Com esse início, a obra expõe o construtivismo da TPD, naquela que fora sua primeva manifestação, a *doutrina da proposição jurídica* (2ª Sessão) e não descuida de iluminar tanto aquilo que a aproxima do neokantismo quanto o que a afasta da vertente pura/transcendental deste (3ª Sessão). Isso exigiu que o autor abordasse categorias muito caras a Hans Kelsen, como a norma hipotética fundamental (4ª Sessão e 8ª Sessão).

Inícios fazem diferença, e esse, de Lamego, mostrou-se particularmente feliz. Em Kelsen, a Ciência do Direito é "Ciência do Direito Positivo" se for produzida *metodologicamente* (no caso, pela via lógica da proposição jurídica)[8] por um enfoque descritivo, dedicado apenas a conhecer.[9] A TPD assenta-se na premissa neokantiana de que a consciência determina o objeto conhecido e, a partir dela, aborda seu objeto mediante a confecção de um *sistema*.

---

8 CARRINO, Agostino. *L'ordine delle norme*: Stato e diritto in Hans Kelsen. Nápoles: Edizioni Scientifiche Italiane, 1992, p. 344.

9 TROPER, Michel. "Le positivisme juridique". *In*: ______. *Pour une théorie juridique de l'État*. Paris: Presses Universitaires de France, 1994, p. 41.

O critério de pertinência a esse sistema é a *validade*,[10] e, assim, o sistema (construto científico) é composto de "normas determinadas enquanto proposições jurídicas válidas".[11] Em apertada síntese, pertinência sistêmica é existência, que, por sua vez, equipara-se à validade.[12] Nesse aspecto, o da construção de um sistema de validade, o empreendimento de Kelsen é tão neokantiano quanto outros de seu tempo;[13] o que o individualiza é o critério de validade por ele adotado. Na configuração dessa identidade, a norma fundamental (*Grundnorm*) desempenha papel de relevo: sendo "uma norma válida cuja validade não é derivada de qualquer outra norma válida",[14]

---

10 Ou, mais especificamente, "domínio de validade objetivo", em contraponto aos domínios de validade espacial, temporal e pessoal aludidos, para fins expositivos, por: EISENMANN, Charles. "Sur la théorie kelsénienne du domaine de validité des normes juridiques". *In*: . *Écrits de Théorie du Droit, de Droit Constitutionnel et d'Idées Politiques*. Paris: Éditions Panthéon-Assas, 2003, pp. 405-412.

11 KELSEN, Hans. *Legge del Reich e legge del Land nella costituzione austriaca*. Ed. Nicoletta Ladavac Bersier. Turim: Giappichelli, 2006 [1914], p. 16.

12 CELANO, Bruno. *La teoria del diritto di Hans Kelsen*: una introduzione critica. Bologna: Il Mulino, 1999, pp. 328-329.

13 Porque comunga da premissa de que o objeto é conhecido e produzido logicamente, do que decorre a imprescindibilidade de uma lógica da validade que preceda ao mundo fenomênico (Cf. KELSEN, Hans. *Problemi fondamentali della dottrina del diritto pubblico, esposti a partire dalla dottrina della proposizione giuridica*. Nápoles: Edizioni Scientifiche Italiane, 1997, [2ª ed., 1923], p. 30). Não afirmamos, com isso, qualquer perfil unidimensional da Teoria Pura, que foi influenciada por diversas correntes de pensamento; para a influência do Círculo de Viena, cf. JABLONER, Clemens. "Objektive Normativität. Zu einem Bezugspunkt von Reiner Rechtslehre und Wiener Kreis". *In*: ______. *Methodenreinheit und Erkenntnisvielfalt*: Aufsätze zur Rechtstheorie, Rechtsdogmatik und Rechtsgeschichte. Viena: Manzsche Verlags- und Universitätsbuchhandlung, 2013, pp. 337-350.

14 CELANO, Bruno. *La teoria del diritto di Hans Kelsen*: una introduzione critica. Bolonha: Il Mulino, 1999, p. 325.

ela acaba por reforçar a pureza em seus aspectos metodológicos[15] e teóricos.[16]

As sessões conduzidas por José Lamego ainda têm o mérito de colocar o leitor em contato com outros aspectos centrais para a compreensão da TPD, em seus dois âmbitos: o da *estática jurídica*, quando por exemplo, na 6ª Sessão, enfoca o Direito como ordem coercitiva; e aquele da *dinâmica jurídica*, quando trata, na 9ª Sessão, da doutrina da produção escalonada do ordenamento jurídico (*Stufenbaulehre*). Na última, destacamos a decisão do autor de abordar o escalonamento jurídico não apenas a partir do condicionamento entre norma jurídica determinante (superior) e norma jurídica determinada (inferior), mas igualmente segundo a força revogatória que aquela exerce sobre esta – perspectiva que, conquanto presente em Adolf J. Merkl,[17] rareia na literatura em língua portuguesa.

II

A explanação das implicações metódicas e teóricas da pureza é acompanhada de uma *perspectiva contextualizadora*, palpável no cuidado de não permitir que as ideias se divorciem de seu contexto histórico. Nisso vislumbramos o *segundo eixo* desta monografia, que se manifesta de várias maneiras.

---

15 Bem explicado: faz com que um "dever-ser somente possa ser derivado de outro dever-ser", como posto por: WALTER, Robert. "Origine e sviluppo dell'idea di norma fondamentale". *In*: ______. *La teoria di Kelsen*: contributi alla dottrina pura del diritto. Ed. Antonino Scalone. Turim: Giappichelli, 2005, p. 42.

16 Cf. BINDREITER, Uta U. "Presupposing the Basic Norm". *Ratio Juris*, Oxford: Blackwell, vol. 14, nº 2, 2001, pp. 145-147, que enfatiza a função da norma fundamental de servir como pressuposto do conhecimento.

17 JABLONER, Clemens. "Verrechtlichung und Rechtsdynamik". *Zeitschrift für öffentliches Recht*. vol. 54. Viena: Springer, 1999, p. 273.

A periodização da obra de Hans Kelsen é abordada de forma específica na 5ª Sessão e complementada em várias outras passagens do livro, a resultar num mosaico que retrata uma história, a qual começa numa crença inabalável no método, na fase científica "descritiva" (neokantiana), e conhece desfecho num Kelsen que abjura das possibilidades de uma lógica das normas (12ª Sessão). Entre os dois polos da história, há uma fase de reorientação (empirista), com início na mudança de Kelsen para os Estados Unidos da América[18] (também a 11ª Sessão contempla essa passagem, embora incidentalmente, ao discorrer sobre o "modelo kelseniano de ciência jurídica").

A atenção com a dimensão temporal da teoria manifesta-se ainda de outras maneiras. Há sessões dedicadas a expor o contexto de Kelsen (1ª Sessão) e seu legado (20ª Sessão). Em outras, o tema requer que se tematizem as premissas da época, do que é exemplo a 15ª Sessão, dedicada à crítica do Direito Natural, ou a 19ª, que aborda a defesa encampada por Kelsen da modernidade secular.

Até mesmo na análise de conceitos basilares da TPD, a obra cultiva o bom hábito de registrar os deslocamentos de sentido experimentados ao longo do tempo. É assim quando ela se ocupa

---

18 Essa alteração no campo dos interesses intelectuais de Kelsen encontra explicação, claro, na necessidade de dialogar com o ambiente universitário norte-americano, no qual buscava se inserir – esforços esses que não frutificaram, dado o profundo desconhecimento que até hoje a Teoria do Direito norte-americana mostra em relação a Kelsen, como demonstra: BIX, Brian H. "Kelsen in the United States: still misunderstood". *In*: TELMAN, D. A. Jeremy (Coord.). *Hans Kelsen in America*: Selective Affinities and The Mysteries of Academic Influence. Wiesbaden: Springer, 2016, pp. 18 e ss. Um fator explicativo menos mencionado (até pela dificuldade de evidenciar uma causalidade no âmbito das motivações), mas plausível, foi a imagem que a comunidade acadêmica alemã do pós-guerra construiu da Teoria Pura do Direito: sua "indiferença ética" transformava-a numa "forma oca", "vazia de conteúdo", fruto de um "pensamento jurídico inadequado para resolver problemas" (DREIER, Horst. *Rezeption und Rolle der Reinen Rechtslehre*: Festakt aus Anlass des 70. Geburtstags von Robert Walter. Viena: Manzsche, 2001, p. 29).

do conceito de competência (7ª Sessão). Com esboços de histórias conceituais como esse, a publicação acaba por mostrar-se valiosa como guia para os que adentram pela primeira vez essa imensa catedral gótica que é a TPD, bem assim para os que desejam aprofundar seus conhecimentos acerca dos detalhes arquitetônicos desse grande empreendimento. Para ficarmos no mesmo exemplo: pelo fio condutor de "competência", narra-se uma história que vai da quase desconsideração de tal categoria, na fase neokantiana, à sua quase onipresença na *Teoria Geral das Normas*. A um só tempo, o conceito fornece um referencial palpável para acessar o quadro de pensamento do último Kelsen, aquele cético quanto às possibilidades de uma lógica das normas.[19]

III

Para além de valiosas para os que buscam aprofundamento na TPD, as observações de José Lamego interessarão a uma audiência

---

19 Cf. BELTRÁN, Jordi Ferrer. *Las normas de competencia*: un aspecto de la dinámica jurídica. Madrid: Centro de Estudios Políticos y Constitucionales, 2000, pp. 13-39: assinala que, em primeiro momento de sua trajetória teórica, Kelsen dedica às normas de competência nada mais que anotações incidentais (refere-se aos *Hauptprobleme*, de 1911, com segunda edição em 1923, e à primeira edição da *Teoria Pura do Direito*, de 1934), muito em razão de o jurista de Viena ter alçado a imposição de sanções à condição de característica definitória da normatividade jurídica; a situação muda na edição norte-americana da *Teoria Geral do Direito e do Estado* (1945) e na segunda edição da *Teoria Pura do Direito* (1960) e culmina na reserva de um capítulo completo para as normas de competência na póstuma *Teoria Geral das Normas* (1979) – nesta, a norma de competência é radicalizada em seu aspecto de autorização para a produção de outras normas e, nesse prisma, passa a ser considerada presente, indiretamente, nas normas inferiores que desenvolve a competência (sendo uma obrigação indireta, salvo está o critério coercitivo, que define a normatividade jurídica).

bem mais larga, a julgar pela influência exercida por Hans Kelsen no Direito brasileiro.[20]

Esse diálogo teve início pelo Direito Constitucional, não pela Teoria do Direito, como testemunha a proposta lançada na Assembleia Constituinte de 1933-1934 pelo Deputado Nilo Alvarenga, no sentido de instituir uma Corte Constitucional no Brasil à imagem e semelhança da *Verfassungsgerichtsbarkeit* kelseniana.[21] O texto articulado da proposição revela uma competência originária para julgar preliminares de inconstitucionalidade suscitadas *incidenter tantum* perante os órgãos judiciários, bem como uma especialíssima *ação popular* de inconstitucionalidade, que permitiria a instauração do controle abstrato de normas mediante iniciativa de "qualquer pessoa de Direito Público ou Privado, individual ou coletivamente, ainda mesmo quando não tivesse interesse".[22]

---

20 Uma boa mostra nos dá agora: SIQUEIRA, Gustavo. *Hans Kelsen no Brasil*: o parecer sobre a Constituinte brasileira de 1934, a Teoria Pura do Direito no Brasil e a viagem ao Rio de Janeiro em 1949. Rio de Janeiro: Ed. UERJ, 2021.

21 Na discussão que se travou na oportunidade da apresentação da proposta em Plenário, acentuou Nilo Alvarenga que se louvava na opinião de Hans Kelsen produzida, em 1928, perante o Instituto Internacional de Direito Público e a Associação Alemã dos Professores de Direito Público. Cf. Projeto do Deputado Nilo Alvarenga, de 20 de dezembro de 1933, em *Annaes da Assembleia Nacional Constituinte*, vol. 3, pp. 513 e ss. A proposição é abordada em: ALENCAR, Ana Valderez Ayres Neves de. "A competência do Senado Federal para suspender a execução dos atos declarados inconstitucionais". *Revista de Informação Legislativa*, Brasília: Senado Federal, ano 15, nº 57, jan./mar. 1978, p. 243.

22 Embora a Constituição Austríaca de 1920 – em cujo processo Kelsen atuou intensamente, como assessor jurídico de Karl Renner – não tenha adotado modelo de legitimação ampla, não parece despiciendo recordar que "é de Kelsen a afirmação de que a garantia mais efetiva e radical para o controle de constitucionalidade seria a *actio popularis*. Não lhe parecia recomendável, porém, a adoção da ação popular de inconstitucionalidade, porquanto se afigurava muito grande o risco de ações temerárias, que acabariam por sobrecarregar, demasiada e inutilmente, a Corte Constitucional" (MENDES, Gilmar. "Kelsen e

Kelsen mostra-se presente, na matéria, tanto no plano do desenho institucional quanto nas questões íntimas à praxe jurídica, como aquela concernente aos efeitos da declaração de inconstitucionalidade de um ato normativo. Por influência de Kelsen, o artigo 140 da Constituição da Áustria de 1920 veio a estabelecer que as normas inconstitucionais não eram nulas *ipso jure*, apenas detinham efeito *ex nunc* ou *pro futuro*[23] – a técnica é usada no Brasil com profusão, mormente após sua positivação no artigo 27 da Lei 9.868/1999 (mas também antes disso).24 Kelsen justifica o modelo austríaco com a assertiva de que a inconstitucionalidade de uma lei não significaria uma contradição lógica, e sim uma condição do processo especial de anulação, previsto na Constituição: leis inconstitucionais são leis conformes à Constituição, porém anuláveis por um processo especial.[25] Nesse quadro, a declaração de inconstitucionalidade de uma lei só poderia ser de natureza constitutiva, portanto. Bem explicado: "só poderia ser de natureza constitutiva" quando se adota, como premissa metódica, a *Stufenbaulehre*. Aliás, a 10ª Sessão da obra de José Lamego cuida de evidenciar por que a "doutrina da cláusula alternativa tácita" é tão apropriada para, a um só tempo, fundamentar uma recusa consciente ao modelo jurídico-positivo

---

o controle de constitucionalidade do Direito brasileiro". *In*: ______. *Direitos Fundamentais e Controle de Constitucionalidade*. 3ª ed. São Paulo: Saraiva, 2004, p. 220).

23 MENDES, Gilmar. *Controle de constitucionalidade*: aspectos jurídicos e políticos. 2ª ed. São Paulo: Saraiva, 2024, p. 14.

24 Na jurisprudência do Supremo Tribunal Federal, com amparo na "tutela da boa-fé", evitou-se a retroatividade dos efeitos da decisão em: RE 79.343/BA, Segunda Turma, Rel. Min. Leitão de Abreu, DJ de 02/09/1977.

25 IPSEN, Jörn. *Rechtsfolgen der Verfassungwsidrigkeit von Norm und Einzelakt*. Baden-Baden: Nomos Verlag, 1980, pp. 54-55. Nessa linha de argumentação, Ipsen nega à proposição kelseniana um estatuto propriamente teórico; trata-se, isso sim, de um projeto de solução (*Lösungsvorschlag*) para um problema concreto e, por conseguinte, de uma assertiva dogmática.

que imputa carga declaratória à decisão de inconstitucionalidade[26] e embasar uma doutrina da anulabilidade (*Vernichtbarkeitslehre*).[27]

IV

Se uma revisita a conceitos e noções basilares do universo teórico kelseniano já é suficiente para ampliar o horizonte de compreensão acerca do controle de constitucionalidade praticado no Brasil – no exemplo acima trabalhado –, mais enriquecedor ainda é percorrer as últimas sessões da obra, que recuperam os esforços despendidos por Kelsen em prol da limitação do poder.

Sem dúvida, sua maior contribuição para tanto é a jurisdição constitucional (18ª Sessão). A função de controlar jurisdicionalmente a constitucionalidade das leis e atos normativos estabeleceu-se pela ação de diversos vetores. Do ponto de vista institucional, todavia, a jurisdição constitucional liga-se necessariamente ao nome de Hans Kelsen.[28] Esse legado, claro, foi desenvolvido pelo constitucionalismo

---

26 A distinção entre as matrizes austríacas (eficácia constitutiva, *ex nunc*) e norte-americana (eficácia declaratória, *ex tunc*) é trabalhada em: KELSEN, Hans. "Judicial review of legislation: a comparative study of the Austrian and the American constitution". *The Journal of Politics*, Illinois: University of Chicago Press, vol. 4, nº 2, 1942, pp. 183-200.

27 IPSEN, Jörn. *Rechtsfolgen der Verfassungswidrigkeit von Norm und Einzelakt*. Baden-Baden: Nomos Verlag, 1980, pp. 74-79.

28 WIEDERIN, Ewald. "Der österreichische Verfassungsgerichtshof als Schöpfung Hans Kelsens und sein Modellcharakter als eigenständiges Verfassungsgericht". *In*: SIMON, Thomas; KALWODA, Johannes (Coord.). *Schutz der Verfassung*. Berlim: Duncker & Humblot, 2014, p. 283. Kelsen, de seu lado, tinha a jurisdição constitucional na conta de "filha favorita" (MARCIC, René. *Verfassungsgerichtsbarkeit und Reine Rechtslehre*. Viena: Franz Deuticke, 1966, p. 58). Uma paternidade que se explica pela importância do papel desenvolvido pelo então Professor da Universidade de Viena no processo constituinte austríaco de 1918-1920, que, por sua vez, é bem descrito em: OLECHOWSKI, Thomas. "Hans Kelsens Verfassungsentwürfe". *In*: JABLONER, Clemens; OLECHOWSKI, Thomas; ZELENY, Klaus (Coord.). *Die*

europeu pós-1945, que houve por bem atribuir *status* institucional reforçado aos Tribunais Constitucionais.[29]

Certamente, é questão de política do Direito aquela de saber se um país deve ou não adotar uma jurisdição constitucional; e não menos verdadeiro é asserir que a jurisdição constitucional decorre logicamente de uma Constituição que se pretenda normativa em sentido estrito.[30] Sob a compreensão – baseada mais na experiência histórica do que na TPD – de que uma Constituição desprovida de uma garantia jurisdicional tem vida efêmera, o constitucionalismo democrático construiu um consenso político favorável à adoção do modelo de Kelsen.[31]

Exatamente por isso, inviabilizar a jurisdição constitucional consiste no objetivo primordial dos prosélitos da "Democracia iliberal" populista, com suas "perigosas estratégias de desinformação que radicalizam o discurso político e convertem o adversário em inimigo a eliminar".[32] Imputam aos tribunais constitucionais a acusação de "criar" direito a partir da simples trivialidade de que as

---

Verfassungsentwicklung 1918-1920 und Hans Kelsen. Viena: Manzsche Verlags- und Universitätsbuchhandlung, 2020, pp. 157-166.

29 Para a caracterização do Tribunal Constitucional Federal da Alemanha como *Verfassungsorgan*, cf. SCHLAICH, Klaus; KORIOTH, Stefan. *Das Bundesverfassungsgericht*: Stellung, Verfahren, Entscheidungen. Munique: C. H. Beck, 2018, p. 21.

30 GRIMM, Dieter. "Zum Verhältnis von Interpretationslehre, Verfassungsgerichtsbarkeit und Demokratieprinzip bei Kelsen". *Rechtstheorie*, 1982, p. 152 (Beiheft 4).

31 GRIMM, Dieter. "Direito ou política? A controvérsia Kelsen-Schmitt sobre a jurisdição constitucional e situação atual". Trad. Gilmar Mendes e Paulo Sávio Maia. *In*: ______. *Jurisdição constitucional e democracia*: ensaios escolhidos. São Paulo: Contracorrente, 2023, p. 81.

32 FERREYRA, Raúl Gustavo. "Epílogo". *In*: HÄBERLE, Peter. *Libro constitucional, de lectura y de la vida latinoamericano*. Trad. Laura Carugati e Gastón Rossi. Buenos Aires: Ediar, 2024, p. 434.

normas da Constituição são abertas.[33] A usual atividade decisória vira ato de usurpação do povo, e o grito de liberdade que se segue não consegue dissimular que se trata de uma liberdade para destruir a ordem democrática.

Nesse posicionamento intelectual (ou político), não há ineditismo algum. Ele é co-originário à jurisdição constitucional. Basta recordar o que transcorreu no célebre encontro de 1928 da Associação Alemã dos Professores de Direito Público, sobre "a essência e o desenvolvimento da jurisdição constitucional". As atas dos debates revelam passagem em que, redarguindo a intervenção de Herman Heller,[34] um assertivo Hans Kelsen cobra responsabilidade no trato do assunto: "uma das causas que tornam a jurisdição constitucional inviável (*unmöglich*) é, sobretudo, a disseminação da opinião de que a jurisdição constitucional é inviável ou problemática".[35] Com sua "impetuosidade juvenil" (*jugendlichen Ungestüm*),[36] Heller se diz preocupado em apor "limites" à jurisdição constitucional, mas não conseguiria esconder – julga Kelsen – que a ênfase exagerada nas

33 Cf. EISENMANN, Charles. *La Justice Constitutionnelle et la Haute Cour Constitutionnelle d'Autriche*. Paris: LBDJ, 1928, p. 216, que já tinha claro o caráter conformador das decisões prolatadas pela jurisdição constitucional, algo não inteiramente dissociado da abertura das normas constitucionais: "a Corte, na realidade, completa, determina a Constituição bem mais do que a aplica – no sentido usualmente associado a essa palavra: ela não 'diz' o direito, ela o faz".

34 VVDStRL. *Wesen und Entwicklung der Staatsgerichtsbarkeit*: Überprüfung von Verwaltungsakten durch die ordentlichen Gerichte (Verhandlungen der Tagung der Deutschen Staatsrechtslehre zu Wien am 23. und 24. April 1928). Berlim: De Gruyter, 1929, pp. 111-114.

35 VVDStRL. *Wesen und Entwicklung der Staatsgerichtsbarkeit*: Überprüfung von Verwaltungsakten durch die ordentlichen Gerichte (Verhandlungen der Tagung der Deutschen Staatsrechtslehre zu Wien am 23. und 24. April 1928). Berlim: De Gruyter, 1929, p. 123.

36 VVDStRL. *Wesen und Entwicklung der Staatsgerichtsbarkeit*: Überprüfung von Verwaltungsakten durch die ordentlichen Gerichte (Verhandlungen der Tagung der Deutschen Staatsrechtslehre zu Wien am 23. und 24. April 1928). Berlim: De Gruyter, 1929, p. 121.

ressalvas a essa instituição revela uma resistência pessoal que é típica daqueles que "preferem a metralhadora ao Tribunal".[37]

Não é difícil notar que a descompostura pública que Kelsen aplica em Heller calharia perfeitamente a vários próceres do populismo contemporâneo.

V

A verve polêmica de Kelsen manifestava-se com ênfase quando em causa a defesa da *Verfassungsgerichtsbarkeit*, mas não somente. Kelsen sempre cultivou postura decididamente avessa aos absolutos e a suas mistificações;[38] preferiu a democracia ao autoritarismo (17ª Sessão); uma perspectiva relativista de valores à noção metafísica de justiça (16ª Sessão); o fundamento hipotético-relativo de validade da ordem jurídica positiva ao Direito Natural (15ª Sessão).

Conquanto radical, seu relativismo não era inteiramente licencioso com os intolerantes. Em debate travado na mesma Associação Alemã dos Professores de Direito Público, só que em 1926 e dessa vez sobre o conteúdo jurídico do princípio da igualdade perante a lei (artigo 109 da Constituição de Weimar), um Erich Kaufmann que confiantemente desfilava suas posições políticas (autoritárias) sob o conforto de um disfarce jusnaturalista foi assim exposto por um impaciente e assertivo Hans Kelsen:

---

37 VVDStRL. *Wesen und Entwicklung der Staatsgerichtsbarkeit*: Überprüfung von Verwaltungsakten durch die ordentlichen Gerichte (Verhandlungen der Tagung der Deutschen Staatsrechtslehre zu Wien am 23. und 24. April 1928). Berlim: De Gruyter, 1929, p. 123.

38 EHS, Tamara. "Erziehung zur Demokratie: Hans Kelsen als Volksbildner". *In*: WALTER, Robert; OGRIS, Werner; OLECHOWSKI, Thomas (Coord.). *Hans Kelsen*: Leben – Werk – Wirksamkeit. Ergebnisse einer Internationalen Tagung, veranstaltet von der Kommission für Rechtsgeschichte Österreichs und dem Hans Kelsen-Institut (19.–21. April 2009). Viena: Manzsche Verlags- und Universitätsbuchhandlung, 2009, p. 93.

> a questão dirigida ao direito natural é a eterna questão sobre o que está por trás do direito positivo, e quem procura uma resposta não encontrará, receio, a verdade absoluta de uma metafísica, nem a justiça absoluta de um direito natural. Quem levanta o véu e não fecha os olhos, encontrará a cabeça da Górgona do poder a olhar fixamente para ele.[39]

Tal como se deu com a *Verfassungsgerichtsbarkeit*, é certo que também as contribuições ofertadas por Kelsen nesses outros campos foram aprimoradas;[40] e não falta quem traga evidências de que seu pluralismo é mais presente no debate político-constitucional alemão do que a *communis opinio* está disposta a conceder.[41] Com sua impostação democrática, liberal e relativista, Kelsen sempre convidou a desconfiar de quem busca encarnar o absoluto e eliminar o plural.[42] Isso fez Kelsen ser imprescindível no passado e igualmente o faz agora, em que a Górgona do poder não se veste de jusnaturalismo, mas de um populismo cultivado em medos e ressentimentos inoculados de modo artificial e sistemático.

---

39 Versão em português da "Diskussionsrede", de Kelsen, publicada nos *Verhandlungen der Tagung der Deutschen Staatsrechtslehrer zu Münster* i.W. am 29. und 30. März 1926, é trazida no item 4 de: DAMELE, Giovanni; PINHEIRO, Inês. "Kelsen e a Górgona do poder: uma resposta a Kaufmann". *Revista da Faculdade de Direito da Universidade de Lisboa*, ano LXIV, nº 2, 2023, pp. 543-544.

40 É corrente a leitura de que a noção de democracia militante, que tão marcadamente caracteriza a República de Bonn, pode ser compreendida como uma resposta a Hans Kelsen. Cf. RIJPKEMA, Bastiaan. *Militant democracy*: The Limits of democratic tolerance. Londres: Routledge, 2018, pp. 33 e ss.

41 Cf. OOYEN, Robert Chr. van. *Hans Kelsen und die offene Gesellschaft*. 2ª ed. Wiesbaden: Springer, 2017, p. 3, em que sustenta, com boas razões, que o pluralismo de Peter Häberle assenta-se não só em Karl Popper como também no relativismo de Hans Kelsen.

42 LAGI, Sara. "La forma di governo meno imperfetta: la democrazia rappresentativa in Hans Kelsen (1920-1929)". *Il Pensiero Politico*: Rivista di Storia delle Idee Politiche e Sociali, ano XLVIII, nº 1-2, 2015, p. 259.

E por tudo isso, é nada menos que uma honra saber que podemos contar, para nos guiar no conhecimento dessa fascinante teoria, com a segura abordagem de José Lamego – também ele um adversário de primeira hora dos velhos e novos autoritarismos, pela palavra e pelo exemplo de vida.

Brasília, 27 de fevereiro de 2025

GILMAR MENDES

Doutor em Direito pela Universidade de Münster, Alemanha. Doutor *honoris causa* pela Universidade de Buenos Aires. Professor do Instituto Brasileiro de Ensino, Desenvolvimento e Pesquisa (IDP), onde é Diretor do Centro Hans Kelsen de Estudos sobre a Jurisdição Constitucional. Ministro do Supremo Tribunal Federal.

PAULO SÁVIO MAIA

Doutorando (USP), Mestre (UnB) e Bacharel (UnB) em Direito. Professor do Instituto Brasileiro de Ensino, Desenvolvimento e Pesquisa (IDP), onde é Coordenador-executivo do Centro Hans Kelsen de Estudos sobre a Jurisdição Constitucional. Advogado.

1ª SESSÃO

HANS KELSEN: A FIGURA NUCLEAR DA TEORIA DO DIREITO DO SÉCULO XX

Hans Kelsen (1881-1973) é, indubitavelmente, a figura nuclear da Teoria do Direito do século XX. Mas se Kelsen é conhecido, sobretudo, pela elaboração de uma Teoria do Direito positivo de carácter analítico-formal, a Teoria Pura do Direito, ele foi, igualmente, um autor muito prolífico, nomeadamente em matérias constitucionais e de Direito Internacional – para além de teoria política e incursões episódicas em temas de antropologia, psicologia social e sociologia das religiões.[43]

---

43 A obra mais recente publicada postumamente pelo Instituto Hans Kelsen tem, precisamente, como título *Secular Religion*: A polemic against the misinterpretation of modern social philosophy, science and politics as "new religion". Viena/Nova Iorque: Springer, 2012 (esta obra será objecto de análise na 19ª sessão). Em 1985, encontravam-se recenseados 387 títulos de livros e artigos da autoria de Kelsen, dos quais apenas 96 no âmbito da Teoria do Direito: cf. WALTER, Robert. *Hans Kelsen*: Ein Leben im Dienste der Wissenschaft. Viena: Manzsche Verlags- und Universitätsbuchhandlung, 1985. Para uma bibliografia dos escritos de Kelsen, cf., por último, "Bibliographie der Werke Hans

No plano da sua Teoria do Direito positivo, a Teoria Pura do Direito, Kelsen foi acusado de defender um formalismo "descarnado", como o fizeram amiúde adversários e opositores intelectuais tão diversos como Carl Schmitt (1888-1985) – que o apodava de "*zelote de um normativismo cego*" –, Hermann Heller (1891-1933), Leonard Nelson (1882-1927) ou Karl Llewellyn (1893-1962), porventura, o mais influente dos representantes do realismo jurídico norte-americano – que considerava "*Kelsen's work as utterly sterile*". Do normativismo estrito, em obediência a um ideal de "pureza" como princípio metodológico fundamental, não pode, todavia, inferir-se um indiferentismo político da sua obra: os seus escritos sobre temas constitucionais – nomeadamente a defesa de uma jurisdição constitucional (*Staatsgerichtbarkeit*) – inscrevem-se numa luta contra a degenerescência ditatorial e plebiscitária da República de Weimar, tal como a sua produção em matéria de Direito Internacional representa uma argumentação sistemática no sentido do reforço das instituições da comunidade internacional, de acordo com as teses do pacifismo e do cosmopolitismo liberal. "Normativismo" e "decisionismo" não consubstanciavam, nos finais dos anos 20 do século XX, apenas duas perspectivas opostas em matéria de Teoria do Direito: significavam, igualmente, ou a defesa ou a rejeição das instituições políticas liberal-democráticas, por um lado, e do pacifismo cosmopolita ou do nacionalismo agressivo, por outro. As personalidades intelectuais de Kelsen e Carl Schmitt encarnam, emblematicamente, os dois pólos desta dicotomia. A exegese mais recente da obra de Kelsen estabelece, aliás, como princípio interpretativo a correlação entre a "pureza" lógico-normativa do método de análise do Direito positivo e a sua concepção formal ou procedimental da Democracia parlamentar: o elemento de ligação entre esses dois pilares do pensamento de Kelsen

---

Kelsen". *In*: WALTER, Robert; JABLONER, Clemens; ZELENY, Klaus (Coord.). *Hans Kelsens stete Aktualität*. Viena: Manzsche Verlags- und Universitätsbuchhandlung, 2003, pp. 118-229.

é o relativismo dos valores.[44] É o próprio Kelsen quem considera o positivismo jurídico, o relativismo dos valores, e a moderna ciência experimental como elementos da cosmovisão (*Weltanschauung*) moderna e secular, numa leitura que é muito próxima da de Max Weber (1864-1920) relativamente ao processo de racionalização das sociedades ocidentais modernas: nada de mais errado, pois, do que considerar o formalismo kelseniano como a expressão decantada de um positivismo jurídico insípido; trata-se, isso sim, de um pensamento consciente das suas pressuposições e articulado com a defesa da sociedade moderna e secular, dos valores da tolerância política e religiosa e da Democracia parlamentar.

Kelsen teve, como intelectual, uma participação relevante nos principais acontecimentos dos tempos agitados em que viveu, marcados pela eclosão de duas Grandes Guerras e a ascensão dos totalitarismos, contra os quaisse bateu. Para além de se assumir como um democrata e um pacifista, as diversas vertentes do seu pensamento confluem numa linha de racionalismo crítico (*hoc sensu*) e na projecção dos valores da tradição iluminista.[45] Apesar do propósito

---

44 Essa interpretação tinha sido antecipada por um discípulo e, posteriormente, adversário de Kelsen, Fritz Sander (1889-1939), em termos de denúncia da pretensa neutralidade valorativa da Teoria Pura do Direito. A defesa dessa correlação pode encontrar-se hoje, entre outros autores, em BOBBIO, Norberto. "Kelsen e il problema del potere". *In*: ______. *Diritto e Potere*: Saggi su Kelsen. Nápoles: Giappichelli, 1992, pp. 103-122, *maxime* pp. 121 e ss.; cf., igualmente, DREIER, Horst. *Rechtslehre, Staatssoziologie und Demokratietheorie bei Hans Kelsen*. Baden-Baden: Nomos, 1986, *maxime* pp. 278 e ss.; DYZENHAUS, David. *Legality and Legitimacy*: Carl Schmitt, Hans Kelsen and Hermann Heller in Weimar. Oxford: Clarendon Press, 1977, *maxime* pp. 102 e ss. A dimensão ético-política da Teoria Pura do Direito é enfatizada no livro de VINX, Lars. *Hans Kelsen's Pure Theory of Law*: Legality and Legitimacy. Oxford: Oxford University Press, 2007.

45 Sobre esse ponto, cf., por último, DREIER, Horst. "'Secular Religion' im Kontext von Kelsens Gesamtwerk". *In*: JABLONER, Clemens; OLECHOWSKI, Thomas; ZELENY, Klaus (Coord.). *Secular Religion*: Rezeption und Kritik von Hans Kelsens Auseinandersetzung mit Religion

deste livro ser uma exposição e análise dos principais aspectos da Teoria Pura do Direito como teoria do Direito positivo, não podíamos deixar de aludir à dimensão política e ética do pensamento de Kelsen e, bem assim, ao contexto intelectual e histórico em que se situam a sua vida e obra.

1 Uma vida em tempos difíceis

Como testemunhos sobre a vida e a obra de Kelsen, dispomos hoje, para além da biografia elaborada pelo seu discípulo e confidente Rudolf Aladár Métall (1903-1975),[46] da *Autobiografia* redigida em 1947 e que consta do volume 1 da edição histórico-crítica integral da obra de Kelsen, supervisionada por Matthias Jestaedt (1961-), em cooperação com o Instituto Hans Kelsen de Viena e o Centro de Investigação Hans Kelsen da Universidade Friedrich Alexander de Erlangen-Nuremberga, cuja publicação foi iniciada em 2007, pela editora Mohr Siebeck, de Tübingen.

Hans Kelsen nasceu em 11 de outubro de 1881, em Praga, então cidade do Império Austro-Húngaro, no seio de uma família judaica. Quando tem 4 anos, a família muda-se para Viena, onde o pai, Adolf Kelsen (1850-1907), funda e dirige uma pequena fábrica de artigos de bronze. No período liceal, o jovem Kelsen manifesta interesse pela literatura e pelo teatro e, ao terminar o curso dos liceus, pensa em estudar filosofia, matemática e física. Todavia, é na Faculdade de Direito e de Ciências Políticas da Universidade de Viena onde acaba por se inscrever.

Em 1905, elabora uma monografia sobre a Teoria do Estado de Dante Alighieri (1265-1321), com vista à obtenção do grau de *Doctor juris*, que lhe é concedido em 18 de junho de 1906. Em

---

und Wissenschaft. Viena: Manzsche, 2013, pp. 1-18, *maxime* pp. 10 e ss.

46 Cf. MÉTALL, Rudolf A. *Hans Kelsen*: Leben und Werk. Viena: Manzsche Verlags- und Universitätsbuchhandlung, 1969.

1907 e 1908, beneficia de uma bolsa de estudo para prosseguir a sua investigação em Heidelberga, junto de duas figuras cimeiras da Ciência do Direito Público de então: Georg Jellinek (1851-1911) e Gerhard Anschütz (1867-1948). Em 1910, conclui a sua dissertação de habilitação, intitulada *Hauptprobleme der Staatsrechtslehre, entwickelt aus der Lehre vom Rechtssatze*, que vem a ser publicada no ano seguinte pela editora J. C. B. Mohr (Paul Siebeck), de Tübingen.

Esta sua primeira obra de fôlego é, sobretudo, uma investigação sobre o método do Direito Público: um seu contemporâneo – e contraditor –, Hermann Heller (1891-1933), reconhecia que Kelsen tinha introduzido com um nível de profundidade até aí não alcançado a questão do método nos estudos da Teoria do Estado. Para fundamentar filosoficamente as suas teses metodológicas, Kelsen apoiava-se, sobretudo, no criticismo neo-kantiano, ao mesmo tempo que davas mostras de um conhecimento quase enciclopédico da literatura jurídica e filosófica em língua alemã surgidas nas décadas precedentes; mas esta obra não teria sido possível sem o trabalho precursor ao nível da doutrina do Direito Público de Georg Jellinek (1851-1911), autor cuja profundidade teórica aliada a uma forte sensibilidade prática acabou por ficar injustamente obscurecida perante a projecção dominante da figura de Kelsen.

De um ponto de vista da envolvente cultural, é de registar a contemporaneidade de Kelsen com a vanguarda literária e artística centro-europeia da viragem do século XIX para o século XX e o carácter especial da Viena desse tempo, onde Gustav Mahler (1860-1911) frequentava a mansão da família Wittgenstein ou procurava resolver os seus problemas emocionais nas consultas do Dr. Sigmund Freud (1856-1939); onde Gustav Klimt (1862-1918) tinha dado origem ao movimento do expressionismo austríaco nos anos 90 do século XIX e Arnold Schönberg (1874-1951), professor de música de Alban Berg (1885-1935) e Anton Webern (1883-1945) (que deram novos rumos aos processos serialistas do mestre), era também reconhecido como pintor de talento e membro do grupo expressionista *Blaue Reiter*, por Paul Klee (1879-1940) e Wassily Kandinsky (1866-1944).[47] O próprio Kelsen era amigo próximo de Ludwig von Mises (1881-1973) e foi padrinho de casamento de Joseph Schumpeter (1883-1950).

No plano das ideias filosóficas, pontuavam na Viena da época algumas variantes do neo-kantismo e, sobretudo, o "fenomenalismo" ou "empiriocriticismo" de Ernst Mach (1836-1916) e Richard Avenarius (1843-1896) – a influência de Mach foi enorme: Albert Einstein (1879-1955) revela nas suas *Notas Autobiográficas* a influência que recebeu de Mach na descoberta da teoria da relatividade; William James (1842-1910) referia-se a Mach como "*um génio intelectual puro*"; Otto Neurath (1882-1945) fundou, em 1929, a Associação Ernst Mach, evento que é considerado como o momento inaugural do Círculo de Viena (Moritz Schlick, Otto Neurath, Friedrich Waismann, Victor Kraft, Rudolf Carnap etc.), movimento que tinha como instituição afim a Sociedade de Filosofia Empírica de Berlim (Hans Reichenbach, Carl Gustav Hempel, Walter Dubislav etc.), vindo a publicar em conjunto a revista filosófica *Erkenntnis/The Journal of Unified Science*;[48] num sentido adversarial, V. I. Lénine (1870-1924) publicou o livro *Materialismo e Empiriocriticismo. Notas Críticas sobre uma Filosofia Reaccionária* (1908), caracterizando a filosofia de Mach como uma variante de idealismo subjectivo e procurando combater a sua influência nas fileiras da social-democracia russa.[49]

---

47 Sobre a atmosfera cultural da Viena anterior à Primeira Guerra, é indispensável a leitura do livro de JANICK, Allan; TOULMIN, Stephen. *Wittgenstein's Vienna*. Nova Iorque: Basic Books, 1973.

48 Kelsen chega a publicar, no vol. 8 (1939) da revista (pp. 69-130), um ensaio com o título "Die Entstehung des Kausalgesetzes aus dem Vergeltungsprinzip", e no vol. 9, outro ensaio sobre o mesmo tema, intitulado "Causality and Retribution" (pp. 234-240). A versão em língua inglesa do primeiro dos ensaios, "The Emergence of Causal Law from the Principle of Retribution", está publicada em KELSEN, Hans. *Essays in Legal and Moral Philosophy*. Ed. Ota Weinberger. Dordrecht: Reidel, 1973, pp. 165-215.

49 Na social-democracia austríaca, Friedrich Adler (1879-1960) procurava conjugar o marxismo com a filosofia de Mach, enquanto na Rússia

É esta a envolvente dos anos de formação intelectual de Kelsen: a pujança e o espírito de vanguarda da cultura vienense de antes da Primeira Guerra. Mas o tom crepuscular de muitas das manifestações culturais e artísticas desse tempo acabou por ter expressão no plano da realidade política e social: o eclodir da Primeira Guerra, a derrota dos Impérios centrais e a dissolução do Estado multi-étnico e multinacional encabeçado pela dinastia dos Habsburgos, a proclamação da República, a ditadura corporativa de Engelbert Dolfuss (1892-1934), a partir de 1933, a anexação (*Anschluß*) da Áustria pela Alemanha nazi em 1938, os horrores da Segunda Guerra etc.

Kelsen não se manteve à margem desse turbilhão de acontecimentos: ainda durante a Primeira Guerra, e tendo sido considerado "*apto somente para os serviços administrativos*", desempenhou funções como "auditor" jurídico do último Ministro da Guerra da monarquia austro-húngara, o major-general Stöger-Steiner (1861-1921); no imediato pós-guerra, chega a apresentar como alternativa ao puro desmembramento do Império Austro-Húngaro uma proposta de federação de Estados associados – esta proposta foi, naturalmente, votada ao fracasso, devido, sobretudo, à hostilidade norte-americana para com a manutenção dos Impérios da Europa central. Caída a monarquia, em outubro de 1918, Kelsen colabora activamente na redacção da Constituição Federal austríaca de 1920, a pedido do chanceler social-democrata Karl Renner (1870-1950), que o nomeia, logo a 25 de novembro de 1918, assessor da secção para a reforma constitucional da Chancelaria de Estado; a Constituição, aprovada a 1 de outubro de 1920, consagrava um sistema político parlamentar e um Tribunal Constitucional, a que atribuía três ordens de competências: *i*) decisão sobre os conflitos de competência entre a Federação (*Bund*) e os *Länder*; *ii*) queixas contra a Federação

---

a defesa do empiriocriticismo era levada a cabo por autores como Alexander Bogdánov (1873-1928), V. Bazárov (1874-1939) e Anatóli Lunatchárski (1875-1933), contra quem o livro de Lénine é dirigido.

(*Bund*) ou contra os *Länder*, no caso de desrespeito da jurisdição ordinária; *iii*) reclamações contra a violação dos direitos políticos.[50]

Em 1921, Kelsen é nomeado juíz a título vitalício do Tribunal Constitucional austríaco, permanecendo no cargo até à dissolução do Tribunal, pela reforma constitucional de 1929, promovida pelo partido social-cristão, em resultado de um conflito gerado pela orientação jurisprudencial do Tribunal Constitucional nos casos de dispensa matrimonial, episódio que relata com algum pormenor na sua *Autobiografia* (1947).[51]

Em 1930, desgostoso com o curso dos acontecimentos políticos na Áustria, aceita um convite para leccionar Direito Internacional na Universidade de Colónia, tendo sido eleito decano da Faculdade de Direito em 1932. Após a chegada de Adolf Hitler ao poder, em janeiro de 1933, Kelsen é demitido do seu cargo de professor universitário, em 12 de abril, com base na Lei da Restauração do Funcionalismo Público [*Gesetz zur Wiederherstellung des Berufsbeamtentums*], de 7 de abril de 1933: essa vaga de demissões atinge também outros juristas eminentes, como Hermann Heller (1891-1933), Hermann

---

50 Sobre a influência de Kelsen na redacção da Constituição republicana de 1920, cf. ERMACORA, Felix. *Die Bundesverfassung und Hans Kelsen*: Analysen und Materialien. Viena: Manzsche, 1981; STOURZH, Gerald. "Hans Kelsen, die österreichische Bundesverfassung und die rechtsstaatliche Demokratie". *Die Reine Rechtslehre in wissenschaftlicher Diskussion*, Viena: Manzsche Verlags- und Universitätsbuchhandlung, 1982, pp. 7-29; ÖHLINGER, Theo. "Hans Kelsen: Vater der österreichischen Bundesverfassung?" *In*: KOHL, Gerald; BRAUNEDER, Wilhelm. *Festschrift für Wilhelm Brauneder zum 65. Geburtstag*: Rechtsgeschichte mit internationaler Perspektive. Viena: Manz, 2008, pp. 407-424.

51 Sobre este episódio, cf., igualmente, WALTER, Robert. *Hans Kelsen als Verfassungsrichter*. Viena: Manzsche Verlags- und Universitätsbuchhandlung, 2005, pp. 57 e ss.; NESCHWARA, Christian. "Kelsen als Verfassungsrichter. Seine Rolle in der Dispensehen-Kontroverse". *In*: PAULSON, Stanley L.; STOLLEIS, Michael (Coord.). *Hans Kelsen*: Staatsrechtslehrer und Rechtstheoretiker des 20. Jahrhunderts. Tübingen: Mohr Siebeck, 2005, pp. 353-384.

Ulrich Kantorowicz (1887-1940), Karl Loewenstein (1891-1973) e Hugo Sinzheimer (1875-1945). Kelsen pôde contar com a solidariedade de um conjunto de colegas, que subscreveram uma carta minutada por Hans Carl Nipperdey (1895-1968) – que sucedeu a Kelsen no decanato da Faculdade – e a enviaram ao ministro prussiano da ciência, arte e educação popular, em 18 de abril de 1933, defendendo a permanência de Kelsen como professor da Faculdade.[52]

Expulso da Universidade na Alemanha, Kelsen procura retomar a vida universitária em Viena, o que não vem a concretizar-se devido ao clima hostil criado pelo regime ditatorial de Dolfuss e ao anti-semitismo crescente na Áustria de então. Acaba por aceitar um convite como investigador do Instituto de Altos Estudos Internacionais, em Genebra, iniciando aí actividades em setembro de 1933: a sua lição inaugural em Genebra tinha como título, precisamente, "A técnica do Direito Internacional e a organização da paz".[53] Esse é um período de actividade académica intensa, orientada, sobretudo, para o ensino do Direito Internacional e que vem a ser interrompido com o eclodir da Segunda Guerra: por essa época, Kelsen é já um jurista de renome mundial, tendo a primeira edição da *Teoria Pura do Direito* sido publicada em 1934; em 18 de setembro de 1936, Kelsen recebe o título de doutor *honoris causa* pela Universidade de Harvard, na sequência de distinção idêntica que lhe tinha sido atribuída pela Universidade de Utreque, em 20 de abril de 1936.

Desencadeada a Segunda Guerra, e receoso de uma anexação da Suíça pela Alemanha hitleriana, Kelsen deixa Genebra em 28

52 A carta foi subscrita, para além de Hans Carl Nipperdey (1895-1968), por Heinrich Lehmann (1876-1963), Hans Planitz (1882-1954), Godehard J. Ebers (1880-1958), Albert Coenders (1883-1968) e Gotthold Bohne (1890-1958). Carl Schmitt (1888-1985), que tinha sido convidado para Colónia para ocupar o lugar deixado vago pela morte de Fritz Stier-Somlo (1873-1932), recusou-se a assinar a carta.

53 Cf. KELSEN, Hans. "Die Technik des Völkerrechts und die Organisation des Friedens". *Zeitschrift für öffentliches Recht*, vol. XIV, 1934, pp. 240-255.

de maio de 1940, acompanhado pela mulher, Margarete Kelsen (1890-1973): o casal dirige-se, então, para Lisboa, onde embarca rumo a Nova Iorque, em 10 de junho de 1940.[54] Chegado aos Estados Unidos, começa a sua actividade académica na New School of Social Research, em Nova Iorque, instituição onde o seu Presidente, Alvin S. Johnson (1874-1971), tinha criado várias cátedras com o propósito específico de acolher os intelectuais e os académicos – a maioria deles de origem judaica – que fugiam das perseguições e dos horrores da guerra na Europa.[55] Obtém, pouco depois, uma

---

54 Uma grande parte dos membros da Escola de Viena foi igualmente forçada ao exílio pelo regime nacional-socialista: Hans Aufricht (1902-1973) emigra em 1939 para os Estados Unidos; Otto Bondy (1904-1976) emigra em 1939 para a Grã-Gretanha e subsequentemente para a Austrália, onde desenvolveu a sua carreira académica; Leo Gross (1903-1990), em 1933 para a Grã-Bretanha, em 1935 para França e, finalmente, em 1940 para os Estados Unidos; John Herz (1908-2005), em 1935 para a Suíça e em 1938 para os Estados Unidos; Felix Kaufmann (1895-1949), em 1938 para os Estados Unidos; Fritz Schreier (1897-1981), em 1938 para a Suíça, depois de detenção nos campos de concentração de Dachau e Buchenwald, e em 1941 para os Estados Unidos; Hans Klinghoffer (1905-1990), em 1938 para França, em 1940 para Portugal, em 1941 para o Brasil e em 1953 para Israel; Julius Kraft (1898-1960) e a mulher, Margit Kraft-Fuchs (1902-1994), em 1933 para a Holanda e em 1939 para os Estados Unidos; Josef L. Kunz (1890-1970), tendo recebido um convite como Rockefeller Research Fellow in International Law em 1932, não regressa à Áustria, tendo prosseguido a sua carreira como professor de Direito Internacional nos Estados Unidos; Hans Mayer (1907-2001), em 1933 para França e em 1934 para a Suíça, tendo regressado à Alemanha em 1945; Rudolf Aládar Métall (1903-1975), o biógrafo e confidente de Kelsen, emigra em 1931 para a Suíça e em 1940 para o Brasil, tendo regressado à Suíça em 1945, onde desempenhou funções na Organização Internacional do Trabalho (OIT) - sobre o percurso destes autores e as suas contribuições para a Teoria Pura do Direito, cf. WALTER, Robert; JABLONER, Clemens; ZELENY, Klaus (Coord.). *Der Kreis um Hans Kelsen*: Die Anfangsjahre der Reinen Rechtslehre. Viena: Manz, 2008.

55 Sobre a história desta instituição, cf. RUTKOFF, Peter M.; SCOTT, William B. *New School*: A History of the New School for Social Research. Nova Iorque: Free Press, 1986.

lectureship de um ano na Harvard Law School, a convite de Roscoe Pound (1870-1964), vindo a publicar as lições que então proferiu sob o título *Law and Peace in International Relations* (Cambridge Mass., 1942). Não tendo conseguido vaga como professor na Universidade de Harvard, recebe um convite – também por intercessão de Roscoe Pound – para ensinar por um ano na Universidade da Califórnia, em Berkeley, onde acaba por permanecer até à sua jubilação, em 1952; em 1945, é nomeado Professor Titular de *international law, jurisprudence and origin of legal institutions.*[56] Nesse mesmo ano, é dada à estampa *General Theory of Law and State* (Cambridge Mass., 1945), livro onde Kelsen expõe para o público de língua inglesa as linhas gerais das sua Teoria do Direito e do Estado. Em 27 de maio de 1952, profere a sua lição de jubilação.[57]

Kelsen tinha, entretanto, obtido a cidadania norte-americana em 28 de julho de 1945. Os seus interesses dominantes nesse período consistiam na investigação e publicação no domínio do Direito Internacional, mormente sobre a reforma política das instituições da comunidade internacional: a Carta das Nações Unidas é objecto de análise em vários artigos publicados a partir de 1946 e dá origem à elaboração de uma extensa monografia (903 páginas) intitulada *The Law of the United Nations. A Critical Analysis of its Fundamental Problems* (Londres, 1950).[58] Estes interesses de investigação eram secundados por uma actividade de aconselhamento do governo dos

56 No Departamento de Ciência Política e não na Faculdade de Direito, pois como Kelsen comenta na sua *Autobiografia* (1947), as Faculdades de Direito norte-americanas são, basicamente, *training schools* para o exercício da profissão de advogado, dedicando-se, sobretudo, à análise dos precedentes judiciais e estando, por isso, muito pouco vocacionadas para os estudos teóricos.

57 A lição tem como título *O Que é a Justiça?* e constitui uma síntese das teses de Kelsen sobre o problema da justiça e as doutrinas do Direito Natural.

58 Para uma resenha destes artigos, cf. SUCHARIPA-BEHRMANN, Lilly. "Kelsens 'Recht der Vereinten Nationen': Welche Relevanz hat der Kommentar heute noch für die Praxis?" *In*: WALTER, Robert;

Estados Unidos em matérias de Direito Internacional, tendo-se Kelsen pronunciado, nomeadamente, sobre a continuidade da Alemanha enquanto Estado em termos de Direito Internacional e sobre as bases jurídicas da punição dos crimes de guerra.[59] Estes seus pareceres jurídicos constituem uma das razões, a par de outras circunstâncias sociais e políticas, que explicam a pouca receptividade que as doutrinas de Kelsen encontraram na Alemanha dos anos 50 e 60 do século XX, ainda a contas com o seu passado histórico.

Os anos subsequentes à jubilação de Kelsen são recheados por inúmeras distinções académicas e cívicas. Em 30 de outubro de 1971, a República austríaca cria o Instituto Hans Kelsen, em Viena, para cuidar do acervo documental de Kelsen e promover a divulgação da sua obra científica. Kelsen morre a 19 de abril de 1973, em Berkeley, dando cumprimento à profecia com que concluía a sua *Autobiografia* (1947), de que "*aqui será com certeza*" "o último local de repouso do viajante fatigado" [*Wandermüden letzte Ruhestätte*], fazendo alusão ao poema de Heinrich Heine (1797-1856) que figura no túmulo do poeta, no cemitério de Montmartre, em Paris.

Apresentada esta curta nota biográfica, em que se dá nota dos principais episódios da vida pessoal de Kelsen, cabe agora uma referência ao seu perfil como jurista: a defesa do positivismo jurídico, como programa de descrição não valorativa das características

---

JABLONER, Clemens; ZELENY, Klaus (Coord.). *Hans Kelsen und das Völkerrecht*. Viena: Manz, 2004, pp. 21-36, *maxime* p. 22, nota 5.

59 A este propósito, cf. OLECHOWSKI, Thomas. "Kelsens Debellatio-These: Rechtshistorische und rechtstheoretische Überlegungen zur Kontinuität von Staaten". *In*: WALTER, Robert (Coord.). *et al. Gedenkschrift Robert Walter*. Viena: Manz, 2013, pp. 531-552; cf., igualmente, OLECHOWSKI, Thomas. "Hans Kelsens Gutachten zur Neugestaltung Österreichs und Deutschland nach dem Zweiten Weltkrieg". *In*: JABLONER, Clemens; OLECHOWSKI, Thomas; ZELENY, Klaus (Coord.). *Das Internationale Wirken Hans Kelsens*. Viena: Manzsche Verlags- und Universitätsbuchhandlung, 2016, pp. 121-140.

essenciais da ordem jurídica, e do relativismo dos valores não equivalem em Kelsen a um indiferentismo político, mas têm implícito um compromisso com a Democracia liberal e parlamentar – é, aliás, a consciência destas relações que explica, em grande parte, o actual renascimento do interesse pela obra de Kelsen enquanto juspublicista, nomeadamente a sua intervenção nos debates sobre a Teoria da Constituição que marcaram o estertor da República de Weimar.[60]

2 A defesa da Constituição republicana de Weimar

O "pensamento de crise" dos finais da República de Weimar tinha como preocupação primeira pôr a descoberto as fragilidades da Democracia parlamentar e do individualismo liberal, baseado no relativismo dos valores, procurando como antídoto o reforço dos "factores de conservação" (*hältende Mächte*) que pudessem contribuir para o incremento da estabilidade e coesão do todo social: a grande maioria da doutrina constitucionalista alemã desse período professava uma orientação anti-parlamentarista e uma fidelidade interior ao princípio monárquico, vendo na Constituição republicana de Weimar uma alteração da "ordem das coisas" instituída pela Constituição bismarckiana de 1871;[61] para o "pensamento de

60 Para um conspecto geral, cf. LEPSIUS, Oliver. "Die Wiederentdeckung Weimars durch die bundesdeutsche Staatsrechtslehre". *In*: GUSY, Christoph (Coord.). *Weimars lange Schatten – "Weimar" als Argument nach 1945*. Baden-Baden: Nomos, 2003, pp. 354-394; cf., igualmente, DREIER, Horst. "Die (Wieder-)Entdeckung Kelsens in der 1980er Jahren – Ein Rückblick (auch in eigener Sache)". *In*: JESTAEDT, Matthias (Coord.). *Hans Kelsen und die deutsche Staatsrechtslehre*: Stationen eines wechselvollen Verhältnisses. Tübingen: Mohr Siebeck, 2013, pp. 175-192.

61 Para uma visão geral, cf. STOLLEIS, Michael. *Geschichte des öffentlichen Rechts in Deutschland*: Weimarer Republik und Nationalsozialismus. Munique: C. H. Beck, 2002; PAULSON, Stanley L. "The Theory of Public Law in Germany 1914-1945". *Oxford Journal of Legal Studies*, vol. 25, 2005, pp. 525-545 [trata-se de uma recensão à tradução em

crise", a crítica ao positivismo formalista e ao relativismo dos valores significava, em primeiro lugar, a crítica à fragmentação do "Estado de partidos" (*Parteienstaat*) e a rejeição do individualismo liberal.

Neste contexto, o crítico mais agudo do formalismo jurídico kelseniano, como expressão subreptícia de uma metafísica individualista e liberal- cosmopolita, é Erich Kaufmann (1880-1972): Kaufmann recusava a orientação estritamente dogmática da linha Gerber-Laband-Jellinek-Kelsen, alegando que o chamado método jurídico "puro" tinha conduzido a Ciência do Direito Público a uma auto-suficiência estéril; Kaufmann propugnava uma orientação alternativa, cujo modelo via reflectido, sobretudo, no institucionalismo organicista de Otto von Gierke (1841-1921) e na sua concepção de base segundo a qual o Direito é produto não da vontade estadual, mas da realidade concreta dos grupos humanos.[62] Do ponto de vista da Teoria da Constituição, a crítica ao método "jurídico" da linha Gerber-Laband-Jellinek-Kelsen e à concepção formalista de Constituição que veio a alcançar maior impacto na doutrina constitucionalista alemã deve-se a Rudolf Smend (1882-1975): Smend concebia o Estado como unidade espiritual e defendia uma concepção de Constituição como expressão dos valores materiais que constituem os factores de integração simbólica do grupo social.[63] A "doutrina da integração" (*Integrationslehre*) de Smend e, em geral, a orientação "científico--espiritual" (*geisteswissenschaftliche Richtung*) na metodologia do

---

língua inglesa da obra de Michael Stolleis acima referida]; JACOBSON, Arthur J.; SCHLINK, Bernhard (Coord.). *Weimar*: a Jurisprudence of Crisis. Berkeley: University of California Press, 2000.

62 A este propósito, cf. CASTRUCCI, Emanuele. *Tra Organicismo e "Rechtsidee"*: il pensiero giuridico di Erich Kaufmann. Milão: Giuffrè, 1984; RENNERT, Klaus. *Die "geisteswissenschaftliche Richtung" in der Staatsrechtslehre der Weimarer Republik*: Untersuchungen zu Erich Kaufmann, Günther Holstein und Rudolf Smend. Berlim: Duncker & Humblot, 1987.

63 Cf., sobretudo, SMEND, Rudolf. *Verfassung und Verfassungsrecht*. Munique: Beck, 1928.

Direito Constitucional constituem o contraponto mais importante na doutrina constitucionalista alemã dos anos 20 do século XX à tese kelseniana segundo a qual o Estado é uma ordem jurídica relativamente centralizada e à concepção formalista de Constituição como simples norma jurídica de escalão hierárquico superior.[64]

Kelsen "depura" a Teoria da Constituição de pontos de vista substantivos e valorativos, fazendo jus à "pureza" como princípio metodológico fundamental da Teoria Pura do Direito: o nosso autor considera a sua orientação metodológica como o antídoto contra a "*oscilação do pensamento*" [*Oszillieren des Gedankens*], que ele crê diagnosticar na "doutrina da integração" (*Integrationslehre*) de Smend. Mas, na polémica que trava com Rudolf Smend sobre a doutrina do Estado e da Constituição, Kelsen assume explicitamente que não está apenas a tomar posição numa discussão sobre questões de método e de orientação na doutrina constitucionalista, mas a defender a Constituição republicana de Weimar (aprovada em agosto de 1919) e a instituição parlamentar como centro de gravidade do sistema político.[65]

A ideia de necessidade de integração de um elemento ético-objectivo como meio de "superação" da concepção abstracta do Estado do individualismo liberal esteve sempre presente no "pensamento de crise" dos finais da República de Weimar. Esta ideia continuou a ser uma das linhas vertebradoras da doutrina constitucionalista alemã posterior à Lei Fundamental de 1949, que defendia uma

---

64 Sobre a concepção kelseniana de Constituição como "vértice" da estrutura escalonada do sistema jurídico, cf., por todos, ALEXY, Robert. "Hans Kelsens Begriff der Verfassung". *In*: PAULSON, Stanley L.; STOLLEIS, Michael (Coord.). *Hans Kelsen*: Staatsrechtslehrer und Rechtstheoretiker des 20. Jahrhunderts. Tübingen: Mohr Siebeck, 2005, pp. 333-352.

65 Cf. KELSEN, Hans. *Der Staat als Integration*: Eine prinzipielle Auseinandersetzung. Viena: Deuticke, 1930. [*O Estado como integração*: um confronto de princípios. Trad. Plínio Fernandes Toledo. São Paulo: Martins Fontes, 2003].

concepção de Constituição como "ordem valorativamente vinculada" (*wertgebundene Ordnung*) e via a referência à ordem de valores da Constituição como um factor de integração do todo social.[66] Esta é, seguramente, uma das razões pela qual a doutrina constitucionalista alemã dos anos 50, 60 e 70 do século XX negligenciava a obra de Kelsen e distorcia as implicações políticas do positivismo jurídico e da concepção formal de Constituição, que entendia a Constituição como regra para a criação das normas jurídicas essenciais do Estado, a determinação dos órgãos e do processo da legislação.[67]

As intervenções mais marcantes de Kelsen nos debates constitucionais nos finais da República de Weimar têm, porém, que ver com a questão das garantias constitucionais e a criação de uma jurisdição constitucional (*Staatsgerichtbarkeit*), debates em que teve como principal opositor Carl Schmitt (1888-1985). Em 1928, a Associação dos Professores Alemães de Direito Público [*Vereinigung der Deutschen Staatsrechtslehrer*] teve como tema do seu congresso anual a questão da fiscalização da constitucionalidade das leis e dos actos da administração, sendo relatores principais Heinrich Triepel (1868-1946) e Hans Kelsen (1881-1973): ambos os autores

---

66 A este propósito, cf. BADURA, Peter. "Staat, Recht und Verfassung in der Integrationslehre". *Der Staat*, vol. 16, 1977, pp. 305-325; cf., igualmente, KORIOTH, Stefan. *Integration und Bundesstaat*: Ein Beitrag zur Staats- und Verfassungslehre Rudolf Smends. Berlim: Duncker & Humblot, 1990; GÜNTHER, Frieder. *Denken vom Staat her*: Die bundesdeutsche Staatsrechtslehre zwischen Dezision und Integration 1949-1970. Munique: Beck, 2004.

67 Sobre a hostilidade ao positivismo jurídico no período do nacional-socialismo, cf. RÜTHERS, Bernd. *Die unbegrenzte Auslegung*: Zum Wandel der Privatrechtsordnung im Nationalsozialismus. 3ª ed. Heidelberg: C. F. Müller Verlag, 1988, *maxime* pp. 91 e ss.; sobre o combate ao juspublicismo de orientação positivista do período de Weimar – Gerhard Anschütz (1867-1948), Richard Thoma (1874-1957), Hans Kelsen (1881-1973), Hans Nawiasky (1880-1961) etc. –, cf. STOLLEIS, Michael. *Geschichte des öffentlichen Rechts in Deutschland*: Weimarer Republik und Nationalsozialismus. Munique: C. H. Beck, 2002, *maxime* pp. 316 e ss.

convergiam na necessidade da criação na Alemanha de um Tribunal Constitucional, em moldes semelhantes aos que tinham sido estabelecidos pela Constituição Federal austríaca de 1920. A comunicação de Kelsen é, ainda hoje, considerada como a argumentação clássica em defesa da garantia jurisdicional da Constituição e de um modelo de fiscalização jurisdicional concentrada da constitucionalidade das leis,[68] sistema que veio a ter consagração, com uma outra variante, nas Constituições de diversos países europeus (Áustria, Alemanha, Espanha, Itália, Portugal etc.).[69]

As teses de Kelsen foram contraditadas por Schmitt no escrito *O Guardião da Constituição*, com base, sobretudo, na ideia de que a jurisdição constitucional atenuaria as linhas divisórias entre decisão política e função jurisdicional, violando, assim, o princípio da separação dos poderes: a institucionalização de um Tribunal Constitucional daria lugar, segundo ele, a uma politicização da função jurisdicional. Além disso, Schmitt retirava da sua concepção da Constituição como a forma substancial da unidade política de um povo a tese segundo a qual caberia ao Presidente do *Reich* a função de guardião da Constituição: a ideia de garantia jurisdicional da Constituição, observava Schmitt, pressupõe uma situação de normalidade constitucional – ora, é nas situações de crise, quando está em risco a subsistência da unidade política de um povo, que

---

68 Cf. KELSEN, Hans. "Wesen und Entwicklung der Staatsgerichtsbarkeit". *In*: KLECATSKY, Hans; MARCIC, René; SCHAMBECK, Herbert (Coord.). *Die Wiener rechtstheoretische Schule*. vol. 2. Viena: Manzsche Verlags- und Universitätsbuchhandlung, 1968, pp. 1485-1531; KELSEN, Hans. "Wer soll der Hüter der Verfassung sein?" *Die Justiz*, vol. 6, 1931.

69 A este propósito, cf. STONE-SWEET, Alec. *Governing with Judges*: Constitutional Politics in Europe. Oxford: Oxford University Press, 2000, *maxime* pp. 32 e ss.; cf., igualmente, ÖHLINGER, Theo. "The Genesis of the Austrian Model of Constitutional Review of Legislation". *Ratio Juris*, vol. 16, 2003, pp. 206-222. O modelo kelseniano de justiça constitucional será analisado, com maior pormenor, na 18ª sessão.

faz sentido o apelo ao "guardião" (*Hüter*) da Constituição.[70] Kelsen replicou às alegações de Schmitt, defendendo, de novo, a fiscalização jurisdicional da constitucionalidade das leis e dos actos da administração como o modelo mais compatível com o carácter democrático e parlamentar da Constituição de Weimar.[71]

A controvérsia entre Kelsen e Schmitt haveria de ser ilustrada no plano das suas implicações políticas pelo evento que marcou, de facto, o golpe de morte na República de Weimar: o Decreto de emergência, com base nos poderes atribuídos ao Presidente do *Reich* pelo parágrafo 2 do art. 48º da Constituição de Weimar, do Presidente Paul von Hindenburg (1847-1934), que permitiu ao chanceler federal Franz von Papen (1879-1969) depôr o Primeiro-Ministro social-democrata da Prússia, Otto Braun (1872-1955), e o seu Ministro do Interior, Carl Wilhelm Severing (1875-1952), assumindo ele próprio essas funções como Comissário do *Reich*. Este episódio, conhecido como "golpe contra a Prússia" (*Preußenschlag*), permitiu o controlo pelas forças conservadoras do governo e do aparelho de segurança do maior Estado alemão, abrindo o espaço à acção da milícia do

70 Cf. SCHMITT, Carl. *Der Hüter der Verfassung*. Berlim: Duncker & Humblot, 1931; cf., igualmente, SCHMITT, Carl. "Das Reichsgericht als Hüter der Verfassung". *In*: SCHREIBER, Otto (Coord.). *Die Reichsgerichtspraxis im deutschen Rechtsleben*: Festgabe der juristischen Fakultäten zum 50jährigen Bestehen des Reichsgerichts. vol. 1. Berlim/ Leipzig: De Gruyter, 1929, pp. 154-178. [Agora em: SCHMITT, Carl. *Verfassungsrechtliche Aufsätze aus den Jahren 1924-1954*. Berlim: Duncker & Humblot, 1958, pp. 63-100].

71 Cf. KELSEN, Hans. "Wer soll der Hüter der Verfassung sein?" *Die Justiz*, vol. 6, 1931, pp. 576-528. [Agora em: KLECATSKY, Hans; MARCIC, René; SCHAMBECK, Herbert (Coord.). *Die Wiener rechtstheoretische Schule*. vol. 2. Viena: Manzsche Verlags- und Universitätsbuchhandlung, 1968, pp. 1533-1573]. Os principais textos da polémica entre Kelsen e Schmitt sobre o sistema das garantias constitucionais são hoje acessíveis em língua inglesa na colectânea organizada por VINX, Lars. *The Guardian of the Constitution*: Hans Kelsen and Carl Schmitt on the Limits of the Constitutional Law. Cambridge: Cambridge University Press, 2015.

Partido Nacional-Socialista, a SA (*Sturmabteilung*) e aplanando o caminho para a chegada de Hitler ao poder – aliás, von Papen acabou por desempenhar funções de vice-chanceler no governo de Hitler, entre janeiro de 1933 e junho de 1934.[72]

O governo da Prússia recorreu para o *Staatsgerichtshof*, em Leipzig, instância judicial que arbitrava os conflitos de competência entre o governo federal e os governos estaduais, nos termos do art. 19° da Constituição de Weimar. No seu aresto, de 25 de outubro de 1932, o Tribunal concluiu que o governo da Prússia não tinha violado os seus deveres para com o *Reich*, mas concluiu, igualmente, que a assunção do controlo do governo da Prússia era justificada por razões de manutenção da ordem pública. Kelsen, no seu comentário ao acórdão do *Staatsgerichtshof*, sustentava que esta busca de um justo meio termo pelo Tribunal só tinha contribuído para fazer crescer as dúvidas e a situação de instabilidade;[73] Schmitt, que tinha aceitado ser advogado do *Reich* no julgamento de Leipzig, argumentava, nas suas alegações finais, que o governo interino nomeado pelo Presidente com base nos poderes que lhe eram conferidos pelo art. 48° da Constituição de Weimar era constitucionalmente legítimo e não punha em causa o carácter federal do Estado – o Decreto de emergência não visava, segundo Schmitt, eliminar a existência autónoma da Prússia como Estado (*Land*) federado, mas sim protegê-la contra perigos específicos, o que não tinha sido acautelado pelos ministros depostos e só o podia ser pela acção do Presidente do *Reich*.[74]

---

72 Sobre esse episódio, cf. MOMMSEN, Hans. *Aufstieg und Untergang der Republik von Weimar 1918-1933*. Berlim: Siedler, 2009, pp. 529 e ss.

73 Cf. KELSEN, Hans. "Das Urteil des Staatsgerichtshofs vom 25. Oktober 1932". *Die Justiz*, vol. 8, 1932, pp. 65-91.

74 Cf. SCHMITT, Carl. "Schlußrede vor dem Staatsgerichtshof in Leipzig in dem Prozeß Preußen contra Reich". *In*: ______. *Positionen und Begriffe im Kampf mit Weimar – Genf – Versailles 1923-1939*. 4ª ed. Berlim: Duncker & Humblot, 2014, pp. 204-210.

Uma outra dimensão da obra de Kelsen como juspublicista a que convém fazer referência são as suas contribuições em matéria de Direito Internacional: de um ponto de vista analítico, iremos examinar mais à frente a construção monista do Direito Internacional[75] – porventura, uma das doutrinas menos plausíveis da teorização kelseniana no seu conjunto.

Neste momento, iremos limitar-nos a uma breve referência historiográfica a algumas projecções concretas dos ideais cosmopolitas e universalistas que estão na base da teorização kelseniana sobre o Direito Internacional e da sua defesa da jurisdicionalização das relações internacionais.

3 A defesa da jurisdicionalização das relações internacionais

Na sua primeira teorização sobre os problemas do Direito Internacional, *Das Problem der Souveranität und die Theorie des Völkerrechts. Beitrag zu einer reinen Rechtslehre* (Tübingen, 1920) – cronologicamente, a sua segunda obra de fôlego, depois da teorização sobre os problemas do método do Direito Constitucional (*Staatsrecht*), levada a cabo na dissertação de habilitação, *Hauptprobleme der Staatsrechtslehre, entwickelt aus der Lehre vom Rechtssatze* (Tübingen, 1911) –, Kelsen apresenta a sua doutrina monista sobre a unidade entre o Direito Interno e o Direito Internacional, mas esclarece que a atribuição do primado a um ou a outro depende de uma escolha política, que ele descreve como sendo a opção entre objectivismo e subjectivismo, altruísmo e egoísmo, pacifismo e imperialismo.[76] Ao defender o monismo com o primado do Direito

---

75 Cf. *infra*, 14ª sessão.

76 Cf. KELSEN, Hans. *Das Problem der Souveränität und die Theorie des Völkerrechts*: Beitrag zu einer reinen Rechtslehre. Tübingen: Mohr Siebeck, 1920, pp. 102 e ss., 120 e ss., 152 e ss., 317 e ss.

Internacional, Kelsen tornava bem explícita a sua posição política de defesa de um pacifismo cosmopolita e liberal.[77]

Na Alemanha da época, essa orientação pacifista e cosmopolita era perfilhada por tratadistas de Direito Internacional como Theodor Niemeyer (1857-1939), Walter Schücking (1875-1935) ou Hans Wehberg (1885-1962), que defendiam o reforço das instituições internacionais de arbitramento de conflitos e tinham uma atitude positiva para com a Sociedade das Nações, que viam como um marco no sentido da criação de uma verdadeira comunidade internacional.[78] Mas a sensibilidade dominante na altura não era essa, muito pelo contrário: o clima de ressentimento geral resultante da derrota na Primeira Guerra encontrava compensação emocional na defesa de posições de um nacionalismo mais ou menos agressivo; o Tratado de Versalhes, assinado em 28 de junho de 1919, era visto por grande parte da doutrina internacionalista de língua alemã como uma humilhação imposta à Alemanha e a Sociedade das Nações considerada como um instrumento das potências vencedoras da guerra. Na radicalidade da defesa destas teses sobressaía, naturalmente, Carl Schmitt (1888-1985), que sustentava ser a Sociedade das Nações uma "organização política instrumental" (*politisches Zweckgebilde*) das potências vencedoras da guerra.[79] A par disso, Schmitt entrevia a emergência de uma nova era das relações internacionais baseada

---

77 A este propósito, cf. BERNSTORFF, Jochen von. *Der Glaube an das universale Recht*: Zur Völkerrechtstheorie Hans Kelsens und seiner Schule. Baden-Baden: Nomos, 2001; cf., igualmente, RUB, Alfred. *Hans Kelsen Völkerrechtslehre*: Versuch einer Würdigung. Zurique: Juris, 1995, *maxime* pp. 75 e ss.

78 Para um panorama geral, cf. KOSKENNIEMI, Martti. *The Gentle Civilizer of Nations*: The Rise and Fall of International Law 1870-1960. Cambridge: Cambridge University Press, 2001, pp. 236 e ss.; cf., igualmente, STOLLEIS, Michael. *Geschichte des öffentlichen Rechts in Deutschland*: Weimarer Republik und Nationalsozialismus. Munique: C. H. Beck, 2002, *maxime* pp. 86 e ss.

79 Cf., sobretudo, SCHMITT, Carl. *Die Kernfrage des Völkerbundes*. Berlim: Otto Liebmann Verlag, 1926.

no universalismo do comércio livre e denunciava a estratégia liberal de jurisdicionalização e despolitização das relações internacionais.[80]

Ao invés, o monismo com o primado do Direito Internacional defendido por Kelsen, segundo o qual o Estado é uma ordem jurídica parcelar com um determinado âmbito territorial de validade determinado pelo Direito Internacional, e a tese segundo a qual a ideia de personalidade do Estado não é senão uma expressão metafórica para referir a unidade formal de ordem jurídica punham em causa a noção clássica de soberania como algo que antecede o Direito Internacional e que não pode ser afectada pelas suas normas. Essa construção geral do Direito Internacional favorecia a institucionalização progressiva e a jurisdicionalização da comunidade internacional, abrindo o caminho para o desenvolvimento de um Direito Penal Internacional e, em particular, para a punibilidade dos crimes de guerra. Kelsen atribui um papel central à criação de instituições jurisdicionais de Direito Internacional no seu plano para uma "Liga Permanente para a Manutenção da Paz", que deveria suceder à Sociedade das Nações do período de entre as duas Guerras, propondo uma estrutura organizacional baseada em quatro órgãos: Assembleia, Tribunal, Conselho e Secretariado;[81] por outro lado, num conjunto de escritos publicados ao longo dos anos 40 do século XX defende

---

80 Cf., por exemplo, SCHMITT, Carl. "Völkerrechtliche Formen des modernen Imperialismus" (1932). *In*: ______. *Positionen und Begriffe im Kampf mit Weimar – Genf – Versailles 1923-1939*. 4ª ed. Berlim: Duncker & Humblot, 2014, pp. 184-203.

81 Cf. KELSEN, Hans. *Peace through Law*. Chapel Hill: University of North Carolina Press, 1944. Sobre as propostas de Kelsen de jurisdicionalização das relações internacionais, cf., por último, BERNSTORFF, Jochen von. "Peace and Global justice through Prosecuting the Crime of Agression? Kelsen and Morgenthau on the Nuremberg Trials and the International Judicial Function". *In*: TELMAN, D. A. Jeremy (Coord.). *Hans Kelsen in America*: Selective Affinities and the Mysteries of Academic Influence. Wiesbaden: Springer International Publishing, 2016, pp. 85-99.

a punibilidade dos crimes de guerra com base nos princípios do Direito Internacional.[82]

O normativismo estrito que subjaz à teorização kelseniana em matéria de Direito Constitucional e à construção monista do Direito Internacional pode, considerando o contexto histórico em que se desenvolveram a vida e a obra de Hans Kelsen, ser interpretado à luz da exigência kantiana do primado do Direito sobre a força, exigência que se projecta nas instituições do Estado constitucional democrático e na ideia de uma comunidade internacional que possa contar com mecanismos jurisdicionais de arbitramento pacífico de conflitos.[83]

Pese embora a sua importante e influente produção no âmbito do Direito Constitucional e do Direito Internacional, é a sua teoria analítica do Direito positivo, a Teoria Pura do Direito, que granjeou a Kelsen a sua reputação internacional – o decano da Harvard Law School, Roscoe Pound (1870-1964), referia-se a Kelsen, no início da década de 30 do século XX, como "*unquestionably the leading jurist of the time*"[84] – e que fez afluir a Viena um conjunto de investigadores que se reviam na busca da "pureza" metodológica e da clareza conceptual propugnadas por Kelsen.

---

82 Cf. KELSEN, Hans. "Collective and Individual Responsability in International Law with Particular Regard to Punishment of War Criminals". *California Law Review*, vol. 31, 1943, pp. 530-571; KELSEN, Hans. "The Rule Against Ex Post Facto Laws and the Prosecution of Axis War Criminals". *Judge Advocate Journal*, vol. 2, 1945, pp. 8-12, 27 e 46; KELSEN, Hans. "Will the Judgment in the Nuremberg Trial constitute a Precedent in International Law?" *International Law Quarterly*, vol. I, 1947, pp. 153-171.

83 Sobre este ideal de comunidade internacional como base da construção do Direito Internacional, cf., por todos, KOSKENNIEMI, Martti. *The Gentle Civilizer of Nations*: The Rise and Fall of International Law 1870-1960. Cambridge: Cambridge University Press, 2001.

84 Cf. POUND, Roscoe. "Law and Science of Law in Recent Theories". *Yale Law Journal* XLIII, 1933-1934, pp. 525-536, p. 532.

Bibliografia de aprofundamento

Para além das referências bibliográficas contidas no texto, aconselha-se a leitura de:

1. "Autoapresentação", esboço autobiográfico enviado por Kelsen a Julius Moór (1888-1950) em 20/02/1927, em: KELSEN, Hans. *Autobiografia de Hans Kelsen*. 4ª ed. Trad. Gabriel Nogueira Dias e José Ignácio Coelho Mendes Neto. Rio de Janeiro: Forense Universitária, 2012, pp. 23-34.
2. BOBBIO, Norberto. "La teoria pura del diritto e i suoi critici". *In*: ______. *Diritto e Potere*: Saggi su Kelsen. Nápoles: Giappichelli, 1992, pp. 15-39.

Nota: Depois de publicada a primeira edição desse livro [em Portugal (2018)], foi dada à estampa uma biografia de Kelsen da autoria de Thomas Olechowski (1973-), com o título *Hans Kelsen. Biographie eines Rechtswissenschaftlers*, Tübingen, 2020. Para além da extensa informação em que assenta, contém algumas passagens de grande finura analítica sobre a obra do biografado: o resultado final é um volume de 1.027 páginas, que, sem sombra de dúvidas, passa a constituir a biografia canónica de Hans Kelsen.

2ª SESSÃO

A TEORIA PURA DO DIREITO COMO TEORIA FORMAL DO DIREITO POSITIVO

A Teoria Pura do Direito é uma Teoria Geral do Direito (*Allgemeine Rechtslehre*), isto é, uma teoria formal do Direito positivo, cujo propósito consiste, como dizia um dos seus cultores iniciais, August Thon (1839-1912), em "*pôr a descoberto a ossatura permanente do Direito*" [*das feste Knochengerüste des Rechtes blosszulegen*].[85] A fixação do perfil disciplinar deste tipo de investigação é comummente atribuída a Adolf Merkel (1836-1896).[86] A tese segundo a qual o Direito não pode ser reduzido a um elemento "material" submetido à variabilidade histórica, mas possui uma estrutura formal permanente encontra-se já presente num conjunto de juristas de inspiração mais ou menos kantiana da primeira metade do século XIX, como

85 Cf. THON, August. *Rechtsnorm und subjectives Recht*: Untersuchungen zur allgemeinen Rechtslehre. Weimar: Hermann Böhlaus Nachfolger, 1878, p. VIII.

86 Cf., por exemplo, BROCKMÖLLER, Annette. *Die Entstehung der Rechtstheorie im 19. Jahrhundert in Deutschland*. Baden-Baden: Nomos, 1997, *maxime* p. 238.

Nikolaus Falck (1748-1850),[87] Reinhold Schmid (1800-1873)[88] e Leopold August Warnkönig (1794-1866):[89] ao longo da primeira metade do século XIX, a noção de "forma" (*Form*) do Direito, que nos juristas filosóficos (*philosophische Rechtsgelehrten*) kantianos (*maxime* Paul Johann Anselm Feuerbach) referia a determinação do Direito pela razão prática pura, é progressivamente reequacionada num sentido positivista e logicista, à luz da discussão sobre os conceitos da reflexão ("forma" e "matéria") que Kant (1724-1804) leva a cabo na *Crítica da Razão Pura* (A 266 / B 322).[90] Nessa base, a conceptualização deontológica do Direito da metafísica jurídica kantiana, fundada na doutrina kantiana da practicidade da razão, vem a dar lugar a uma investigação sobre o Direito positivo considerado sob o ponto de vista formal ou estrutural, mais ou menos conscientemente filiada na filosofia kantiana do conhecimento, assente na distinção entre a forma lógica (*a priori*) e os elementos empíricos do processo de conhecimento, na expressão de Kant, os "(...) *dois troncos do conhecimento humano*":[91] o programa da Teoria Geral do Direito (*Allgemeine Rechtslehre*), como teoria formal do Direito positivo, é, de modo mais ou menos explícito, subsidiário da doutrina kantiana do conhecimento objectivo, que estabelece os conceitos puros

---

87 Cf. FALCK, Niels Nikolaus. *Juristische Encyclopädie, auch zum Gebrauche bei academischen Vorlesungen*. Kiel: Im Verlage der academischen Buchhandlung, 1821.

88 Cf. SCHMID, Reinhold. *Theorie und Methodik des bürgerlichen Rechts*. Jena: Verlag von Gustav Fischer, 1848.

89 Cf. WARNKÖNIG, Leopold August. *Juristische Encyclopädie oder Organische Darstellung der Rechtswissenschaft*. Erlangen: Palm & Enke, 1853.

90 Esta tendência começa a verificar-se ainda durante o tempo de vida de Kant: Ludwig Heinrich Jakob (1759-1827) refere como "Teoria Pura do Direito" (*Reine Rechtslehre*) a sua proposta de uma disciplina que se iniciava com o tratamento lógico do conceito de Direito e se desenvolvia como "*apresentação sistemática do Direito puro ou formal*": cf. JAKOB, Ludwig Heinrich. *Philosophische Rechtslehre oder Naturrecht*. Halle: Renger, 1795, *maxime* pp. 36 e ss.

91 Cf. Kant, *Crítica da Razão Pura*, B29.

do entendimento (e com eles todo o conhecimento *a priori*) como princípios de possibilidade da "experiência" (*Erfahrung*).

Karl Bergbohm (1849-1927) refere esta investigação de natureza formal ou analítica sobre o Direito positivo como "filosofia formal do Direito" (*formelle Rechtsphilosophie*), designação que ele considera como equivalente a "Teoria Geral do Direito" (*allgemeine Rechtstheorie*).[92] O mais interessante cultor da disciplina no período anterior a Kelsen, Ernst Rudolf Bierling (1841-1919), define o seu objecto como sendo " (...) *a investigação e exposição daqueles conceitos e princípios que são independentes da individualidade de um qualquer Direito positivo particular*".[93] O perfil desta investigação era muito semelhante ao do projecto de uma "*general jurisprudence*" como "*philosophy of positive law*", desenvolvido na Grã-Bretanha, sobretudo, por John Austin (1790-1859) e que o, porventura, mais influente dos seus seguidores, Thomas E. Holland (1835-1926), caracterizava como sendo uma "*formal science of positive law*", projecto que apresentava, segundo ele, muitas analogias com a gramática, "*a ciência das ideias de relação que, numa maior ou menor perfeição e frequentemente nos modos mais díspares, estão expressas em todas as línguas da Humanidade*".[94] Hans Kelsen (1881-1973) equiparava a sua teoria formal do Direito positivo a "*uma geometria do fenómeno jurídico na sua totalidade*" [*eine Geometrie der totalen Rechtserscheinung*],[95] pondo, desse modo, em relevo o sentido mais profundo da "pureza" da Teoria Pura do Direito, como domínio do puramente formal.

---

92 Cf. BERGBOHM, Karl. *Jurisprudenz und Rechtsphilosophie*: Kritische Abhandlungen. vol. I. Leipzig: Duncker & Humblot, 1892, *maxime* pp. 224 e ss.

93 Cf. BIERLING, Ernst Rudolf. *Juristische Prinzipienlehre*. vol. I. Freiburgo/Leipzig: Mohr Siebeck, 1894, pp. 12 e ss.

94 Cf. HOLLAND, Thomas E. *The Elements of Jurisprudence*. Oxford: Clarendon Press, 1880, p. 7.

95 Cf. KELSEN, Hans. *Hauptprobleme der Staatsrechtslehre, entwickelt aus der Lehre vom Rechtssatze*. Tübingen: Mohr Siebeck, 1911, p. 93.

A *analytical jurisprudence* britânica, afeiçoada a uma tradição filosófica de cunho empirista, via nos conceitos e noções comuns aos diversos sistemas jurídicos meros instrumentos para a descrição do Direito positivo, obtidos por generalização indutiva a partir dos materiais do Direito positivo; ao invés, o formalismo da Teoria do Direito continental fazia-se eco da concepção racionalista do conhecimento – em particular, da filosofia crítico-transcendental de Immanuel Kant (1724-1804) –, que distinguia entre a forma lógica e os elementos empíricos do processo de conhecimento. Não obstante, para além da orientação analítico-conceptual, a *analytical jurisprudence* britânica e a Teoria do Direito continental partilhavam uma concepção comum sobre o conceito de Direito, em que sobressaíam as notas da positividade e da coercibilidade.[96]

O formalismo da Teoria do Direito continental não tem apenas a sua matriz na concepção racionalista do conhecimento e, mais em particular, na ideia de que só aquilo que é redutível a puras determinações lógicas pode ser objecto de um conhecimento revestido de validade geral: tem uma filiação muito directa no método "construtivo" da Pandectística alemã, que fazia anteceder a exposição de um certo ramo do Direito positivo – a chamada "Enciclopédia jurídica" (*juristische Enzyklopädie*) – de uma "Parte Geral" (*Allgemeiner Teil*), onde eram analisados os conceitos fundamentais relativos a esse ramo particular do Direito positivo. O objectivo programático de Adolf Merkel (1836-1896) – autor a quem se costuma atribuir a fixação do perfil disciplinar da Teoria do Direito continental – consistia em unificar as "Partes Gerais" das diversas disciplinas jurídicas

96 Sublinhando este ponto, cf. KELSEN, Hans. "The Pure Theory of Law and Analytical Jurisprudence". *Harvard Law Review*, vol. 55, 1941/1942, pp. 44-70. [Uma versão em língua portuguesa, com tradução a cargo de Luís Carlos Borges, é agora acessível em: KELSEN, Hans. *O Que é Justiça?* São Paulo: Martins Fontes, 1997, pp. 261-283].

particulares, constituindo a "Parte Geral" da ciência jurídica a "Teoria Geral do Direito" (*Allgemeine Rechtslehre*).[97]

O "construtivismo" e o formalismo gnosiológico (de matriz neo-kantiana) são os dois ingredientes fundamentais da Teoria Pura do Direito, como teoria formal do Direito positivo. São esses dois ingredientes que estão na base de uma certa especificidade da variante de positivismo jurídico da Teoria Pura do Direito, mais saliente na fase da investigação de Kelsen que culmina na publicação da primeira edição (1934) de *Teoria Pura do Direito*, e que se traduz na elaboração de uma teoria do Direito positivo baseada no método crítico lógico-transcendental.

1 "Construtivismo" e formalismo gnosiológico na Teoria Pura do Direito

O ponto de partida da dissertação de Kelsen, *Hauptprobleme der Staatsrechtslehre, entwickelt aus der Lehre vom Rechtssatze* (Tübingen, 1911), é a defesa do "método jurídico" no âmbito do *Staatsrecht* e do Direito Público em geral. Nessa base, retomava a linha geral da *Begriffsjurisprudenz* ou "jurisprudência construtiva", cujo "método jurídico" tinha sido objecto de transposição do Direito Privado para o âmbito de Direito Público por obra, sobretudo, de Carl Friedrich von Gerber (1823-1891) e Paul Laband (1838-1918).[98]

---

97 Cf., sobretudo, o escrito programático de MERKEL, Adolf. "Ueber das Verhältnis der Rechtsphilosophie zur 'positiven' Rechtswissenschaft und zum allgemeinen Teil derselben". *Zeitschrift für Privat- und Öffentliches Recht der Gegenwart*. vol. I. Viena: Hölder, 1874, pp. 1-10 e 402-421. Sobre o carácter programático deste escrito de Adolf Merkel, cf. BALDUS, Manfred. *Die Einheit der Rechtsordnung*. Berlim: Duncker & Humblot, 1995, *maxime* p. 93.

98 Sobre a transposição da metodologia "construtivista" para o âmbito da doutrina do Direito Público e da teoria jurídica do Estado, cf., por todos, WILHELM, Walter. *Zur juristischen Methodenlehre im 19. Jahrhundert*: Die Herkunft der Methode Paul Labands aus der Privatrechtswissenschaft. Frankfurt: Vittorio Klostermann, 1958.

Numa época em que se tornavam dominantes orientações metodológicas de cariz sociologizante e finalista, a intenção de Kelsen de assegurar a "pureza" da consideração estritamente normativa dos problemas fundamentais da doutrina do Direito Público – sobretudo, demarcando essa consideração relativamente a interferências sociológicas – parecia ir contra as correntes do "modernismo jurídico" dos finais do século XIX e dos começos do século XX.

Na fase inicial da sua investigação, Kelsen assume a orientação do positivismo juspublicista da linha Gerber-Laband-Jellinek e reconhece-se no seu projecto de uma "*Teoria do Estado estritamente jurídica, sem qualquer matiz político*".[99] É facto que Kelsen rejeitava o ponto de partida da teoria jurídica do Estado da "doutrina do Estado tradicional" (*traditionelle Staatslehre*), a doutrina da personalidade do Estado, que Carl Friedrich von Gerber (1823-1891) considerava como "*o ponto de partida e o elemento nuclear do Direito constitucional* [Staatsrecht]" e Georg Jellinek (1851-1911) como o seu "*fundamento e pedra angular*", doutrina que representava o Estado como "criador" (*Schöpfer*) da ordem jurídica – o nosso autor via na personificação do Estado a expressão do sincretismo metodológico, cujos resíduos ele procurava erradicar.[100] Além disso, Kelsen tomava distâncias políticas em relação à *Staatslehre* de Laband, que ele considerava constituir a expressão do princípio monárquico e a apologia do autoritarismo bismarckiano.[101] Nesta

---

99 Cf. KELSEN, Hans. *Allgemeine Staatslehre*. Berlim: Mohr Siebeck, 1925, p. VII.

100 O combate ao "sincretismo metodológico" é expressamente assumido – em termos que Kelsen praticamente se limitará a reproduzir – por Georg Jellinek (1851-1911), que sublinha a inadmissibilidade de aplicar o método cognoscitivo da esfera dos processos e eventos naturais ao universo conceptual dos juristas: cf., por exemplo, JELLINEK, Georg. *System der subjektiven öffentlichen Rechte*. 2ª ed. Tübingen: J. C. B. Mohr, 1905, *maxime* p. 17.

101 A este propósito, cf. KELSEN, Hans. "The Pure Theory of Law, 'Labandism und Neo-Kantianism: A Letter to Renato Treves'". *In*: PAULSON, Stanley L.; PAULSON, Bonnie Litschewski (Coord.).

fase da sua investigação, o seu propósito fundamental consiste em assegurar a autonomia da consideração normativa do Direito face aos métodos explicativo-causais das ciências empíricas, em particular da sociologia do Direito: Kelsen procura estabelecer os fundamentos epistemológicos do "método jurídico", isto é, do método dogmático de análise do Direito positivo, como base de uma Ciência do Direito Público autónoma.

Georg Jellinek (1851-1911) considerava que o mesmo objecto podia ser analisado de acordo com diferentes métodos, desenvolvendo, com base nessa ideia, a "teoria do carácter bi-fronte" (*Zwei-Seiten--Theorie*) do Estado, como objecto possível de duas investigações de carácter distinto: a investigação "jurídica" (normativa) e a investigação "histórico-social".[102] Jellinek contrapunha o método "histórico-social" tanto ao método "jurídico" como ao método "científico-natural", com base na conceptualização de Wilhelm Windelband (1848-1915), que distinguia o método das ciências ideográficas – que se ocupam da explanação isolada do que é dado como um acontecimento singular – do método das ciências nomológicas – que procuram a descoberta das leis gerais.[103] À semelhança de Jellinek – mas conferindo-lhe contornos distintos –, Kelsen começa por se apoiar no dualismo

---

Normativity and Norms: Critical Perspectives on Kelsenian Themes. Oxford: Oxford University Press, 1998, pp. 169-175, *maxime* p. 171. Numa apreciação mais distanciada seria, porventura, legítimo considerar a "teoria jurídica do Estado" de Gerber e Laband como um programa de reforma no sentido constitucional da monarquia prussiana e como reflexo das fragilidades no plano político do liberalismo alemão, no período entre 1848 e 1918: a este propósito, cf. OERTZEN, Peter von. *Die soziale Funktion des staatsrechtlichen Positivismus*. Frankfurt: Vittorio Klostermann, 1974.

102 Cf. JELLINEK, Georg. *Allgemeine Staatslehre*. 3ª ed. Berlim: Duncker & Humblot, 1914, *maxime* p. 11. Jellinek refere o segundo tipo de investigação por via de denominações diferentes: método "social", "político", "sociológico, histórico, político".

103 Cf. WINDELBAND, Wilhelm. "Normen und Naturgesetze". *In*: ______. *Präludien*. Freiburg/Tübingen: Mohr, 1884, pp. 211-246.

metodológico conceptualizado pelo neo-kantismo sudocidental alemão – Wilhelm Windelband (1848-1915), Heinrich Rickert (1863-1936), Georg Simmel (1858-1918), Max Weber (1864-1920) – para explicar os pressupostos do "método jurídico" como conhecimento estritamente normativo, delimitando, assim, o estudo doutrinal ou dogmático da análise sociológica do Direito positivo.[104]

Movido por uma profunda curiosidade intelectual, Kelsen procura aprofundar nos anos subsequentes à publicação de *Hauptprobleme des Staatsrechtslehre, entwickelt aus der Lehre vom Rechtssatze* (Tübingen, 1911) a sua investigação sobre a estrutura lógica do conhecimento normativo: para esse efeito, vai buscar apoio, sobretudo, à filosofia de Hermann Cohen (1842-1918), que se propunha alargar a aplicação do método crítico lógico-transcendental – a que Kant (1724-1804) tinha recorrido na investigação levada a cabo na *Crítica da Razão Pura*, para responder à questão de como são possíveis a matemática e as ciências da natureza – às formas de "objectividade" possível.[105] Na sequência desta aproximação à filosofia de Cohen, Kelsen passa a entender o postulado da "pureza do método" (*Reinheit der Methode*) como estabelecimento

104 Esse mesmo propósito está subjacente a um conjunto de outros escritos deste período inicial como, por exemplo, KELSEN, Hans. "Über Grenzen zwischen juristischer und soziologischer Methode" (1911). *In*: KLECATSKY, Hans; MARCIC, René; SCHAMBECK, Herbert (Coord.). *Die Wiener rechtstheoretische Schule*. vol. 1. Viena: Manzsche Verlags- und Universitätsbuchhandlung, 1968; KELSEN, Hans. "Zur Soziologie des Rechtes". *Archiv für Sozialwissenschaft und Sozialpolitik*, vol. 34, 1912, pp. 601-614; KELSEN, Hans. "Die Rechtswissenschaft als Norm- oder als Kulturwissenschaft: Eine methodenkritische Untersuchung". *Schmollers Jahrbuch*, vol. 40, 1916, pp. 1181-1239; KELSEN, Hans. *Der soziologische und der juristische Staatsbegriff*: Kritische Untersuchung des Verhältnis zwischen Staat und Recht. Tübingen: Mohr Siebeck, 1922.

105 Cf., sobretudo, COHEN, Herman. *Kants Theorie der Erfahrung*. 2ª ed. Berlim: Ferd. Dümmler, 1885 – este livro constitui o texto canónico do neokantismo de Marburgo.

da "legalidade específica" (*Eigengesetzlichkeit*) ou estrutura lógica do conhecimento próprio de cada uma das ciências.

É aliás em resultado da inspiração recebida da filosofia de Hermann Cohen que Kelsen começa a referir, a partir de 1920, a sua teoria formal do Direito positivo como "Teoria Pura do Direito",[106] de acordo com a informação que é prestada pelo biógrafo e confidente de Kelsen, Rudolf A. Métall (1903-1975).[107] A qualificação como "pura" da sua teoria formal do Direito positivo tornava explícita a inspiração na filosofia do neo-kantismo, mais precisamente na investigação transcendental sobre as diversas formas do conhecimento científico, investigação que Hermann Cohen (1842-1918) designava como "lógica do conhecimento puro".[108]

2 A lógica do conhecimento puro e a Teoria Pura do Direito

Na "reconstrução" sistemática da *Crítica da Razão Pura* de Kant proposta por Hermann Cohen (1842-1918) em *Logik der reinen Erkenntnis* (Berlim, 1902), o "conhecimento puro" substitui a "razão pura" e a "lógica" a "crítica": a "lógica" de Cohen consiste na explicitação das pressuposições do conhecimento científico, constituindo, portanto, uma "reconstrução" da Lógica transcendental kantiana, enquanto teoria da representação mental objectiva, que averigua o modo como a forma lógica torna possível o "objecto" da representação.[109]

---

106 Cf. KELSEN, Hans. *Das Problem der Souveränität und die Theorie des Völkerrechts*: Beitrag zu einer reinen Rechtslehre. Tübingen: Mohr Siebeck, 1920.

107 Cf. MÉTALL, Rudolf A. *Hans Kelsen*: Leben und Werk. Viena: Manzsche Verlags- und Universitätsbuchhandlung, 1969, p. 8.

108 Cf. COHEN, Herman. *Logik der reinen Erkenntnis*. Berlim: B. Cassirer, 1902.

109 Sobre a lógica do conhecimento puro de Cohen como "reconstrução" da Lógica transcendental kantiana, cf. MARX, Werner. *Transzendentale*

Esta averiguação tinha que ver com a questão que Kant considerava ser a mais importante da crítica da razão pura, a possibilidade de juízos sintéticos *a priori* teóricos, isto é, de juízos que representam uma forma de síntese que se estabelece como condição universal e necessária (*a priori*) do conhecimento[110] e remetia para a própria ideia de "conhecimento transcendental" – Kant explicava o que entendia por "conhecimento transcendental", dizendo: "*Chamo* transcendental *a todo o conhecimento que em geral se ocupa menos dos objectos que do nosso modo de os conhecer, na medida em que este deve ser possível* a prori".[111]

Na sua "reconstrução"da teoria do conhecimento de Kant, Hermann Cohen aprofunda a perspectiva kantiana do pensamento como síntese e estabelece o juízo (*Urteil*) como forma fundamental do pensamento: a averiguação da "legalidade específica" (*Eigengesetzlichkeit*) do conhecimento próprio de cada uma das ciências consistia na análise da estrutura transcendental dos juízos dessa ciência. Fiel a esta perspectiva, Kelsen defendia que a "imputação" (*Zurechnung*) consubstancia a "legalidade" específica" (*Eigengesetzlichkeit*) das disciplinas normativas, em particular da Ciência do Direito, sustentando que a "imputação" (*Zurechnung*) tem na esfera do "dever-ser" (*Sollen*) a mesma função sintetizante que a "causalidade" (*Kausalität*) tem na esfera do "ser" (*Sein*): Kelsen entendia, na linha de Cohen, o método transcendental como explicitação do tipo de "legalidade" ou "forma lógica" específica de cada ciência particular.

Logik als Wissenschaftstheorie: Systematisch-kritische Untersuchungen zur philosophischen Grundlegungsproblematik in Cohens "Logik der reinen Erkenntnis". Frankfurt: Suhrkamp, 1977.

110 Kant afirmava que "*o verdadeiro problema da razão pura está contido na questão: como são possíveis os juízos sintéticos* a priori?" – cf. Kant, *Crítica da Razão Pura*, B19.

111 Cf. Kant, *Crítica da Razão Pura*, A11/B25.

O sentido mais profundo da "pureza" da Teoria Pura do Direito tem, portanto, as suas raízes na noção kantiana de "pureza" como "forma" (do conhecimento e da volição):[112] o sentido primordial da "pureza" da Teoria Pura do Direito consiste em situá-la no domínio do puramente formal, o que levava Kelsen a equiparar a sua teoria formal do Direito positivo a "*uma geometria do fenómeno jurídico na sua totalidade*" [*eine Geometrie der totalen Rechtserscheinung*]. Ora, construir "*uma geometria do fenómeno jurídico na sua totalidade*" implicava apreender a "forma" do Direito positivo, isto é, colocar no centro da análise do Direito positivo a noção de "proposição jurídica" (*Rechtssatz*) e explicitar a sua estrutura lógico-imputativa: a doutrina da "proposição jurídica" (*Rechtssatz*) constitui o elemento nuclear da fase inicial da investigação de Kelsen, movida pelo propósito de assegurar a "pureza" da consideração estritamente normativa dos problemas fundamentais da doutrina do Direito e do Estado.

3 A "proposição jurídica" (*Rechtssatz*) como "forma" da consideração estritamente normativa do Direito positivo

Naquela que constitui a obra de Teoria do Direito mais interessante no período anterior a Kelsen, o seu autor, Ernst Rudolf Bierling (1841-1919), dizia: "*Todo o Direito consiste em normas; aquilo que não pode reduzir-se a normas não pertence, na verdade, ao Direito*".[113] Ao mesmo tempo, Bierling explicava que as normas gerais não são imperativos, mas têm uma estrutura lógica hipotético-condicional, traduzida no esquema "*se –, então –*".[114] Kelsen segue

---

112 Sobre a noção kantiana de "pureza", cf., por todos, EISLER, Rudolf. "Rein". *In*: ______. *Kant Lexikon*. Berlim: de Gruyter, 1930 , pp. 464 e ss. [10ª reimp. Hildesheim: Georg Olms Verlag, 1989].

113 Cf. BIERLING, Ernst Rudolf. *Juristische Prinzipienlehre*. vol. I. Freiburgo/Leipzig: Mohr Siebeck, 1894, p. 30.

114 Cf. BIERLING, Ernst Rudolf. *Juristische Prinzipienlehre*. vol. I. Freiburgo/Leipzig: Mohr Siebeck, 1894, *maxime* p. 77. Esta tese,

de perto estas perspectivas de Bierling quando se propõe defender a "pureza" da consideração estritamente normativa dos problemas fundamentais da doutrina do Direito e do Estado na sua dissertação *Hauptprobleme der Staatsrechtslehre, entwickelt aus der Lehre vom Rechtssatze* (Tübingen, 1911) – diz o nosso autor, explicitando as linhas gerais da sua investigação:

> O livro procura, na base de uma revisão dos fundamentos metodológicos, trabalhar alguns sectores importantes da doutrina do Direito Público. O sistema que lhe é subjacente decorre do facto de que é reconhecido à proposição jurídica o papel de um conceito central da construção jurídica, cuja formulação particular condiciona a solução de um conjunto de problemas específicos. Esta é a ideia fundamental.[115]

A locução "proposição jurídica" (*Rechtssatz*) é usada na Teoria do Direito dos finais do século XIX e inícios do século XX significando, indistintamente, tanto a "norma jurídica" como a representação cognoscitiva da norma jurídica.[116] Kelsen entende por "proposição jurídica" (*Rechtssatz*) a representação cognoscitiva da norma jurídica e explicita a sua estrutura lógica como um juízo hipotético que tem como modo de conexão funcional a "imputação" (*Zurechnung*), ligando a hipótese fáctica (*Tatbestand*) à consequência

---

segundo a qual as normas jurídicas não são imperativos, mas têm uma estrutura lógica hipotético-condicional, deve-se, em primeiro lugar, a Ernst Zitelmann (1852-1923), que a apresenta em *Irrtum und Rechtsgeschäft.* Eine psychologisch-juristische Untersuchung. Leipzig: Duncker & Humblot, 1879, *maxime* pp. 200 e ss., 214 e ss., 222 e ss.

115 Cf. KELSEN, Hans. *Hauptprobleme der Staatsrechtslehre, entwickelt aus der Lehre vom Rechtssatze*. Tübingen: Mohr Siebeck, 1911, p. III.

116 Tal acontece, por exemplo, em Adolf Merkel (1836-1896), dando azo, como Kelsen refere, à confusão entre a função normativa da autoridade jurídica e a função cognoscitiva da Ciência do Direito: cf. KELSEN, Hans. *Teoria Pura do Direito*. Trad. João Baptista Machado. Coimbra: Arménio Amado, 1976, p. 112 [tradução da 2ª edição (1960)].

normativa – a sua estrutura lógica pode ser traduzida no esquema "Se A é, B deve ser".

O apuramento desta estrutura lógico-imputativa da "proposição jurídica" (*Rechtssatz*) parece ser feita em *Hauptprobleme der Staatsrechtslehre* em termos de uma "redução" lógico-formal a partir do material do Direito positivo; na fase subsequente da sua investigação, que culmina na publicação da primeira edição (1934) de *Teoria Pura do Direito*, Kelsen baseia-se no método crítico lógico-transcendental – partindo dos juízos para as suas pressuposições apriorísticas – para explicitar a estrutura lógico-imputativa da "proposição jurídica" (*Rechtssatz*) e, assim, pôr em evidência a "legalidade específica" (*Eigengesetzlichkeit*) de uma forma de conhecimento que é dirigido às normas e não à realidade natural: a "legalidade específica" (*Eigengesetzlichkeit*) do conhecimento jurídico como conhecimento normativo é dada na estrutura transcendental dos juízos da Ciência do Direito, na forma lógico-imputativa da "proposição jurídica" (*Rechtssatz*).[117]

Por uma via diferente da de Kelsen, a corrente fenomenológica da Escola de Viena, representada, sobretudo, por Felix Kaufmann (1895-1949) e Fritz Schreier (1897-1981), lança mão do método da "redução" fenomenológica para proceder à análise das estruturas formais do Direito positivo e, em primeiro lugar, do seu conceito elementar: a "proposição jurídica" (*Rechtssatz*).[118] A corrente fe-

---

117 A este propósito, seriam de relevar os ensinamentos que Kelsen vai buscar à obra de Christoph Sigwart (1830-1904) e também, muito especialmente, à investigação sobre as diversas formas dos juízos levada a cabo por Hermann Cohen (1842-1918): cf., sobretudo, COHEN, Herman. *Logik der reinen Erkenntnis*. Berlim: B. Cassirer, 1902 [2ª ed., Berlim, 1914], livro onde Cohen procede à análise das modalidades dos juízos (pp. 68 e ss.), da estrutura do juízo hipotético (pp. 269 e ss.) e da causalidade (pp. 330 e ss.).

118 Como diz Felix Kaufmann, "*aquilo que aos juristas diz respeito é o conteúdo empírico mutável das proposições jurídicas, aquilo que aos teóricos do Direito diz respeito é a forma estável a priori das proposições*

nomenológica da Escola de Viena concebe a "proposição jurídica" (*Rechtssatz*) à luz da ideia de uma morfologia pura dos juízos, como ente lógico obtido por via de procedimentos de formalização ou "redução" fenomenológica a partir do material do Direito positivo.[119]

Se abstrairmos da interpretação da "natureza" da "proposição jurídica" (*Rechtssatz*) à luz de um qualquer sistema filosófico (*v.g.*: neo-kantismo, fenomenologia etc.), podemos referi-la como uma entidade lógico-semântica, como um "objecto abstracto" ou "ideal". A "pureza" do método dogmático de análise do Direito positivo tem para Kelsen – na fase da sua investigação que culmina na publicação da primeira edição (1934) de *Teoria Pura do Direito* – como pressuposição ontológica a autonomização da esfera puramente ideal das entidades lógico-semânticas (sejam elas referidas como "juízos", "noemas" ou "proposições") das realidades físicas ou psíquicas, espacio-temporalmente determinadas. A feição peculiar da Teoria Pura do Direito, como variante de positivismo jurídico, decorre, precisamente, destas pressuposições ontológicas, associadas a um modelo de filosofia "pura", isto é, a uma orientação filosófica de carácter anti-empirista ou anti-naturalista.

4 O positivismo da Teoria Pura do Direito

Os contornos específicos da variante de positivismo jurídico representada pela Teoria Pura do Direito decorrem da sua associação – mais marcada na fase do pensamento de Kelsen que culmina

---

jurídicas. Toda a Teoria do Direito é, portanto, na sua essência, doutrina da proposição jurídica, precisamente doutrina apriorística da proposição jurídica" – cf. KAUFMANN, Felix. *Logik und Rechtswissenschaft*: Grundriß eines Systems der Reinen Rechtslehre. Tübingen: Mohr Siebeck, 1922, p. 54.

119 Sobre os procedimentos de formalização, no sentido da fenomenologia, na Teoria do Direito, cf. KAUFMANN, Felix. *Die Kriterien des Rechts*: Eine Untersuchung über die Prinzipien der juristischen Methodenlehre. Tübingen: Mohr Siebeck, 1924, *maxime* pp. 12 e ss.

na publicação da primeira edição (1934) de *Teoria Pura do Direito* – a uma concepção de filosofia "pura" ou transcendental, seja ela representada pelo movimento neo-kantiano, como no caso de Kelsen, seja representada pela fenomenologia husserliana, como no caso da corrente fenomenológica da Escola de Viena (Felix Kaufmann, Fritz Schreier). Tanto o neo-kantismo como a fenomenologia se compreendem a si próprios como formas de idealismo transcendental: o positivismo jurídico da Escola de Viena e o positivismo lógico do Círculo de Viena – Moritz Schlick (1881-1936), Otto Neurath (1882-1945), Victor Kraft (1880-1975) etc. – mantiveram-se, na fase do pensamento de Kelsen que culmina na publicação da primeira edição (1934) de *Teoria Pura do Direito*, como dois mundos relativamente isolados entre si, apesar da coincidência no espaço e no tempo, de afinidades pessoais relevantes e de um comum propósito anti-metafísico.[120]

A concepção ontológica subjacente à Teoria Pura do Direito tem um recorte nitidamente anti-empirista: a autonomização da esfera puramente ideal das entidades lógico-semânticas em relação às entidades físicas ou psíquicas, espacio-temporalmente determinadas, constitui, como foi referido, a pressuposição de que a Teoria Pura do Direito parte para construir a estrutura conceptual da Ciência do Direito com base em elementos estritamente normativos. Ao situar as normas no mundo das objectividades ideais, Kelsen coloca-se numa posição diametralmente oposta às variantes de base empírica ou "naturalista" do positivismo jurídico, que procuram reconduzir o mundo da normatividade ao mundo dos "factos"[121] – como ele

---

120 Sobre este ponto, cf., por todos, WALTER, Robert. "Der Positivismus der Reinen Rechtslehre". *In*: JABLONER, Clemens; STADLER, Friedrich (Coord.). *Logischer Empirismus und Reine Rechtslehre*: Beziehungen zwischen dem Wiener Kreis und der Hans Kelsen-Schule. Viena: Manzsche Verlags- und Universitätsbuchhandlung, 2001, pp. 1-17.

121 No âmbito da *analytical jurisprudence* e da Teoria do Direito, costumam ser apontados como exemplos mais vincados de positivismo jurídico de

diz, sublinhando a necessidade de diferenciação entre positivismo jurídico e positivismo filosófico:

> Se no sentido do positivismo filosófico objecto de uma ciência só pode ser o "dado" e o dado (...) são factos, o postulado do positivismo filosófico não pode ser ou não pode ser directamente aplicado às normas jurídicas, pois as normas jurídicas não são factos mas o sentido de factos, precisamente o sentido de actos de vontade dirigidos à conduta humana.[122]

O normativismo idealista da Teoria Pura do Direito decorre, precisamente, dessas pressuposições ontológicas. Na fase da investigação de Kelsen que culmina na publicação da primeira edição (1934) de *Teoria Pura do Direito*, esse normativismo idealista expressa-se em três doutrinas fundamentais: *i*) a caracterização das normas como entidades ideais, pertencentes ao mundo do "dever-ser" (*Sollen*); *ii*) a concepção da validade como força obrigatória das normas; *iii*) a noção de norma fundamental (*Grundnorm*) como pressuposição lógico-transcendental, isto é, como condição de interpretação do Direito como fenómeno normativo, como "dever-ser" (*Sollen*). Não obstante, a partir, sobretudo, do exílio nos Estados Unidos (1940) começa a emergir no pensamento de Kelsen um conflito entre o formalismo jurídico de matriz neo-kantiana e um positivismo jurídico de tonalidades mais empiristas.

---

base empírica ou "naturalista" o positivismo jurídico de John Austin (1790-1859) e a concepção realista do Direito e da Ciência do Direito. O primeiro propõe a definição do conceito de "dever" em termos de factos empíricos – *i.e.*: "ter um dever" pode ser redefinido em termos de "receber uma ordem"; o realismo jurídico reduz o Direito a "factos" e apresenta um modelo de ciência jurídica descritiva e empírica.

122 Cf. KELSEN, Hans. "Was ist Juristischer Positivismus?" *Juristen-Zeitung*, vol. 20, 1965, pp. 465-469. [Agora em: KLECATSKY, Hans; MARCIC, René; SCHAMBECK, Herbert (Coord.). *Die Wiener rechtstheoretische Schule*. vol. 1. Viena: Manzsche, 1968, p. 771].

Bibliografia de aprofundamento

Para além das referências bibliográficas contidas no texto, aconselha-se a leitura de:

1. RAZ, Joseph. "The Purity of the Pure Theory". *Revue Internationale de Philosophie*, vol. 138, 1981, pp. 441-459.

2. PAULSON, Stanley L. "Hans Kelsen's Earliest Legal Theory: Critical Constructivism". *In*: PAULSON, Stanley L.; PAULSON, Bonnie Litschewski (Coord.). *Normativity and Norms*: Critical Perspectives on Kelsenian Themes. Oxford: Oxford University Press, 1998, pp. 23-43.

3ª SESSÃO

"ANÁLISE" COMO ANÁLISE CATEGORIAL: A MOLDURA NEO-KANTIANA DA TEORIA PURA DO DIREITO

A fase inicial da obra de Kelsen (1881-1973), que culmina na publicação da primeira edição (1934) de *Teoria Pura do Direito*, é dominada pela investigação sobre os pressupostos epistemológicos da Ciência do Direito como ciência normativa, isto é, pela análise lógica de uma forma de conhecimento que é dirigido às normas e não à realidade natural. Numa das suas formulações mais conhecidas sobre a "natureza" da Teoria Pura do Direito, dizia Kelsen:

> Como doutrina sobre o método específico do conhecimento jurídico, ocupa-se com problemas da lógica. Partindo do *factum* da Ciência do Direito, submete as proposições mediante as quais esta ciência descreve o seu objecto a uma análise lógica; isto é, estabelece os pressupostos mediante os quais enunciados jurídicos, titularidade de direitos, responsabilidade jurídica,

sujeitos jurídicos, pessoas físicas e jurídicas, órgãos judiciais, competências jurídicas etc., são, em geral, possíveis.[123]

Quando fala de "análise lógica", Kelsen está a referir-se à problemática da Lógica transcendental kantiana, como investigação sobre as regras *a priori* do entendimento (*Verstand*), projecto que Hermann Cohen (1842-1918) reconstrói como explicitação das pressuposições do conhecimento científico. Em termos filosóficos, Kelsen apoia-se, nesta fase da sua obra, em primeira linha, no método crítico lógico-transcendental – tal como tinha sido apresentado por Hermann Cohen (1842-1918) – como base da explicitação dos pressupostos epistemológicos do "método jurídico" (do método dogmático de análise do Direito positivo). Como tributário do neo--kantismo, Kelsen entende o método transcendental como dirigido aos juízos analíticos da Ciência do Direito, baseando-se na versão "regressiva" do método transcendental – a que Hermann Cohen (1842-1918) se atinha em *Kants Theorie der Erfahrung* (1871, 1885) e que Immanuel Kant (1724-1804), nos *Prolegómenos a toda a Metafísica futura* (1783), referia como método "analítico", o qual, nas suas palavras, "(...) *supõe que se começa a partir do que está sendo buscado como se fosse dado e se remonta às condições sob as quais esse dado é possível*".[124]

Quando escreve a sua primeira obra de fôlego, *Hauptprobleme der Staatsrechtslehre, entwickelt aus der Lehre vom Rechtssatze* (Tübingen, 1911), Kelsen não possui ainda uma consciência nítida do alcance do método crítico lógico-transcendental para a sua investigação

---

123 Cf. KELSEN, Hans. "Was ist die Reine Rechtslehre?" *Demokratie und Rechtsstaat*: Festschrift für Zaccaria Giacometti, Zurique, 1953, p. 144. [Agora em: KLECATSKY, Hans; MARCIC, René; SCHAMBECK, Herbert (Coord.). *Die Wiener rechtstheoretische Schule*. vol. 1. Viena: Manzsche Verlags- und Universitätsbuchhandlung, 1968, p. 500].

124 Cf. KANT, Immanuel. *Prolegomena zu einer künftigen Metaphysik, die als Wissenschaft wird auftreten können*. Berlim: Akademie Verlag, [s.d.], §5, p. 276. (Akademie Textausgabe, vol. IV).

sobre a estrutura lógica do conhecimento característico das ciências normativas e das afinidades dessa investigação com a problemática kantiana das condições formais gerais da "experiência" (*Erfahrung*), apesar de já se apoiar aí numa ideia geral de dualismo metodológico, inspirada, sobretudo, nos trabalhos de Wilhelm Windelband (1848-1915) e Georg Simmel (1858-1918).[125] A chamada de atenção para as afinidades da investigação de Kelsen com a problemática da filosofia transcendental kantiana e neo-kantiana deve-se, em primeiro lugar, a um artigo de Oscar Ewald (1881-1940), publicado na revista filosófica *Kant-Studien*, onde dava nota da produção filosófica na Alemanha no ano de 1911 e referia a dissertação de Kelsen como um ensaio de aplicação do método transcendental a uma teoria do Direito positivo.[126] Nos anos seguintes, Kelsen aprofunda a fundamentação filosófica do seu programa de análise do Direito, sobretudo com base no estudo da obra de Hermann Cohen (1842-1918) e na sua refundação da doutrina kantiana do apriorismo transcendental – numa carta dirigida a Renato Treves (1907-1992), datada de 3 de agosto de 1933, Kelsen constata:

> É genericamente correcto que a fundamentação filosófica da Teoria Pura do Direito é a filosofia kantiana, na interpretação que lhe foi dada por Cohen. Um ponto de especial significado é o de que, tal como Cohen entendeu a *Crítica da Razão Pura* de Kant como uma teoria da experiência, do mesmo modo

---

125 Sobre as referências de Kelsen ao neo-kantismo culturalista da Escola sudocidental alemã nos inícios da sua investigação, cf., por todos, PAULSON, Stanley L. "Faktum/Wert-Distinktion: Zwei-Welten-Lehre und immanenter Sinn. Hans Kelsen als Neukantianer". *In*: ALEXY, Robert; MAYER, Lukas H.; PAULSON, Stanley L.; SPRENGER, Gerhard (Coord.). *Neukantianismus und Rechtsphilosophie*. Baden-Baden: Nomos Verlag, 2002, pp. 223-251.

126 Cf. EWALD, Oscar. "Die deutsche Philosophie im Jahre 1911". *Kant-Studien*, vol. 17, 1912, pp. 382-433, *maxime* pp. 396-398.

eu procuro aplicar o método transcendental a uma teoria do Direito positivo".[127]

1 O sentido do método transcendental

Na apresentação de uma reedição do livro *História do Materialismo*, de Friedrich Albert Lange (1828-1875), Cohen definia nestes termos o sentido do método transcendental:

> O método transcendental não procura penetrar nos princípios da razão humana, mas antes nos fundamentos das ciências, em que é que se funda a sua universalidade e a sua necessidade, que conceitos podem ser inferidos no interior do seu espaço de validade cognitiva, que aspectos e que modalidades de conhecimento podem explicar a validade desses factos históricos do conhecimento que são as ciências – eis um problema de método que as ciências se puseram a si próprias, na medida em

127 Cf. KELSEN, Hans. "The Pure Theory of Law, 'Labandism und Neo-Kantianism: A Letter to Renato Treves'". *In*: PAULSON, Stanley L.; PAULSON, Bonnie Litschewski (Coord.). *Normativity and Norms*: Critical Perspectives on Kelsenian Themes. Oxford: Oxford University Press, 1998, p. 171. Sobre a relação de Kelsen com a filosofia de Herman Cohen, cf. HOLZEY, Helmut. "Kelsen Rechts- und Staatslehre in ihrem Verhältnis zum Neukantianismus". *In*: PAULSON, Stanley L.; WALTER, Robert (Coord.). *Untersuchungen zur Reinen Rechtslehre*. Viena: Springer, 1986, pp. 167-192; cf., igualmente, PAULSON, Stanley L. "Kelsen and the Marburg School: Reconstructive and Historical Perspectives". *In*: KRAWIETZ, Werner; MacCORMICK, Neil; WRIGHT, Georg Henrik von (Coord.). *Prescriptive Formality and Normative Rationality in Modern Legal Systems*: Festschrift for Robert S. Summers. Berlim: De Gruyter, 1994, pp. 481-494; CARRINO, Agostino. *Das Recht zwischen Reinheit und Realität*: Hermann Cohen und die philosophischen Grundlagen der Rechtslehre Kelsens. Baden-Baden: Nomos, 2011.

> que se sentiram impelidas à reflexão sobre os seus princípios: o problema transcendental é isto e nada mais do que isto.[128]

Cohen entendia o método transcendental como regressão reflexiva aos fundamentos apriorísticos de cada uma das ciências, considerando que o elemento nuclear do pensamento de Kant é o método transcendental e que a valia das demais doutrinas kantianas deve ser ajuizada em função da medida em que constituem uma expressão rigorosa desse método.

Ainda segundo Cohen, Kant ter-se-ia limitado à aplicação do método transcendental às ciências naturais-matemáticas, havendo que alargar a aplicação da doutrina das formas transcendentais a todas a formas de "objectividade" possível, de modo a explicitar a "legalidade específica" (*Eigengesetzlichkeit*) – os princípios sintéticos ou estruturas lógico-transcendentais – do conhecimento próprio de cada uma das ciências: é este o fio condutor da refundação do programa da filosofia crítica de Kant pela orientação logicista formal do neo-kantismo de Marburgo. A tarefa de explicitação dos princípios sintéticos do conhecimento cabia no sistema kantiano à Lógica transcendental, disciplina que, como referimos, Cohen reconstrói como "Lógica do conhecimento puro" (*Logik der reinen Erkenntnis*) e a que atribui a incumbência de explicitação da "legalidade específica" (*Eigengesetzlichkeit*) das diversas formas de conhecimento científico. Kelsen é, em primeira linha, um jurista e não um filósofo: não obstante, a investigação lógico-transcendental sobre os pressupostos epistemológicos do "método jurídico" (do método dogmático de análise do Direito positivo) constitui, de um ponto de vista estritamente filosófico, o elemento mais interessante da sua teorização, dominando todo o período da investigação que

128 Cf. COHEN, Herman. "Biographisches Vorwort" a LANGE, F. A. *Geschichte des Materialismus und Kritik seiner Bedeutung in der Gegenwart* (1865). Leipzig: J. C. B. Mohr, 1881, p. X.

antecede a publicação da primeira edição de *Teoria Pura do Direito*, em 1934.

2 A aplicação do método transcendental a uma teoria do Direito positivo

Aquilo que Kelsen retirava quer da filosofia de Kant quer da sua reinterpretação por Cohen era, tão-somente, o método transcendental, que, como ele referia, procurava aplicar na construção de uma teoria do Direito positivo, rejeitando quer a doutrina da razão prática sobre o Direito de Kant – que considerava ser a expressão mais acabada do Direito natural de inspiração cristã protestante[129] –, quer a Filosofia do Direito de Cohen – que, na sua opinião, não ultrapassava, também, o horizonte da doutrina do Direito natural.[130]

O texto filosoficamente mais interessante em que Kelsen procede a uma exposição pormenorizada sobre as bases filosóficas do programa analítico da Teoria Pura do Direito, nesta fase da sua investigação, é, porventura, aquele que integra a polémica travada com Fritz Sander (1889-1939) sobre as relações entre Direito, Ciência do Direito e método crítico lógico-transcendental.[131] Sander argumentava que

---

129 Cf. KELSEN, Hans. *Die philosophischen Grundlagen der Naturrechtslehre und des Rechtspositivismus*. Charlottenburg: Rolf Heise Verlag, 1928, *maxime* p. 76.

130 Cf. KELSEN, Hans. "Rechtswissenschaft und Recht: Erledigung eines Versuchs zur Überwindung der 'Rechtsdogmatik'". *Zeitschrift für öffentliches Recht*, vol. 3, 1922, *maxime* pp. 127 e ss.

131 Cf. KELSEN, Hans. "Rechtswissenschaft und Recht: Erledigung eines Versuchs zur Überwindung der 'Rechtsdogmatik'". *Zeitschrift für öffentliches Recht*, vol. 3, 1922. Sobre o alcance desta polémica, cf. o meu artigo "O método transcendental na Filosofia do Direito: a polémica entre Kelsen e Sander". *In*: LAMEGO, José. *Caminhos da Filosofia do Direito Kantiana*. vol. I: De Kant ao Neo-Kantismo. Lisboa: AAFDL, 2014, pp. 129-139; cf., igualmente, HOLZHEY, Helmut. "Rechtserfahrung oder Rechtswissenschaft: Eine fragwürdige Alternative. Zu Sanders Streit mit Kelsen". *In*: WEINBERGER, Ota;

era necessário distinguir a esfera primária dos juízos sintéticos do Direito da esfera dos juízos analíticos da Ciência do Direito e referia o método crítico lógico-transcendental não aos juízos cognoscitivos da Ciência do Direito, mas aos juízos decisórios da concretização do Direito no processo judicial, atribuindo, em consequência, uma maior importância no quadro da sua teoria da "experiência jurídica" (*Rechtserfahrung*) à doutrina kantiana do "esquematismo" – que investiga o modo como no juízo as categorias ou conceitos puros do entendimento podem ser aplicados aos objectos da "experiência": Sander alegava, portanto, que o método transcendental devia referir-se aos juízos sintéticos que têm lugar no processo judicial (*Rechtsverfahren*) e não aos juízos analíticos da Ciência do Direito.[132] Kelsen respondia que é a estrutura transcendental dos juízos da Ciência do Direito – como juízos hipotéticos que têm como modo lógico interno de conexão a "imputação" (*Zurechnung*), ligando a hipótese fáctica (*Tatbestand*) condicionante à consequência normativa – que caracteriza a lógica de uma forma de conhecimento que é dirigida às normas e não à realidade natural.

Não obstante o artificialismo de algumas das transposições para o âmbito da análise do Direito de algumas construções filosóficas, como, por exemplo, a doutrina kantiana do esquematismo dos conceitos puros do entendimento,[133] a crítica de Sander tocava no ponto que Hans Kelsen haveria de sentir como o verdadeiro *punctum dolens* da sua construção: a Teoria Pura do Direito, ao centrar-se na

---

KRAWIETZ, Werner (Coord.). *Reine Rechtslehre im Spiegel ihrer Fortsetzer und Kritiker*. Viena: Springer, 1988, pp. 47-75; PAULSON, Stanley L. "Zur neukantianischen Dimension der Reinen Rechtslehre". *In*: ______. (Coord.). *Die Rolle des Neukantianismus in der Reinen Rechtslehre*: Eine Debatte zwischen Sander und Kelsen. Aalen: Scientia Verlag, 1988, pp. 7-22.

132 Cf. SANDER, Fritz. "Die transzendentale Methode der Rechtsphilosophie und der Begriff der Rechtserfahrung". *Zeitschrift für öffentliches Recht*, vol. 1, 1919-1920, pp. 468-507.

133 Cf. Kant, *Crítica da Razão Pura*, A 137-147 / B 176-187.

análise das operações cognoscitivas (os juízos) da Ciência do Direito, não prestava a devida atenção aos aspectos da "dinâmica" jurídica, mormente à aplicação judicial do Direito.[134]

Em meados dos anos 20 do século XX, Kelsen incorpora no edifício conceptual da Teoria Pura do Direito a doutrina da estrutura escalonada (*Stufenbaulehre*) da ordem jurídica,[135] que tinha sido avançada pelo seu discípulo mais proeminente, Adolf Julius Merkl (1890-1970).[136] Com essa inovação conceptual, procurava complementar a perspectiva "estática", baseada na doutrina da proposição jurídica (*Rechtssatz*) como juízo normativo hipotético da Ciência do Direito – perspectiva em que se apoia a exposição levada a cabo em *Hauptprobleme der Staatsrechtslehre, entwickelt aus der Lehre vom Rechtssatze* (Tübingen, 1911) –, acrescentando-lhe

---

134 Cf. SANDER, Fritz. "Die transzendentale Methode der Rechtsphilosophie und der Begriff der Rechtserfahrung". *Zeitschrift für öffentliches Recht*, vol. 1, 1919-1920, *maxime* p. 468.

135 Cf., em primeiro lugar, KELSEN, Hans. "Die Lehre von den drei Gewalten oder Funktionen des Staates". *Archiv für Rechts- und Wirtschaftsphilosophie*, XVII, 1923-1924, pp. 374-408. [Agora em: KLECATSKY, Hans; MARCIC, René; SCHAMBECK, Herbert (Coord.). *Die Wiener rechtstheoretische Schule*. vol. 2. Viena: Manzsche, 1968, pp. 1331-1359]. Cf., igualmente, KELSEN, Hans. *Reine Rechtslehre*: Einleitung in die rechtswissenschaftliche Problematik. Leipzig/Viena: Deuticke, 1934, pp. 62 e ss.; KELSEN, Hans. *General Theory of Law and State*. Cambridge: Harvard University Press, 1945, pp. 110 e ss.; KELSEN, Hans. *Teoria Pura do Direito*. Trad. João Baptista Machado. Coimbra: Arménio Amado, 1976, pp. 309 e ss.

136 Cf., em primeiro lugar, MERKL, Adolf J. "Das Recht im Lichte seiner Anwendung". *Deutsche Richterzeitung*, vol. 9, 1917. [Agora em: KLECATSKY, Hans; MARCIC, René; SCHAMBECK, Herbert (Coord.). *Die Wiener rechtstheoretische Schule*. vol. 1. Viena: Manzsche, 1968, pp. 955-982]. Sobre a doutrina da estrutura escalonada (*Stufenbaulehre*) de Merkl e a sua recepção por Kelsen, cf., com maior pormenor, *infra*, 9ª sessão.

uma perspectiva "dinâmica", orientada para a análise do processo de produção e aplicação do Direito.[137]

Ora, essa extensão do programa de análise do Direito acaba por constituir uma fonte inesgotável de perplexidades: Kelsen constata que a problemática da Lógica transcendental kantiana, como teoria da representação mental objectiva – isto é, como explicitação dos elementos conceptuais da estrutura da "experiência" (*Erfahrung*), que parte dos juízos para as suas pressuposições apriorísticas –, pode oferecer uma base para o estabelecimento da estrutura lógica do conhecimento no âmbito das ciências normativas, permitindo, assim, construir uma teoria da Ciência do Direito fundamentada no método crítico lógico-transcendental; mas conclui, igualmente, sobretudo a partir do exílio nos Estados Unidos (1940), que a problemática da Lógica transcendental kantiana e a análise categorial do neo-kantismo (*maxime*, Cohen) não constituem os alicerces filosóficos adequados para uma representação "dinâmica" do Direito, ensaiando, então, uma aproximação à filosofia analítica da linguagem e a pontos de vista de realismo epistemológico.

3 O afastamento do modelo de uma filosofia "pura" ou transcendental

Kelsen passa, a partir de *General Theory of Law and State* (Cambridge Mass., 1945), a acentuar a característica da "generalidade" em vez da "pureza" como definidora do seu projecto de jurisprudência analítica, atenuando-se, assim, as suas afinidades com a Filosofia do Direito do neo-kantismo de Marburgo e o seu projecto de estruturação de uma Teoria do Direito "pura" ou "categorial",

137 Sobre esta complementação, cf. o "Prefácio" à segunda edição (1923) de KELSEN, Hans. *Hauptprobleme der Staatsrechtslehre, entwickelt aus der Lehre vom Rechtssatze*. 2ª ed. Tübingen: Mohr Siebeck, 1923, *maxime* p. V.

como Lógica transcendental da Ciência do Direito.[138] Mas a reconfiguração da base filosófica da Teoria Pura do Direito, adoptando pontos de vista de realismo epistemológico e alguns elementos de filosofia da linguagem, não se deve, sublinhe-se uma vez mais, a novos interesses intelectuais de Kelsen, mas à reorientação do seu programa de análise do Direito no sentido de uma representação "dinâmica" do Direito positivo, de modo a dar conta daquilo que ele refere como "autodeterminação" (*Selbstbestimmung*) do Direito, isto é, o facto de que o Direito regula o seu próprio processo de criação e aplicação.[139]

Com essa deslocação de perspectiva, assistimos a uma modificação da própria "natureza" da Teoria Pura do Direito, que começa por ser uma Lógica transcendental da Ciência do Direito, enquanto investigação sobre a sua "legalidade específica" (*Eigengesetzlichikeit*), convertendo-se, com a exposição que Kelsen leva a cabo em *General Theory of Law and State* (Cambridge Mass., 1945), numa teoria analítica do sistema jurídico, que, como ele diz, "(...) *is directed at a structural analysis of positive law*".[140] O afastamento da fundamentaçõa crítica lógico-transcendental da Teoria Pura do Direito é, em

---

138 Sobre o projecto da Filosofia do Direito do neo-kantismo de Marburgo de uma Teoria do Direito "pura" ou transcendental, cf. o meu artigo "O conceito de Direito como forma lógica da 'experiência' jurídica: a filosofia do Direito do neo-kantismo de Marburgo". *In*: LAMEGO, José. *Caminhos da Filosofia do Direito Kantiana*. vol. I: De Kant ao Neo-Kantismo. Lisboa: AAFDL, 2014, pp. 81-97; cf., igualmente, KERSTING, Wolfgang. "Neukantische Rechtsbegründung: Rechtsbegriff und richtiges Recht bei Cohen, Stammler und Kelsen". *In*: ALEXY, Robert; MEYER, Lukas H.; PAULSON, Stanley L.; SPRENGER, Gerhard (Coord.). *Neukantianismus und Rechtsphilosophie*. Baden-Baden: Nomos, 2002, pp. 23-68.

139 Cf. KELSEN, Hans. "Die Selbstbestimmung des Rechts" (1963). [Agora em: KLECATSKY, Hans; MARCIC, René; SCHAMBECK, Herbert (Coord.). *Die Wiener rechtstheoretische Schule*. vol. 2. Viena: Manzsche Verlags- und Universitätsbuchhandlung, 1968, pp. 1181-1188].

140 Cf. KELSEN, Hans. *General Theory of Law and State*. Cambridge: Harvard University Press, 1945, p. XIV.

primeiro lugar, uma decorrência da acentuação de uma perspectiva "dinâmica" na representação do Direito positivo.

Bibliografia de aprofundamento

Para além das referências bibliográficas contidas no texto, aconselha-se a leitura de:

1. PAULSON, Stanley L. "The Neo-Kantian Dimension of Kelsen's Pure Theory of Law". *Oxford Journal of Legal Studies*, vol. 12, 1992, pp. 311-332.
2. HAMMER, Stefan. "A Neo-Kantian Theory of Legal Knowledge in Kelsen's Pure Theory of Law?" *In*: PAULSON, Stanley L.; PAULSON, Bonnie Litschewski (Coord.). *Normativity and Norms*: Critical Perspectives on Kelsenian Themes. Oxford: Oxford University Press, 1998, pp. 177-194.

4ª SESSÃO

A TEORIA PURA DO DIREITO COMO LÓGICA TRANSCENDENTAL DA CIÊNCIA DO DIREITO E COMO TEORIA ANALÍTICA DO SISTEMA JURÍDICO

General Theory of Law and State (Cambridge Mass., 1945) não é apenas uma obra que Kelsen (1881-1973) considerou necessário escrever para apresentar o seu programa de jurisprudência analítica ao público de língua inglesa, após a sua fixação nos Estados Unidos, a partir de junho de 1940: é, fundamentalmente, uma exposição geral que, pela primeira vez, tem na base uma representação "dinâmica" do Direito. Nesta sua obra, Kelsen caracteriza a sua investigação como "*a general theory of positive law*", cujo objecto define como sendo "(...) *the legal norms, their elements, their interrelation, the legal order as a whole, its structure, the relationship between different legal orders, and, finally, the unity of the law in the plurality of positive legal orders*".[141] Aliás, na abertura de *General Theory of Law and State*, Kelsen procede à constatação de que

> *It is impossible to grasp the nature of law if we limit our attention to the single isolated rule. The relations which link together the particular rules of a legal order are also essential to the nature of law. Only on the basis of a clear comprehension of these relations constituting the legal order can the nature of law be fully understood.*[142]

O elemento nuclear do programa de jurisprudência analítica de Kelsen não é já a doutrina da "proposição jurídica" (*Rechtssatz*) – que ele, na fase inicial da sua investigação, explicitava à luz da doutrina transcendental do juízo (*Urteil*) do neo-kantismo, explicando que a imputação (*Zurechnung*) tem na esfera do "dever-ser" (*Sollen*) a mesma função sintetizante que a causalidade (*Kausalität*) tem na esfera do "ser" (*Sein*)[143] –, mas sim a doutrina da estrutura escalonada (*Stufenbaulehre*) da ordem jurídica, que, como foi já referido,

141 Cf. KELSEN, Hans. *General Theory of Law and State*. Cambridge: Harvard University Press, 1945, p. XIII.

142 Cf. KELSEN, Hans. *General Theory of Law and State*. Cambridge: Harvard University Press, 1945, p. 3.

143 Cf., por exemplo, KELSEN, Hans. *Hauptprobleme der Staatsrechtslehre, entwickelt aus der Lehre vom Rechtssatze*. Tübingen: Mohr Siebeck, 1911, *maxime* pp. 3 e ss.; KELSEN, Hans. "Die Rechtswissenschaft als Norm- oder als Kulturwissenschaft: Eine methodenkritische Untersuchung". *Schmollers Jahrbuch*, vol. 40, 1916, pp. 95-153. [Agora em: KLECATSKY, Hans; MARCIC, René; SCHAMBECK, Herbert (Coord.). *Die Wiener rechtstheoretische Schule*. vol. 1. Viena: Manzsche Verlags- und Universitätsbuchhandlung, 1968, pp. 31-76]; KELSEN, Hans. *Der soziologische und der juristische Staatsbegriff*: Kritische Untersuchung des Verhältnis zwischen Staat und Recht. Tübingen: Mohr Siebeck, 1922; KELSEN, Hans. *Reine Rechtslehre*: Einleitung in die rechtswissenschaftliche Problematik. Leipzig/Viena: Deuticke, 1934, *maxime* pp. 19 e ss.

deve ser creditada ao seu discípulo mais proeminente, Adolf Julius Merkl (1890-1970).

Esta reorientação do programa de análise do Direito de Kelsen, resultante da incorporação da doutrina da estrutura escalonada (*Stufenbaulehre*) da ordem jurídica no edifício conceptual da Teoria do Direito, conduz não apenas à reconfiguração da base filosófica da Teoria Pura do Direito como também dá origem a alterações de algumas das ideias nucleares da fase inicial da investigação de Kelsen, como, por exemplo: *i*) o afastamento da caracterização puramente semântica das normas; *ii*) a tese sobre a estrutura lógico-linguística das normas jurídicas e o relacionamento entre as diversas funções normativas; *iii*) o esvaziamento da tese da normatividade ideal do Direito; *iv*) a reconfiguração da doutrina da norma fundamental. Lancemos um breve relance sobre cada um destes pontos, enquanto manifestações da necessidade sentida por Kelsen de adequação do edifício conceptual da Teoria Pura do Direito a uma representação "dinâmica" do Direito.

1 As normas como sentidos de actos de vontade: a caracterização puramente semântica das normas

A definição do conceito de "norma" assenta em Kelsen na distinção de "acto" e "sentido do acto", que ele vai buscar a Husserl (1859-1938) e, segundo ele próprio refere, também a Heinrich Rickert (1863-1936).[144] Na segunda edição (1960) de *Teoria Pura do Direito*,

144 Cf. KELSEN, Hans. "Zum Begriff der Norm". *Festschrift für Hans Carl Nipperdey*. Munique/Berlim: C. F. Müller Verlag, 1965, pp. 57-70. [Agora em: KLECATSKY, Hans; MARCIC, René; SCHAMBECK, Herbert (Coord.). *Die Wiener rechtstheoretische Schule*. vol. 2. Viena: Manzsche Verlags- und Universitätsbuchhandlung, 1968, p. 1190].

Kelsen define o conceito de norma como "*o sentido específico de um acto intencional dirigido à conduta de outrem*".[145]

A distinção entre "acto" e "sentido do acto" visa acautelar a separação da esfera normativa em relação aos actos e factos naturais: em termos lógico-transcendentais, esta separação está expressa na contraposição entre "ser" (*Sein*) e "dever-ser" (*Sollen*) como categorias gnosiológicas (*Denkkategorien*) irredutíveis; em termos lógico-fenomenológicos, o isolamento da norma como "unidade de significação" (*Bedeutungseinheit*) ou "noema" é conseguido por via da "redução" como método de descrição fenomenológica que "suspende" a realidade espacio-temporal; em termos de uma teoria do significado, poderíamos enquadrar esta distinção numa concepção semântica não-reducionista, que recusa reduzir os enunciados normativos a uma qualquer espécie de enunciados descritivos de factos ou certo tipo de factos.[146] Esta seria a base de uma explicação da normatividade do Direito a partir da estrutura lógico-imputativa da "proposição jurídica" (*Rechtssatz*), reflectida no esquema "Se A é, então B deve ser".

No entanto, na fase derradeira da sua obra, Kelsen passa a incluir na estrutura da norma, tomando como exemplo a função prescritiva ou de comando da norma (cuja expressão linguística é um imperativo), a autoridade que estatui a norma e o destinatário da norma, parecendo assumir uma ontologia das normas que liga a existência da norma a actos de vontade (à estatuição da norma e à sua observância ou aplicação).[147] Ora, uma ontologia das normas que não autonomize a existência das normas dos actos de estatuição

---

145 Cf. KELSEN, Hans. *Teoria Pura do Direito*. Trad. João Baptista Machado. Coimbra: Arménio Amado, 1976, p. 22.

146 Sobre o anti-reducionismo semântico da Teoria Pura do Direito, cf. RAZ, Joseph. "The Purity of the Pure Theory". *Revue Internationale de Philosophie*, nº 138, 1981, pp. 441-459.

147 Cf. KELSEN, Hans. *Allgemeine Theorie der Normen*. Viena: Manzsche, 1979, *maxime* capítulo 8, VII.

das normas e das reacções sancionatórias ao seu incumprimento não constitui uma base adequada para a construção de uma lógica das normas, sendo esta, porventura, a razão pela qual na fase derradeira da sua investigação Kelsen passa a negar a possibilidade de aplicação de princípios lógicos às relações entre normas.[148]

Por outro lado, a definição do conceito de norma como "*o sentido específico de um acto de vontade dirigido à conduta de outrem*" tem em vista, em primeira linha, a função prescritiva ou de comando da norma jurídica. Em *Teoria Geral das Normas* (1979), Kelsen reitera a sua tese de que a função específica ou típica das normas é a função de prescrição ou comando. Mas a representação do Direito como sistema normativo "dinâmico", isto é, a "reconstrução" analítica do Direito positivo como sistema de relações entre actos de vontade condicionados, implicaria colocar no centro da análise das diversas funções normativas as normas de atribuição de competência (*Ermächtigungsnormen*).

2 Funções normativas e normas de atribuição de competência

Na obra póstuma *Teoria Geral das Normas* (1979), surge um capítulo (capítulo 26) com o título "Atribuir competência: conferir poder para estatuir e aplicar normas" [*Ermächtigen: die Macht verleihen, Normen zu setzen und anzuwenden*], onde Kelsen, sem contradizer a sua tese de que a função específica ou típica das normas é a função de prescrição ou comando de comportamentos, procede a uma nova análise sobre a função normativa de atribuição de competência. A tese geral de Kelsen sobre a "natureza" das normas de competência é a de que as normas de competência estabelecem obrigações indirectas, isto é, a norma que atribui competência a

148 Sobre as implicações das teses sobre o estatuto ontológico das normas para a análise das relações lógicas entre as normas e as bases de contrução da lógica deôntica, cf., com maior pormenor, *infra*, 12ª sessão.

um determinado órgão para estatuir normas prescreve a obrigação de comportamento em conformidade com as normas estatuídas no exercício da competência.[149] Esta tese tem de ser conjugada com outra tese de Kelsen segundo a qual o critério de individualização das normas jurídicas é a aplicação de sanções coercitivas; não estando associada ao incumprimento das normas de atribuição de competência a aplicação de sanções coercitivas, as normas de atribuição de competência devem ser consideradas como partes ou "fragmentos" de normas jurídicas "completas", que estabelecem as condições de aplicação de sanções coercitivas – seria esta a forma "canónica" de representação do Direito como técnica de motivação indirecta de condutas com base em sanções coercitivas socialmente organizadas.[150]

A diferenciação da função normativa específica das normas de competência ou de atribuição de competência (*Ermächtigungsnormen*) é um requisito necessário para a compreensão da estrutura do sistema jurídico, como Herbert Hart (1907-1992) tão exemplarmente demonstra no capítulo V de *O Conceito de Direito* (1961). A representação "dinâmica" do Direito como sistema de relações de delegação normativa implicaria reconhecer uma importância nuclear à função normativa atribuição de competência (*Ermächtigung*). Mas esse ajustamento conceptual é dificilmente compatibilizável com a tese da normatividade ideal do Direito (com a fundamentação

---

149 Cf. KELSEN, Hans. *Allgemeine Theorie der Normen*. Viena: Manzsche, 1979, capítulo 26, IV. Essa tese é partilhada, entre outros, pelos seguintes autores: BENTHAM, Jeremy. *Of Laws in General*. Ed. H. L. A. Hart. Londres: Athlone Press, 1970, pp. 27 e ss.; ROSS, Alf. *On Law and Justice*. Berkeley: University of California Press, 1959, p. 32; ROSS, Alf. *Directives and Norms*. Londres: Routledge & Kegan Paul, 1968, p. 118; RAZ, Joseph. *The Concept of a Legal System*: an Introduction to the Theory of Legal System. 2ª ed. Oxford: Clarendon Press, 1980, pp. 156 e ss.; RAZ, Joseph. *Practical Reason and Norms*. 2ª ed. Princeton: Princeton University Press, 1990, p. 105.

150 O projecto de Kelsen de "reduzir" o material dado nas disposições legislativas a uma forma lógica comum, a descrição das condições de aplicação de sanções coercitivas, será discutido com maior pormenor na 6ª sessão.

lógico-transcendental da validade do Direito positivo), pelo que Kelsen se vê obrigado a levar a cabo um progressivo esvaziamento desta tese.

3 O esvaziamento da tese da normatividade ideal do Direito

Na fase da sua investigação que culmina na publicação da primeira edição (1934) de *Teoria Pura do Direito*, Kelsen baseia-se na doutrina kantiana do apriorismo das formas transcendentais para sustentar que as normas são elementos de uma realidade que não pode ser determinada em termos espácio-temporais e identifica a "validade" como o modo de existência específico da esfera do "dever-ser" (*Sollen*), da realidade normativa. Nesta fase a sua assunção de base é a de que "ser" (*Sein*) e "dever-ser" (*Sollen*) são categorias gnosiológicas irredutíveis entre si e esta determinação categorial do "dever-ser" (*Sollen*) tem como implicação um conjunto de teses que caracterizam o normativismo idealista da Teoria Pura do Direito, a saber: *i*) a concepção das normas como entidades ideais, pertencentes à esfera do "dever-ser" (*Sollen*); *ii*) a noção de "validade" como força obrigatória; *iii*) a noção de "norma fundamental" (*Grundnorm*) como pressuposição lógico-transcendental, isto é, como condição de representação do Direito como realidade normativa, como "dever-ser" (*Sollen*).

É conhecida a crítica de Alf Ross (1899-1979) a Kelsen, segundo a qual a noção de "validade" como força obrigatória e a doutrina da norma fundamental não têm lugar numa teoria do Direito verdadeiramente positivista e que a Teoria Pura do Direito de Kelsen representaria uma via intermédia entre o positivismo jurídico e o Direito natural, ao pretender conjugar uma concepção de ciência jurídica como descrição do Direito positivo com uma noção de "validade" como força obrigatória de uma norma.[151] De facto, Kelsen

151 Cf. ROSS, Alf. "Validity and the Conflict between Legal Positivism and Natural Law" (1961). *In*: PAULSON, Stanley L.; PAULSON, Bonnie

afirma, ainda na segunda edição (1960) de *Teoria Pura do Direito*, que "*dizer que uma norma dirigida à conduta de uma pessoa 'é válida' significa que ela é vinculativa, que a pessoa se deve comportar nos termos determinados pela norma*".[152] Alf Ross (1899-1979) e, em termos aproximados aos de Ross, Eugenio Bulygin (1931-),[153] defendem que a noção de "validade" como força obrigatória é incompatível com uma teoria jurídica positivista. Também Joseph Raz (1939-),[154] Carlos Santiago Nino (1943-1993)[155] e Bruno Celano (1961-)[156] sustentam que Kelsen defende uma noção prescritiva e não descritiva de "validade", pelo que a formulação de um juízo de validade equivaleria a prescrever o comportamento estatuído pela norma, isto é, a justificar a obediência ao Direito existente. Stanley L. Paulson (1941-), por sua vez, considera que a defesa por Kelsen da tese da normatividade ideal do Direito e da noção de "validade" como força obrigatória faz configurar a Teoria Pura do Direito como uma "via intermédia" entre uma teoria jurídica de cariz empirista (*v.g.*: Ross) e o jusnaturalismo.[157]

Litschewski (Coord.). *Normativity and Norms*: Critical Perspectives on Kelsenian Themes. Oxford: Oxford University Press, 1998, pp. 147-163, *maxime* pp. 159 e ss.

152 Cf. KELSEN, Hans. *Teoria Pura do Direito*. Trad. João Baptista Machado. Coimbra: Arménio Amado, 1976, p. 296 [tradução ligeiramente modificada].

153 Cf. BULYGIN, Eugenio. "Das Problem der Geltung bei Kelsen". *In*: PAULSON, Stanley L.; STOLLEIS, Michael (Coord.). *Hans Kelsen*: Staatsrechtslehrer und Rechtstheoretiker des 20. Jahrhunderts. Tübingen: Mohr Siebeck, 2005, pp. 80-95.

154 Cf. RAZ, Joseph. "The Purity of the Pure Theory". *Revue Internationale de Philosophie*, nº 138, 1981.

155 Cf. NINO, Carlos Santiago. "Some Confusions around Kelsen's Concept of Validity". *Archiv für Rechts- und Sozialphilosophie*, vol. 64, 1978, pp. 357-377.

156 Cf. CELANO, Bruno. *La teoria del diritto de Hans Kelsen*: una introduzione critica. Bolonha: Il Mulino, 1999, *maxime* p. 383.

157 Cf. PAULSON, Stanley L. "Läßt sich die Reine Rechtslehre transzendental begründen?" *Rechtstheorie*, vol. 21, 1990, pp. 155-179; cf., igualmente, PAULSON, Stanley L. "A 'Justified Normativity' Thesis in

Ora, se o centro do programa de análise do Direito se deslocar da investigação da estrutura lógica dos juízos da Ciência do Direito, isto é, da análise da noção de "proposição jurídica" (*Rechtssatz*) – o que Kelsen faz na fase inicial da sua investigação à luz da problemática kantiana das categorias e formas dos juízos ou com base na investigação husserliana sobre a morfologia pura dos juízos – para a análise da estrutura do sistema jurídico, como sistema hierarquizado de normas, então a noção de "validade" pode ser explicitada como "pertença" ao sistema jurídico, de acordo com uma ideia de cadeia de validade. Como explica Bulygin (1931-), o termo "validade" é ambíguo em Kelsen, cabendo distinguir, pelo menos, duas acepções desse termo na obra de Kelsen: "obrigatoriedade" e "pertença".[158] A representação "dinâmica" do Direito aponta para uma explicação da normatividade do Direito que implica relevar a importância da "atribuição de competência" (*Ermächtigung*) como função normativa primordial e construir a doutrina da norma fundamental à luz da modalidade deôntica "atribuição de competência" (*Ermächtigung*).

4 A reconfiguração da doutrina da norma fundamental

Iremos mais adiante (8ª Sessão) abordar com maior pormenor a doutrina da norma fundamental e as suas diferentes formulações ao longo do desenvolvimento da investigação de Kelsen. Neste momento, o que nos interessa evidenciar é que a reorientação do programa kelseniano de análise do Direito numa perspectiva "dinâmica" implica configurar a norma fundamental como o elemento

---

Hans Kelsen's Pure Theory of Law?" *In*: KLATT, Matthias (Coord.). *Institutionalized Reason*: The Jurisprudence of Robert Alexy. Oxford: Oxford University Press, 2012, pp. 61-111.

158 Cf. BULYGIN, Eugenio. "Das Problem der Geltung bei Kelsen". *In*: PAULSON, Stanley L.; STOLLEIS, Michael (Coord.). *Hans Kelsen*: Staatsrechtslehrer und Rechtstheoretiker des 20. Jahrhunderts. Tübingen: Mohr Siebeck, 2005, *maxime* p. 94.

último de uma cadeia de atribuição de competência e, assim sendo, como princípio de unificação de uma ordem jurídica.

O progressivo esvaziamento da tese da normatividade ideal do Direito, isto é, o afastamento da fundamentação lógico-transcendental da validade do Direito positivo, dá lugar à explicação da normatividade do Direito a partir da representação do Direito como "cadeia de produção" (*Erzeugungszusammenhang*) de normas.[159] Kelsen conclui que, de acordo com a representação "dinâmica" do Direito, a função da norma fundamental consiste em atribuir competência ao órgão superior de produção de normas, num sistema jurídico que é globalmente eficaz. Um dos textos mais interessantes sobre a função e o estatuto da norma fundamental que Kelsen escreve na fase derradeira da sua investigação é "Die Funktion der Verfassung" ["A Função da Constituição"],[160] cujos argumentos e conclusões são reproduzidos em termos quase literais em *Teoria Geral das Normas*.[161] Kelsen defende aí que, sendo a norma fundamental uma norma de atribuição de competência (*Ermächtigungsnorm*) ao órgão supremo de produção de normas e uma vez que a cadeia de imposição normativa se conclui na primeira Constituição histórica, a norma fundamental não pode ser senão uma norma ficcionada (*fingierte Norm*).[162]

---

159 Para uma apresentação desta explicação da normatividade do Direito, cf., sobretudo, KELSEN, Hans. "Vom Geltungsgrund des Rechts" (1960). *In*: KLECATSKY, Hans; MARCIC, René; SCHAMBECK, Herbert (Coord.). *Die Wiener rechtstheoretische Schule*. vol. 2. Viena: Manzsche Verlags- und Universitätsbuchhandlung, 1968, pp. 1159-1167.

160 Cf. KELSEN, Hans. "Die Funktion der Verfassung". *Forum*, vol. XI, 1964, pp. 583-586. [Agora em: KLECATSKY, Hans; MARCIC, René; SCHAMBECK, Herbert (Coord.). *Die Wiener rechtstheoretische Schule*. vol. 2. Viena: Manzsche, 1968, pp. 1615-1622].

161 Cf. KELSEN, Hans. *Allgemeine Theorie der Normen*. Viena: Manzsche, 1979, *maxime* capítulo 59, d).

162 Cf. KELSEN, Hans. "Die Funktion der Verfassung". *Forum*, vol. XI, 1964. [Agora em: KLECATSKY, Hans; MARCIC, René; SCHAMBECK,

Na fase derradeira da sua investigação, Kelsen define o estatuto da norma fundamental como uma "ficção", uma "ficção genuína" (*echte Fiktion*), no sentido do "ficcionalismo" de Hans Vaihinger (1852-1933): a norma fundamental é uma construção conceptual que não apenas contradiz a realidade – na medida em que se assume a existência de algo que não existe –, mas que é também contraditória consigo própria – na medida em que "finge" que procede de uma autoridade superior, o que entra em contradição com os seus próprios pressupostos.[163]

Em resumo: o afastamento da tese da normatividade ideal do Direito (da fundamentação lógico-transcendental da validade do Direito positivo) não só implica definir o estatuto deôntico da norma fundamental à luz da função normativa "atribuição de competência" (*ermächtigen*), como, em bom rigor, conduz à relativização da sua importância, tornando-a uma construção de que, em última análise, se pode prescindir, como o próprio Kelsen parece acabar por reconhecer.

A identificação desses ajustamentos no edifício conceptual da Teoria Pura do Direito permite-nos ensaiar uma tentativa de periodização da obra de Kelsen, ao longo dos mais de 60 anos da sua investigação, periodização cuja linha condutora é a acentuação progressiva da perspectiva "dinâmica" na representação do Direito positivo.

Bibliografia de aprofundamento

Para além das referências bibliográficas contidas no texto, aconselha-se a leitura de:

Herbert (Coord.). *Die Wiener rechtstheoretische Schule*. vol. 2. Viena: Manzsche, 1968, *maxime* p. 1620].

163 Cf. KELSEN, Hans. *Allgemeine Theorie der Normen*. Viena: Manzsche, 1979, *maxime* capítulo 59, c).

1. ROSS, Alf. "Validity and the Conflict between Legal Positivism and Natural Law" (1961). Agora em: PAULSON, Stanley L.; PAULSON, Bonnie Litschewski (Coord.). *Normativity and Norms*: Critical Perspectives on Kelsenian Themes. Oxford: Oxford University Press, 1998, pp. 147-163.
2. BULYGIN, Eugenio. "An Antinomy in Kelsen's Pure Theory of Law". *Ratio Juris*, vol. 3, 1990, pp. 29-45.

5ª SESSÃO

CONTINUIDADE E ROTURAS NA TEORIA PURA DO DIREITO: A PERIODIZAÇÃO DA OBRA DE KELSEN

É natural que ao longo dos mais de 60 anos em que se desenvolve a investigação de Kelsen (1881-1973) tenha havido desenvolvimentos e ajustamentos no seu programa de jurisprudência analítica: de acordo com a perspectiva que aqui apresentamos, o mais decisivo é o que resulta da acentuação da perspectiva "dinâmica" na representação do Direito positivo e das dificuldades de conjugação do programa de representação "estática" do Direito – que se cifra numa Lógica transcendental da Ciência de Direito, baseada, em primeira linha, na doutrina da "proposição jurídica" (*Rechtssatz*) – e o programa de representação "dinâmica" do Direito – que consiste numa teoria analítica do sistema jurídico e que tem como ponto de partida a incorporação da doutrina da estrutura escalonada (*Stufenbaulehre*) da ordem jurídica no edifício conceptual da Teoria Pura do Direito.

A exposição levada a cabo na primeira edição (1934) de *Teoria Pura do Direito* procura integrar esses dois aspectos, respectivamente, no capítulo III, "O Conceito de Direito e a doutrina da proposição jurídica" ["*Der Begriff des Rechts und die Lehre vom Rechtssatz*"], e no capítulo V, "A ordem jurídica e a sua estrutura escalonada" ["*Die Rechtsordnung und ihr Stufenbau*"]. Em *General Theory of Law and State* (1945), a exposição assenta em dois pilares, a "Nomoestática" (pp. 3 e ss.) e a "Nomodinâmica" (pp. 110 e ss.). Do mesmo modo, a segunda edição (1960) de *Teoria Pura do Direito* compreende a "Estática Jurídica" (cap. IV) e a "Dinâmica Jurídica" (cap. V): na "Estática Jurídica", é analisada a rede de conceitos necessários para a descrição do Direito positivo – sanção, ilicitude (civil e penal), dever jurídico, responsabilidade, direito subjectivo, pessoa jurídica etc.; a "Dinâmica Jurídica" debruça-se sobre o processo de produção e aplicação do Direito, consistindo, basicamente, numa teoria do sistema jurídico.

O critério de periodização da obra de Kelsen que aqui apresentamos tem que ver, como referimos, com a acentuação progressiva da perspectiva "dinâmica" na representação do Direito positivo e não com as alterações da base filosófica inicial da Teoria Pura do Direito, que Kelsen nunca abandona por completo, enxertando nela novas referências. Atendendo às linhas de continuidade e às roturas no edifício conceptual da Teoria Pura do Direito, consideramos a seguinte periodização como a mais plausível: *i*) a fase que vai da publicação de *Hauptprobleme der Staatsrechtslehre, entwickelt aus der Lehre vom Rechtssatze* (Tübingen, 1911) à publicação da primeira edição de *Teoria Pura do Direito* (Viena, 1934), em que o programa analítico de Kelsen se centra na explicitação da estrutura lógica dos juízos da Ciência do Direito como elementos de uma forma de conhecimento dirigido às normas e não à realidade natural, fase em que, além disso, Kelsen vai enriquecendo o edifício conceptual da Teoria Pura do Direito com algumas das suas doutrinas mais emblemáticas, como a doutrina da norma fundamental (*Grundnorm*) hipotética[164] e a doutrina da estrutura escalonada

164 Cf. KELSEN, Hans. "Reichsgesetz und Landesgesetz nach österreichischer Verfassung". *Archiv des öffentlichen Rechts*, vol. 32, 1914, pp. 202-245 e 390-438.

(*Stufenbaulehre*) do ordenamento jurídico;[165] *ii*) a fase que vai da publicação de *General Theory of Law and State* (Cambridge Mass., 1945) à publicação da segunda edição de *Teoria Pura do Direito* (Viena, 1960), em que Kelsen procede à acentuação da perspectiva "dinâmica" no seu programa de jurisprudência analítica; *iii*) a fase derradeira, documentada na obra póstuma *Teoria Geral das Normas* (Viena, 1979), em que Kelsen procede à revisão de algumas das suas posições tradicionais, nomeadamente em matéria de ontologia das normas e da possibilidade de relações lógicas entre normas.

Existem muitas outras propostas de periodização da obra de Kelsen.

Carsten Heidemann (1968-), por exemplo, distingue quatro períodos na investigação de Kelsen: *i*) "construtivista"; *ii*) "transcendental"; *iii*) "realista"; e *iv*) "analítico-linguístico".[166] Eugenio Bulygin (1931-) identifica três fases: *i*) a fase anterior a 1940, em que coexistem elementos kantianos e elementos positivistas; ii) a fase que decorre entre 1940 e 1960, que representa um período de transição; *iii*) a fase posterior a 1960, em que predominam os elementos positivistas.[167] Stanley L. Paulson (1941-), por seu turno,

---

165 Cf. KELSEN, Hans. "Die Lehre von den drei Gewalten oder Funktionen des Staates". *Archiv für Rechts- und Wirtschaftsphilosophie*, XVII, 1923-1924, pp. 374-408. [Agora em: KLECATSKY, Hans; MARCIC, René; SCHAMBECK, Herbert (Coord.). *Die Wiener rechtstheoretische Schule*. vol. 2. Viena: Manzsche, 1969, pp. 1331-1359].

166 Cf. HEIDEMANN, Carsten. *Die Norm als Tatsache*: Zur Normentheorie Hans Kelsens. Baden-Baden: Nomos, 1997. Sobre esta proposta de periodização, cf. PAULSON, Stanley L. "Four Phases in Hans Kelsen's Legal Theory? Reflections on a Periodization". *Oxford Journal of Legal Studies*, vol. 18, 1998, pp. 153-166. [Existe tradução em língua portuguesa, a cargo de Júlio Aguiar de Oliveira, com o título de "Reflexões sobre a Periodização da Teoria do Direito de Hans Kelsen". *In*: OLIVEIRA, Júlio Aguiar de; TRAVESSONI, Alexandre Gomes Trivisonno (Coord.). *Hans Kelsen*: Teoria Jurídica e Política. Rio de Janeiro: Renovar, 2013, pp. 3-37].

167 Cf. BULYGIN, Eugenio. "An Antinomy in Kelsen's Pure Theory of Law". *Ratio Juris*, vol. 3, 1990, pp. 29-45, *maxime* pp. 30 e ss.

propõe a seguinte periodização: *i*) "construtivismo crítico" (*circa* 1911-1921); *ii*) "fase clássica" (*circa* 1921-1960), distinguindo nesta fase um "período neo-kantiano" (*circa* 1921-1935) e um "período híbrido", o qual contém tanto elementos neo-kantianos como elementos analíticos (*circa* 1935-1960); *iii*) fase céptica (*circa* 1960 até à morte de Kelsen, em 1973).[168] Todas essas propostas – especialmente a de Stanley L. Paulson – lançam luz sobre aspectos importantes da evolução da Teoria Pura do Direito e dão conta de que Kelsen vai progressivamente privilegiando a representação "dinâmica" do Direito e tomando distâncias em relação a um modelo de filosofia "pura" ou transcendental e à sua projecção no plano da Teoria do Direito: o normativismo idealista.

Retendo esses dois factos e por razões de simplificação, identificamos três fases no desenvolvimento da Teoria Pura do Direito: *i*) a fase de *formação* (1911-1934); *ii*) a fase de *reorientação* da Teoria Pura do Direito (1945-1960); *iii*) a fase *derradeira* (1960-1973). Circunstanciemos, então, os aspectos mais importantes de cada uma dessas fases.

1 A fase de formação da Teoria Pura do Direito

De um ponto de vista da historiografia do pensamento de Hans Kelsen (1881-1973), a fase mais interessante é a fase de formação da Teoria Pura do Direito, em que ele procura fazer assentar em bases filosóficas rigorosas o método de análise dogmática do Direito positivo e a teoria jurídica do Estado. Neste último plano, ele se assume como um continuador da orientação positivista da Escola alemã do

---

168 Cf. PAULSON, Stanley L. "Introduction". *In*: PAULSON, Stanley L.; PAULSON, Bonnie Litschewski (Coord.). *Normativity and Norms*: Critical Perspectives on Kelsenian Themes. Oxford: Oxford University Press, 1998, p. XXVII; cf., igualmente, PAULSON, Stanley L. "Arriving at a Defensible Periodization of Hans Kelsen's Legal Theory". *Oxford Journal of Legal Studies*, vol. 19, 1999, pp. 351-364.

Direito Público, representada por Carl Friedrich von Gerber (1823-1891), Paul Laband (1838-1918) e Georg Jellinek (1851-1911).[169]

Esse é o período temporal em que são configuradas, como foi referido, as doutrinas mais emblemáticas da Teoria Pura do Direito, a doutrina da norma fundamental (*Grundnorm*) hipotética e a doutrina da estrutura escalonada (*Stufenbaulehre*) da ordem jurídica. Nesse período, as teses de Kelsen e da sua Escola começam a ganhar projecção, tendo-se reunido em volta de Kelsen – no seminário que ele orientava às quartas-feiras à tarde, após assumir, em 1919, a cátedra de Direito Constitucional e Administrativo, sucedendo a Edmund Bernatzik (1854-1919) – jovens investigadores como Adolf Julius Merkl (1890-1970), Alfred Verdross (1890-1980), Josef L. Kunz (1890-1970), Felix Kaufmann (1895-1949), Fritz Schreier (1897-1981), Leonid Pitamic (1885-1971), Fritz Sander (1889-1939) – mais tarde, contraditor e adversário pessoal de Kelsen –, Emanuel Winternitz (1898-1983), Alf Ross (1899-1979), Charles Eisenmann (1903-1980), Rudolf Aladár Métall (1903-1975), Luis Recaséns Siches (1903-1977), Hans Klinghoffer (1905-1990), Luis Legaz y Lacambra (1906-1980), Helen Silving (1906-1993) e Hans Mayer (1907-2001), entre outros.[170] A partir de 1919 e até 1934, as teses da Escola de Viena encontram no *Zeitschrift für öffentliches Recht*, de que Kelsen era coeditor, a sua tribuna privilegiada de difusão. De 1926 a 1938/1939, é publicada a *Internationale Zeitschrift für Theorie des Rechts/Revue Internationale de la Théorie du Droit*, que tem como coeditores Hans Kelsen (1881-1973), Léon Duguit (1859-1928) e Franz Weyr (1879-1951) e

---

169 Cf., por exemplo, as declarações de KELSEN, Hans. *Allgemeine Staatslehre*. Berlim: Mohr Siebeck, 1925, p. VII.

170 Para uma biografia intelectual destes autores e sobre as suas contribuições para a estruturação e difusão da Teoria Pura do Direito, cf. WALTER, Robert; JABLONER, Clemens; ZELENY, Klaus (Coord.). *Der Kreis um Hans Kelsen*: Die Anfangsjahre der Reinen Rechtslehre. Viena: Manzsche Verlags- und Universitätsbuchhandlung, 2008; com interesse, igualmente, WALTER, Robert. "Der gegenwärtige Stand der Reinen Rechtslehre". *Rechtstheorie*, vol. 1, 1970, pp. 69-95.

que acolhe ensaios ainda hoje fundamentais no âmbito da Teoria do Direito e da lógica das normas.[171]

Essa é a fase também em que é mais nítida a moldura neo-kantiana da Teoria Pura do Direito: se em *Hauptprobleme der Staatsrechtslehre, entwickelt aus der Lehre vom Rechtssatze* (Tübingen, 1911), os traços mais visíveis de neo-kantismo eram o anti-naturalismo e o dualismo metodológico característicos do neo-kantismo culturalista da Escola sudocidental alemã (*maxime*, Wilhelm Windelband),[172] nos anos subsequentes, é aprofundada a fundamentação filosófica da Teoria Pura do Direito com base, sobretudo, no método crítico lógico-transcendental, tal como era concebido pelo neo-kantismo de Marburgo (*maxime*, Hermann Cohen).[173] Os textos filosoficamente mais interessantes nos quais o ideal de "pureza" do método dogmático de análise do Direito positivo recebe a sua fundamentação no método crítico lógico-transcendental são, porventura: *i*) "Rechtswissenschaft und Recht. Erledigung eines Versuchs zur Überwindung der 'Rechtsdogmatik'" (1922), que Kelsen escreve como resposta às críticas de Fritz Sander; *ii*) *Die philosophischen Grundlagen der Naturrechtslehre und des Rechtspositivismus* (Berlim, 1928); *iii*) a primeira edição de *Teoria Pura do Direito* (1934), que constitui a exposição acabada de uma Teoria do Direito de orientação positivista baseada no método crítico lógico-transcendental.

Essa primeira fase encerra-se não em virtude de uma reorientação do programa kelseniano de análise do Direito, mas, sobretudo,

---

171 Sobre a história desta revista, contendo uma lista dos artigos nela publicados, cf. ZIEMANN, Sascha. "Internationale Zeitschrift für Theorie des Rechts/Revue Internationale de la Théorie du Droit". *Rechtstheorie*, vol. 38, 2007, pp. 169-195.

172 A este propósito, cf., por todos, PAULSON, Stanley L. "Faktum/Wert-Distinktion: Zwei-Welten-Lehre und immanenter Sinn. Hans Kelsen als Neukantianer". *In*: ALEXY, Robert; MAYER, Lukas H.; PAULSON, Stanley L.; SPRENGER, Gerhard (Coord.). *Neukantianismus und Rechtsphilosophie*. Baden-Baden: Nomos Verlag, 2002, pp. 223-251.

173 Sobre a relação de Kelsen com a orientação logicista formal do neo-kantismo de Marburgo, cf., *supra*, 2ª e 3ª sessões.

como resultado da ascensão do nacional-socialismo e da anexação da Áustria pela Alemanha hitleriana, eventos que conduziram Kelsen e outros membros da Escola de Viena ao exílio, originando a sua dispersão, tal como referimos anteriormente com maior pormenor.

2 A fase de reorientação da Teoria Pura de Direito

Nos primeiros anos do exílio nos Estados Unidos, Kelsen ocupa-se do ensino do Direito Internacional como *research associate* na Harvard Law School, tendo publicado as suas Oliver Wendell Holmes Lectures com o título *Law and Peace in International Relations* (Cambridge Mass., 1942); em 1944, surge *Peace through Law* (Chapell Hill, 1944). No âmbito da Teoria do Direito, é dada à estampa, em 1945, *General Theory of Law and State* (Cambridge Mass., 1945), que sinalizou um marco importante no desenvolvimento do programa kelseniano de jurisprudência analítica, porquanto constitui a primeira exposição global da Teoria Pura do Direito assente numa representação "dinâmica" do Direito positivo; nesta sua obra, começa, igualmente, a registar-se o afastamento em relação ao quadro geral da filosofia transcendental kantiana e uma aproximação à filosofia analítica da linguagem: isso pode ser constatado, por exemplo, com base na oscilação de sentido de uma das noções basilares da Teoria Pura do Direito, a noção de "proposição jurídica" (*Rechtssatz*), noção que era inicialmente explicitada como "conteúdo de significação" (*Sinngehalt*) – à luz da problemática kantiana das categorias e formas dos juízos – e que surge em *General Theory of Law and State* (Cambridge Mass., 1945) com o sentido de enunciado linguístico descritivo, isto é, como asserção sobre a existência e o conteúdo de normas jurídicas válidas.[174]

174 Com este sentido, a expressão "proposição jurídica" surge, pela primeira vez, em KELSEN, Hans. "The Pure Theory of Law and Analytical Jurisprudence". *Harvard Law Review*, vol. 55, 1941/1942, pp. 44-70. [Trad. para o português cargo de Luís Carlos Borges e Vera Barkow:

Essa é a fase em que a representação "dinâmica" do Direito se acentua e se consolidam os ingredientes empiristas da Teoria Pura do Direito:[175] não obstante, Kelsen como que procura tornar esses ajustamentos imperceptíveis, apresentando-os, as mais das vezes, como meros alargamentos do âmbito temático do seu programa de análise do Direito. No "Prefácio" à segunda edição (1960) de *Teoria Pura do Direito*, diz o nosso autor:

> A segunda edição da minha *Teoria Pura do Direito*, aparecida pela primeira vez há mais de um quarto de século, representa uma completa reelaboração dos assuntos versados na primeira edição (...). Ao passo que, então, me contentei com formular os resultados particularmente característicos de uma teoria pura do Direito, agora procuro resolver os problemas de uma teoria geral do Direito (...).

Essa exposição não constitui, no entanto, a forma definitiva da Teoria Pura do Direito: a obra póstuma *Teoria Geral das Normas* (Viena, 1979), que, na opinião de muitos autores, constitui uma verdadeira rotura com algumas das concepções fundamentais

---

"A Teoria Pura do Direito e a jurisprudência analítica". *In*: ______. *O Que é Justiça?* São Paulo: Martins Fontes, 1997, pp. 261-283].

175 O afastamento de Kant e a aproximação ao empirismo de Hume vêm a ser assumidos por Kelsen nos vários escritos sobre "causalidade e retribuição" que começa a publicar a partir de 1939: cf., em primeiro lugar, KELSEN, Hans. "Die Entstehung des Kausalgesetzes aus dem Vergeltungsprinzip". *The Journal of Unified Science (Erkenntnis)*, vol. 8, 1939, pp. 69-130. Sobre o contexto intelectual em que surgem estes escritos, cf. STADLER, Friedrich. "Logischer Empirismus und Reine Rechtslehre – Über Familienähnlichkeiten". *In*: JABLONER, Clemens; STADLER, Friedrich (Coord.). *Logischer Empirismus und Reine Rechtslehre*: Beziehungen zwischen dem Wiener Kreis und der Hans Kelsen-Schule. Viena: Springer, 2001, pp. IX-XXI, *maxime* p. XVII.

defendidas por Kelsen ao longo da sua investigação,[176] atesta que ele se debatia ainda aos 90 anos com perplexidades e insatisfações quanto aos resultados alcançados. A questão que mais perplexidades e insatisfações causa ao próprio Kelsen e aos intérpretes da sua obra tem que ver com a aplicabilidade de princípios lógicos às relações entre normas, questão a que Kelsen dedica atenção acrescida na fase subsequente à publicação da segunda edição (1960) de *Teoria Pura do Direito*.

3 A fase derradeira da investigação de Kelsen

A obra póstuma de Kelsen *Teoria Geral das Normas*[177] mereceria um estudo autónomo: as 185 extensas notas publicadas como apêndice à obra evidenciam uma familiaridade não apenas com os autores que dominaram a cena filosófica centro-europeia na viragem do século XIX para o século XX e que constituíam a fonte principal de inspiração dos seus primeiros escritos *(v.g.*: Cohen, Simmel, Rickert, Vaihinger, Mach, Meinong, Husserl), como também com os representantes do positivismo lógico (*v.g.*: Schlick, Carnap, Ayer), com as diversas orientações da filosofia da linguagem (*v.g.*: Frege, Wittgenstein, Ryle, J. L. Austin, Strawson, Richard M. Hare) ou com as investigações de lógica deôntica (*v.g.*: Jørgen Jørgensen, Albert Hofstadter, J. C. C. McKinsey, Georg Henrik von Wright,

---

176 A exposição mais circunstanciada desta tese encontra-se em WEINBERGER, Ota. *Normentheorie als Grundlage der Jurisprudenz und Ethik*: Eine Auseinandersetzung mit Hans Kelsens Theorie der Normen. Berlim: Duncker & Humblot, 1981; em sentido diverso, sublinhando os elementos de continuidade na Teoria Pura do Direito, cf. PAULSON, Stanley L. "Stellt die 'Allgemeine Theorie der Normen' einen Bruch in Kelsens Lehre dar?" *Die Reine Rechtslehre in wissenschaftlicher Diskussion*, Viena, Manzsche Verlags- und Universitätsbuchhandlung, 1982, pp. 122-141.

177 Cf. KELSEN, Hans. *Allgemeine Theorie der Normen*. Viena: Manzsche, 1979. [Trad. para o português: *Teoria Geral das Normas*. Porto Alegre: Sergio Antonio Fabris Editor, 1986].

Hector-Neri Castañeda) e de lógica jurídica (Karl Engisch, Ulrich Klug, Georges Kalinowski, Ilmar Tammelo, Chaïm Perelman). Não obstante, resulta claro do texto e das notas que Kelsen tem, por vezes, dificuldade em fazer enxertar os resultados dessas novas investigações nos seus quadros de referência tradicionais: no domínio da literatura sobre lógica, por exemplo, continua ainda a relevar a importância da obra de Christoph Sigwart (1830-1904), apesar de lhe não serem estranhas a lógica proposicional e a lógica de predicados de primeira ordem e a sua aplicação à análise das inferências normativas, desenvolvida, sobretudo, por Ulrich Klug (1913-1993).

É, aliás, a negação da possibilidade de uma lógica das normas, tese que Kelsen tinha desenvolvido no artigo "Direito e Lógica" (1965),[178] que costuma ser apontada como a tese mais emblemática da fase derradeira da investigação de Kelsen, subsequente à publicação da segunda edição (1960) de *Teoria Pura do Direito*.[179] Em termos gerais, a negação da possibilidade de uma lógica das normas constitui a última das reverberações do abalo causado pela introdução da doutrina da estrutura escalonada (*Stufenbaulehre*) da ordem jurídica no edifício conceptual da Teoria Pura do Direito.[180]

---

178 Cf. KELSEN, Hans. "Recht und Logik". *Forum*, vol. XII, 1965, pp. 421-425 e 495-500. [Agora em: KLECATSKY, Hans; MARCIC, René; SCHAMBECK, Herbert (Coord.). *Die Wiener rechtstheoretische Schule*. vol. 2. Viena: Manzsche Verlags- und Universitätsbuchhandlung, 1968. pp. 1201-1224].

179 Cf., por exemplo, WEINBERGER, Ota. *Normentheorie als Grundlage der Jurisprudenz und Ethik*: Eine Auseinandersetzung mit Hans Kelsens Theorie der Normen. Berlim: Duncker & Humblot, 1981, *maxime* p. 158; WALTER, Robert. "Das Problem des Verhältnisses von Recht und Logik in der Reinen Rechtslehre". *Rechtstheorie*, vol. 11, 1980, pp. 299-314; KUBES, Vladimir. "Das neueste Werk Hans Kelsens über die allgemeine Theorie der Normen und die Zukunft der Reinen Rechtslehre". *Österreichische Zeitschrift für öffentliches Recht*, vol. 31, 1980, pp. 155-199.

180 Sobre a relação entre o princípio "dinâmico" de derivação e a tese kelseniana da denegação da possibilidade de aplicação de princípios lógicos

A doutrina da estrutura escalonada (*Stufenbaulehre*) da ordem jurídica constitui a base da teoria analítica do sistema jurídico da Teoria Pura do Direito. Ora, o carácter "sistémico" do Direito, como um conjunto articulado de normas de diferente escalão hierárquico, não pode ser compreendido sem a consideração da função específica das normas de atribuição de competência (*Ermächtigungsnormen*): só com base na consideração dessa função específica é que é possível dar conta dos processos institucionalizados de produção e aplicação de normas como característica diferenciadora do Direito em relação a outras ordens normativas. Kelsen, porém, começa por buscar essa característica diferenciadora não na estrutura do sistema jurídico, como sistema normativo complexo e institucionalizado, mas na sanção coercitiva como característica definitória da norma jurídica, o que o obriga a percorrer uma série de caminhos tortuosos quando se propõe a uma definição do conceito de Direito, como vamos ver já em seguida.

Bibliografia de aprofundamento

Para além das referências bibliográficas contidas no texto, aconselha-se a leitura de:

1. PAULSON, Stanley L. "Toward a Periodization of the Pure Theory of Law". *In*: GIANFORMAGGIO, Letizia (Coord.). *Hans Kelsen Legal Theory*: A Diachronic Point of View. Turim: Giappichelli, 1990, pp. 11-47.
2. LOSANO, Mario. "La Teoria Pura del derecho del Logicismo al Irracionalismo". *Doxa*, nº 2, 1985, pp. 55-85.

às relações entre as normas, cf., com maior pormenor, as explanações apresentadas na 12ª sessão.

6ª SESSÃO

O DIREITO COMO TÉCNICA SOCIAL DE MOTIVAÇÃO INDIRECTA DE CONDUTAS

A definição do conceito de Direito serve, em primeiro lugar, para delimitar o Direito de outras ordens normativas, como a moral e a religião.[181] Em termos gerais, Kelsen (1881-1973) procura apresentar uma definição do conceito de Direito pondo em relevo as suas características mais importantes, a saber: *i*) o Direito é uma ordem normativa; *ii*) o Direito é uma ordem normativa que se distingue de outras ordens normativas, como a moral social e a religião, pelo facto de se apoiar em sanções coercitivas socialmente organizadas; *iii*) o Direito é uma técnica de motivação indirecta de condutas que associa a cominação de sanções coercitivas às condutas que procura desincentivar.[182]

---

181 Cf. KELSEN, Hans. *General Theory of Law and State*. Cambridge: Harvard University Press, 1945, *maxime* p. 4.

182 Cf. KELSEN, Hans. *General Theory of Law and State*. Cambridge: Harvard University Press, 1945, pp. 15 e ss.

A definição kelseniana do conceito de Direito atribui, portanto, uma importância nuclear ao elemento coercitivo do Direito. Mas Kelsen caracteriza o elemento coercitivo do Direito recorrendo a dois tipos de análise: *i*) a análise formal das normas, explicitando a sua forma lógico-imputativa; *ii*) a análise sociológica, desenvolvendo explicações pormenorizadas sobre as técnicas de motivação das condutas e estabelecendo, nessa base, as diferenças entre os diversos sistemas normativos.[183]

A caracterização do Direito como "*a coercive order which stipulates sanctions*"[184] projecta-se em duas outras teses, que são logicamente consistentes com a construção kelseniana, mas que são contraintuitivas: *i*) a tese segundo a qual os destinatários directos das normas jurídicas hipotéticas gerais são os indivíduos (os juízes e funcionários estaduais) a quem está atribuído o poder de estabelecer a norma jurídica individual e de exercer os actos de coerção que funcionam como sanção; *ii*) a doutrina da norma jurídica "completa" como uma norma hipoteticamente formulada que estabelece as condições de aplicação de sanções coercitivas, considerando as normas que não estabelecem directamente a aplicação de sanções coercitivas como "normas jurídicas não autónomas" (*unselbständige Rechtsnormen*) ou "fragmentos" da norma jurídica "completa".

A caracterização da normatividade do Direito a partir da ideia de imputação de uma sanção a um comportamento traduz uma

---

183 Cf., em primeiro lugar, KELSEN, Hans. "The Law as a Specific Social Technique". *The University of Chicago Law Review*, vol. 9, 1941, pp. 75-97. [Existe tradução em língua portuguesa, "O Direito como técnica social específica". *In*: ______. *O Que é Justiça?* Trad. Luís Carlos Borges. São Paulo: Martins Fontes, 1997, pp. 225-250]. Sobre a definição kelseniana do Direito como técnica social de motivação indirecta de condutas, cf., por todos, CELANO, Bruno. *La teoria del diritto de Hans Kelsen*: una introduzione critica. Bolonha: Il Mulino, 1999, pp. 15 e ss.

184 Cf. KELSEN, Hans. *General Theory of Law and State*. Cambridge: Harvard University Press, 1945, p. 61.

visão imperativista ou prescritivista do Direito, visão que obscurece as diferenças de forma e de função dos diferentes tipos de normas jurídicas.

1 A caracterização do Direito como ordem coerciva

Kelsen ensaia uma caracterização da normatividade do Direito com base na definição de obrigação jurídica a partir da noção de sanção coercitiva: segundo o nosso autor, o enunciado de que o Direito prescreve um determinado comportamento é verdadeiro se, na presença de um comportamento oposto, uma norma jurídica estatui como devida uma sanção. Daí que a única norma genuína seja a norma sancionatória, que tem como destinatário o juiz. Em conformidade com essa ideia, sustenta que a norma que determina a conduta devida é, em bom rigor, "*supérflua numa exacta exposição do Direito*", pois constitui apenas a condição de aplicação da sanção.[185] Atendendo a esta prioridade na importância, chama norma "primária" à norma que estabelece a relação entre o facto ilícito e a sanção e norma "secundária" à norma que prescreve a conduta que permite evitar a sanção. Na perspectiva de Kelsen, a norma que estabelece a sanção não é contraditada pela prática do acto ilícito; ao invés, é o acto ilícito que é condição de aplicação da sanção.[186]

---

185 Em KELSEN, Hans. *Hauptprobleme der Staatsrechtslehre, entwickelt aus der Lehre vom Rechtssatze*. Tübingen: Mohr Siebeck, 1911, p. 234, Kelsen formula já esta tese dizendo: "*a par destes imperativos dirigidos aos órgãos estaduais surgem então os imperativos dirigidos aos súbditos, que exigem a conduta conforme ao Direito. Estes últimos são, bem vistas as coisas, totalmente supérfluos, pois não dizem aos súbditos nada mais do que dizem os primeiros, que indicam aos órgãos que em certas circunstâncias devem punir ou executar os súbditos* (...)".

186 Cf. KELSEN, Hans. *General Theory of Law and State*. Cambridge: Harvard University Press, 1945, p. 61. Sobre a relação entre "sanção" e "acto ilícito" no esquema dos conceitos jurídicos básicos de Kelsen, cf., com maior pormenor, *infra*, 13ª sessão.

A forma "canónica" de representação do Direito como técnica de motivação indirecta das condutas humanas com base em sanções coercitivas socialmente organizadas tem como elemento nuclear a doutrina da norma jurídica "completa", que podemos resumir nos termos seguintes: *i*) a norma jurídica "completa" resulta de um processo de reconstrução analítica do "material" dado nas disposições de uma ordem jurídica; *ii*) a estrutura lógico-linguística da norma jurídica "completa" pode ser explicitada como uma norma hipoteticamente formulada que estabelece as condições de aplicação de sanções coercitivas. Como explica Kelsen:

> Visto que uma ordem jurídica é uma ordem de coacção no sentido que acaba de ser definido, pode ela ser descrita em proposições enunciando que, sob pressupostos determinados (determinados pela ordem jurídica), devem ser aplicados certos actos de coerção (determinados igualmente pela ordem jurídica). Todo o material dado nas normas de uma ordem jurídica se enquadra neste esquema de proposição jurídica formulada pela Ciência do Direito, proposição esta que se deverá distinguir da norma jurídica posta pela autoridade estadual.[187]

Em conformidade, Kelsen designa como "normas jurídicas não autónomas" (*unselbständige Rechtsnormen*) as normas que não prescrevem sanções coercitivas, englobando nessa categoria cinco

---

187 Cf. KELSEN, Hans. *Teoria Pura do Direito*. Trad. João Baptista Machado. Coimbra: Arménio Amado, 1976, p. 92. Já em KELSEN, Hans. *Hauptprobleme der Staatsrechtslehre, entwickelt aus der Lehre vom Rechtssatze*. Tübingen: Mohr Siebeck, 1911, p. 237, defende esta mesma concepção, dizendo: "*a questão de se a proposição jurídica deve ser concebida como um imperativo ou como um juízo hipotético é a questão da forma linguística* ideal *da proposição jurídica ou da natureza do direito objectivo (...). A proposição jurídica tem que ser reconstruída a partir do conteúdo das leis e os elementos que são necessários para a sua construção nem sequer se encontram, frequentemente, na mesma lei, sendo necessário reuni-los a partir de várias leis*".

espécies de normas: *i*) as normas que denomina como "normas secundárias", isto é, as normas que prescrevem uma determinada conduta (que estão necessariamente ligadas às normas que estatuem uma sanção para o caso de não observância); *ii*) as normas que permitem positivamente uma conduta; *iii*) as normas revogatórias; *iv*) as normas de atribuição de competência; *v*) as normas interpretativas, que determinam o sentido de outras normas jurídicas.[188]

Das explanações de Kelsen pode inferir-se que ele considera que a característica específica do Direito como ordem normativa é a institucionalização das sanções. Mas a institucionalização das sanções e, mais em geral, a normatividade do Direito – isto é, o modo específico como o Direito orienta condutas – não podem ser adequadamente representadas apenas com base na explicitação da estrutura lógico-linguística da norma jurídica: é essa a principal deficiência a apontar à doutrina kelseniana da norma jurídica "completa".

2 Os diferentes modos de descrição da norma jurídica "completa": representação "estática" e representação "dinâmica" do Direito

Kelsen formula pela primeira vez a doutrina da norma jurídica "completa" em *Hauptprobleme der Staatsrechtslehre, entwickelt aus der Lehre vom Rechtssatze* (Tübingen, 1911). À época, a teoria analítica do Direito de Kelsen não incluía ainda a consideração "dinâmica" do Direito e a doutrina da norma jurídica "completa" era concebida no quadro de uma teoria "estática" das normas jurídicas, visando, sobretudo, a dois objectivos: *i*) identificar as propriedades que diferenciam as normas jurídicas de outros tipos de normas sociais, como as normas morais e religiosas – Kelsen identificava nas sanções coercitivas essa característica diferenciadora; *ii*) "reduzir" as diferentes classes de disposições jurídicas a uma forma lógica

188 Cf. KELSEN, Hans. *Teoria Pura do Direito*. Trad. João Baptista Machado. Coimbra: Arménio Amado, 1976, pp. 88 e ss.

comum, expressa no esquema "se A é, B deve ser", representando "A" a hipótese fáctica (*Tatbestand*), e "B", a consequência normativa, ligadas entre si por uma relação de "imputação" (*Zurechnung*);[189] este "B" que "deve ser" é uma sanção coercitiva, pelo que todo o "material" dado nas disposições legislativas poderia ser "reduzido" a esta forma ou estrutura lógica comum, que consiste na descrição das condições de aplicação de sanções coercitivas.

Ora, a norma jurídica "completa" incorpora materiais jurídicos retirados de disposições situadas em escalões diversos da ordem jurídica. Disso mesmo se deu conta Adolf Julius Merkl (1890-1970), que, no escrito no qual apresenta de forma mais desenvolvida a doutrina da estrutura escalonada (*Stufenbaulehre*) da ordem jurídica, intitulado "Prolegomena einer Theorie des rechtlichen Stufenbaues" (1931), formula a norma jurídica "completa" como uma série de actos condicionantes e condicionados – Merkl apresenta o exemplo de uma norma que estabelece o imposto de mercadorias no Direito austríaco, a qual, na sua formulação "completa", poderia ser descrita nos seguintes termos:

---

189 Kelsen tem aqui em vista a forma de imputação que refere como "imputação periférica" (*periphere Zurechnung*), como forma de ligação entre a hipótese e a consequência normativa, e que distingue da "imputação central" (*zentrale Zurechnung*), como a atribuição de um facto a uma pessoa: cf. KELSEN, Hans. *Reine Rechtslehre*: Einleitung in die rechtswissenschaftliche Problematik. Leipzig/Viena: Deuticke, 1934, *maxime* p. 57. Sobre a doutrina kelseniana da imputação, cf. PAULSON, Stanley L. "Hans Kelsen's Doctrine of Imputation". *Ratio Juris*, vol. 14, 2001, pp. 47-63; HEIDEMANN, Carsten. "Der Begriff der Zurechnung bei Hans Kelsen". *In*: PAULSON, Stanley L.; STOLLEIS, Michael (Coord.). *Hans Kelsen*: Staatsrechtslehrer und Rechtstheoretiker des 20. Jahrhunderts. Tübingen: Mohr Siebeck, 2005, pp. 17-39; RENZIKOWSKI, Joachim. "Der Begriff der 'Zurechnung' in der Reinen Rechtslehre Hans Kelsens". *In*: ALEXY, Robert; MEYER, Lukas H.; PAULSON, Stanley L.; SPRENGER, Gerhard (Coord.). *Neukantianismus und Rechtsphilosophie*. Baden-Baden: Nomos, 2002, pp. 253-282.

> Se um órgão ao qual a Constituição Federal atribui poderes de iniciativa legislativa apresenta ao Parlamento Nacional uma proposta de lei para o efeito de que o vendedor de certas mercadorias tenha de pagar uma determinada percentagem do resultado das vendas a título de imposto e se o Parlamento Nacional, primeiro em comissão e depois em sessão plenária, de acordo com os procedimentos estabelecidos no regimento, veio a aprovar essa proposta de lei e se, além disso, essa deliberação foi comunicada ao Parlamento Federal e se este não suscitou qualquer objecção no prazo de oito semanas ou decidiu, antes de decorrido este prazo, não suscitar qualquer objecção e se, além disso, o Presidente da Federação promulgou esta legislação e o Chanceler federal e o Ministro das Finanças submeteram o diploma a referenda ministerial e o enviaram para publicação no jornal oficial e se, ainda, o funcionário da administração fiscal, depois da entrada em vigor da lei, ordenou a determinada pessoa o pagamento de uma determinada quantia a título de imposto e se, por fim, essa pessoa não paga essa quantia no prazo prescrito, então deve ser instaurada contra ela a respectiva execução fiscal.[190]

Um exemplo análogo é apresentado por Kelsen na segunda edição (1960) de *Teoria Pura do Direito*. Diz o nosso autor:

> Se o Parlamento constitucionalmente eleito, pelo processo determinado pela Constituição, editou uma lei segundo a qual uma determinada conduta deve ser punida como crime de determinada maneira, e se o tribunal verifica que certo e determinado indivíduo praticou essa conduta, deve o tribunal aplicar a pena prevista na lei. Desta formulação da proposição

190 Cf. MERKL, Adolf J. "Prolegomena einer Theorie des rechtlichen Stufenbaues". *In*: VERDROSS, Alfred; DOBRETSBERGER, Josef. *Gesellschaft, Staat und Recht*: Festschrift für Hans Kelsen. Viena: Springer, 1931, pp. 252-294. [Agora em: KLECATSKY, Hans; MARCIC, René; SCHAMBECK, Herbert (Coord.). *Die Wiener rechtstheoretische Schule*. vol. 2. Viena: Manzsche, 1968, pp. 1071-1111].

> jurídica ressalta a posição que o chamado Direito Constitucional – isto é, as normas que regulam a produção das normas jurídicas gerais – ocupa nos quadros de uma ordem jurídica. Essas normas não são normas autónomas, normas perfeitas, pois apenas determinam os pressupostos do acto de coerção estatuído pelas outras normas. Elas apenas operam em combinação com outras normas jurídicas.[191]

Kelsen assume que a descrição da norma jurídica "completa" é diferente na representação "estática" e na representação "dinâmica" do Direito. Diz ele:

> Aquilo que de um ponto de vista dinâmico é a criação de uma norma geral, determinada por uma norma de escalão superior, a Constituição, torna-se numa apresentação estática do Direito uma das condições às quais a sanção está ligada como consequência na norma geral.[192]

Mas, a ser assim, parecem gorar-se os esforços de Kelsen no sentido de "reduzir" as diferentes classes de disposições jurídicas a uma forma lógica comum, interpretando, por exemplo, as normas que atribuem competência ou conferem poderes como "fragmentos" ou elementos de articulação interna das normas sancionatórias. A descrição da norma jurídica "completa" na representação "dinâmica" do Direito torna evidente que a diferenciação hierárquica ou de níveis normativos é indissociável do reconhecimento de uma diversidade funcional entre normas e coloca no centro da análise a

---

191 Cf. KELSEN, Hans. *Teoria Pura do Direito*. Trad. João Baptista Machado. Coimbra: Arménio Amado, 1976, p. 329.

192 Cf. KELSEN, Hans. *General Theory of Law and State*. Cambridge: Harvard University Press, 1945, p. 144.

função normativa de atribuição de competência (*Ermächtigung*) e não as normas que ordenam (*gebieten*) ou prescrevem condutas.[193]

A tese analítica segundo a qual as normas jurídicas podem, para além da diversidade da forma gramatical ou linguística em que são expressas, ser "reduzidas" a uma estrutura lógica comum constitui uma declinação da representação kelseniana do Direito com base na estrutura lógico-imputativa da "proposição jurídica" (*Rechtssatz*), enquanto imputação normativa de uma sanção a um ilícito. Essa perspectiva analítica ou formal na caracterização da normatividade do Direito é complementada na Teoria Pura do Direito por uma perspectiva sociológica ou funcional, que considera o Direito como uma técnica social de motivação indirecta de condutas.

3 A consideração do Direito como "forma" e como "técnica social específica"

A Teoria do Direito, como análise do Direito positivo do ponto de vista da sua estrutura formal, remetia a caracterização do seu perfil disciplinar para a concepção racionalista e kantiana do conhecimento, que distinguia entre a forma lógica e os elementos empíricos do processo de conhecimento. A Teoria do Direito do século XIX assentava na ideia de que, para além da variabilidade dos conteúdos, havia uma estrutura formal idêntica nos diversos sistemas do Direito positivo. Kelsen dá mais consistência filosófica a essa ideia, fundamentando o seu programa de jurisprudência analítica na doutrina kantiana do apriorismo das formas transcendentais, na reformulação

193 Sobre a atribuição de competência (*Ermächtigung*) como função normativa ideal ou típica na consideração "dinâmica" do Direito, cf. PAULSON, Stanley L. "An Empowerment Theory of Legal Norms". *Ratio Juris*, vol. 1, 1998, pp. 58-72; cf., igualmente, SOMEK, Alexander. "Ermächtigung und Verpflichtung: Ein Versuch über Normativität bei Hans Kelsen". *In*: PAULSON, Stanley L.; STOLLEIS, Michael (Coord.). *Hans Kelsen*: Staatsrechtslehrer und Rechtstheoretiker des 20. Jahrhunderts. Tübingen: Mohr Siebeck, 2005, pp. 58-79.

que lhe foi conferida, sobretudo, por Hermann Cohen (1842-1918).[194] Discípulos directos de Kelsen, como Felix Kaufmann (1895-1949) e Fritz Schreier (1897-1981), procuram justificar o formalismo da Teoria Pura do Direito à luz da distinção de Husserl (1859-1938) entre ciências empíricas ou de factos (*Tatsachenwissenschaften*) e ciências eidéticas (*Wesenswissenschaften*) e caracterizam a Teoria Pura do Direito como uma "doutrina das formas jurídicas" (*juristische Formenlehre*).[195]

O programa analítico de Kelsen, na fase da investigação que vai de *Hauptprobleme der Staatsrechtslehre* (1911) à primeira edição (1934) de *Teoria Pura do Direito*, centra-se na "redução" do material dado nas disposições legislativas à proposição jurídica (*Rechtssatz*), na sua forma constante e necessária – por uma via diferente, apoiando-se expressamente no método fenomenológico de "redução", que constitui o mundo da objectividade ideal das entidades lógicas, Felix Kaufmann e Fritz Schreier procediam à explicitação da estrutura do Direito positivo com base em procedimentos de formalização, no sentido da fenomenologia,[196] colocando, igualmente, a doutrina da proposição jurídica (*Rechtssatz*) no centro da sua conceptualização. Todavia, Kelsen, quando caracteriza o Direito como "técnica social específica de motivação de condutas", abandona o plano analítico-formal e introduz na sua investigação considerações de carácter psicológico e sociológico.[197] Como nota Uberto Scarpelli (1924-1993),

---

194 Sobre os pressupostos do formalismo da Teoria Pura do Direito, cf. *supra*, 2ª sessão.

195 Cf., por exemplo, KAUFMANN, Felix. *Die Kriterien des Rechts*: Eine Untersuchung über die Prinzipien der juristischen Methodenlehre. Tübingen: Mohr Siebeck, 1924, *maxime* pp. 69 e ss.

196 Sobre os procedimentos de formalização na Teoria do Direito, cf. KAUFMANN, Felix. *Die Kriterien des Rechts*: Eine Untersuchung über die Prinzipien der juristischen Methodenlehre. Tübingen: Mohr Siebeck, 1924, *maxime* pp. 12 e ss.

197 Kelsen chega a dizer que a Teoria Pura do Direito "(...) *pretende compreender o Direito de um modo absolutamente realista, como uma*

> quando se fala de meios específicos que o ordenamento utiliza para obter determinados comportamentos, parece que passamos do plano da verdade analítica para o plano da investigação dos motivos dos comportamentos da psicologia e da sociologia e esta mudança produz-se efectivamente no pensamento de Kelsen.[198]

Mas, sendo assim, Kelsen acaba por se afastar do ideal de "pureza do método" (*Reinheit der Methode*) que tinha proposto como pedra angular da sua investigação, visando a uma consideração do Direito positivo de cariz estritamente normativo, isto é, demarcando-se da sua consideração como fenómeno psicológico e sociológico.

A necessidade sentida por Kelsen de complementar o plano analítico-formal de consideração do Direito positivo com investigações de cariz empírico-sociológico sobre técnicas sociais de motivação de condutas para caracterizar a normatividade do Direito constituía um atestado evidente de que a normatividade do Direito não poderia ser explicada adequadamente com base na estrutura lógico-imputativa da "proposição jurídica" (*Rechtssatz*) e na doutrina da norma jurídica "completa". Essa explicação requeria, como Kelsen veio a constatar mais tarde – mas sem retirar dessa constatação todas as consequências –, uma teoria analítica do sistema jurídico, não se podendo bastar com a tentativa (gorada) de "reduzir" as diferentes classes de disposições jurídicas a uma forma lógica comum.

---

técnica social específica" – cf. KELSEN, Hans. "Was ist die Reine Rechtslehre?" *Demokratie und Rechtsstaat*: Festschrift für Zaccaria Giacometti, Zurique, 1953, pp. 143-161. [Agora em: KLECATSKY, Hans; MARCIC, René; SCHAMBECK, Herbert (Coord.). *Die Wiener rechtstheoretische Schule*. vol. 1. Viena: Manzsche Verlags- und Universitätsbuchhandlung, 1968, p. 507].

198 Cf. SCARPELLI, Uberto. *Filosofia analitica e giurisprudenza*. Milão: Nuvoletti, 1953, pp. 73 e ss.

Bibliografia de aprofundamento

Para além das indicações bibliográficas contidas no texto, aconselha-se a leitura de:

1. D'ALMEIDA, Luís Duarte. "In Canonical Form: Kelsen's Doctrine of 'Complete' Legal Norm". *In*: D'ALMEIDA, Luís Duarte; GARDNER, John; GREEN, Leslie (Coord.). *Kelsen Revisited*: New Essays on the Pure Theory of Law. Oxford: Hart Publishing, 2013, pp. 259-282.
2. PAULSON, Stanley L. "The Weak Reading of Authority in Kelsen's Pure Theory of Law". *Law and Philosophy*, vol. 19, nº 2, 2000, pp. 131-171.

7ª SESSÃO

TEORIA DA NORMA E TEORIA DO SISTEMA JURÍDICO

A Teoria Geral do Direito (Allgemeine Rechtslehre), tal como tinha sido cultivada por Adolf Merkel (1836-1896), Karl Bergbohm (1842-1927) e Ernst Rudolf Bierling (1841-1919), para referir apenas os principais autores, colocava no centro da sua investigação a análise das características formais das normas jurídicas. Na sua primeira obra de fôlego, a dissertação intitulada *Hauptprobleme der Staatsrechtslehre, entwickelt aus der Lehre vom Rechtssatze* (Tübingen, 1911), Hans Kelsen (1881-1973) propõe-se analisar, como o título indica, os problemas fundamentais da doutrina do Direito Público com base na doutrina da "proposição jurídica" (*Rechtssatz*), isto é, de acordo com uma consideração estritamente normativa.

Nessa obra, Kelsen aborda já muitas das questões de que se ocupará ao longo de mais de 60 anos de investigação, que culmina na publicação da obra póstuma *Teoria Geral das Normas* (Viena, 1979): *i*) a explicitação da forma lógica do conhecimento próprio das disciplinas normativas, em especial da Ciência do Direito (cap. I); *ii*) a investigação sobre a possibilidade de uma consideração estritamente normativa do Direito (cap. II); *iii*) a identificação das propriedades que diferenciam as normas jurídicas das normas morais (cap. II); *iv*) a análise da forma lógica da proposição jurídica (cap. VII) etc.[199] A exposição contida em *Hauptprobleme der Staatsrechtslehre, entwickelt aus der Lehre vom Rechtssatze* (Tübingen, 1911) traduz-se numa "reconstrução" analítica do Direito positivo que tem como elemento nuclear a doutrina da "proposição jurídica" (*Rechtssatz*): a "proposição jurídica" (*Rechtssatz*), como juízo normativo hipotético da Ciência do Direito, permite a representação do Direito como "dever-ser" (*Sollen*), isto é, como realidade normativa. O carácter normativo específico do Direito é explicitado através da análise da morfologia da "proposição jurídica" (*Rechtssatz*) como estrutura lógico-imputativa, traduzida no esquema "Se A é, então B deve ser" : este "B" que "deve ser" (*soll*) é uma sanção coercitiva.[200]

A "redução"do material dado nas disposições legislativas a esta forma ideal lógico-imputativa tem como pressuposto a tese de que a função normativa típica é ordenar ou prescrever, considerando Kelsen que as disposições que atribuem competências, permitem ou revogam são "fragmentos" da norma jurídica completa, que estabelecem os pressupostos da aplicação das sanções coercitivas. Esta investigação sobre a estrutura ou forma lógica das normas jurídicas, independentemente da sua formulação linguística ou gramatical e

---

199 Sobre a conceptualização destas questões ao longo das diversas fases da investigação de Kelsen, cf., por todos, HEIDEMANN, Carsten. *Die Norm als Tatsache*: Zur Normentheorie Hans Kelsens. Baden-Baden: Nomos, 1997.

200 Cf. KELSEN, Hans. *Hauptprobleme der Staatsrechtslehre, entwickelt aus der Lehre vom Rechtssatze*. Tübingen: Mohr Siebeck, 1911, *maxime* pp. 254 e ss.; e, muito especialmente, KELSEN, Hans. "Rechtswissenschaft und Recht: Erledigung eines Versuchs zur Überwindung der 'Rechtsdogmatik'". *Zeitschrift für öffentliches Recht*, vol. 3, 1922, pp. 103-235, *maxime* pp. 181 e 214; cf., igualmente, KELSEN, Hans. *Die philosophischen Grundlagen der Naturrechtslehre und des Rechtspositivismus*. Charlottenburg: Rolf Heise Verlag, 1928, *maxime* p. 62; KELSEN, Hans. *Reine Rechtslehre*: Einleitung in die rechtswissenschaftliche Problematik. Leipzig/Viena: Deuticke, 1934, *maxime* p. 22 e ss.

do seu conteúdo, domina o programa analítico de Kelsen na fase inicial da sua obra: ela acaba, porém, por se afigurar como pouco plausível, se tivermos em conta as diferenças de forma e de função dos diversos tipos de normas jurídicas.

1 Os diferentes tipos de normas jurídicas sob o ponto de vista funcional

A tese segundo a qual a função normativa típica é ordenar (*gebieten*) ou prescrever é partilhada pela generalidade dos representantes da Teoria do Direito da Alemanha dos finais do século XIX, estando as próprias linhas gerais da doutrina kelseniana da norma jurídica "completa" antecipadas já em Ernst Rudolf Bierling (1841-1919): este autor qualifica como "normas jurídicas não autónomas" (*unselbständige Rechtssätze*) todas as disposições (*v.g.*: definições legais, normas de atribuição de competência, normas remissivas etc.) que por si só e isoladamente não orientam condutas, reservando a qualificação de "normas jurídicas autónomas" (*selbständige Rechtssätze*) para os comandos (*Gebote*) e as proibições (*Verbote*).[201] Kelsen retoma esta concepção de "normas jurídicas não autónomas" (*unselbständige Rechtsnormen*) no quadro da construção conceptual que costuma ser referida como "doutrina da norma jurídica "completa". Em conformidade, indica como normas jurídicas não autónomas (*unselbständige Rechtsnormen*): *i*) as normas que prescrevem uma determinada conduta, normas essas que estão necessariamente ligadas às normas que estatuem a aplicação de uma sanção coercitiva para a hipótese da sua não observância; *ii*) as normas que permitem positivamente uma conduta, cuja função é delimitar o âmbito de validade da norma jurídica sancionatória; *iii*) as normas revogatórias, que delimitam o domínio temporal de validade de outras normas; *iv*) as normas de atribuição de competência, que conferem poderes para a produção

201 Cf. BIERLING, Ernst Rudolf. *Juristische Prinzipienlehre*. vol. I. Freiburgo/Leipzig: Mohr Siebeck, 1894, *maxime* p. 87.

de normas jurídicas; *v*) as normas interpretativas, que determinam o sentido de outras normas jurídicas.[202]

Em termos de uma tipologia das funções normativas, Kelsen indica, na segunda edição (1960) de *Teoria Pura do Direito*, como funções normativas: *i*) ordenar (*gebieten*); *ii*) atribuir competência (*ermächtigen*) e *iii*) permitir (*erlauben*).[203] No capítulo 25 da obra póstuma *Teoria Geral das Normas* (Viena, 1979), apresenta esta mesma tipologia das funções normativas, acrescentando-lhe a função normativa "revogação", que ele analisa com maior pormenor no capítulo 27. Mas em *Teoria Geral das Normas*, Kelsen parece deixar cair a concepção de "normas jurídicas não autónomas" (*unselbständige Rechtsnormen*), referindo apenas de passagem a norma revogatória como "norma não autónoma".[204]

De facto, no quadro de uma consideração "dinâmica" do Direito torna-se não apenas inadequada a fundamentação lógico-transcendental da validade do Direito positivo como passa a afigurar-se como pouco plausível a doutrina da norma jurídica "completa": a estrutura hierárquica ou "escalonada" do sistema jurídico só pode ser devidamente entendida com base na diferenciação estrutural e funcional entre as normas que prescrevem ou ordenam (*gebieten*) condutas e as normas que atribuem poderes ou competências. Aliás, no quadro de uma consideração "dinâmica" do Direito, a função normativa ideal ou típica é a atribuição de competência (*Ermächtigung*) para a produção e aplicação de normas: só mediante uma

202 Cf. KELSEN, Hans. *Teoria Pura do Direito*. Trad. João Baptista Machado. Coimbra: Arménio Amado, 1976, pp. 88 e ss. Sobre a classificação kelseniana das normas jurídicas, cf. KUCSKO-STADLMAYER, Gabriele. "Rechtsnormbegriff und Arten der Rechtsnorm". *In*: WALTER, Robert (Coord.). *Schwerpunkte der Reinen Rechtslehre*. Viena: Manz, 1992, pp. 21-30.

203 Cf. KELSEN, Hans. *Teoria Pura do Direito*. Trad. João Baptista Machado. Coimbra: Arménio Amado, 1976, p. 35.

204 Cf. KELSEN, Hans. *Allgemeine Theorie der Normen*. Viena: Manzsche, 1979, p. 85.

norma de atribuição de competência (*Ermächtigungsnorm*) é que o sentido subjectivo do acto de comando do órgão legislativo ou do órgão de aplicação do Direito pode ser interpretado como o seu sentido objectivo, isto é, como uma norma válida.[205]

2 As normas de atribuição de competência e a estrutura do sistema jurídico

Na primeira edição (1934) de *Teoria Pura do Direito*, Kelsen esclarece que a perspectiva da Teoria Pura do Direito

> está direccionada, fundamentalmente, para a totalidade do Direito e procura compreender cada fenómeno individual apenas na sua conexão sistemática com todos os outros, procura apreender em cada parte do Direito a função de totalidade do Direito.[206]

No mesmo sentido, diz Kelsen nas considerações com que abre *General Theory of Law and State* (Cambridge Mass., 1945): "*Law is an order of human behavior. An 'order' is a system of rules. Law is not, as it is sometimes said, a rule. It is a set of rules having the kind of unity we understand by a system*".

---

205 Sobre o papel central das normas de atribuição de competência na análise da estrutura do sistema jurídico, cf. HART, H. L. A. *O Conceito de Direito*. Trad. Armindo Ribeiro Mendes. Lisboa: Editora Almedina, 1986 [1961], *maxime* cap. V, "O Direito como União de Regras Primárias e Secundárias", pp. 89 e ss.; BULYGIN, Eugenio. "On Competence Norms". *Law and Philosophy*, vol. 11, 1982, pp. 201-2016; RENZIKOWSKI, Joachim. "Die Unterscheidung von primären Verhaltens- und sekundären Sanktionsnormen in der analytischen Rechtstheorie". *In*: GÖSSEL, Karl Heinz; DÖLLING, Dieter; ERB, Volker. *Festschrift für Karl Heinz Gössel zum 70. Geburtstag*. Heidelberga: C. F. Müller, 2002, pp. 3-13.

206 Cf. KELSEN, Hans. *Reine Rechtslehre*: Einleitung in die rechtswissenschaftliche Problematik. Leipzig/Viena: Deuticke, 1934, pp. 60 e ss.

No início da investigação de Kelsen, o seu programa de jurisprudência analítica centrava-se, como referimos, na "redução" do material dado nas disposições legislativas à "proposição jurídica" (*Rechtssatz*) e à explicitação da sua estrutura lógico-imputativa. Este programa mantinha-se no trilho da Teoria do Direito oitocentista de orientação positivista – *v.g.*: Karl Binding (1841-1920), August Thon (1839-1912), Ernst Rudolf Bierling (1841-1919) –, que considerava como a função normativa típica a desempenhada pelos comandos ou prescrições que estabelecem as condições de aplicação de sanções coercitivas. A Teoria do Direito oitocentista não aprofunda a análise das relações entre normas de conduta (comandos e proibições) e normas de atribuição de competência, apesar de Ernst Rudolf Bierling (1841-1919) – aqui, como noutros pontos, um verdadeiro precursor dos desenvolvimentos ulteriores da Teoria do Direito – referir o "poder jurídico" (*rechtliches Können*) como a "*faculdade de estatuição de normas subordinadas*". Apesar de Bierling tomar já em consideração relações de supra e infraordenação normativa, ele não esclarece suficientemente a especificidade das normas de atribuição de competência em relação às normas de conduta, analisando esta especificidade meramente sob o ângulo da distinção entre normas absolutamente determinadas e normas relativamente determinadas.[207] O próprio Kelsen incorre nesse mesmo erro de não considerar a atribuição de competência como uma função normativa autónoma, quando retoma as concepções de Bierling e de August Thon sobre as "normas jurídicas não autónomas" (*unselbständige Rechtssätze*) e formula a sua doutrina da norma jurídica "completa". Em bom rigor, Kelsen não retira todas as consequências que a prevalência da consideração "dinâmica" do Direito tem para a análise das diversas funções normativas, em particular obrigando ao reconhecimento da atribuição de competência (*Ermächtigung*) como função normativa autónoma – esse reconhecimento surge, como é sabido, com uma

---

207 Cf. BIERLING, Ernst Rudolf. *Juristische Prinzipienlehre*. vol. I. Freiburgo/Leipzig: Mohr Siebeck, 1894, *maxime* pp. 79 e ss.

clareza lapidar na obra de Herbert Hart (1907-1992), para quem as normas que conferem poderes (*power-conferring rules*) não são redutíveis ao esquema geral das normas que impõem obrigações ou proibições, sublinhando Hart a necessidade de distinguir os diferentes tipos de normas[208] e de proceder à análise das suas relações no quadro do sistema jurídico.[209]

3 O sistema jurídico como sistema normativo "dinâmico"

A dicotomia "estático"/"dinâmico" na representação da estrutura dos sistemas normativos baseia-se no critério de relação entre as normas, pondo Kelsen em evidência dois princípios de derivação de normas a partir de outras normas: o princípio "estático" e o princípio "dinâmico" de derivação. De acordo com o princípio "estático", o conteúdo prescritivo das normas particulares pode ser derivado da norma mais geral: Kelsen dá o exemplo de normas tais como "não devemos mentir", "devemos respeitar os compromissos assumidos" etc., que são normas que podem ser derivadas da norma que prescreve a veracidade.[210] De acordo com o princípio "dinâmico", a derivação é meramente formal ou procedimental, isto é, faz-se com base na norma que atribui competência a determinado órgão para a estatuição da norma derivada.[211] Na representação da estrutura dos sistemas normativos, a Teoria do Direito costuma referir o modo de derivação

208 Cf. HART, H. L. A. *O Conceito de Direito*. Trad. Armindo Ribeiro Mendes. Lisboa: Editora Almedina, 1986 [1961], *maxime* cap. III, "A Diversidade das Leis", pp. 33 e ss.

209 Cf. HART, H. L. A. *O Conceito de Direito*. Trad. Armindo Ribeiro Mendes. Lisboa: Editora Almedina, 1986 [1961], *maxime* cap. V, "O Direito como União de Regras Primárias e Secundárias", pp. 89 e ss.

210 Cf. KELSEN, Hans. *Teoria Pura do Direito*. Trad. João Baptista Machado. Coimbra: Arménio Amado, 1976, p. 270.

211 Cf. KELSEN, Hans. *Teoria Pura do Direito*. Trad. João Baptista Machado. Coimbra: Arménio Amado, 1976, p. 271.

baseado no princípio "estático" como "deducibilidade" e o modo de derivação baseado no princípio "dinâmico" como "legalidade".[212]

Kelsen sublinha que "*o sistema de normas que se apresenta como uma ordem jurídica tem um carácter essencialmente dinâmico*",[213] mas chama a atenção para a necessidade de conjugar o princípio "estático" e o princípio "dinâmico" para representar adequadamente as relações entre as normas do mesmo sistema jurídico. Diz o nosso autor:

> O princípio estático e o princípio dinâmico estão reunidos numa e na mesma norma quando a norma fundamental pressuposta se limita, segundo o princípio dinâmico, a conferir poder a uma autoridade legisladora e esta mesma autoridade ou uma outra por ela instituída não só estabelecem normas pelas quais delegam noutras autoridades legisladoras mas também normas pelas quais se prescreve uma determinada conduta dos sujeitos subordinados às normas e das quais – como o particular do geral – podem ser deduzidas novas normas através de uma operação lógica.[214]

A validade de uma norma jurídica derivada depende, portanto, da conformidade com o que é estabelecido por outras normas de escalão superior relativamente: *i*) à atribuição de competência ao órgão que a estatui; *ii*) ao procedimento da sua elaboração; *iii*) à moldura do conteúdo da norma.

---

212 Cf., por exemplo, BULYGIN, Eugenio. "Algunas consideraciones sobre los sistemas jurídicos". *Doxa – Cuadernos de Filosofía del Derecho*, vol. 9, 1991, pp. 257-280.

213 Cf. KELSEN, Hans. *Teoria Pura do Direito*. Trad. João Baptista Machado. Coimbra: Arménio Amado, 1976, p. 273.

214 Cf. KELSEN, Hans. *Teoria Pura do Direito*. Trad. João Baptista Machado. Coimbra: Arménio Amado, 1976, p. 272.

Em relação ao problema da validade das normas de máxima hierarquia do sistema (normas originárias ou não derivadas),[215] não podendo essa validade ser derivada da validade da norma de escalão superior, nem podendo ser justificada em termos ético-políticos, Kelsen apresenta uma resposta conhecida: a doutrina da norma fundamental (*Grundnorm*), doutrina que constitui a quinta-essência do normativismo "puro" da Teoria Pura do Direito.

Bibliografia de aprofundamento

Para além das referências bibliográficas contidas no texto, aconselha-se a leitura de:

1. WALTER, Robert. "Las normas jurídicas". *Doxa*, nº 2, 1985, pp. 107-115.

2. BOBBIO, Norberto. "Norme primarie e norme secondarie". *In*: ______. *Studi per una teoria generale del diritto*. Turim: Giappichelli, 2012, pp. 149-169.

215 A Constituição em sentido jurídico-positivo, como vértice de um sistema de relações de delegação de produção normativa.

8ª SESSÃO

AS DIFERENTES CARACTERIZAÇÕES E FUNÇÕES DA NORMA FUNDAMENTAL

A doutrina da norma fundamental (*Grundnorm*) é a doutrina mais emblemática da Teoria Pura do Direito. Mas, ao longo do desenvolvimento da sua investigação, Kelsen (1881-1973) apresenta diferentes caracterizações da norma fundamental e assinala-lhe funções distintas: por vezes, refere-a como "norma originária" (*Ursprungsnorm*),[216] outras vezes como "Constituição em sentido lógico-transcendental",[217] como "pressuposição lógico-transcendental",[218] ou até como

---

216 Cf. KELSEN, Hans. *Das Problem der Souveränität und die Theorie des Völkerrechts*: Beitrag zu einer reinen Rechtslehre. Tübingen: Mohr Siebeck, 1920, pp. VII-VIII, 100 e 107; cf., igualmente, KELSEN, Hans. *Allgemeine Staatslehre*. Berlim: Mohr Siebeck, 1925, pp. 99 e 104.

217 Cf. KELSEN, Hans. "Die Funktion der Verfassung". *Forum*, vol. XI, 1964, pp. 583-586. [Agora em: KLECATSKY, Hans; MARCIC, René; SCHAMBECK, Herbert (Coord.). *Die Wiener rechtstheoretische Schule*. vol. 2. Viena: Manzsche, 1968, p. 1619].

218 Cf. KELSEN, Hans. *Teoria Pura do Direito*. Trad. João Baptista Machado. Coimbra: Arménio Amado, 1976, pp. 277 e ss.

"ficção genuína" (*echte Fiktion*)[219] etc. As funções que lhe atribui são, basicamente, duas: *i*) condição lógico-transcendental de representação do Direito como realidade normativa; *ii*) elemento último, de "fecho", da cadeia de imposição normativa, que atribui competência ao órgão supremo de produção de normas num sistema jurídico que é globalmente eficaz – designemos cada uma destas funções, respectivamente, como "função epistemológica" e "função sistémica" da norma fundamental.[220]

A noção de "norma fundamental" (*Grundnorm*) surge pela primeira vez na obra de Kelsen num ensaio de 1914, intitulado "Reichsgesetz und Landesgesetz nach österreichischer Verfassung".[221] Em *Das Problem der Souveränität und die Theorie des Völkerrechts* (Tübingen, 1920), Kelsen esclarece o estatuto e a função desta "*norma*

---

219 Cf. KELSEN, Hans. "Die Funktion der Verfassung". *Forum*, vol. XI, 1964. [Agora em: KLECATSKY, Hans; MARCIC, René; SCHAMBECK, Herbert (Coord.). *Die Wiener rechtstheoretische Schule*. vol. 2. Viena: Manzsche, 1968, *maxime* p. 1620]; cf., igualmente, KELSEN, Hans. *Allgemeine Theorie der Normen*. Viena: Manzsche, 1979, *maxime* pp. 206 e ss. Sobre as diferentes caracterizações da norma fundamental ao longo do desenvolvimento da investigação de Kelsen, cf. WALTER, Robert. "Entstehung und Entwicklung des Gedankens der Grundnorm". *In*: ______. *Schwerpunkte der Reinen Rechtslehre*. Viena: Manz, 1992, pp. 47-59; BINDREITER, Uta. *Why Grundnorm?* A Treatise on the Implications of Kelsen's Doctrine. Haia: Springer, 2002, *maxime* pp. 16 e ss.; PAULSON, Stanley L. "Die unterschiedlichen Formulierungen der Grundnorm". *In*: AARNIO, Aulis *et al*. (Coord.). *Rechtsnorm und Wirklichkeit*: Festschrift für Werner Krawietz zum 60. Geburtstag, Berlim: De Gruyter, 1993, pp. 53-74.

220 Cf. o meu artigo "A função epistemológica e a função sistémica da norma fundamental". *In*: LAMEGO, José. *Caminhos da Filosofia do Direito Kantiana*. vol. I: De Kant ao Neo-Kantismo. Lisboa: AAFDL, 2014, pp. 161-176.

221 Cf. KELSEN, Hans. "Reichsgesetz und Landesgesetz nach österreichischer Verfassung". *Archiv des öffentlichen Rechts*, vol. 32, 1914, pp. 202-245 e 390-438, *maxime* pp. 215 e ss. [Reimpresso em: KELSEN, Hans. *Hans Kelsens Werke*. vol. 3. Ed. Matthias Jestaedt. Tübingen: Mohr Siebeck, 2010, pp. 359-425].

originária pressuposta" com "*apoio na filosofia transcendental de Kant*".[222] Esta ideia de uma norma última, cuja validade não pode ser derivada de nenhuma acção humana, mas corresponde a uma necessidade conceptual (*Denknotwendigkeit*), tinha-a Kelsen tomado de Walter Jellinek (1885-1955).[223] Em *Os Fundamentos Filosóficos da Doutrina do Direito Natural e do Positivismo Jurídico*, Kelsen explica que a norma fundamental permite interpretar o material jurídico empírico não "*como facto do* poder, *mas como* Direito, *não como mero* factum, *mas como* norma, *de modo a que as relações a apreender não o sejam como relações de causa e efeito, mas como relações de obrigação e titularidade de direitos*".[224] Na primeira edição (1934) de *Teoria Pura do Direito*, Kelsen esclarece que, "*com a doutrina da norma fundamental, a Teoria Pura do Direito procura explicitar as condições lógico-transcendentais do conhecimento do Direito positivo*"[225] e que "*só mediante a pressuposição da norma fundamental pode o material empírico que é dado à interpretação jurídica ser interpretado como Direito, quer dizer, como um sistema*

---

222 Cf. KELSEN, Hans. *Das Problem der Souveränität und die Theorie des Völkerrechts*: Beitrag zu einer reinen Rechtslehre. Tübingen: Mohr Siebeck, 1920, p. VIII.

223 Cf. JELLINEK, Walter. *Gesetz, Gesetzesanwendung und* Zweckmäβigkeitserwägung. Tübingen: Mohr, 1913, *maxime* pp. 26 e ss. Sobre a noção de uma norma última em Walter Jellinek como fonte de inspiração da doutrina da norma fundamental de Kelsen, cf. PAULSON, Stanley L. "On the Early Development of the Grundnorm". *In*: FLEERACKERS, Frank; LEEUWEN, Evert van; ROERMUND, Bert van. *Law, Life and the Images of Man*: Festschrift for Jan M. Broekman. Berlim: De Gruyter, 1997, pp. 217-230.

224 Cf. KELSEN, Hans. *Die philosophischen Grundlagen der Naturrechtslehre und des Rechtspositivismus*. Charlottenburg: Rolf Heise Verlag, 1928. [Agora em: KLECATSKY, Hans; MARCIC, René; SCHAMBECK, Herbert (Coord.). *Die Wiener rechtstheoretische Schule*. vol. 1. Viena: Manzsche Verlags- und Universitätsbuchhandlung, 1968, pp. 235 e ss.].

225 Cf. KELSEN, Hans. *Reine Rechtslehre*: Einleitung in die rechtswissenschaftliche Problematik. Leipzig/Viena: Deuticke, 1934, p. 67.

de normas jurídicas".[226] Na segunda edição (1960) de *Teoria Pura do Direito*, continua a definir o estatuto da norma fundamental como pressuposição lógico-transcendental,[227] isto é, como condição lógico-transcendental de representação do Direito como "dever-ser" (*Sollen*), como realidade normativa, afirmando:

> Na medida em que só através da pressuposição da norma fundamental se torna possível interpretar o sentido subjectivo do facto constituinte e dos factos postos de acordo com a Constituição como o seu sentido objectivo, quer dizer, como normas objectivamente válidas, pode a norma fundamental, na sua descrição pela ciência jurídica – e se é lícito aplicar per analogiam um conceito da teoria do conhecimento de Kant – ser designada como a condição lógico-transcendental desta interpretação.[228]

1 A norma fundamental como condição lógico-transcendental de representação do Direito como realidade normativa

Em vários dos seus escritos, Kelsen esclarece que a norma fundamental (*Grundnorm*) não é uma norma do Direito positivo, estatuída ou posta (*gesetz*) pelo legislador, mas sim meramente pressuposta (*vorausgesetz*) pelo pensamento jurídico.[229] Por outro

---

226 Cf. KELSEN, Hans. *Reine Rechtslehre*: Einleitung in die rechtswissenschaftliche Problematik. Leipzig/Viena: Deuticke, 1934, p. 66.

227 Cf. KELSEN, Hans. *Teoria Pura do Direito*. Trad. João Baptista Machado. Coimbra: Arménio Amado, 1976, §34 d.

228 Cf. KELSEN, Hans. *Teoria Pura do Direito*. Trad. João Baptista Machado. Coimbra: Arménio Amado, 1976, pp. 278 e ss.

229 Cf., por exemplo, KELSEN, Hans. "Die Selbstbestimmung des Rechts" (1963). [Agora em: KLECATSKY, Hans; MARCIC, René; SCHAMBECK, Herbert (Coord.). *Die Wiener rechtstheoretische Schule*. vol. 2. Viena: Manzsche Verlags- und Universitätsbuchhandlung, 1968, pp. 1181-1188, *maxime* p. 1187]; KELSEN, Hans. *Die philosophischen*

lado, sublinha que o carácter não positivo da norma fundamental (*Grundnorm*) não significa uma aproximação ao jusnaturalismo, na medida em que ela não é fundamento material de validade, não determina os conteúdos do Direito positivo.[230] Kelsen refere a doutrina da norma fundamental (*Grundnorm*) como "*fundamentação lógico-transcendental da validade do Direito positivo*", esclarecendo que numa teoria positivista do Direito a fundamentação da validade das normas do Direito positivo é completamente independente do seu conteúdo e que só pode, portanto, configurar-se como "*fundamentação gnosiológica*" [*erkenntnistheoretische Begründung*].[231]

Kelsen define o seu estatuto epistemológico à luz da doutrina kantiana sobre a objectividade do conhecimento, desenvolvida por Kant na "Analítica dos Conceitos" da *Crítica da Razão Pura* – melhor: do modo como o neo-kantismo logicista de Marburgo, em especial Hermann Cohen (1842-1918), reformula essa doutrina. A norma fundamental (*Grundnorm*) é a condição lógico-transcendental dos juízos com os quais a ciência jurídica descreve o Direito positivo como ordem objectivamente válida. Um discípulo de Kelsen, Leonid Pitamic (1885-1971), esclarecia a necessidade dessa "*norma*

Grundlagen der Naturrechtslehre und des Rechtspositivismus. Charlottenburg: Rolf Heise Verlag, 1928, *maxime* pp. 235 e ss.; KELSEN, Hans. "Professor Stone and the Pure Theory of Law". *Stanford Law Review*, vol. 17, nº 6, jul. 1965, pp. 1128-1157, *maxime* p. 1148.

230 Esta acusação de aproximação ao jusnaturalismo era formulada, por exemplo, por Fritz Sander (1889-1939), que considerava que a doutrina da norma fundamental (*Grundnorm*) consubstanciava uma espécie de "*Direito Natural lógico*": cf. SANDER, Fritz. *Rechtstheorie oder Theorie der Rechtserfahrung?* Kritische Studie zur Rechtslehre Hans Kelsen. Viena/Leipzig: F. Deuticke, 1921, *maxime* p. 111.

231 Cf. KELSEN, Hans. "Vom Geltungsgrund des Rechts". *In*: ZEMANEK, Karl; VERDROSS, Alfred. *Völkerrecht und rechtliches Weltbild*: Festschrift für Alfred Verdross. Viena: Springer, 1960, pp. 157-165. [Agora em: KLECATSKY, Hans; MARCIC, René; SCHAMBECK, Herbert (Coord.). *Die Wiener rechtstheoretische Schule*. vol. 2. Viena: Manzsche Verlags- und Universitätsbuchhandlung, 1968, p. 1167].

de pensamento" à luz do método da "economia do pensamento" (*Denkökonomie*) de Ernst Mach (1836-1916), isto é, justificava-a a partir do seu rendimento teórico em termos de representação do Direito como realidade normativa,[232] perspectiva que o próprio Kelsen considerou – conjuntamente com outros escritos de Pitamic – como "*contributos valiosos para a questão da determinação da norma fundamental como pressuposição do conhecimento jurídico*".[233]

A determinação do estatuto da norma fundamental (*Grundnorm*) como "hipótese", "pressuposição" ou "condição" lógico-transcendental da representação do Direito como realidade normativa é, deste modo, enquadrada na configuração da Teoria Pura do Direito como teoria do conhecimento do Direito positivo (como Lógica transcendental da Ciência do Direito) e corresponde à fundamentação lógico-transcendental da validade do Direito positivo, como "dever-ser" (*Sollen*).[234] À medida em que se acentua a perspectiva "dinâmica" na Teoria Pura do Direito, a explicação da normatividade

---

232 Cf. PITAMIC, Leonid. "Denkökonomische Voraussetzungen der Rechtswissenschaft". *Österreichische Zeitschrift für öffentliches Recht*, vol. 3, 1997, pp. 339-367.

233 Cf. KELSEN, Hans. *Hauptprobleme der Staatsrechtslehre, entwickelt aus der Lehre vom Rechtssatze*. 2ª ed. Tübingen: Mohr Siebeck, 1923, p. XV.

234 Sobre a relação da doutrina da norma fundamental com a problemática kantiana das condições formais gerais da "experiência" (*Erfahrung*), cf. o meu artigo "A argumentação transcendental em Kelsen". *In*: LAMEGO, José. *Caminhos da Filosofia do Direito Kantiana*. vol. I: De Kant ao Neo-Kantismo. Lisboa: AAFDL, 2014, pp. 113-127; LUF, Gerhard. "Überlegungen zum transzendentallogischen Stellenwert der Grundnormkonzeption Kelsens". *In*: KRAWIETZ, Werner. *Theorie der Normen*: Festgabe für Ota Weinberger zum 65. Geburtstag. Berlim: Duncker & Humblot, 1984, pp. 567-581; HAMMER, Stefan. "Kelsens Grundnormkonzeption als Erkenntnistheorie des Rechts?" *In*: PAULSON, Stanley L.; WALTER, Robert (Coord.). *Untersuchungen zur Reinen Rechtslehre*. Viena: Manzsche, 1986, pp. 210-231; PAULSON, Stanley L. "On the Puzzle Surrounding Hans Kelsen's Basic Norm". *Ratio Juris*, vol. 13, 2000, pp. 279-293.

do Direito começa a ser feita a partir da representação do Direito como "cadeia de produção" (*Erzeugungszusammenhang*) de normas, passando a função da norma fundamental a ser caracterizada como atribuição de competência ao órgão supremo de produção de normas, num sistema jurídico que é globalmente eficaz.

2 A norma fundamental como atribuição de competência ao órgão supremo de produção de normas

Já no escrito *Os Fundamentos Filosóficos da Doutrina do Direito Natural e do Positivismo Jurídico* (1928), Kelsen afirma que "*a função da norma fundamental é, em primeira linha, investir uma autoridade suprema de produção do Direito, é, pois, sobretudo, delegação*".[235] Na primeira edição (1934) de *Teoria Pura do Direito*, Kelsen explica a função da norma fundamental como delegação da "autoridade de estatuição do Direito" (*rechtssetzende Autorität*), ilustrando essa função, sobretudo, com base no exemplo da alteração por via revolucionária da cadeia de imposição normativa.[236] Em *General Theory of Law and State* (Cambridge Mass., 1945), esclarece que "*the basic norm merely establishes a certain authority, which may well in turn vest norm-creating power in some other authorities*".[237] Na segunda edição (1960) de *Teoria Pura do Direito*, conclui que o tipo "dinâmico" de sistema normativo

> é caracterizado pelo facto de a norma fundamental pressuposta não ter por conteúdo senão a instituição de um facto

---

235 Cf. KELSEN, Hans. *Die philosophischen Grundlagen der Naturrechtslehre und des Rechtspositivismus*. Charlottenburg: Rolf Heise Verlag, 1928, p. 245.

236 Cf. KELSEN, Hans. *Reine Rechtslehre*: Einleitung in die rechtswissenschaftliche Problematik. Leipzig/Viena: Deuticke, 1934, *maxime* p. 68.

237 Cf. KELSEN, Hans. *General Theory of Law and State*. Cambridge: Harvard University Press, 1945, p. 113.

> produtor de normas, a atribuição de poder a uma autoridade legisladora ou – o que significa o mesmo – uma regra que determina como devem ser criadas as normas gerais e individuais do ordenamento fundado sobre esta norma fundamental.[238]

Esta atribuição de poder ou competência ao órgão supremo de produção de normas não pode ser senão fundada numa norma ficcionada (*fingierte Norm*), uma vez que a cadeia de imposição normativa tem o seu termo final na primeira Constituição histórica: na fase derradeira da sua investigação, Kelsen define o estatuto da norma fundamental como uma "ficção", uma "ficção genuína" (*echte Fiktion*), no sentido do ficcionalismo de Hans Vaihinger (1852-1933),[239] isto é, um "expediente artificial do pensamento" (*künstlicher Denksbehelf*) que é ou deve ser acompanhado pela consciência de que não está de acordo com a realidade – no caso vertente, "ficciona-se" que a primeira Constituição histórica procede de uma autoridade que lhe é superior, autoridade que é, ela própria, "fictícia", a fim de se poder conceptualizar a fundamentação da validade de um sistema normativo coercitivo e eficaz.[240]

---

238 Cf. KELSEN, Hans. *General Theory of Law and State*. Cambridge: Harvard University Press, 1945, p. 271.

239 Cf. KELSEN, Hans. "Die Funktion der Verfassung". *Forum*, vol. XI, 1964. [Agora em: KLECATSKY, Hans; MARCIC, René; SCHAMBECK, Herbert (Coord.). *Die Wiener rechtstheoretische Schule*. vol. 2. Viena: Manzsche, 1968]; cf., igualmente, KELSEN, Hans. *Allgemeine Theorie der Normen*. Viena: Manzsche, 1979, *maxime* pp. 206 e ss. Sobre as relações de Kelsen com o ficcionalismo de Hans Vaihinger, cf. o meu artigo "A Teoria do Pura do Direito e o ficcionalismo". *In*: LAMEGO, José. *Caminhos da Filosofia do Direito Kantiana*. vol. I: De Kant ao Neo-Kantismo. Lisboa: AAFDL, 2014, pp. 177-187.

240 Na sua comunicação ao congresso anual da *Associação dos Professores Alemães de Direito Público* [*Vereinigung der Deutschen Staatsrechtslehrer*], realizado em Münster, em 29 e 30 de março de 1926, Kelsen advertia que a sublimação logicista consubstanciada na doutrina da norma fundamental (*Grundnorm*) é apenas um "como se", exigido por uma perspectiva estritamente normativa na análise do Direito positivo, pois quem for para além disso, "*quem levantar o véu*

A constatação de que a função da norma fundamental num sistema normativo "dinâmico" é "ficcionar" a atribuição de competência ao órgão supremo de produção de normas e a justificação da doutrina da norma fundamental como um mero instrumento heurístico ou "ficção" atesta a reorientação do programa kelseniano de análise do Direito em termos de uma representação "dinâmica" do Direito positivo: a este propósito, é de sublinhar a importância decisiva da incorporação da doutrina da estrutura escalonada (*Stufenbaulehre*) da ordem jurídica no edifício conceptual da Teoria Pura do Direito.

Bibliografia de aprofundamento

Para além das referências bibliográficas contidas no texto, aconselha-se a leitura de:

1. RAZ, Joseph. "Kelsen's Theory of the Basic Norm". *In*: ______. *The Authority of Law*. Oxford: Oxford University Press 1979, pp. 122-145.
2. VILANOVA, Lourival. "Teoria da Norma Fundamental (Comentários à margem de Kelsen)". *In*: ______. *Escritos Jurídicos e Filosóficos*. vol. 1. São Paulo: Axis Mundi, 2003, pp. 301-340.

---

e não fechar os olhos fica ofuscado pela cabeça de Górgona do poder" [*Wer den Schleier hebt und seine Auge nicht schließt, dem starrt das Gorgonenhaupt entgegen*] (cf. KELSEN, Hans. "Die Gleichheit vor dem Gesetz im Sinne des Art. 109 der Reichsverfassung". *Veröffentlichungen der Vereinigung der Deutschen Staatsrechtslehrer*, Heft 3, Berlim/ Leipzig: Duncker & Humblot, 1927, pp. 53-55.

9ª SESSÃO

A DOUTRINA DA ESTRUTURA ESCALONADA DA ORDEM JURÍDICA

A doutrina da estrutura escalonada (*Stufenbaulehre*) da ordem jurídica deve-se, nas suas linhas gerais, a Adolf Julius Merkl (1890-1970), o discípulo mais proeminente de Kelsen: como este reconhece no "Prefácio" à segunda edição (Tübingen, 1923) de *Hauptprobleme der Staatsrechtslehre, entwickelt aus der Lehre vom Rechtssatze*,

> é a Adolf Julius Merkl que cabe o mérito de ter concebido e exposto a ordem jurídica como um sistema genético de normas jurídicas que procedem gradualmente de um nível de concretização para outro, desde a Constituição à lei e ao regulamento administrativo e demais fases intermédias, até ao acto jurídico individual de execução.[241]

---

241 "Prefácio" à segunda edição de KELSEN, Hans. *Hauptprobleme der Staatsrechtslehre, entwickelt aus der Lehre vom Rechtssatze*. 2ª ed. Tübingen: Mohr Siebeck, 1923, p. XV.

Esta construção de Merkl, que ele começa a esboçar por volta de 1917,[242] vem a ser incorporada por Kelsen no edifício conceptual da Teoria Pura do Direito, servindo de base à sua análise do sistema jurídico como sistema normativo hierarquicamente estruturado.

As consequências desta incorporação plena traduziram-se em ajustamentos importantes num conjunto de noções centrais da Teoria Pura do Direito, decorrentes da ideia de que as relações entre as normas de escalão superior e as de escalão inferior de uma ordem jurídica não estão nunca completamente determinadas: de acordo com o princípio "estático" de derivação de normas, o conteúdo prescritivo das normas particulares pode ser derivado da norma mais geral; de acordo com o princípio "dinâmico", a derivação é meramente formal ou procedimental, isto é, faz-se com base na norma que atribui competência a determinado órgão para a estatuição da norma derivada.[243] Sendo dada prevalência ao princípio "dinâmico", a função normativa nuclear passa a ser a de atribuição de competência (*Ermächtigung*), consistindo a derivação o resultado do exercício de uma competência para o estabelecimento de uma norma de escalão inferior.

---

242 Cf. MERKL, Adolf J. "Das Recht im Lichte seiner Anwendung". Publicado no *Deutsche Richterzeitung*, vol. 9, 1917, pp. 3-42, com o título "Das Recht im Spiegel seiner Auslegung"; cf., igualmente, MERKL, Adolf J. "Das doppelte Rechtsantlitz: Eine Betrachtung aus der Erkenntnistheorie des Rechts". *Juristische Blätter*, vol. 47, 1918, pp. 425-427, 444-447 e 463-465 – ambos os ensaios são agora acessíveis em KLECATSKY, Hans; MARCIC, René; SCHAMBECK, Herbert (Coord.). *Die Wiener rechtstheoretische Schule*. vol. 1. Viena: Manzsche, 1968, respectivamente a pp. 955-982 e 893-911. Com anterioridade em relação a Adolf J. Merkl (1890-1970), já Ernst Rudolf Bierling (1841-1919) falava de relações de supra e infraordenação normativas no quadro da cadeia de delegação de actos de estatuição do Direito (cf. BIERLING, Ernst Rudolf. *Juristische Prinzipienlehre*. vol. I. Freiburgo/Leipzig: Mohr Siebeck, 1894, *maxime* pp. 107 e ss.).

243 Cf. KELSEN, Hans. *Teoria Pura do Direito*. Trad. João Baptista Machado. Coimbra: Arménio Amado, 1976, pp. 269 e ss.

Os ajustamentos provocados pela incorporação plena da doutrina da estrutura escalonada (*Stufenbaulehre*) no edifício conceptual da Teoria Pura do Direito são, basicamente, os seguintes, como tivemos já oportunidade de evidenciar: *i*) o afastamento de uma caracterização puramente semântica das normas, assumindo uma ontologia das normas onde se acentuam os traços voluntaristas e empiristas; *ii*) o abandono da tese da normatividade ideal do Direito e da fundamentação lógico-transcendental da validade do Direito positivo; *iii*) a alteração da perspectiva sobre a função e o estatuto deôntico da norma fundamental; *iv*) a mudança de posição sobre a possibilidade de relações lógicas entre normas, que caracteriza a fase derradeira da investigação de Kelsen.

Uma outra consequência, que examinaremos adiante com maior pormenor, traduz-se no facto de que a doutrina da interpretação jurídica da Teoria Pura do Direito é indissociável da tese segundo a qual os diferentes escalões da ordem jurídica são escalões de "determinação", "concretização" ou "individualização" do Direito e de que todo o acto jurídico em que o Direito é aplicado é apenas parcialmente determinado pela norma de escalão superior, pelo que o preenchimento dos espaços de indeterminação que é requerido aos órgãos de aplicação do Direito coenvolve sempre elementos subjectivos ou de "discricionariedade": a "aplicação do Direito" (*Rechtsanwendung*) é sempre "produção de Direito" (*Rechtserzeugung*) e não mero conhecimento de um Direito pré-existente.[244]

Tendo este conjunto de considerações como pano de fundo, é agora o momento de examinar com maior pormenor a formulação e os desenvolvimentos da doutrina da estrutura escalonada (*Stufenbaulehre*) nos escritos de Adolf Julius Merkl (1890-1970) e a sua recepção

244 Nada de mais errado, pois, do que aproximar a doutrina da interpretação e aplicação do Direito de Kelsen do "formalismo interpretativo" característico da Escola da Exegese e da Jurisprudência dos conceitos (*Begriffsjurisprudenz*) oitocentistas: para Kelsen, a sentença judicial tem um carácter *constitutivo* e não meramente *declarativo* do Direito.

por Hans Kelsen (1881-1973) – em boa verdade, as teses de Merkl sobre a estrutura do sistema jurídico marcaram os desenvolvimentos futuros da Teoria Pura do Direito numa extensão e profundidade que não costumam ser devidamente relevadas, sendo muitas dessas inovações conceptuais creditadas directamente a Kelsen, apesar de este se referir a Merkl como co-autor da Teoria Pura do Direito.[245]

1 A formulação da doutrina da estrutura escalonada

Na forma pitoresca de se exprimir que lhe é característica, Merkl começa por criticar na Teoria do Direito do seu tempo "*o erro (...) de comprimir todo o material jurídico no leito de Procustes da lei*"[246] e insta a Teoria do Direito a que se liberte desta visão limitada na análise do Direito, devendo, na sua opinião, passar a considerar o Direito na sua globalidade na perspectiva da sua aplicação.

Nesta perspectiva, torna-se patente a existência de uma "hierarquia de escalões de manifestação do Direito" (*Hierarchie der Rechtserscheinungstufen*), que ele especifica nos seguintes termos: *i*) Constituição; *ii*) lei; *iii*) regulamento; *iv*) decisão. A Teoria do Direito dominante à época, com o seu "*inaceitável privilegiamento e absolutização do escalão intermédio da lei*", não tomava em conta, segundo Merkl, o carácter diversificado dos fenómenos jurídicos e o facto de estes estarem dispostos como que em camadas sobrepostas,

---

245 Para uma apreciação em geral, cf., por todos, PAULSON, Stanley L. "Zur Stufenbaulehre Merkls in ihrer Bedeutung für die Allgemeine Rechtslehre". *In*: WALTER, Robert (Coord.). *Adolf J. Merkl*: Werk und Wirksamkeit. Viena: Manzsche Verlagsbuchhandlung, 1990, pp. 93-105.

246 Cf. MERKL, Adolf J. "Das doppelte Rechtsantlitz: Eine Betrachtung aus der Erkenntnistheorie des Rechts". *Juristische Blätter*, vol. 47, 1918, p. 895.

formando a "pirâmide do Direito" (*Rechtspyramide*).[247] Recorrendo, de novo, à sua linguagem pitoresca, chama a estes escalões "andares do edifício do Direito" (*Stockwerke des Rechtsgebäudes*): só se perspectivarmos esses diversos escalões na sua relação de condicionamento ou delegação, é que podemos interpretar os diferentes fenómenos jurídicos como pertencentes a um sistema jurídico unitário.

Em "Das doppelte Rechtsantlitz" e, de modo mais aprofundado, em "Die Unveränderlichkeit von Gesetzen",[248] Merkl desenvolve considerações sobre o que hoje referimos como "princípio da supremacia hierárquico-normativa da Constituição", afirmando que a Constituição é "a base comum de tudo o que é jurídico" (*die gemeinsame Basis alles Rechtlichen*)[249] e que "*não é a legislação, mas sim a Constituição que é soberana*"[250] – "*o legislador tem um superior acima de si: a Constituição*".[251] No ensaio em que apresenta de forma mais desenvolvida a sua doutrina da estrutura escalonada

247 Cf. MERKL, Adolf J. "Das doppelte Rechtsantlitz: Eine Betrachtung aus der Erkenntnistheorie des Rechts". *Juristische Blätter*, vol. 47, 1918, p. 894.

248 Cf. MERKL, Adolf J. "Die Unveränderlichkeit von Gesetzen – ein normlogisches Prinzip". *Juristische Blätter*, vol. 46, 1917, pp. 97-98 e 109-111. [Agora em: KLECATSKY, Hans; MARCIC, René; SCHAMBECK, Herbert (Coord.). *Die Wiener rechtstheoretische Schule*. vol. 1. Viena: Manzsche, 1968, pp. 883-892].

249 Cf. MERKL, Adolf J. "Das doppelte Rechtsantlitz: Eine Betrachtung aus der Erkenntnistheorie des Rechts". *Juristische Blätter*, vol. 47, 1918, p. 894.

250 Cf. MERKL, Adolf J. "Die Unveränderlichkeit von Gesetzen – ein normlogisches Prinzip". *Juristische Blätter*, vol. 46, 1917. [Agora em: KLECATSKY, Hans; MARCIC, René; SCHAMBECK, Herbert (Coord.). *Die Wiener rechtstheoretische Schule*. vol. 1. Viena: Manzsche, 1968, p. 885].

251 Cf. MERKL, Adolf J. "Die Unveränderlichkeit von Gesetzen – ein normlogisches Prinzip". *Juristische Blätter*, vol. 46, 1917. [Agora em: KLECATSKY, Hans; MARCIC, René; SCHAMBECK, Herbert (Coord.). *Die Wiener rechtstheoretische Schule*. vol. 1. Viena: Manzsche, 1968, p. 885].

(*Stufenbaulehre*) da ordem jurídica, intitulado "Prolegomena einer Theorie des rechtlichen Stufenbaues", publicado nos estudos em homenagem a Kelsen por ocasião do seu quinquagésimo aniversário, Merkl volta a falar da Constituição como "a regra de produção da legislação" (*die Erzeugungsregel der Gesetzgebung*)[252] e procura clarificar as relações de hierarquia normativa no interior da ordem jurídica.

Merkl explica as relações de hierarquia normativa a partir da atribuição de competência para a produção de normas, isto é, representa o sistema jurídico como uma cadeia de relações entre normas condicionantes e normas condicionadas; mas em "Prolegomena einer Theorie des rechtlichen Stufenbaues" indica e analisa um outro tipo de hierarquia normativa, estabelecido a partir da capacidade de invalidação de uma norma relativamente a outra norma. Diz o nosso autor:

> As diferenças de escalão hierárquico, que permitem a qualificação do acto respectivamente como superior ou inferior, evidenciam-se, porém, não apenas sob o ponto de vista de uma apreciação lógica das suas relações de dependência, mas também sob o ponto de vista da apreciação jurídica das suas capacidades de estatuição do Direito. Uma proposição jurídica que tem força revogatória em relação a uma outra proposição jurídica, enquanto esta outra proposição jurídica

---

252 Cf. MERKL, Adolf J. "Prolegomena einer Theorie des rechtlichen Stufenbaues". *In*: VERDROSS, Alfred; DOBRETSBERGER, Josef. *Gesellschaft, Staat und Recht*: Festschrift für Hans Kelsen. Viena: Springer, 1931, pp. 252-294. [Agora em: KLECATSKY, Hans; MARCIC, René; SCHAMBECK, Herbert (Coord.). *Die Wiener rechtstheoretische Schule*. vol. 2. Viena: Manzsche, 1968, p. 1099]. Nesta mesma linha, Hans Kelsen defende que "*a essência da Constituição consiste na regulação da produção de normas*" (cf. KELSEN, Hans. "Die Funktion der Verfassung". *Forum*, vol. XI, 1964. [Agora em: KLECATSKY, Hans; MARCIC, René; SCHAMBECK, Herbert (Coord.). *Die Wiener rechtstheoretische Schule*. vol. 2. Viena: Manzsche, 1968, p. 1621].

não tem em relação a ela qualquer força revogatória, é, por essa razão, de escalão hierárquico superior e a proposição revogável, em comparação com a proposição revogante, é de carácter inferior.[253]

Estas duas formas de ordenação hierárquica costumam ser referidas como "escalonamento segundo o condicionamento jurídico" e "escalonamento segundo a força revogatória".[254]

2 O escalonamento segundo o condicionamento jurídico e o escalonamento segundo a força revogatória

Na economia global da análise de Merkl, o escalonamento segundo o condicionamento jurídico é objecto de uma atenção mais pormenorizada do que o escalonamento segundo a força revogatória. É o escalonamento segundo o condicionamento jurídico que permite representar o Direito como "cadeia de produção" (*Erzeugungszusammenhang*) de normas e falar de uma "autoprodução (escalonada) do Direito".[255]

---

253 Cf. MERKL, Adolf J. "Prolegomena einer Theorie des rechtlichen Stufenbaues". *In*: VERDROSS, Alfred; DOBRETSBERGER, Josef. *Gesellschaft, Staat und Recht*: Festschrift für Hans Kelsen. Viena: Springer, 1931. [Agora em: KLECATSKY, Hans; MARCIC, René; SCHAMBECK, Herbert (Coord.). *Die Wiener rechtstheoretische Schule*. vol. 2. Viena: Manzsche, 1968, p. 1094].

254 Cf., por exemplo, WALTER, Robert. *Der Aufbau der Rechtsordnung*. 2ª ed. Viena: Manzsche Verlags- und Universitätsbuchhandlung, 1974, *maxime* pp. 60 e ss., 55 e ss., respectivamente.

255 Cf. MERKL, Adolf J. "Prolegomena einer Theorie des rechtlichen Stufenbaues". *In*: VERDROSS, Alfred; DOBRETSBERGER, Josef. *Gesellschaft, Staat und Recht*: Festschrift für Hans Kelsen. Viena: Springer, 1931. [Agora em: KLECATSKY, Hans; MARCIC, René; SCHAMBECK, Herbert (Coord.). *Die Wiener rechtstheoretische Schule*. vol. 2. Viena: Manzsche, 1968, p. 1099].

Neste quadro, Merkl antecipa a análise de Herbert Hart (1907-1992) do sistema jurídico como sistema normativo complexo e institucionalizado, composto por normas de conduta e normas de competência, dizendo:

> O conhecimento juscientífico da autoprodução (*Selbsterzeugung*) de todo o Direito assenta na constatação de que a ordem jurídica consiste em duas componentes fundamentais no que ao conteúdo diz respeito: por um lado, regras do comportamento humano e, por outro lado, regras que regulamentam a estatuição, a conformação, em síntese, a produção dessas regras de comportamento.[256]

Um outro discípulo directo de Kelsen, Alfred Verdross (1890-1980), dá conta da prioridade conceptual que a Teoria do Direito passou a conferir aos problemas da existência, identidade e estrutura do sistema jurídico, dizendo: "*A ideia fundamental da Teoria do Direito moderna é o princípio da ordenação hierárquica das normas jurídicas* (Rechtssätze) *num sistema unitário baseado numa norma fundamental ou numa seriação fundamental única*".[257]

---

256 Cf. MERKL, Adolf J. "Prolegomena einer Theorie des rechtlichen Stufenbaues". *In*: VERDROSS, Alfred; DOBRETSBERGER, Josef. *Gesellschaft, Staat und Recht*: Festschrift für Hans Kelsen. Viena: Springer, 1931. [Agora em: KLECATSKY, Hans; MARCIC, René; SCHAMBECK, Herbert (Coord.). *Die Wiener rechtstheoretische Schule*. vol. 2. Viena: Manzsche, 1968, p. 1099]. A evidenciação pela Teoria Pura do Direito da especificidade do sistema jurídico em relação aos outros sistemas normativos a partir destas suas características estruturais e o facto de Hart, "*o autor da maior obra de jurisprudência teórica depois de Kelsen*", prosseguir por esse mesmo caminho na determinação do conceito de Direito é posta em relevo por BOBBIO, Norberto. "Struttura e funzione nella teoria del diritto di Kelsen". *In*: ______. *Diritto e Potere*: Saggi su Kelsen. Nápoles: Giappichelli, 1992, pp. 65-87, *maxime* p. 87.

257 Cf. VERDROSS, Alfred. "Die gesellschaftswissenschaftlichen Grundlagen der Völkerrechtstheorie". *Archiv für Rechts- und Wirtschaftsphilosophie*, XVIII, 1924-1925, pp. 413-431. [Agora

A ordenação hierárquica pode, como referimos, ser estabelecida com base num outro critério que não a relação de condicionamento jurídico ou relação de produção: a força revogatória. Merkl só autonomiza esta outra forma de escalonamento no escrito "Prolegomena einer Theorie des rechtlichen Stufenbaues" (1931), atribuindo-lhe menor importância e dedicando-lhe um tratamento menos pormenorizado do que aquele que confere à forma de escalonamento baseada na relação de condicionamento jurídico: o único exemplo que aborda de modo expresso é a cadeia dos actos processuais, não oferecendo o nosso autor uma concepção sistemática das relações entre as duas formas de escalonamento.[258] De acordo com o critério da força revogatória, e assentando na divisão das formas jurídicas em forma constitucional, forma legal e forma regulamentar, conclui-se que "superior" é a forma jurídica cujas disposições podem revogar disposições que assumem uma outra forma jurídica, mas que não podem ser revogadas por esta.

Apesar destes escritos de Merkl constituírem tão-somente aquilo que o autor dizia ser um mero esboço de uma análise estrutural do sistema jurídico, eles são indiciadores dos desenvolvimentos fundamentais da Teoria do Direito do século XX, lançando luz sobre o facto de que "*o sistema de normas que se apresenta como uma ordem jurídica tem um carácter essencialmente dinâmico*", como sublinha Kelsen.[259] O carácter essencialmente "dinâmico" do sistema jurídico projecta-se naquilo que Merkl dizia ser "*o paralelismo geral (...) entre produção de Direito e aplicação do Direito*".

---

em: KLECATSKY, Hans; MARCIC, René; SCHAMBECK, Herbert (Coord.). *Die Wiener rechtstheoretische Schule*. vol. 2. Viena: Manzsche, 1968, p. 1714].

258 Esta falha procura ser remediada no livro de WALTER, Robert. *Der Aufbau der Rechtsordnung*. 2ª ed. Viena: Manzsche Verlags- und Universitätsbuchhandlung, 1974, a nosso ver, o melhor desenvolvimento da doutrina de Merkl.

259 Cf. KELSEN, Hans. *Teoria Pura do Direito*. Trad. João Baptista Machado. Coimbra: Arménio Amado, 1976, p. 273.

3 O paralelismo entre produção de Direito e aplicação do Direito

Nos seus escritos iniciais, já referidos, "Das Recht im Lichte seiner Anwendung" (1917) e "Das doppelte Rechtsantlitz" (1918), Adolf J. Merkl (1890-1970) desenvolve a tese segundo a qual, à excepção da Constituição (que se apresenta como norma absolutamente condicionante e não condicionada) e dos actos fácticos de execução (que são absolutamente condicionados e não condicionantes), todas as outras formas de produção jurídica (lei, regulamento, sentença judicial e acto administrativo) são simultaneamente condicionantes e condicionadas, isto é, reúnem em si procedimentos de *criação* e *aplicação* do Direito. Esta tese, que contraria a teoria jurídica tradicional e que não é por si, de todo em todo, evidente, é acolhida por Kelsen, que diz:

> Uma norma que regula a produção de outra norma é aplicada na produção, que ela regula, dessa outra norma. A aplicação do Direito é simultaneamente produção do Direito. Estes dois conceitos não representam, como pensa a teoria tradicional, uma oposição absoluta. É desacertado distinguir entre actos de criação e actos de aplicação do Direito. Com efeito, se deixarmos de lado os casos-limite – a pressuposição da norma fundamental e a execução do acto coercitivo – entre os quais se desenvolve o processo jurídico, todo o acto jurídico é simultaneamente aplicação de uma norma superior e produção, regulada por esta norma, de uma norma inferior.[260]

A tese segundo a qual toda a *aplicação* do Direito é simultaneamente *criação* de Direito constitui o marco de referência da doutrina da interpretação jurídica da Teoria Pura do Direito: como esclarece Kelsen, "*do exame da estrutura escalonada da ordem*

260 Cf. KELSEN, Hans. *Teoria Pura do Direito*. Trad. João Baptista Machado. Coimbra: Arménio Amado, 1976, p. 325.

jurídica decorrem consequências muito significativas para o problema da interpretação".[261]

Bibliografia de aprofundamento

Para além das referências bibliográficas contidas no texto, aconselha-se a leitura de:

1. BOROWSKI, Martin. "A doutrina da estrutura escalonada do Direito de Adolf Julius Merkl e sua recepção em Kelsen". Trad. Alexandre Travessoni Gomes Trivisonno. *In*: OLIVEIRA Júlio Aguiar de; TRIVISONNO, Alexandre Travessoni Gomes (Coord.). *Hans Kelsen*: Teoria Jurídica e Política. Rio de Janeiro: Forense Universitária, 2013, pp. 129-183.

2. BOBBIO, Norberto. "Le fonti del diritto in Kelsen". *In*: ______. *Diritto e Potere*: Saggi su Kelsen. Nápoles: Giappichelli, 1992, pp. 91 e ss.

261 Cf. KELSEN, Hans. *Reine Rechtslehre*: Einleitung in die rechtswissenschaftliche Problematik. Leipzig/Viena: Deuticke, 1934, p. 90.

10ª SESSÃO

A INTERPRETAÇÃO JURÍDICA COMO ACTIVIDADE DE "DETERMINAÇÃO" DO DIREITO

Hans Kelsen (1881-1973) relaciona de modo muito directo a sua doutrina da interpretação com a doutrina da estrutura escalonada (*Stufenbaulehre*) da ordem jurídica, que caracteriza a relação entre a norma de escalão superior e a norma de escalão inferior como sendo uma relação de "determinação". A doutrina kelseniana da interpretação vem formulada num artigo de 1934, intitulado "Zur Theorie der Interpretation",[262] cujo texto é vertido praticamente na sua integralidade na primeira edição (1934) de *Teoria Pura do*

---

262 Cf. KELSEN, Hans. "Zur Theorie der Interpretation". *Internationale Zeitschrift für Theorie des Rechts*, vol. 8, 1934, pp. 9-17. [Agora em: KLECATSKY, Hans; MARCIC, René; SCHAMBECK, Herbert (Coord.). *Die Wiener rechtstheoretische Schule*. vol. 2. Viena: Manzsche Verlags- und Universitätsbuchhandlung, 1968, pp. 1113-1121].

Direito[263] e cujas linhas gerais permanecem intactas na segunda edição (1960) de *Teoria Pura do Direito*.[264]

Nesta sua obra, a interpretação jurídica é referida como "(...) *uma operação mental que acompanha o processo de aplicação do Direito no seu progredir de um escalão superior para um escalão inferior*",[265] formulação que é idêntica às dos dois escritos anteriores referidos – apenas com a pequena diferença de que antes era utilizada a expressão "produção de Direito" (*Rechtserzeugung*), substituída agora por "aplicação do Direito" (*Rechtsanwendung*). A interpretação jurídica que Kelsen tem em vista é, bem entendido, a interpretação levada a cabo pelos órgãos de aplicação do Direito, aquilo que ele denomina como interpretação "autêntica".

Como órgãos de aplicação do Direito, Kelsen aponta os órgãos legislativos (que aplicam a Constituição no processo legislativo), o poder judicial (que profere as sentenças, que são normas individuais) e os órgãos administrativos (que produzem os actos administrativos, que, tal como as sentenças, são, na conceptualização kelseniana, normas individuais). A par da interpretação levada a cabo pelos órgãos de aplicação do Direito (a interpretação "autêntica"), há que considerar, igualmente, a interpretação doutrinal ou "científica" e a interpretação empreendida pelos indivíduos em geral (processos interpretativos que Kelsen engloba na designação interpretação "não autêntica"): esta modalidade de interpretação distingue-se da interpretação "autêntica" "*pelo facto de não criar Direito*".[266]

---

263 Cf. KELSEN, Hans. *Reine Rechtslehre*: Einleitung in die rechtswissenschaftliche Problematik. Leipzig/Viena: Deuticke, 1934, cap. VI, pp. 90-106.

264 Cf. KELSEN, Hans. *Teoria Pura do Direito*. Trad. João Baptista Machado. Coimbra: Arménio Amado, 1976, cap. VIII, pp. 463-473.

265 Cf. KELSEN, Hans. *Teoria Pura do Direito*. Trad. João Baptista Machado. Coimbra: Arménio Amado, 1976, p. 463.

266 Cf. KELSEN, Hans. *Teoria Pura do Direito*. Trad. João Baptista Machado. Coimbra: Arménio Amado, 1976, p. 471.

A doutrina da interpretação da Teoria Pura do Direito é construída com base na explicitação da função e das características da interpretação "autêntica" e está, como foi referido, estritamente vinculada à doutrina da estrutura escalonada (*Stufenbaulehre*) da ordem jurídica, que entende os escalões da ordem jurídica como escalões de "determinação", "concretização" ou "individualização" do Direito: não é, portanto, de estranhar que a doutrina da interpretação da Teoria Pura do Direito esteja, nas suas linhas gerais, esboçada nos escritos de Adolf Julius Merkl (1890-1970) onde este autor procede à análise das relações de hierarquia normativa no quadro da ordem jurídica.[267] O ensaio de Kelsen, "Zur Theorie der Interpretation" (1934) e as considerações desenvolvidas nas duas edições de *Teoria Pura do Direito* limitam-se a dar às teses de Merkl uma exposição mais sistematizada.

A ideia nuclear da doutrina da interpretação da Teoria Pura do Direito é formulada por Kelsen nos seguintes termos:

> A relação entre um escalão superior e um escalão inferior da ordem jurídica, como a relação entre a Constituição e a lei, ou lei e sentença judicial, é uma relação de determinação ou vinculação: a norma do escalão superior regula – como já se

---

267 Cf., sobretudo, MERKL, Adolf J. "Das Recht im Lichte seiner Anwendung". *Deutsche Richterzeitung*, vol. 9, 1917, pp. 3-42; MERKL, Adolf J. "Das doppelte Rechtsantlitz: Eine Betrachtung aus der Erkenntnistheorie des Rechts". *Juristische Blätter*, vol. 47, 1918; MERKL, Adolf J. "Prolegomena einer Theorie des rechtlichen Stufenbaues". *In*: VERDROSS, Alfred; DOBRETSBERGER, Josef. *Gesellschaft, Staat und Recht*: Festschrift für Hans Kelsen. Viena: Springer, 1931. O escrito de Adolf J. Merkl, "Zum Interpretationsproblem" (1916), apesar de tratar o tema *ex professo*, é muito menos elaborado e interessante, pois não relaciona ainda o problema da interpretação com a representação dos escalões do sistema jurídico como escalões de "determinação", "concretização" ou "individualização", nem oferece, nesse quadro, uma "reconstrução" da relação entre vinculação e "discricionariedade" no preenchimento dos espaços de indeterminação que os órgãos de aplicação do Direito são, necessariamente, chamados a efectuar.

> mostrou – o acto através do qual é produzida a norma do escalão inferior, ou o acto de execução, quando já deste apenas se trata (...). Esta determinação nunca é, porém, completa (...). Daí resulta que todo o acto jurídico em que o Direito é aplicado, quer seja um acto de criação jurídica, quer seja um acto de pura execução é, em parte, determinado pelo Direito e, em parte, indeterminado.[268]

Vejamos, então, como Kelsen entende as relações entre vinculação e "discricionariedade" no processo de "determinação", "concretização" ou "individualização" do Direito.

1 Vinculação e "discricionariedade" no processo de "determinação" do Direito

Segundo Kelsen, a interpretação não se reduz à exploração do campo de possibilidades semânticas das normas. Como ele diz,

> o Direito a aplicar forma (...) uma moldura dentro da qual existem várias possibilidades de aplicação, pelo que é conforme ao Direito todo o acto que se mantenha dentro deste quadro ou moldura, que preencha esta moldura em qualquer sentido possível.[269]

Nesta base, a interpretação "autêntica" comporta momentos cognoscitivos e momentos decisórios, sendo irredutível uma certa margem de "indeterminação" e, consequentemente, de discricionariedade no processo de aplicação do Direito.

---

268 Cf. KELSEN, Hans. *Teoria Pura do Direito*. Trad. João Baptista Machado. Coimbra: Arménio Amado, 1976, pp. 464 e ss.

269 Cf. KELSEN, Hans. *Teoria Pura do Direito*. Trad. João Baptista Machado. Coimbra: Arménio Amado, 1976, pp. 466 e ss.

Analisando o fenómeno de indeterminação do Direito, Kelsen distingue entre formas de "indeterminação intencional" e formas de "indeterminação não intencional" do acto de aplicação do Direito.[270] De entre as formas de indeterminação intencional, há que distinguir a atribuição de competência ao órgão de aplicação do Direito para suprir a indeterminação que afecta o facto condicionante[271] da atribuição de competência para suprir a indeterminação que afecta a consequência normativa.[272] A "indeterminação não intencional" é uma consequência da própria constituição (*Beschaffenheit*) da norma jurídica que deve ser aplicada – Kelsen distingue três formas de "indeterminação não intencional": *i*) ambiguidade, isto é, o facto de que o sentido verbal da norma não é unívoco, encontrando-se, nesse caso, o órgão de aplicação do Direito confrontado com várias significações possíveis; *ii*) discrepância, isto é, divergência entre a vontade da autoridade legisladora e a expressão verbal da norma; *iii*) contradições ou antinomias normativas, resultantes do facto de duas normas, que pretendem valer simultaneamente, qualificarem deonticamente a mesma conduta em termos total ou parcialmente

270 Cf. KELSEN, Hans. *Teoria Pura do Direito*. Trad. João Baptista Machado. Coimbra: Arménio Amado, 1976, p. 465.

271 O exemplo dado por Kelsen é o seguinte: "*uma lei de sanidade determina que, ao manifestar-se uma epidemia, os habitantes de uma cidade têm de, sob cominação de uma pena, tomar certas disposições para evitar o alastramento da doença. A autoridade administrativa é autorizada a determinar estas disposições por diferente maneira, conforme as diferentes doenças*" (KELSEN, Hans. *Teoria Pura do Direito*. Trad. João Baptista Machado. Coimbra: Arménio Amado, 1976, p. 465).

272 Por exemplo, o facto de que "*a lei penal prevê, para a hipótese de um determinado delito, uma pena pecuniária (multa) ou uma pena de prisão e deixa ao juiz a faculdade de, no caso concreto, se decidir por uma ou pela outra e determinar a medida das mesmas – podendo, para esta determinação, ser fixado na própria lei, um limite máximo e um limite mínimo*" (KELSEN, Hans. *Teoria Pura do Direito*. Trad. João Baptista Machado. Coimbra: Arménio Amado, 1976, p. 465).

distintos.[273] O modo como Kelsen concebe as relações entre "vinculação" e "discricionariedade" na interpretação jurídica realizada pelos órgãos de aplicação do Direito é praticamente decalcado no modo como Adolf J. Merkl relaciona os elementos cognoscitivos, como estabelecimento de uma moldura vinculativa de significações possíveis, e os elementos subjectivos e discricionários na "determinação" do Direito do caso: considerado o Direito na perspectiva da sua aplicação, a "aplicação do Direito" (*Rechtsanwendung*) é sempre "produção de Direito" (*Rechtserzeugung*). A representação "dinâmica" do Direito como um sistema de relações de delegação ou atribuição de competência (*Ermächtigung*) implica justificar os resultados da "interpretação autêntica" "não com base num acto de conhecimento" (*nicht auf Grund eines Kennens*), mas com base "num poder" (*eines Könnens*), como diz sugestivamente Merkl no seu artigo "O Direito à luz da sua aplicação" (1917).[274]

Nos artigos "Gesetzesrecht und Richterrecht" (1922), onde analisa a relação entre a lei e a sentença judicial, e "Die Lehre vom Rechtskraft" (1923), que contém uma secção dedicada à exposição da doutrina da estrutura escalonada (*Stufenbaulehre*) da ordem jurídica, Merkl denota bastante proximidade com as teses do Movimento do Direito Livre (*Freirechtsbewegung*), nomeadamente no que à rejeição da doutrina tradicional da aplicação do Direito diz respeito: Merkl e, na sua esteira, Kelsen sublinham que a interpretação "autêntica" – a interpretação realizada por órgãos jurisdicionais ou

273 Cf. KELSEN, Hans. *Teoria Pura do Direito*. Trad. João Baptista Machado. Coimbra: Arménio Amado, 1976, pp. 465 e ss.

274 Cf. MERKL, Adolf J. "Das Recht im Lichte seiner Anwendung". Publicado no *Deutsche Richterzeitung*, vol. 9, 1917, pp. 3-42, com o título "Das Recht im Spiegel seiner Auslegung". [Agora em: KLECATSKY, Hans; MARCIC, René; SCHAMBECK, Herbert (Coord.). *Die Wiener rechtstheoretische Schule*. vol. 1. Viena: Manzsche, 1968, p. 981]. Sobre a doutrina da interpretação de Merkl, cf. WALTER, Robert. "Das Auslegungsproblem im Lichte der Reinen Rechtslehre". *In*: KOHLMANN, Günter (Coord.). *Festschrift für Ulrich Klug zum 70. Geburtstag*. Köln: Deubner, 1983, pp. 187-197, *maxime* p. 187.

administrativos – é desenvolvimento ou criação do Direito por parte de uma autoridade que para tal foi investida por uma norma de atribuição de competência (*Ermächtigungsnorm*) de escalão superior.[275]

A doutrina da interpretação da Teoria Pura do Direito é, como foi referido, uma decorrência da tese segundo a qual as relações entre as normas de escalão superior e as normas de escalão inferior de uma ordem jurídica não estão nunca completamente determinadas. Esta tonalidade "decisionista" que caracteriza a doutrina da interpretação da Teoria Pura do Direito está na base de uma das suas doutrinas mais controvertidas, a doutrina da cláusula alternativa tácita.

2 A doutrina da cláusula alternativa tácita

A doutrina da cláusula alternativa tácita não tem directamente que ver com a doutrina da interpretação jurídica mas com o problema do conflito entre normas de diferentes escalões, em particular com a decisão judicial "ilegal" e com a lei "inconstitucional". Kelsen formula o problema nos seguintes termos:

---

275 Sobre as analogias entre o Movimento de Direito Livre e a Teoria Pura do Direito na sua rejeição do formalismo interpretativo, cf. KELSEN, Hans. "Juristischer Formalismus und Reine Rechtslehre". *Juristische Wochenschrift*, vol. 58, 1929, pp. 1723-1726; cf., igualmente, SCHREIER, Fritz. *Die Interpretation der Gesetze und Rechtsgeschäfte*. Viena: Hölder-Pichler-Tempsky, 1927. A visão corrente costuma retratar Kelsen como o ponto de consumação do formalismo "construtivo" da linha representada por Bernhard Windscheid (1817-1892), na metodologia do Direito Civil, e por Carl Friedrich von Gerber (1823-1891), Paul Laband (1838-1918) e Georg Jellinek (1851-1911), na metodologia do Direito Público: se isso é assim, de facto, no que à "depuração" do método jurídico diz respeito, já em matéria de doutrina da interpretação Kelsen está muito mais próximo das orientações anti-formalistas que se começam a anunciar na viragem do século XIX para o século XX, mormente o Movimento do Direito Livre.

> Como a ordem jurídica apresenta uma construção escalonada de normas supra- e infraordenadas umas às outras, e como uma norma só pertence a uma determinada ordem jurídica porque e na medida em que se harmoniza com a norma superior que define a sua criação, surge o problema de um possível conflito entre uma norma de escalão superior e uma norma de escalão inferior, isto é, a questão: *quid juris*, se uma norma não está em harmonia com a norma que determina a sua produção, especialmente se não corresponde à norma que preestabelece o seu conteúdo?[276]

No caso da lei "inconstitucional", a tese de Kelsen é a seguinte:

> Se uma lei emanada do órgão legislativo é considerada válida apesar de ter sido criada de um outro modo ou de ter um outro conteúdo que não os prescritos pela Constituição, temos de admitir que os preceitos da Constituição relativos à legislação têm um carácter alternativo. O legislador está autorizado pela Constituição ou a aplicar as normas directamente estabelecidas pela Constituição ou a aplicar outras normas que ele próprio venha a decidir. De contrário, uma lei cuja criação ou conteúdo não se conformasse com os preceitos directamente estabelecidos pela Constituição não poderia ser considerada válida.[277]

O paralelismo entre a lei "inconstitucional", enquanto esta não tiver sido anulada pela forma constitucionalmente prevista, e a decisão judicial "ilegal", enquanto esta não for anulada por uma instância superior, é explicitado por Kelsen com base no ficcionamento

---

276 Cf. KELSEN, Hans. *Teoria Pura do Direito*. Trad. João Baptista Machado. Coimbra: Arménio Amado, 1976, p. 363.

277 Cf. KELSEN, Hans. *General Theory of Law and State*. Cambridge: Harvard University Press, 1945, p. 156. Em *Teoria Pura do Direito*, Kelsen reitera esta mesma ideia, afirmando que "*as disposições constitucionais que regulam a actividade legislativa têm o carácter de disposições alternativas*" (cf. p. 370 – tradução ligeiramente modificada).

de uma cláusula alternativa que autoriza a sua produção: a não ser assim, tanto a lei "inconstitucional" como a decisão judicial "ilegal" seriam inexistentes e não simplesmente anuláveis.[278] Do mesmo modo, como diz Kelsen,

> se tem qualquer sentido falar de uma decisão judicial "em si" conforme ou contrária ao Direito, então tem de admitir-se que também uma decisão conforme ao Direito pode ser anulada por uma decisão com força de caso julgado.[279]

A decisão judicial tem carácter constitutivo e, esgotadas as vias de recurso, adquire força de caso julgado.

A doutrina da cláusula alternativa tácita ilustra, pois, o pendor decisionista que a Teoria Pura do Direito assume em consequência da incorporação plena da doutrina da estrutura escalonada (*Stufenbaulehre*) da ordem jurídica e que se reflecte no modo como Merkl e Kelsen concebem a interpretação "autêntica" – a interpretação realizada por órgãos jurisdicionais ou administrativos – como "produção de Direito" (*Rechtserzeugung*) e não como mero conhecimento de um Direito pré-existente.[280] Mas, sendo assim, a interpretação "au-

---

278 Sobre a doutrina da cláusula alternativa tácita, cf. PAULSON, Stanley L. "Material and Formal Authorisation in Kelsen's Pure Theory". *Cambridge Law Journal*, vol. 36, 1977, pp. 353-363; HARRIS, J. W. "Kelsen and Normative Consistency". *In*: TUR, Richard; TWINING, William (Coord.). *Essays on Kelsen*. Oxford: Oxford University Press, 1986, pp. 201-228, *maxime* p. 217; por último, cf. KLETZER, Christoph. "Kelsen's development of the Fehlerkalkül – Theory". *Ratio Juris*, vol. 18, 2005, pp. 46-63; e TUR, Richard H. S. "Kelsen as a Defeasibilist?" *In*: DUARTE D'ALMEIDA, Luís; GARDNER, John; GREEN, Leslie (Coord.). *Kelsen Revisited*: new essays on the Pure Theory of Law. Oxford: Oxford University Press, 2013, pp. 245-258.

279 Cf. KELSEN, Hans. *Teoria Pura do Direito*. Trad. João Baptista Machado. Coimbra: Arménio Amado, 1976, p. 367.

280 Giacomo Gavazzi (1932-2006), por exemplo, sublinhava a este propósito a convergência, a que fizemos alusão, das teses de Kelsen com o Movimento do Direito Livre: cf. GAVAZZI, Giacomo.

têntica" é um procedimento de "natureza" diversa da interpretação "não autêntica", mormente a realizada pela Ciência do Direito.[281]

3 A interpretação "não autêntica" como conhecimento do Direito

Se considerarmos que a doutrina da interpretação da Teoria Pura do Direito é construída com base na explicitação da função da interpretação "autêntica", temos, então, que distinguir entre "interpretação" e "conhecimento" do Direito: na interpretação "não autêntica" trata-se, tão-somente, de "conhecimento" do Direito. A doutrina da interpretação da Teoria Pura do Direito está estritamente vinculada à representação "dinâmica" do Direito, como cadeia de relações de delegação (*Delegationszusammenhang*) normativas. A interpretação "não autêntica" está vinculada à concepção kelseniana de ciência jurídica como ciência descritiva de normas.

A concepção de ciência jurídica descritiva de Kelsen tem como noção central a noção de "proposição jurídica" (*Rechtssatz*), que ele explicita inicialmente à luz da doutrina transcendental do juízo (*Urteil*) dos neo-kantianos – usando a expressão "proposição jurídica" (*Rechtssatz*) para referir a representação cognoscitiva da norma cuja estrutura é a de um juízo hipotético, onde a conexão funcional de elementos é estabelecida por via de uma relação de imputação

---

"L'interpretazione giuridica in Hans Kelsen". *Rivista Internazionale di Filosofia del Diritto*, vol. 34, 1957, pp. 217-229; defendendo que Kelsen acentua, face a Merkl, os elementos "decisionistas" na doutrina da interpretação, cf. WINKLER, Günther. *Rechtstheorie und Erkenntnislehre*. Viena: Manzsche Verlags- und Universitätsbuchhandlung, 1990, pp. 214 e ss.

281 Nesse sentido, cf., por exemplo, GUASTINI, Riccardo. "Kelsen on Legal Knowledge and Scientific Interpretation". *In*: GIANFORMAGGIO, Letizia; PAULSON, Stanley L. (Coord.). *Cognition and Interpretation of Law*. Turim: Giappichelli, 1995, pp. 107-115.

(*Zurechnung*)[282] – e, mais tarde, como enunciado linguístico relativo à existência e ao conteúdo de normas jurídicas válidas.[283]

Apesar de Kelsen afirmar logo na abertura do texto da segunda edição (1960) de *Teoria Pura do Direito* que a Teoria Pura do Direito "*oferece uma teoria da interpretação*", não pode, em bom rigor, considerar-se o capítulo que dedica à interpretação na referida edição (1960) de *Teoria Pura do Direito* (cap. VIII) como um tratamento dos problemas da interpretação jurídica e dos métodos interpretativos[284] – tratamento que caberia, mais apropriadamente, a uma obra de metodologia jurídica do que a uma investigação sobre Teoria do Direito.

A dicotomia entre interpretação "autêntica" e interpretação "não autêntica" constitui, uma vez mais, o afloramento do foco permanente de tensão no edifício conceptual da Teoria do Direito: a dificuldade de conjugação entre uma representação "dinâmica" e uma representação "estática" do Direito positivo. A interpretação "autêntica" tem que ver com a "dinâmica" jurídica, com o processo de criação e aplicação do Direito, tendo, portanto, uma "natureza" diferente da actividade interpretativa que é levada a cabo pela Ciência do Direito, que, segundo Kelsen, tem uma função meramente cognoscitiva e de descrição do Direito vigente.

---

282 Cf. KELSEN, Hans. *Reine Rechtslehre*: Einleitung in die rechtswissenschaftliche Problematik. Leipzig/Viena: Deuticke, 1934, *maxime* § 11.

283 Cf. KELSEN, Hans. "The Pure Theory of Law and Analytical Jurisprudence". *Harvard Law Review*, vol. 55, 1941/1942, pp. 44-70.

284 Cf., neste sentido, WALTER, Robert. "Das Auslegungsproblem im Lichte der Reinen Rechtslehre". *In*: KOHLMANN, Günter (Coord.). *Festschrift für Ulrich Klug zum 70. Geburtstag*. Köln: Deubner, 1983, pp. 187-197, *maxime* pp. 189 e ss.

Bibliografia de aprofundamento

Para além das referências bibliográficas contidas no texto, aconselha-se a leitura de:

1. BULYGIN, Eugenio. "Cognition and Interpretation of Law". *In*: GIANFORMAGGIO, Letizia; PAULSON, Stanley L. (Coord.). *Cognition and Interpretation of Law*. Turim: Giappichelli, 1995, pp. 11-35.
2. COMANDUCCI, Paolo. "Kelsen e la clausola alternativa tacita". *In*: COMANDUCCI, Paolo. *Assaggi di metaetica due*. Turim: Giappichelli, 1998, pp. 139-158.

11ª SESSÃO

O MODELO KELSENIANO DE CIÊNCIA JURÍDICA

A concepção kelseniana de Ciência do Direito como ciência normativa, isto é, como uma ciência que descreve o Direito como sistema de normas válidas, tem como primeiro elemento de inspiração a interpretação de Kant (1724-1804) levada a cabo por Wilhelm Windelband (1848-1915) e Georg Simmel (1858-1918), autores a quem Kelsen (1881-1973) vai buscar, nas suas palavras, a perspectiva de considerar "*o dever-ser* (Sollen) *como expressão da legalidade específica do Direito a determinar pela Ciência do Direito, por contraposição a um ser* (Sein) *social a compreender 'sociologicamente'*".[285] No entanto, é ao neo-kantismo de Marburgo e, em

285 Cf. o "Prefácio" à segunda edição de KELSEN, Hans. *Hauptprobleme der Staatsrechtslehre, entwickelt aus der Lehre vom Rechtssatze*. 2ª ed. Tübingen: Mohr Siebeck, 1923, p. VI. Sobre a influência do neo-kantismo culturalista da Escola de Baden como fonte inicial do "dualismo metodológico" kelseniano, cf., por todos, PAULSON, Stanley L. "Hans Kelsen's Earliest Legal Theory: Critical Constructivism". *In*: PAULSON, Stanley L.; PAULSON, Bonnie Litschewski (Coord.). *Normativity and Norms*: Critical Perspectives on Kelsenian Themes. Oxford: Oxford University Press, 1998, pp. 23-43, *maxime* pp. 27 e ss.

particular, a Hermann Cohen (1842-1918) que Kelsen recorre para explicitar a natureza lógico-transcendental da oposição entre "ser" (*Sein*) e "dever-ser" (*Sollen*), estabelecendo, nessa base, a lógica de uma forma de conhecimento que é dirigida às normas e não à realidade natural. Kelsen considera, como expressamente refere na primeira edição (1934) de *Teoria Pura do Direito*, que a identificação do "dever-ser" (*Sollen*) como categoria lógica das ciências sociais normativas em geral e da Ciência do Direito em particular é condição de representação do Direito como realidade normativa, isto é, como sistema de normas válidas.[286]

"Ser" (*Sein*) e "dever-ser" (*Sollen*) são formas transcendentais ou categorias que estruturam modos de pensamento que estão separados entre si, de acordo com uma imagem a que Kelsen recorre frequentemente, por um "abismo intransponível" (*unüberbrückbare Kluft*).[287] A ciência jurídica constitui o seu objecto, isto é, representa conceptualmente o Direito, a partir da categoria lógico-transcendental "dever-ser" (*Sollen*): Kelsen recorre à determinação do "dever-ser" (*Sollen*) como categoria lógico-transcendental ou princípio sintético e à análise da estrutura fundamental da síntese pura, explicando que a "imputação" (*Zurechnung*) tem na esfera do "dever-ser" (*Sollen*) a mesma função sintetizante que a "causalidade" (*Kausalität*) tem na

286 Cf. KELSEN, Hans. *Reine Rechtslehre*: Einleitung in die rechtswissenschaftliche Problematik. Leipzig/Viena: Deuticke, 1934, *maxime* §§11 e 12. A este propósito, cf., com interesse, HEIDEMANN, Carsten. "Hans Kelsens Theorie normativer Erkenntnisse". *In*: BROCKMÖLLER, Annette; BUCHWALD, Delf; TAPPE, Katja; PFORDTEN, Dietmar von der (Coord.). *Ethische und strukturelle Herausforderungen des Rechts*. Estugarda: Franz Steiner Verlag, 1997, pp. 140-151.

287 Cf. KELSEN, Hans. "Über Grenzen zwischen juristischer und soziologischer Methode" (1911). *In*: KLECATSKY, Hans; MARCIC, René; SCHAMBECK, Herbert (Coord.). *Die Wiener rechtstheoretische Schule*. vol. 1. Viena: Manzsche Verlags- und Universitätsbuchhandlung, 1968, p. 6.

esfera do "ser" (*Sein*),[288] ligando a hipótese fáctica à consequência normativa. É esta a estrutura lógica dos juízos da Ciência do Direito, as "proposições jurídicas" (*Rechtssätze*), que pode ser traduzida no esquema "Se A é, B deve ser".

Como se chega, em termos analíticos, ao apuramento desta estrutura lógica do conhecimento próprio da Ciência do Direito, como ciência normativa? Kelsen fá-lo com base no método crítico lógico-transcendental, ao jeito dos neo-kantianos: parte do *factum* da Ciência do Direito como um dado e regride analiticamente explicitando as categorias e as formas dos juízos que constituem a sua "legalidade específica" (*Eigengesetzlichkeit*);[289] discípulos seus, como Felix Kaufmann (1895-1949), entendem o desiderato de "pureza" metodológica de um jeito fenomenológico, como "isolamento de conteúdos de sentido específicos" [*Isolierung spezifischer Sinngehalte*], em primeiro lugar, da noção de "proposição jurídica" (*Rechtssatz*), que ele explicita à luz da ideia de uma morfologia pura dos juízos da fenomenologia.[290]

A concepção kelseniana de Ciência do Direito como ciência normativa consiste, inicialmente, numa teoria do conhecimento do Direito positivo baseada no método crítico lógico-transcendental.

---

288 Cf. KELSEN, Hans. *Reine Rechtslehre*: Einleitung in die rechtswissenschaftliche Problematik. Leipzig/Viena: Deuticke, 1934, *maxime* §11; cf., igualmente, KELSEN, Hans. "Kausalität und Zurechnung". *Österreichische Zeitschrift für öffentliches Recht*, vol. 6, 1954, pp. 125-151. [Agora em: KLECATSKY, Hans; MARCIC, René; SCHAMBECK, Herbert (Coord.). *Die Wiener rechtstheoretische Schule*. vol. 1. Viena: Manzsche Verlags- und Universitätsbuchhandlung, 1968, pp. 541-565].

289 Sobre a forma característica (analítico-regressiva) da argumentação transcendental nos autores neokantianos, cf., por todos, EDEL, Geert. *Von der Vernunftkritik zur Erkenntnislogik*: Die Entwicklung der theoretischen Philosophie Hermann Cohens. Freiburgo: Alber, 1988.

290 Cf., sobretudo, KAUFMANN, Felix. *Logik und Rechtswissenschaft*: Grundriß eines Systems der Reinen Rechtslehre. Tübingen: Mohr Siebeck, 1922, *maxime* pp. 53 e ss.

Não obstante, na fase da investigação de Kelsen que se inicia com o seu exílio nos Estados Unidos (1940), o modelo de ciência jurídica descritiva passa a ser construído em bases diferentes, apoiando-se Kelsen numa ideia geral de realismo epistemológico para fundamentar a sua concepção de Ciência do Direito como ciência descritiva de normas.

1 Ciência do Direito e método crítico lógico-transcendental

O ideal de "pureza do método" (*Reinheit der Methode*) da Ciência do Direito é fundamentado por Kelsen, na fase da sua investigação que culmina na publicação da primeira edição (1934) de *Teoria Pura do Direito*, na problemática da Lógica transcendental kantiana, enquanto teoria da representação mental objectiva que explicita o modo como a forma lógica torna possível o "objecto": a ciência jurídica constitui o seu "objecto", isto é, representa conceptualmente o Direito, a partir da categoria lógico-transcendental "dever-ser" (*Sollen*).

A refundação pelo neo-kantismo de Marburgo (*maxime*, Hermann Cohen) da doutrina kantiana do apriorismo das formas transcendentais, de acordo com a qual apenas por intermédio das "categorias" "*pode um objecto da experiência ser pensado*",[291] acentuava a perspectiva de que não existe uma "objectividade" fora do pensamento, que a "objectividade" é um resultado de procedimentos de "construção" ou síntese categorial, clarificando, assim, o verdadeiro sentido do idealismo transcendental kantiano.[292] Hermann Cohen (1842-1918) entendia a noção kantiana de "experiência" (*Erfahrung*)

291 Cf. Kant, *Crítica da Razão Pura*, A93 / B126.

292 Sobre as linhas gerais da refundação pelo neo-kantismo de Marburgo da doutrina kantiana do apriorismo das formas transcendentais, cf., por todos, NATORP, Paul. "Kant und die Marburger Schule". *Kant-Studien*, vol. XVII, 1912, pp.193-221.

como "produção do objecto" (*Hervorbringung des Gegenstandes*) e o método transcendental como explicitação do tipo de "legalidade" que opera na constituição de "objectos",[293] reinterpretando o projecto da Lógica transcendental kantiana como explicitação das pressuposições do conhecimento científico.

Na fase inicial da Teoria Pura do Direito, o ideal de "pureza do método" (*Reinheit der Methode*) consubstancia-se na reconstrução analítica da representação do Direito positivo com base na noção de "proposição jurídica" (*Rechtssatz*): a concepção kelseniana da Ciência do Direito como ciência normativa tem como noção basilar a noção de "proposição jurídica" (*Rechtssatz*). Na primeira edição (1934) de *Teoria Pura do Direito*, a noção de "proposição jurídica" (*Rechtssatz*) é explicitada à luz da doutrina transcendental do juízo (*Urteil*), mantendo-se Kelsen fiel à perspectiva do idealismo transcendental segundo a qual a "realidade" se constitui apenas nos juízos.[294] Todavia, a partir do exílio de Kelsen nos Estados Unidos (1940), a expressão começa a surgir com o sentido de enunciado linguístico descritivo, isto é, como asserção sobre a existência e o conteúdo de normas jurídicas válidas.[295] Nesta oscilação de sentido condensa-se a alteração da concepção kelseniana de Ciência do Direito como ciência normativa, baseada na determinação da esfera categorial do "dever-ser" (*Sollen*), a favor de uma concepção de Ciência do Direito como ciência descritiva de normas, concepção essa que é influenciada por uma ideia geral de realismo epistemológico.

---

293 Cf., sobretudo, COHEN, Herman. *Kants Theorie der Erfahrung*. 2ª ed. Berlim: Ferd. Dümmler, 1885.

294 Cf., sobretudo, KELSEN, Hans. *Reine Rechtslehre*: Einleitung in die rechtswissenschaftliche Problematik. Leipzig/Viena: Deuticke, 1934, *maxime* §11.

295 A expressão surge pela primeira vez com esse sentido em KELSEN, Hans. "The Pure Theory of Law and Analytical Jurisprudence". *Harvard Law Review*, vol. 55, 1941/1942, pp. 44-70.

2 A Ciência do Direito como ciência descritiva de normas: "norma jurídica" e "proposição jurídica"

A concepção kelseniana de Ciência do Direito exposta na primeira edição (1934) de *Teoria Pura do Direito* é, como foi referido, tributária dos quadros gerais do idealismo transcendental kantiano e indissociável de um conjunto de teses características da Teoria Pura do Direito nesta fase da investigação de Kelsen, a saber: *i*) a tese da normatividade ideal do Direito; *ii*) a noção de "validade" como força obrigatória; *iii*) a caracterização da "norma fundamental" (*Grundnorm*) como pressuposição lógico-transcendental. Se, porém, tomarmos em atenção a segunda edição (1960) de *Teoria Pura do Direito*, constatamos que Kelsen procura esclarecer o sentido puramente descritivo do "dever-ser" (*Sollen*) nos enunciados da Ciência do Direito, distinguindo entre o Direito produzido pela autoridade jurídica (através de normas gerais ou individuais) e os enunciados da Ciência do Direito, que têm uma função meramente cognoscitiva e de descrição:[296] os enunciados da Ciência do Direito seriam, assim, enunciados linguísticos descritivos, vale dizer, enunciados a que podem ser predicados valores-de-verdade (V/F).

Uma Ciência do Direito apoiada no método crítico lógico-transcendental entende a representação cognoscitiva das normas em termos de "juízo" (*Urteil*) ou "proposição" (*Satz*) – isto é, o equivalente semântico do "juízo" (*Urteil*), como "conteúdo objectivo de sentido" (*objektiver Sinngehalt*); ao invés, uma Ciência do Direito tributária de posições de realismo epistemológico teria, consequentemente, de explicitar os seus enunciados como enunciados de "segundo nível" (isto é, de uma metalinguagem).[297] Mas Kelsen recusa decididamente esta interpretação, remetendo para os escritos

---

296 Cf. KELSEN, Hans. *Teoria Pura do Direito*. Trad. João Baptista Machado. Coimbra: Arménio Amado, 1976, pp. 110 e ss.

297 É a proposta que apresenta, por exemplo, GOLDING, Martin P. "Kelsen and the concept of 'legal system'". *Archiv für Rechts- und Sozialphilosophie*, vol. 47, 1961, pp. 355-364.

do lógico Christoph Sigwart (1830-1904) para esclarecer a noção de "dever-ser" (*Sollen*) em sentido descritivo.[298] O esclarecimento do sentido puramente descritivo do "dever-ser" (*Sollen*) nos enunciados da ciência jurídica acaba por constituir uma fonte de perplexidades na obra de Kelsen: o nosso autor oscila entre a explicitação da noção de "proposição jurídica" (*Rechtssatz*) à luz da doutrina transcendental do juízo (*Urteil*) dos neo-kantianos ou da ideia de uma morfologia pura dos juízos da fenomenologia, por um lado, ou como enunciado linguístico descritivo, por outro.

Em *Teoria Geral das Normas* (1979), Kelsen fala de um "substrato não diferenciado em termos modais" (*modal indifferentes Substrat*) e de "modo" (*Modus*) ou "sentido" (*Sinn*) e tenta explicar as relações lógicas entre os "modos" do "ser" (*Sein*) e do "dever-ser" (*Sollen*), como conceitos puramente formais, e o "substrato não diferenciado em termos modais" (*modal indifferentes Substrat*).[299] À primeira vista, existiria uma analogia entre o "substrato não diferenciado em termos modais" (*modal indifferentes Substrat*) e aquilo que Richard M. Hare (1919-2002) refere como elemento "frástico" ou componente denotativa dos enunciados, tanto indicativos como prescritivos;[300] mas Kelsen afasta a ideia de um conteúdo indicativo ou factor indicativo como elemento lógico e semântico da norma, esclarecendo que o "substrato não diferenciado em termos modais" (*modal indifferentes Substrat*) não é um factor indicativo.[301] As explicações de Kelsen sobre o sentido puramente descritivo do "dever-ser" (*Sollen*) na "proposição jurídica" (*Rechtssatz*) e a "dupla

---

298 Cf. HART, H. L. A. "Kelsen visited". *In*: ______. *Essays in Jurisprudence and Philosophy*. Oxford: Oxford University Press, 1983, pp. 286-308, *maxime* p. 292.

299 Cf. KELSEN, Hans. *Allgemeine Theorie der Normen*. Viena: Manzsche, 1979, *maxime* pp. 46 e ss.

300 Cf. HARE, Richard M. *The Language of Morals*. Oxford: Clarendon Press, 1952.

301 Cf. KELSEN, Hans. *Allgemeine Theorie der Normen*. Viena: Manzsche, 1979, *maxime* p. 58.

interpretatividade" do "dever-ser" (*Sollen*) na "norma jurídica" (*Rechtsnorm*) e na "proposição jurídica" (*Rechtssatz*) são claramente insatisfatórias.[302]

Apesar de Kelsen não dar uma resposta concludente aos problemas semânticos e lógicos suscitados pela distinção entre o "dever-ser" (*Sollen*) prescritivo da "norma jurídica" (*Rechtsnorm*) e o "dever-ser" (*Sollen*) descritivo da "proposição jurídica" (*Rechtssatz*), o seu propósito consiste em demonstrar que "*uma descrição analítica do Direito positivo como sistema de normas válidas*" é uma disciplina "empírica", na medida em que se limita a descrever e sistematizar o Direito positivo.[303]

A qualificação da Ciência do Direito como disciplina "empírica" não equivale a considerar que o seu objecto tem de ser factual, observável: o objecto da Ciência do Direito são normas e não comportamentos.[304] Mas referir a Ciência do Direito como disciplina "empírica" seria uma qualificação filosoficamente espúria se Kelsen mantivesse ainda a fidelidade aos quadros da Lógica transcendental kantiana para fundamentar a sua concepção de Ciência do Direito como conhecimento normativo expresso em "proposições de dever-ser" (*Sollsätze*): o conflito entre o neo-kantismo filosófico e uma teoria jurídica consequentemente positivista de base empírica começa a manifestar-se no pensamento de Kelsen nos anos subsequentes à publicação da primeira edição (1934) de *Teoria Pura do Direito*.

---

302 A esse propósito, cf., com maior pormenor, o meu artigo "A Teoria Pura do Direito entre logicismo e voluntarismo". *In*: MIRANDA, Jorge. *Estudos em Homenagem a Miguel Galvão Teles*. Coimbra: Almedina, 2012, pp. 129-142. [Agora em: LAMEGO, José. *Caminhos da Filosofia do Direito Kantiana*. vol. I: De Kant ao Neo-Kantismo. Lisboa: AAFDL, 2014, pp. 141-160, *maxime* p. 151 e ss.].

303 Cf. KELSEN, Hans. *General Theory of Law and State*. Cambridge: Harvard University Press, 1945, *maxime* pp. 163 e ss.

304 Cf. KELSEN, Hans. *General Theory of Law and State*. Cambridge: Harvard University Press, 1945, *maxime* p. 175.

3 Uma concepção "empirista" de Ciência do Direito?

Na recensão ao livro de Alf Ross, *On Law and Justice* (Berkeley, 1959), Kelsen afirma que a Teoria Pura do Direito pode ser considerada como "*não menos empírica, e, neste sentido, como não menos 'realista' do que a teoria 'realista' de Ross*".[305] Esta afirmação está em aparente contradição com o "dualismo metodológico" de Kelsen e a sua tese segundo a qual o retorno à problemática da Lógica transcendental kantiana relativa às condições de possibilidade do conhecimento visava, na Ciência do Direito, combater um "*naturalismo empirista ingénuo*".[306] Kelsen esclarece, porém, que uma ciência pode ser considerada como "empírica" tanto quanto descreve factos que ocorrem no tempo e no espaço, como quando descreve o significado de certos actos humanos, isto é, quando tem por objecto do conhecimento normas e não factos, naturais ou sociais:[307] as diferenças entre Kelsen e Ross decorrem de Kelsen não aceitar a concepção empirista de "realidade" do positivismo lógico e o seu "monismo" metodológico, recusando, nessa base, a transformação da Ciência do Direito numa investigação empírico-factual.

Mas a concepção kelseniana da Ciência do Direito como ciência descritiva de normas, que ele apresenta em *General Theory of Law and State* (1945), é metodologicamente contraditória. Se quiséssemos caracterizar a evolução das pressuposições epistemológicas de Kelsen como sendo uma evolução do idealismo transcendental – na

---

305 Cf. KELSEN, Hans. "Eine 'Realistische' und die Reine Rechtslehre. Bemerkungen zu Alf Ross: On Law and Justice". *Österreichische Zeitschrift für öffentliches Recht*, vol. 10, 1959, p. 5.

306 Cf. KELSEN, Hans. "Rechtswissenschaft und Recht: Erledigung eines Versuchs zur Überwindung der 'Rechtsdogmatik'". *Zeitschrift für öffentliches Recht*, vol. 3, 1922, p. 104.

307 Cf. KELSEN, Hans. "Eine 'Realistische' und die Reine Rechtslehre. Bemerkungen zu Alf Ross: On Law and Justice". *Österreichische Zeitschrift für öffentliches Recht*, vol. 10, 1959, p. 5.

primeira edição (1934) de *Teoria Pura do Direito* – a posições de realismo epistemológico ou "objectivismo" – que dão o tom à sua caracterização ulterior da "proposição jurídica" (*Rechtssatz*) como enunciado descritivo de normas –, então teríamos de colocar a "norma" ao nível da linguagem-objecto e a "proposição" ao nível de uma metalinguagem, o que Kelsen, como referimos, não aceita fazer. Por outro lado, o pretenso "empirismo" de Kelsen coexiste com uma ontologia que admite a existência de "objectos" ideais, como "significados", interpretados em termos de conteúdos de representações mentais objectivas ou de correlato objectivo de actos intencionais de consciência.

Apesar das perplexidades e das oscilações – e da acentuação de alguns traços empiristas no seu pensamento –, Kelsen acabou por não se desligar por inteiro dessas suas pressuposições ontológicas iniciais, não obstante sentir que elas conflituavam com uma representação "dinâmica" do Direito, como um sistema de relações de delegação normativa. Este conjunto de tensões no edifício conceptual da Teoria do Direito atinge o seu paroxismo nas teses defendidas pelo último Kelsen a propósito da ontologia das normas e das relações lógicas entre normas.

Bibliografia de aprofundamento

Para além das referências bibliográficas contidas no texto, aconselha-se a leitura de:

BOBBIO, Norberto. "Essere e dovere essere nella scienza giuridica" (1967). Agora em: ______. *Studi per una teoria generale del diritto*. Turim: Giappichelli, 2012, pp. 119-148.

VILANOVA, Lourival. "Níveis de Linguagem em Kelsen (norma jurídica/proposição jurídica". *In*: ______. *Escritos Jurídicos e Filosóficos*. vol. 1. São Paulo: Axis Mundi, 2003, pp. 203-247.

12ª SESSÃO

ONTOLOGIA DAS NORMAS E RELAÇÕES LÓGICAS ENTRE NORMAS

Hans Kelsen (1881-1973) define "norma" como "(...) *o sentido específico de um acto intencional dirigido à conduta de outrem*".[308] "Sentido" (*Sinn*) é o conteúdo semântico ou proposicional de uma frase ou expressão:[309] ao caracterizar as normas como entidades semânticas ou proposicionais, Kelsen coloca a sua existência no mundo das objectividades ideais, autonomizando-as, enquanto unidades de

308 Cf. KELSEN, Hans. *Teoria Pura do Direito*. Trad. João Baptista Machado. Coimbra: Arménio Amado, 1976, p. 22. Sobre a norma como sentido de um acto de vontade, cf., igualmente, KELSEN, Hans. "Zum Begriff der Norm". *Festschrift für Hans Carl Nipperdey*. Munique/ Berlim: C. F. Müller Verlag, 1965, pp. 57-70. [Agora em: KLECATSKY, Hans; MARCIC, René; SCHAMBECK, Herbert (Coord.). *Die Wiener rechtstheoretische Schule*. vol. 2. Viena: Manzsche Verlags- und Universitätsbuchhandlung, 1968, pp. 1189-1199].

309 Cf. FREGE, Gottlob. "Über Sinn und Bedeutung" (1892). *In*: ______. *Funktion – Begriff – Bedeutung*. 2ª ed. Colectânea de textos organizada por Mark Textor. Göttingen: Vandenhoeck & Ruprecht, 2007, pp. 23-46.

significação, dos actos de vontade, como realidades empíricas, cujos sentidos elas constituem.[310]

A caracterização semântica das normas está ordenada a um modelo ontológico que supõe uma hipostasiação platonizante de entidades extra-linguísticas, como "objectos" ideais. Ao invés, uma ontologia das normas que conceba as normas como um caso particular de *uso* prescritivo da linguagem, ligando a existência das normas a actos de vontade (à estatuição das normas) está ordenada a uma concepção ontológica de cunho empirista: na esteira de Carlos Alchourrón (1931-1996) e Eugenio Bulygin (1931-), estas caracterizações das normas são referidas, respectivamente, como concepção semântica ou "hylética" das normas e como concepção pragmática ou "expressiva" das normas.[311]

As teses sobre o estatuto ontológico das normas têm uma implicação directa na discussão sobre a aplicabilidade de princípios lógicos (sobretudo, a inferência dedutiva e o princípio da não contradição) às relações entre normas: se as normas forem concebidas como entidades semânticas, torna-se possível o estabelecimento de relações ideais entre esses "objectos"; ao invés, a não autonomização da existência das normas dos actos de estatuição das normas ou das reacções sancionatórias ao seu incumprimento torna problemática a análise formal das relações entre normas de acordo com princípios

---

310 Fritz Schreier (1897-1981), representante, conjuntamente com Felix Kaufmann (1895-1949), da corrente fenomenológica da Teoria Pura do Direito, dizia que "*os objectos jurídicos seriam, assim, identificados como objectos irreais, como objectos que não pertencem ao domínio da natureza*" – cf. SCHREIER, Fritz. *Grundbegriffe und Grundformen des Rechts*: Entwurf einer phänomenologisch begründeten formalen Rechts- und Staatslehre. Leipzig/Viena: Franz Deuticke, 1924, p. 44.

311 Cf. ALCHOURRÓN, Carlos; BULYGIN, Eugenio. "The Expressive Conception of Norms". *In*: HILPINEN, Risto (Coord.). *New Studies in Deontic Logic*. Dordrecht: Reidel, 1981, pp. 95-124.

lógicos, uma vez que os actos de vontade não estão subordinados a princípios lógicos.[312]

Vejamos, então, quais as bases em que Kelsen faz assentar a sua caracterização das normas como entidades semânticas ou proposicionais e como é que esta abordagem analítica conflitua com a caracterização do Direito em termos de sistema normativo essencialmente "dinâmico".

1 O modelo da filosofia "pura" e a caracterização puramente semântica das normas

Kelsen baseia, como foi referido, o seu positivismo jurídico num modelo de filosofia "pura", isto é, numa orientação filosófica anti-empirista. No ambiente filosófico que rodeou os inícios da investigação de Kelsen, a orientação anti-empirista na filosofia era sinalizada, sobretudo, pelo movimento neo-kantiano, pela fenomenologia e pela orientação semântica austro-alemã. Kelsen dava-se conta daquilo que têm em comum a doutrina logicista do juízo dos neo-kantianos – a concepção não psicologista do teor objectivo do juízo (*objektiver Urteilsgehalt*), identificando o "sentido" (*Sinn*) com o "pensado" (*das Gedachte*) –, a teoria fenomenológica da referência cognitiva – a constituição das objectividades ideais – e a doutrina da significação da orientação semântica austro-alemã (Frege) – que concebia o "sentido" (*Sinn*) como entidade abstracta.[313] Mas é a teoria da significação da fenomenologia, assente na

---

312 Neste sentido, cf., por todos, WEINBERGER, Ota. "Kelsens These von der Unanwendbarkeit logischer Regeln auf Normen". *Die Reine Rechtslehre in wissenschaftlicher Diskussion*, Viena, Manzsche Verlags- und Universitätsbuchhandlung, 1982, pp. 108-121.

313 Sobre as similitudes entre estas três orientações, cf. GLOCK, Hans-Johann. "Vorsprung durch Logik: The German Analytic Tradition". *In*: O'HEAR, Anthony (Coord.). *German Philosophy since Kant*. Cambridge: Cambridge University Press, 1999, pp. 137-166; cf., igualmente, GLOCK, Hans-Johann. "Neukantianismus und analytische

distinção entre os actos intencionais e os seus correlatos objectivos, que Kelsen toma como referência para caracterizar as normas como entidades semânticas ou proposicionais (como "noemata", no sentido da fenomenologia) – o mais conhecido representante da corrente fenomenológica da Escola de Viena, Felix Kaufmann (1895-1949), caracterizava a norma como "unidade ideal de significação" (*ideale Bedeutungseinheit*) e esclarecia que esta caracterização traduz o ponto de vista da Ciência do Direito, que procura a representação do conteúdo da norma, ponto de vista que é diferente daquele que é próprio da sociologia jurídica, que visa a norma em termos da sua aptidão para a orientação efectiva de condutas.[314] Kelsen sustenta, igualmente, que do ponto de vista da jurisprudência normativa o Direito é considerado como um "objecto" ideal, como "pura unidade de sentido" (*reine Sinneinheit*):[315] aliás, no "Prefácio" à segunda edição de *Hauptprobleme der Staatsrechtslehre, entwickelt aus der Lehre vom Rechtssatze* (Tübingen, 1923), Kelsen faz alusão às *Investigações Lógicas* (1900-1901) de Husserl (1859-1938), cujos pontos de vista anti-psicologistas – a necessidade de autonomização das significações objectivas em relação aos processos psíquicos do conhecimento – confessa acolher.

Quando Kelsen afirma que "*enquanto conteúdos de sentido* (Sinngehalte), *podemos fazer das normas objecto do conhecimento, sem, com isso, tomar em consideração os actos de vontade de que*

Philosophie". *In*: ALEXY, Robert; MEYER, Lukas H.; PAULSON, Stanley L.; SPRENGER, Gerhard (Coord.). *Neukantianismus und Rechtsphilosophie*. Baden-Baden: Nomos, 2002, pp. 499-513.

314 Cf. KAUFMANN, Felix. *Logik und Rechtswissenschaft*: Grundriß eines Systems der Reinen Rechtslehre. Tübingen: Mohr Siebeck, 1922, *maxime* p. 77. Sobre a análise fenomenológica do problema normativo, cf., por último, ALVES, Pedro M. S. "Giudizi e norme: atti tetici e atti nomotetici". *Rivista Internazionale di Filosofia del Diritto*, vol. XCII, 2015, pp. 25-54.

315 Cf. KELSEN, Hans. *Reine Rechtslehre*: Einleitung in die rechtswissenschaftliche Problematik. Leipzig/Viena: Deuticke, 1934, *maxime* pp. 9 e ss.

elas constituem o sentido",[316] parece estar a seguir o método fenomenológico de "redução" ou "abstracção ideatória", que "põe entre parêntesis" (*einklammert*) a factualidade empírica para autonomizar a esfera das objectividades ideais. No entanto, na fase derradeira da sua investigação inclina-se para uma ontologia das normas que liga a existência da norma a actos de vontade (à estatuição da norma e à sua observância ou aplicação).[317] As pressuposições ontológicas e a teoria da significação em que Kelsen se baseia na sua obra *Teoria Geral das Normas* (1979) parecem reflectir uma oscilação entre um logicismo platonizante e uma caracterização semântica das normas, por um lado, e uma ontologia de cunho empirista e voluntarista mais vincado, por outro.

Essa teoria da significação assenta, como foi referido, na autonomização de dois elementos, o "substrato não diferenciado em termos modais" (*modal indifferentes Substrat*) e o "modo" (*Modus*), parecendo reequacionar a problemática lógico-transcendental das "categorias" numa problemática lógico-semântica de modos proposicionais: o modo prescritivo na norma jurídica (*Rechtsnorm*); o modo descritivo na proposição jurídica (*Rechtssatz*). As explicações a que Kelsen procede no capítulo 16 de *Teoria Geral das Normas* sobre as relações semânticas e lógicas entre os "modos" "ser" (*Sein*) e "dever-ser" (*Sollen*), como "conceitos puramente formais", e o "substrato não diferenciado em termos modais" (*modal indifferentes Substrat*) não são concludentes e permitiram interpretações várias: Eugenio Bulygin (1931-), por exemplo, propõe interpretar

316 Cf. KELSEN, Hans. "Zum Begriff der Norm". *Festschrift für Hans Carl Nipperdey*. Munique/Berlim: C. F. Müller Verlag, 1965, pp. 57-70. [Agora em: KLECATSKY, Hans; MARCIC, René; SCHAMBECK, Herbert (Coord.). *Die Wiener rechtstheoretische Schule*. vol. 2. Viena: Manzsche Verlags- und Universitätsbuchhandlung, 1968, p. 1196].

317 De acordo com a sua formulação: "(...) *nenhuma norma sem uma autoridade que a estabeleça, nenhuma norma sem um destinatário (ou destinatários) da norma*" (cf. KELSEN, Hans. *Allgemeine Theorie der Normen*. Viena: Manzsche, 1979, capítulo 8, VII).

o componente "modo" (*Modus*) como "força ilocucionária", na acepção da teoria dos actos de fala (*speech acts*) de John Langshaw Austin (1911-1960),[318] no sentido de que só ao nível pragmático do uso da linguagem é que surge a diferenciação entre "asserções" e "prescrições".[319] Em artigo anterior, propus uma interpretação diferente, segundo a qual Kelsen, apesar das ambiguidades e oscilações terminológicas, continuaria a ater-se à teoria da significação da fenomenologia: nesta minha interpretação, propunha equiparar o "substrato não diferenciado em termos modais" (*modal indifferentes Substrat*) ao dado "hylético" ou matéria intencional da significação, que diz respeito ao conteúdo proposicional, e o "modo" (*Modus*) à qualidade de acto, que identifica a espécie de acto intencional que reveste um conteúdo proposicional.[320]

Com base nesta interpretação, poder-se-ia concluir, ao arrepio da interpretação corrente, que Kelsen acaba por não repudiar na fase derradeira da sua obra uma concepção semântica ou "hylética" das normas, que caracteriza as normas como entidades semânticas ou proposicionais. Mas Kelsen tem, igualmente, consciência das dificuldades de se poder explicar a força normativa de certos actos linguísticos exclusivamente por via da análise do seu conteúdo semântico: em ambas as edições (1934 e 1960) de *Teoria Pura do Direito*, Kelsen estabelece a distinção entre o "sentido subjectivo"

---

318 A dimensão "ilocucionária" do acto de fala (*speech act*) refere-se ao modo de usar a oração: para descrever, ordenar, aconselhar, admoestar etc. – cf. AUSTIN, John L. *How to do things with words*. Oxford: Oxford University Press, 1962, *maxime* p. 101.

319 Cf. BULYGIN, Eugenio. "Norms and Logic: Kelsen and Weinberger on the Ontology of Norms". *Law and Philosophy*, vol. 4, 1985, pp. 145-163.

320 Cf. LAMEGO, José. "A Teoria Pura do Direito entre logicismo e voluntarismo". *In*: MIRANDA, Jorge. *Estudos em Homenagem a Miguel Galvão Teles*. Coimbra: Almedina, 2012, pp. 129-142. [Agora em: LAMEGO, José. *Caminhos da Filosofia do Direito Kantiana*. vol. I: De Kant ao Neo-Kantismo. Lisboa: AAFDL, 2014, pp. 141-160, *maxime* p. 151 e ss.].

e o "sentido objectivo" dos actos, permitindo as suas explanações concluir que a qualidade de "dever-ser objectivo" do acto só pode ser estabelecida a partir das relações de delegação ou atribuição de competência num sistema jurídico que é globalmente eficaz. Em vários dos seus escritos, Kelsen sublinha que só mediante a atribuição de competência (*Ermächtigung*) é que o sentido subjectivo do acto de comando do órgão legislativo pode ser interpretado como o seu sentido objectivo, isto é, como uma norma válida.[321]

É esta constatação, decorrente da consideração da natureza "dinâmica" do sistema jurídico, que conduz Kelsen à tese da denegação da possibilidade de aplicação de princípios lógicos às relações entre as normas, tese que costuma ser apontada como o elemento distintivo da fase da sua investigação subsequente à publicação da segunda edição (1960) de *Teoria Pura do Direito*.[322]

2 Princípios lógicos e relações entre normas

Na seunda edição (1960) de *Teoria Pura do Direito*, Kelsen afirma a sua tese sobre a aplicabilidade indirecta de princípios lógicos a normas, dizendo:

---

321 Cf., por exemplo, KELSEN, Hans. "Vom Geltungsgrund des Rechts". *In*: ZEMANEK, Karl; VERDROSS, Alfred. *Völkerrecht und rechtliches Weltbild*: Festschrift für Alfred Verdross. Viena: Springer, 1960, pp. 157-165. [Agora em: KLECATSKY, Hans; MARCIC, René; SCHAMBECK, Herbert (Coord.). *Die Wiener rechtstheoretische Schule*. vol. 2. Viena: Manzsche Verlags- und Universitätsbuchhandlung, 1968, pp. 1159-1167].

322 A fase derradeira da investigação de Kelsen, documentada na obra póstuma *Teoria Geral das Normas*, é pontuada pela troca epistolar com KLUG, Ulrich. *Rechtsnormen und logische Analyse*: Ein Briefwechsel 1959 bis 1965. Viena: F. Deuticke, 1981 – e, bem assim, pelos artigos "Derogation" (1962) e "Recht und Logik" (1965), onde Kelsen apresenta a sua tese da não aplicabilidade de princípios lógicos às relações entre normas, tese que é objecto de discussão e fundamentação circunstanciada em *Teoria Geral das Normas* (Viena, 1979).

> (...) os princípios lógicos em geral e o princípio de não contradição em especial podem ser aplicados às proposições jurídicas que descrevem normas de Direito e, assim, indirectamente também podem ser aplicados às normas jurídicas.[323]

No entanto, no artigo "Recht und Logik" ["Direito e Lógica"] (1965), corrige esta posição, afirmando:

> (...) os dois princípios lógicos mais importantes, o princípio da não contradição e a regra da inferência dedutiva, não são aplicáveis nem directa nem indirectamente às relações entre as normas de um Direito positivo – como eu, todavia, ainda supunha no meu escrito *Teoria Pura do Direito* (2ª ed., 1960).[324]

Se nos reportarmos ao quadro conceptual da Teoria Pura do Direito, podemos concluir que os princípios lógicos (*v.g.*: a inferência dedutiva e o princípio de não contradição) podem ser aplicáveis às normas se tivermos em vista um princípio "estático" de derivação, como deducibilidade de conteúdos prescritivos. Mas se tivermos em conta um princípio "dinâmico" de derivação, como atribuição de competência (*Ermächtigung*) para a produção de normas de escalão inferior, então a derivação não pode ser equiparada a um processo de inferência lógica: ela é estatuição de uma norma de escalão inferior pelo órgão de aplicação do Direito. Kelsen dá o exemplo da norma

---

323 Cf. KELSEN, Hans. *Teoria Pura do Direito*. Trad. João Baptista Machado. Coimbra: Arménio Amado, 1976, p. 286.

324 Cf. KELSEN, Hans. "Recht und Logik". *Forum*, vol. XII, 1965, pp. 421-425 e 495-500. [Agora em: KLECATSKY, Hans; MARCIC, René; SCHAMBECK, Herbert (Coord.). *Die Wiener rechtstheoretische Schule*. vol. 2. Viena: Manzsche Verlags- und Universitätsbuchhandlung, 1968, p. 1219]. Uma boa discussão e crítica dos argumentos apresentados neste artigo pode encontrar-se, por exemplo, em KALINOWSKI, Georges. "Il significato della deontica per la filosofia morale e giuridica". *In*: BERNARDO, Giuliano di (Coord.). *Logica deontica e semantica*. Bolonha: Il Mulino, 1983, pp. 251-289.

individual segundo a qual "*o ladrão Schulze é punido com pena de prisão*" como o resultado do exercício de uma competência normativa: esta norma individual não está implicada no acto de vontade do legislador cujo sentido é a norma geral segundo a qual "*todos os ladrões devem ser punidos com pena de prisão*".[325]

Em relação ao princípio de não contradição, Kelsen considera que se trata de um postulado epistemológico da Ciência do Direito, não de um princípio lógico aplicável à relação entre as normas. Na primeira edição (1934) de *Teoria Pura do Direito*, afirma o seguinte:

> O conhecimento jurídico (...) propõe-se a mesma tarefa que a ciência da natureza se propõe a si própria: representar o seu objecto como unidade. O critério negativo desta unidade é a ausência de contradições. Este princípio lógico vale também para o conhecimento no âmbito das normas.[326]

Em *General Theory of Law and State* (Cambridge Mass., 1945), reitera esta mesma posição, dizendo:

> Duas normas que, pelo seu significado, se contradigam mutuamente e, portanto, se excluam mutuamente não podem ser admitidas como válidas simultaneamente. É uma

325 Cf. KELSEN, Hans. "Recht und Logik". *Forum*, vol. XII, 1965, pp. 421-425 e 495-500. [Agora em: KLECATSKY, Hans; MARCIC, René; SCHAMBECK, Herbert (Coord.). *Die Wiener rechtstheoretische Schule*. vol. 2. Viena: Manzsche Verlags- und Universitätsbuchhandlung, 1968, pp. 1219 e ss.].

326 Cf. KELSEN, Hans. *Reine Rechtslehre*: Einleitung in die rechtswissenschaftliche Problematik. Leipzig/Viena: Deuticke, 1934, *maxime* pp. 135 e ss. Sobre a ideia de Kelsen, neste período, de que a solução das antinomias normativas é uma operação puramente lógica, que incumbe à Ciência do Direito, cf. PAULSON, Stanley L. "On the Status of the lex posterior Derogating Rule". *In*: TUR, Richard; TWINING, William (Coord.). *Essays on Kelsen*. Oxford: Oxford University Press, 1986, pp. 229- 247.

> das principais tarefas do jurista fornecer uma apresentação coerente do material com o qual trabalha. Como o material é apresentado em expressões linguísticas, é *a priori* possível que ele contenha contradições normativas. A função específica da interpretação jurídica é eliminar essas contradições, demonstrando que são contradições meramente aparentes. É por meio da interpretação jurídica que o material jurídico é transformado num sistema jurídico.[327]

No entanto, na obra póstuma *Teoria Geral das Normas* (Viena, 1979) afasta-se desta posição: dedica um capítulo inteiro (capítulo 57) ao exame da aplicabilidade do princípio da não contradição às relações entre normas, concluindo que um conflito de normas não é equiparável a uma contradição lógica e afastando a possibilidade de solução de um conflito de normas por meio da interpretação – na hipótese de um conflito entre duas normas jurídicas gerais, o órgão de aplicação do Direito tem de decidir-se pela aplicação de uma ou outra das duas normas, pelo que não deixa de continuar a existir o conflito entre ambas as normas jurídicas gerais (capítulo 57, XIV).

Sendo a tese da não aplicabilidade de princípios lógicos às relações entre normas considerada a tese emblemática da fase derradeira da investigação de Kelsen, vejamos com maior pormenor como é que o nosso autor formula e justifica esta tese em *Teoria Geral das Normas*.

3 Direito e lógica em *Teoria Geral das Normas*

A obra póstuma de Kelsen *Teoria Geral das Normas*, apesar do autor alimentar dúvidas sobre a oportunidade de uma futura publicação, dado não a considerar devidamente amadurecida, suscitou,

---

327 Cf. KELSEN, Hans. *General Theory of Law and State*. Cambridge: Harvard University Press, 1945, p. 375.

naturalmente, um grande interesse na comunidade científica[328] e deu azo a uma discussão apaixonada sobre se a obra constituiria ou não uma verdadeira rotura com as teses estruturantes da Teoria Pura do Direito.[329]

A questão da aplicabilidade de princípios lógicos às relações entre normas ocupa cerca de uma terça parte (capítulos 50-61) do texto de *Teoria Geral das Normas*: nessa sequência de considerações, é de sublinhar a importância do capítulo 57, onde Kelsen nega a aplicabilidade às normas do princípio lógico da não contradição, argumentando que um conflito de normas não é equiparável a uma contradição lógica, e, muito principalmente, do capítulo 58, onde

---

328 De entre essa vasta literatura, destaque-se: OPALEK, Kasimierz. *Überlegungen zu Hans Kelsens Allgemeine Theorie der Normen*. Viena: Springer, 1980; WEINBERGER, Ota. *Normentheorie als Grundlage der Jurisprudenz und Ethik*: Eine Auseinandersetzung mit Hans Kelsens Theorie der Normen. Berlim: Duncker & Humblot, 1981; WEINBERGER, Ota. "Kelsens These von der Unanwendbarkeit logischer Regeln auf Normen". *Die Reine Rechtslehre in wissenschaftlicher Diskussion*, Viena, Manzsche Verlags- und Universitätsbuchhandlung, 1982; BULYGIN, Eugenio. "Norms and Logic: Kelsen and Weinberger on the Ontology of Norms". *Law and Philosophy*, vol. 4, 1985, pp. 145-163; GIANFORMAGGIO, Letizia. *In difesa del silogismo pratico, ovvero alcuni argomenti kelseniani alla prova*. Milão: Giuffrè, 1987; GUASTINI, Riccardo. "Norme, giudizi di validità, e scienza giuridica nell'ultimo Kelsen". *In*: ______. *Distinguendo*: Studi di teoria e metateoria del diritto. Turim: Giappichelli, 1996, pp. 101-113.

329 A defesa mais enfática da tese de que *Teoria Geral das Normas* constitui uma rotura com as posições defendidas por Kelsen até à publicação da segunda edição (1960) de *Teoria Pura do Direito* encontra-se na obra de WEINBERGER, Ota. *Normentheorie als Grundlage der Jurisprudenz und Ethik*: Eine Auseinandersetzung mit Hans Kelsens Theorie der Normen. Berlim: Duncker & Humblot, 1981. Em sentido diverso, cf. PAULSON, Stanley L. "Stellt die 'Allgemeine Theorie der Normen' einen Bruch in Kelsens Lehre dar?" *Die Reine Rechtslehre in wissenschaftlicher Diskussion*, Viena, Manzsche Verlags- und Universitätsbuchhandlung, 1982, pp. 122-141; em sentido próximo ao de Paulson, cf., igualmente, GIANFORMAGGIO, Letizia. *In difesa del silogismo pratico, ovvero alcuni argomenti kelseniani alla prova*. Milão: Giuffrè, 1987.

Kelsen examina a questão de se a relação entre a norma geral e a norma individual pode ser configurada em termos de silogismo normativo, concluindo que a aplicação (*Anwendung*) do Direito não é uma mera inferência dedutiva (*Schlußfolgerung*).

Os vários capítulos de *Teoria Geral das Normas* evidenciam a familiaridade de Kelsen com as investigações sobre lógica deôntica – *v.g.*: Ernst Mally (1879-1944), Karl Menger (1902-1985), Albert Hofstadter (1910-1989), J. C. C. McKinsey (1908-1953), Jørgen Jørgensen (1894-1969), Alf Ross (1899-1979), Georg Henrik von Wright (1916-2003), Richard M. Hare (1919-2002) etc. – e lógica jurídica – *v.g.*: Karl Engisch (1899-1990), Ulrich Klug (1913-1993), Chaïm Perelman (1912-1984), Georges Kalinowski (1916-2000), Ilmar Tammelo (1917-1982) etc. Mas atestam, igualmente, que o modo de colocação dos problemas por Kelsen era formatado, essencialmente, pelas suas referências intelectuais tradicionais – *v.g.*: Husserl (1859-1938), Christoph Sigwart (1830-1904) etc.

A negação da aplicabilidade de princípios lógicos às relações entre normas é uma decorrência da constatação de que o sistema jurídico é um sistema de normas que tem um carácter essencialmente "dinâmico" e que a derivação de normas a partir de outras normas de escalão superior é, basicamente, formal ou procedimental, isto é, opera-se de acordo com um princípio "dinâmico" de derivação: na secção XIII do capítulo 58, por exemplo, Kelsen interpreta a relação entre a norma geral e a norma individual à luz da função normativa "atribuição de competência" (*Ermächtigung*), isto é, parece conceber a função da norma geral como sendo a de atribuição de um poder para a fixação da norma individual. A representação "dinâmica" do Direito como um sistema de relações de delegação ou atribuição de competência (*Ermächtigung*) implica o reconhecimento de elementos subjectivos e discricionários na "determinação" do Direito do caso, não sendo a norma jurídica individual em que consiste a decisão judicial no caso concreto apenas aplicação do Direito, mas criação de Direito. Na mesma linha de fazer sobrelevar os elementos de autoridade em relação aos momentos cognoscitivos no processo de aplicação do Direito, Kelsen analisa o princípio do caso julgado (capítulo 58, XXI), justificando, nessa base, o facto de a decisão judicial, mesmo que não conforme às normas jurídicas gerais, gozar de eficácia desde que tenha transitado em julgado.

Ora, se esta linha de considerações, apoiada na representação do sistema jurídico como sistema de relações de delegação de competência para a produção de normas de escalão inferior, parece pouco condicente com uma ontologia das normas que as caracteriza como entidades puramente semânticas ou proposicionais – como "conteúdos de sentido" (*Sinngehalte*) –, ela revela-se, ao invés, em perfeita consonância com a doutrina da interpretação "autêntica" da Teoria Pura do Direito (que abordamos na 10ª sessão). Como adiantamos anteriormente, a negação da aplicabilidade de princípios lógicos às relações entre normas – que costuma ser identificada como a tese emblemática da fase do pensamento de Kelsen subsequente à publicação da segunda edição (1960) de *Teoria Pura do Direito* – constitui a última das reverberações do abalo causado no edifício conceptual da Teoria Pura do Direito pela recepção plena da doutrina da estrutura escalonada (*Stufenbaulehre*) da ordem jurídica.

Apontadas as oscilações no pensamento de Kelsen decorrentes da dificuldade de conciliar uma representação "estática" com uma representação "dinâmica" do Direito, concentremo-nos agora na "Estática Jurídica", isto é, no esquema de conceitos jurídicos básicos ou fundamentais necessários à descrição do Direito positivo. O esquema de conceitos básicos da dogmática jurídica ou Ciência do Direito apresentado por Kelsen assenta na concepção do Direito como ordem coercitiva e como técnica social de motivação indirecta de condutas, pelo que o seu conceito central é o conceito de "sanção".

Bibliografia de aprofundamento

Para além das referências bibliográficas contidas no texto, aconselha-se a leitura de:

1. WEINBERGER, Ota. "Logic and the Pure Theory of Law". *In*: TUR, Richard; TWINING, William (Coord.). *Essays on Kelsen*. Oxford: Oxford University Press, 1986, pp. 187-199.
2. KALINOWSKI, Georges. "Une mise en question de la logique des normes: En réponse aux objections de Hans Kelsen". *Archives de Philosophie du Droit*, nº 25, 1980, pp. 345-365.

13ª SESSÃO

O ESQUEMA DOS CONCEITOS JURÍDICOS BÁSICOS DA TEORIA PURA DO DIREITO

A teoria dos conceitos jurídicos básicos ou fundamentais constitui um tema nuclear da Teoria do Direito, a par da teoria da norma e da teoria do sistema jurídico. Kelsen (1881-1973) apresenta essa teoria na "Estática Jurídica", na *Teoria Pura do Direito.*[330] Nessa sua exposição, que é considerada a par das de John Austin (1790-1859)[331]

---

330 Cf. KELSEN, Hans. *Teoria Pura do Direito*. Trad. João Baptista Machado. Coimbra: Arménio Amado, 1976, pp. 163 e ss. Este esquema de conceitos jurídicos básicos ou fundamentais encontra-se, igualmente, em KELSEN, Hans. *General Theory of Law and State*. Cambridge: Harvard University Press, 1945, "Nomoestática", pp. 50 e ss.

331 Cf. AUSTIN, John. *The Province of Jurisprudence Determined*. Londres: John Murray/Albemarle Street, 1832. [Tomamos como referência a edição ao cuidado de Wilfrid E. Rumble, Cambridge: Cambridge University Press, 1995]. Sobre a convergência da Teoria Pura do Direito com o programa de jurisprudência analítica de John Austin, cf. KELSEN, Hans. "The Pure Theory of Law and Analytical Jurisprudence". *Harvard Law Review*, vol. 55, 1941/1942, pp. 44-70. [Existe versão em língua portuguesa, com tradução a cargo de Luís Carlos Borges, publicada em:

e de Wesley N. Hohfeld (1879-1918)[332] como uma das exposições clássicas da teoria dos conceitos jurídicos básicos ou fundamentais, Kelsen faz assentar o seu esquema dos conceitos jurídicos básicos ou fundamentais na perspectiva normativista segundo a qual os conceitos jurídicos podem ser reduzidos a inferências entre normas – não tendo, portanto, um correlato objectivo no mundo dos factos –, desempenhando, sobretudo, uma função de sistematização.

Partindo da definição do Direito como técnica social de motivação indirecta de condutas, Kelsen estabelece como conceito jurídico central o conceito de "sanção" e a partir dele um conjunto de conceitos jurídicos derivados: *i*) ilícito (delito); *ii*) dever jurídico; *iii*) responsabilidade; *iv*) direito subjectivo; *v*) capacidade jurídica; *vi*) representação; *vii*) relação jurídica; *viii*) personalidade jurídica. Este esquema conceptual decorre, portanto, da caracterização da normatividade do Direito a partir da imputação de sanções a comportamentos e da visão imperativista ou prescritivista do Direito que essa caracterização explicita.[333]

Por outro lado, é visível na definição dos conceitos jurídicos básicos a preocupação de Kelsen de depurar esses conceitos das conotações axiológicas que eles apresentam na linguagem corrente, fazendo com isso jus ao desiderato de "pureza" metodológica que anima a Teoria Pura do Direito como "(...) *análise estrutural do*

KELSEN, Hans. *O Que é Justiça?* São Paulo: Martins Fontes, 1997, pp. 261-283].

332 Cf. HOHFELD, Wesley N. *Fundamental Legal Conceptions as Applied in Judicial Reasoning and Other Essays*. New Haven: Yale University Press, 1923. [Existe tradução em língua portuguesa, a cargo de Margarida Lima Rego, com o título *Os conceitos jurídicos fundamentais aplicados na argumentação judicial*. Lisboa: Teoria Jurídica, 2008].

333 A este propósito, cf. *supra*, 6ª sessão.

Direito positivo o mais exacta possível, liberta de todo o juízo de valor ético-político".[334]

Vejamos, então, como é que Kelsen faz decorrer o seu esquema de conceitos jurídicos básicos da caracterização do Direito como ordem coercitiva, estabelecendo como conceito jurídico central o conceito de "sanção".

1 O conceito de "sanção"

O que é que deve ser entendido pelo conceito de "sanção"? De acordo com Kelsen, a aplicação do acto de coerção referido como "sanção" é consequência de uma conduta (acção ou omissão), consiste na produção compulsória de um mal – ou, dito de outro modo, na privação compulsória de um bem – e é levada a cabo pela autoridade competente (tanto judicial como administrativa).[335] No domínio das ordens jurídicas estaduais, as sanções aparecem sob duas formas diferentes: como pena e como execução cível (execução forçada de bens).

Em seguida à definição do conceito de "sanção", Kelsen procede à definição de "acto ilícito", fazendo derivar a definição deste da definição do conceito de "sanção".

2 O conceito de "acto ilícito"

"Acto ilícito" é, segundo Kelsen, a acção ou omissão estabelecidas pela ordem jurídica como condição da sanção – como explica o nosso autor, "*somente pelo facto de uma acção ou omissão determinada pela ordem jurídica ser feita pressuposto de um acto*

---

334 Cf. KELSEN, Hans. *Teoria Pura do Direito*. Trad. João Baptista Machado. Coimbra: Arménio Amado, 1976, p. 265.

335 Cf. KELSEN, Hans. *Teoria Pura do Direito*. Trad. João Baptista Machado. Coimbra: Arménio Amado, 1976, pp. 163 e ss.

de coacção estatuído pela mesma ordem jurídica é que ela é qualificada como ilícito ou delito".[336] Quer dizer: a acção ou omissão não é sancionada por constituir um acto ilícito, mas constitui um acto ilícito pelo facto de ser sancionada.

Este argumento é perfeitamente coerente com a concepção kelseniana da norma sancionatória como "norma primária" e da norma de comportamento como "norma secundária", isto é, como condição de aplicação de uma sanção, e, bem assim, com a depuração da noção de ilicitude de conotações axiológicas: não existem *mala in se*, mas tão-somente *mala prohibita*, quer dizer, a ilicitude não é determinada por um desvalor intrínseco, mas pelo facto de a conduta ser sancionada pela ordem jurídica.[337]

A conduta oposta ao acto ilícito é o dever jurídico (*Rechtspflicht*): na argumentação de Kelsen,

> se o Direito é concebido como ordem coercitiva, uma conduta apenas pode ser considerada como objectivamente prescrita pelo Direito e, portanto, como conteúdo de um dever jurídico, se uma norma jurídica liga à conduta oposta um acto coercitivo como sanção.[338]

3 O conceito de "dever jurídico" (*Rechtspflicht*)

O conceito de "dever jurídico" (*Rechtspflicht*) encontra-se numa relação essencial com o de "sanção": dizer que alguém tem o dever jurídico de realizar uma determinada conduta equivale a

---

336 Cf. KELSEN, Hans. *Teoria Pura do Direito*. Trad. João Baptista Machado. Coimbra: Arménio Amado, 1976, p. 166.

337 Cf., igualmente, KELSEN, Hans. *General Theory of Law and State*. Cambridge: Harvard University Press, 1945, pp. 51 e ss.

338 Cf. KELSEN, Hans. *Teoria Pura do Direito*. Trad. João Baptista Machado. Coimbra: Arménio Amado, 1976, p. 171.

dizer que existe uma norma jurídica que associa à conduta oposta uma sanção. A este propósito, Kelsen distingue entre "aplicação" (*Anwendung*) e "observância" ou "acatamento" (*Befolgung*) de uma norma, considerando que tanto a aplicação como a observância da norma jurídica representam uma conduta conforme à norma, no primeiro caso em termos de efectivação das sanções por ela determinadas e no segundo caso como cumprimento dos deveres jurídicos por ela estatuídos. Não obstante, o esquema conceptual de Kelsen atribui primazia no funcionamento do Direito à aplicação, isto é, à efectivação das sanções determinadas pela norma jurídica.

A sanção é normalmente dirigida contra o indivíduo obrigado, quer dizer, contra o indivíduo cuja conduta é o pressuposto do acto coercitivo; mas pode também ser dirigida contra um outro indivíduo que se encontre com aquele numa relação determinada pela ordem jurídica – daí a necessidade de distinguir o "dever jurídico" da "responsabilidade".

4 O conceito de "responsabilidade"

A sanção não tem necessariamente que ser dirigida contra o indivíduo cuja conduta é pressuposto do acto de coerção, mas pode ser dirigida contra um outro indivíduo que se encontra com aquele numa relação determinada pela ordem jurídica. Esta dissociação está normalmente excluída no âmbito do Direito Penal, mas ocorre com frequência no âmbito do Direito Civil e do Direito Comercial (*v.g.*: responsabilidade dos titulares do poder paternal por actos praticados pelo menor, transferência da obrigação de indemnização a terceiros para uma companhia seguradora, responsabilidade solidária dos sócios na sociedade comercial etc.). Para além desta classificação da responsabilidade em "directa" e "indirecta", Kelsen distingue ainda entre "responsabilidade individual" e "responsabilidade colectiva" e entre "responsabilidade pela culpa" e "responsabilidade pelo resultado", concluindo que a responsabilidade colectiva é sempre uma responsabilidade pelo resultado.[339]

Em seguida à definição do conceito de "responsabilidade" e à identificação das suas várias modalidades, Kelsen procede à definição do conceito de "direito subjectivo", que ele considera, conjuntamente com o "dever", como as duas formas de subjectivização da norma jurídica.

5 O conceito de "direito subjectivo" e as suas modalidades

Logo na sua dissertação de habilitação, *Hauptprobleme der Staatsrechtslehre, entwickelt aus der Lehre vom Rechtssatze* (Tübingen, 1911), Kelsen dedica uma longa exposição (quase 100 páginas) à análise do conceito de "direito subjectivo", passando em revista, entre outras, a definição de Jhering (1818-1892) do direito subjectivo como interesse juridicamente protegido, a definição de Windscheid (1817-1892) do direito subjectivo como poder de vontade, a definição de Bernatzik (1854-1919) em termos de combinação destes dois elementos, acabando, com algumas modulações, por se aproximar da concepção de August Thon (1839-1912), segundo a qual o direito subjectivo não é o interesse juridicamente protegido, mas a forma (a técnica) de protecção de um interesse.[340] Nessa sua exposição, afirma que a forma primária de subjectivização da norma

---

339 Cf. KELSEN, Hans. *Teoria Pura do Direito*. Trad. João Baptista Machado. Coimbra: Arménio Amado, 1976, pp. 183 e ss.

340 Cf. KELSEN, Hans. *Hauptprobleme der Staatsrechtslehre, entwickelt aus der Lehre vom Rechtssatze*. Tübingen: Mohr Siebeck, 1911, pp. 567 e ss. De acordo com Kelsen, estas construções da noção de "direito subjectivo" incorrem no erro fundamental de ver o direito subjectivo como algo distinto do direito objectivo, incluindo no conceito os elementos substanciais (interesse, vontade etc.) que o Direito protege; ao jurista, porém, só interessa a forma que adquire a protecção.

jurídica é o "dever", sendo o "direito" a forma derivada: segundo o nosso autor,

> A função essencial da norma jurídica consiste, portanto, em estatuir um dever jurídico. Sem dever jurídico não existe qualquer norma jurídica que seja. Ao invés, nem toda a norma jurídica tem necessariamente que conferir um direito subjectivo. Só pode afirmar-se que *a todo* o dever jurídico corresponde um "direito subjectivo" quando se configure o conceito deste de tal modo que se entenda por direito subjectivo o interesse protegido ou garantido pelo dever jurídico imposto a outra pessoa. Mas isto não faz mais do que evidenciar a natureza primária do dever jurídico em relação ao "direito subjectivo", uma vez que este, assim considerado, só surge no momento em que aquele é estatuído.[341]

A definição do conceito de "direito subjectivo" e a análise das suas diversas modalidades é retomada por Kelsen nas suas monografias subsequentes relativas à Teoria do Direito e do Estado: *i*) *Allgemeine Staatslehre* (1925); *Teoria Pura do Direito* (primeira edição, 1934); *iii*) *General Theory of Law and State* (1945); *iv*) *Teoria Pura do Direito* (segunda edição, 1960); *v*) *Teoria Geral das Normas* (1979). Dado que as abordagens nestas obras não contêm alterações ou aditamentos relevantes à construção kelseniana da noção de "direito subjectivo", iremos, no que segue, ater-nos às análises a que o nosso autor procede na segunda edição (1960) de *Teoria Pura do Direito*, a exposição mais circunstanciada da sua teoria formal do Direito positivo.

Nesta sua exposição, Kelsen distingue cinco acepções distintas da locução "direito subjectivo", correspondentes a outros tantos reflexos das normas jurídicas positivas. Assim, teríamos:

---

341 Cf. KELSEN, Hans. *Hauptprobleme der Staatsrechtslehre, entwickelt aus der Lehre vom Rechtssatze*. Tübingen: Mohr Siebeck, 1911, p. 312.

i) O direito subjectivo como contrapartida de um dever jurídico

Neste sentido, isto é, quando o direito subjectivo é apenas o simples reflexo de um dever jurídico, Kelsen considera que, enquanto conceito auxiliar, pode facilitar a representação de uma situação jurídica, mas é, em bom rigor, supérfluo do ponto de vista da descrição cientificamente exacta da situação jurídica, pois esta é exaustivamente descrita com referência ao dever jurídico do indivíduo (ou indivíduos) de se conduzirem de determinada maneira em face de outro indivíduo. Quer dizer:

> A conduta do indivíduo em face do qual o dever existe, correlativa da conduta devida, está já conotada na conduta que forma o conteúdo do dever. Se se designa a relação do indivíduo, em face do qual uma conduta é devida, com o indivíduo obrigado a essa conduta como "direito", este direito é apenas o reflexo de um dever.[342]

Kelsen integra nesta modalidade de direito subjectivo as duas espécies de situações caracterizadas tradicionalmente como "relações jurídicas pessoais" e "relações jurídicas reais" e que ele refere como "direitos reflexos absolutos" e "direitos reflexos relativos", incluindo nesta última categoria tanto o direito de propriedade como o direito de crédito, distinguindo-os nos seguintes termos: enquanto o direito de propriedade "*é o reflexo de uma pluralidade de deveres de um número indeterminado de indivíduos em face de um e o mesmo indivíduo com referência a uma e a mesma coisa*", o direito de crédito "*apenas é o reflexo de um determinado indivíduo em face de um outro indivíduo também determinado*".[343]

---

342 Cf. KELSEN, Hans. *Teoria Pura do Direito*. Trad. João Baptista Machado. Coimbra: Arménio Amado, 1976, p. 185.

343 Cf. KELSEN, Hans. *Teoria Pura do Direito*. Trad. João Baptista Machado. Coimbra: Arménio Amado, 1976, p. 192.

Desta modalidade do direito subjectivo (e das suas várias espécies) Kelsen distingue a modalidade do direito subjectivo como poder jurídico, situação essa que não é exaustivamente descrita pela representação do dever de um indivíduo de se conduzir de uma determinada maneira em face de outro.

ii) O direito subjectivo como poder jurídico

Esta modalidade de direito subjectivo

> existe quando, entre os pressupostos da sanção que constitui um dever jurídico, se conta uma actuação, em forma de acção judicial, normalmente realizada pelo indivíduo em face do qual o dever existe, actuação essa endereçada ao aplicador do Direito e visando a execução daquela sanção.[344]

A essência desta modalidade de direito subjectivo consiste, pois, segundo Kelsen,

> (...) no facto de a ordem jurídica conferir a um indivíduo não qualificado como "órgão" da comunidade (...) – normalmente o indivíduo em face do qual um outro é obrigado a uma determinada conduta – o poder jurídico de fazer valer, através de uma acção, o não cumprimento deste dever, quer dizer, de pôr em movimento o processo que leva ao estabelecimento da decisão judicial em que se estatui uma sanção concreta contra a violação do dever.[345]

Na conceptualização kelseniana, a outorga desta modalidade de direito subjectivo desencadeia o processo de estabelecimento da

---

344 Cf. KELSEN, Hans. *Teoria Pura do Direito*. Trad. João Baptista Machado. Coimbra: Arménio Amado, 1976, p. 195.

345 Cf. KELSEN, Hans. *Teoria Pura do Direito*. Trad. João Baptista Machado. Coimbra: Arménio Amado, 1976, pp. 197 e ss.

norma individual – as sentenças judiciais e os actos administrativos – e corresponde a uma técnica específica que atende muito especialmente ao interesse individual, sendo uma técnica comum no âmbito do chamado Direito Privado e no âmbito do Direito Administrativo.

Uma terceira modalidade de direito subjectivo – para além do direito subjectivo como contrapartida de um dever jurídico e do direito subjectivo como poder jurídico – indicada por Kelsen é o direito subjectivo como permissão positiva (da autoridade).

iii) O direito subjectivo como permissão positiva (da autoridade)

Kelsen refere como exemplo desta modalidade de direito subjectivo a situação decorrente da outorga de uma autorização ou licença administrativa para o exercício de uma determinada actividade ou profissão. Como diz o nosso autor,

> o exercício da actividade em questão sem a autorização da entidade competente é proibido, quer dizer, está sujeito a uma sanção. A autorização não consiste no facto simplesmente negativo de não ser proibido, mas no acto positivo de um órgão da comunidade.[346]

Tal direito não é, obviamente, um direito reflexo, não é função de um dever que lhe corresponda.

Uma quarta modalidade de direito subjectivo é constituída pelos direitos políticos, que costumam ser definidos como a capacidade ou o poder de influir na formação da vontade do Estado ou – seguindo a conceptualização kelseniana do Estado como expressão da unidade

---

346 Cf. KELSEN, Hans. *Teoria Pura do Direito*. Trad. João Baptista Machado. Coimbra: Arménio Amado, 1976, p. 199.

de uma ordem jurídica – de participar (directa ou indirectamente) na produção da ordem jurídica.

iv) Os direitos políticos

Um direito político é, de acordo com a definição de Kelsen,

> o poder jurídico conferido a um indivíduo de intervir, seja directamente, como membro da assembleia popular legislativa, na produção de normas gerais a que chamamos leis, seja indirectamente, como titular de um direito de eleger para o parlamento ou para a administração, na produção das normas que o órgão eleito tem competência para produzir.[347]

Este poder é conferido, pois, para a intervenção na produção de normas jurídicas gerais, através das quais são estatuídos os deveres jurídicos.

Entre os direitos políticos contam-se também os direitos ou liberdades fundamentais estabelecidos nos modernos textos constitucionais. A sua função reside na determinação do conteúdo das leis por forma negativa, prevendo-se um processo em que as leis que não correspondam a estas determinações possam ser anuladas (recurso de constitucionalidade).

v) Os direitos ou liberdades fundamentais

Kelsen começa por esclarecer que

> estas garantias de Direito Constitucional não constituem em si direitos subjectivos – quer simples direitos reflexos, quer

347 Cf. KELSEN, Hans. *Teoria Pura do Direito*. Trad. João Baptista Machado. Coimbra: Arménio Amado, 1976, p. 208 [tradução ligeiramente modificada].

> direitos subjectivos em sentido técnico. Elas apresentam-se, na verdade, como proibições de lesar, através de leis (ou de decretos com força de lei), a igualdade ou a liberdade garantida, quer dizer, como proibições de as anular ou limitar. Mas estas "proibições", no essencial, não consistem no facto de se impor ao órgão legislativo o dever jurídico de não editar tais leis, mas no facto de tais leis, quando sejam postas em vigor, poderem ser de novo anuladas, com fundamento na sua "inconstitucionalidade", num processo especial para tal fim previsto.[348]

As garantias constitucionais dos direitos e liberdades fundamentais não constituem por si um direito subjectivo como reflexo ou contrapartida de um dever jurídico imposto aos órgãos estaduais de não estatuírem leis inconstitucionais, nem, por outro lado, constituem um direito subjectivo como poder jurídico, na medida em que delas não resulta automaticamente para o indivíduo lesado pela lei inconstitucional um direito de acção para obter a sua anulação.

Em seguida à definição do conceito de "direito subjectivo" e à análise das suas diversas modalidades, Kelsen propõe-se analisar a função da ordem jurídica designada como "atribuição de um poder ou competência" (*Ermächtigung*), sublinhando a semelhança existente entre a atribuição de poderes a privados (capacidade) e a órgãos da comunidade, sobretudo os órgãos judiciais e administrativos (competência), na medida em que em ambas estamos perante uma atribuição de poderes para a produção de normas jurídicas.

6 Capacidade jurídica e competência

No contexto da explicitação dos diversos modos como se manifesta a função da ordem jurídica referida como "atribuição de um

348 Cf. KELSEN, Hans. *Teoria Pura do Direito*. Trad. João Baptista Machado. Coimbra: Arménio Amado, 1976, pp. 202 e ss.

poder ou competência" (*Ermächtigung*), Kelsen começa por analisar a "atribuição de capacidade" a indivíduos, distinguindo três formas de capacidade: *i*) a capacidade negocial; *ii*) a capacidade delitual; *iii*) a capacidade processual. De entre estas, são sobretudo a capacidade negocial e a capacidade processual que consubstanciam um poder conferido aos particulares para participarem na produção de normas, seja criando normas de nível inferior (capacidade negocial), seja desencadeando o estabelecimento da norma jurídica individual pela decisão judicial (capacidade processual).

A atribuição de um poder não a privados mas a "órgãos" da comunidade jurídica (em particular, aos tribunais e às autoridades administrativas) é referida como "competência" – mas, como sublinha Kelsen, "(...) *o conteúdo da função é, em ambos os casos, o mesmo, a saber: produção de normas jurídicas*".[349] A este propósito, o nosso autor precisa que a essência da organicidade consiste na atribuição (*Zuschreibung*) de uma acção à comunidade.[350] Mas, como na concepção kelseniana, a comunidade não é senão uma ficção personificadora do ordenamento jurídico na sua globalidade, essa atribuição (*Zuschreibung*) verifica-se, igualmente, no caso em que o indivíduo exercita o poder jurídico que lhe é conferido propondo uma acção judicial ou celebrando um negócio jurídico, pelo que no uso jurídico da linguagem o conceito de "órgão" tem de ser empregue num sentido mais restrito, abrangendo tão-somente os indivíduos chamados à função regulada pela ordem jurídica por uma forma que está especificada nesta mesma ordem.

---

349 Cf. KELSEN, Hans. *Teoria Pura do Direito*. Trad. João Baptista Machado. Coimbra: Arménio Amado, 1976, p. 213.

350 Kelsen usa, na segunda edição (1960) de *Teoria Pura do Direito*, o termo "atribuição" (*Zuschreibung*) para referir aquilo que, na primeira edição (1934), designava como "imputação central" (*zentrale Zurechnung*), reservando agora o termo "imputação" (*Zurechnung*) para referir a forma de ligação entre a hipótese e a consequência normativa – aquilo que, na primeira edição (1934) designava como "imputação periférica" (*periphere Zurechnung*).

Feitas estas considerações, Kelsen passa à análise do conceito de "representação", considerando que na representação legal existe, tal como na organicidade, uma operação mental de atribuição (*Zuschreibung*).

7 O conceito de "representação"

Kelsen começa por contestar a distinção habitual na doutrina jurídica entre "capacidade de gozo", ou seja, de titularidade de direitos e obrigações, e "capacidade de exercício", quer dizer, da capacidade de por si só e livremente se exercer os direitos e cumprir as obrigações de que se é titular e a ideia de que o incapaz exerce esses direitos por intermédio do representante. A sua tese é a de que quem pratica a conduta juridicamente relevante não é o incapaz, mas o seu representante legal e que, neste âmbito, tal como a propósito da conduta dos órgãos da pessoa colectiva, estamos perante uma ficção de atribuição (*Zuschreibung*).

Nessa base, a natureza da representação legal seria essencialmente distinta da representação negocial, onde não existe, em bom rigor, uma atribuição (*Zuschreibung*), tratando-se antes de um negócio jurídico a cargo ou em favor de terceiro.[351]

8 O conceito de "relação jurídica"

Kelsen define a "relação jurídica" como "*relação entre um dever jurídico e o direito reflexo que lhe corresponde*",[352] criticando a concepção da teoria jurídica tradicional, que representa a "relação jurídica" como uma relação pessoal entre o titular do direito subjectivo e aquele que está vinculado ao dever correspondente. A

351 Cf. KELSEN, Hans. *Teoria Pura do Direito*. Trad. João Baptista Machado. Coimbra: Arménio Amado, 1976, *maxime* pp. 229 e ss.

352 Cf. KELSEN, Hans. *Teoria Pura do Direito*. Trad. João Baptista Machado. Coimbra: Arménio Amado, 1976, p. 233.

construção kelseniana do conceito de "relação jurídica" decorre da sua perspectiva normativista, que consiste em "reduzir" a normas todas as entidades jurídicas, em obediência ao seu postulado de "pureza do método" (*Reinheit der Methode*) – diz o nosso autor:

> Do ponto de vista de um conhecimento dirigido ao Direito, isto é, dirigido às normas jurídicas, não são tomadas em linha de conta as relações entre indivíduos, mas apenas relações entre normas – pelos indivíduos criadas e aplicadas – ou entre os factos determinados pelas normas, dos quais a conduta humana apenas representa um caso especial, se bem que particularmente significativo.[353]

Esta perspectiva normativista, segundo a qual

> num conhecimento dirigido às normas jurídicas não são tomados em consideração – nunca é demais acentuar isto – os indivíduos como tais, mas apenas as acções ou omissões dos mesmos, pela ordem jurídica determinadas, que formam o conteúdo das normas jurídicas,[354]

está igualmente na base da construção kelseniana do conceito de "personalidade jurídica".

9 O conceito de "personalidade jurídica"

Em conformidade com a sua perspectiva normativista, Kelsen considera a personalidade jurídica como uma "(...) *construção jurídica criada pela Ciência do Direito, um conceito auxiliar na descrição*

353 Cf. KELSEN, Hans. *Teoria Pura do Direito*. Trad. João Baptista Machado. Coimbra: Arménio Amado, 1976, p. 233.

354 Cf. KELSEN, Hans. *Teoria Pura do Direito*. Trad. João Baptista Machado. Coimbra: Arménio Amado, 1976, p. 237.

de factos jurídicos relevantes".[355] A pessoa jurídica não é mais do que a expressão da unidade de deveres e direitos estabelecidos pelas normas do Direito positivo; constitui um ponto de imputação – um ponto de referência normativa construído conceptualmente – que é ficticiamente personificado, pelo que à Ciência do Direito não cabe a consideração do seu substrato ontológico, o indivíduo e as relações entre os indivíduos.[356]

O erro a apontar à teoria jurídica tradicional consistiria, segundo Kelsen, no facto de que ela parte da consideração desse substrato ontológico como portador (suporte) de direitos e deveres,[357] pelo que teria dificuldade em conceptualizar a personalidade colectiva, que, tal como a personalidade singular, consiste num conjunto de direitos e deveres estabelecidos por normas jurídicas. Mas este erro decorre, igualmente, do dualismo entre direito subjectivo (como faculdade) e direito objectivo (como ordem normativa), que parte da suposição de direitos inatos ao homem, que existem antes de toda e qualquer ordem jurídica positiva.[358] Para o nosso autor, não existe uma diferença substancial entre personalidade jurídica singular e personalidade jurídica colectiva.

Com a explicitação do conceito de "personalidade jurídica" e da técnica da personificação jurídica, Kelsen conclui a sua exposição dos conceitos jurídicos básicos ou fundamentais. Nesta exposição vem

---

355 Cf. KELSEN, Hans. *Teoria Pura do Direito*. Trad. João Baptista Machado. Coimbra: Arménio Amado, 1976, p. 244.

356 Sobre a questão, cf., com interesse, PAULSON, Stanley L. "Hans Kelsen et les fictions juridiques". *Droits – Revue Française de Théorie Juridique*, vol. 21, 1995, pp. 65-81.

357 É esse, aliás, o significado filosófico (ontológico) originário do termo "sujeito" (*subjectum*) como suporte ou substrato (*hypokeímenon*) unitário: cf. ARISTÓTELES. *Metafísica*, 1028 b – 1029 a.

358 Sobre este dualismo – bem como sobre o dualismo entre Direito Público e Direito Privado e o dualismo entre Estado e Direito – cf., igualmente, KELSEN, Hans. *Reine Rechtslehre*: Einleitung in die rechtswissenschaftliche Problematik. Leipzig/Viena: Deuticke, 1934, pp. 39 e ss.

de novo ao de cima a sua concepção imperativista ou prescritivista do Direito e o seu normativismo rigoroso, que exclui da consideração da Ciência do Direito entidades físicas ou naturais e procura depurar o seu instrumentário conceptual de conotações axiológicas.

Esse combate ao sincretismo metodológico prossegue-o Kelsen com a sua crítica do dualismo entre Estado e Direito e com a construção de um conceito jurídico de "Estado", em que ele vê a base da fundamentação da obrigatoriedade jurídica do Direito Internacional, questões que iremos abordar já em seguida.

Bibliografia de aprofundamento

Para além das referências bibliográficas contidas no texto, aconselha-se a leitura de:

1. HART, Herbert. "Definition and Theory in Jurisprudence" (1953). Agora em: ______. *Essays in Jurisprudence and Philosophy*. Oxford: Oxford University Press, 1983, pp. 21-48.
2. LINDAHL, Lars. "Deduction and Justification in the Law: The Role of Legal Terms and Concepts". *Ratio Juris*, vol. 17, 2004, pp. 182-202.

14ª SESSÃO

A DOUTRINA KELSENIANA DA UNIDADE DO DIREITO E A CONSTRUÇÃO MONISTA DO DIREITO INTERNACIONAL

As questões teóricas e práticas do Direito Internacional constituíram uma parte substancial da actividade de investigação e publicação de Hans Kelsen (1881-1973), mormente no período em que permaneceu no Instituto de Altos Estudos Internacionais, em Genebra (1933-1940),[359] e naquele em que esteve como docente na Universidade da Califórnia, em Berkeley (1945-1952). Não é, porém, um conspecto geral da investigação de Kelsen em matéria de Direito Internacional

359 Sobre a actividade de Kelsen neste período, cf. LADAVAC, Nicoletta Bersier. "Hans Kelsen in Genf: Friedensproblematik zwischen Wissenschaft und Politik". *In*: WALTER, Robert; OGRIS, Werner; OLECHOWSKI, Thomas (Coord.). *Hans Kelsen*: Leben – Werk – Wirksamkeit. Ergebnisse einer Internationalen Tagung, veranstaltet von der Kommission für Rechtsgeschichte Österreichs und dem Hans Kelsen-Institut (19.–21. April 2009). Viena: Manzsche Verlags- und Universitätsbuchhandlung, 2009, pp. 290-303.

que aqui pretendemos levar a cabo,[360] mas, tão-somente, examinar a resposta que o nosso autor apresenta relativamente ao problema da fundamentação do carácter obrigatório do Direito Internacional e como é que essa resposta procura levar às últimas consequências o combate ao sincretismo metodológico que Kelsen considerava continuar a afectar a Ciência do Direito Público do seu tempo, dando satisfação à exigência metodológica de não misturar a consideração normativa com elementos naturalistas (físicos e psíquicos) na análise do Direito positivo.

Esse desiderato de "pureza" metodológica constitui a linha fundamental da investigação levada a cabo por Kelsen na sua dissertação *Hauptprobleme der Staatsrechtslehre, entwickelt aus der Lehre vom Rechtssatze* (Tübingen, 1911), onde ele conceptualiza, por exemplo, o Estado como a expressão da unidade de uma ordem jurídica, ou seja, como uma cadeia de "imputações" e critica o dualismo entre Estado e Direito, argumentando que o dualismo entre Estado e Direito é o resultado de um erro de pensamento que consiste, basicamente, na personificação da unidade do sistema jurídico e na hipostasiação dessa personificação.

Esta linha de argumentação, no sentido da defesa de um ideal metodológico de "pureza", é aprofundada na segunda obra de fôlego de Kelsen, *Das Problem der Souveränität und die Theorie des Völkerrechts* (Tübingen, 1920), livro em cujo subtítulo figura, pela primeira vez, a expressão "Teoria Pura do Direito". Nesta obra, Kelsen começa por submeter a análise crítica a doutrina da personificação do Estado, como entidade dotada de vontade

---

360 A melhor visão geral é, a nosso ver, a oferecida por BERNSTORFF, Jochen von. *Der Glaube an das universale Recht.* Zur Völkerrechtstheorie Hans Kelsens und seiner Schule. Baden-Baden: Nomos, 2001. Uma listagem dos escritos de Kelsen sobre Direito Internacional pode encontrar-se em LADAVAC, Nicoletta Bersier. "Hans Kelsen (1881-1973): Biographical Note and Bibliography". *European Journal of International Law*, 1998, pp. 391-400.

(*willensfähige Staatsperson*), e apresenta essa doutrina como base da doutrina clássica da soberania do Estado como *summa potestas superiorem non recognoscens* e do modelo voluntarista do Direito Internacional, que identifica o fundamento do carácter obrigatório do Direito Internacional na "vontade comum" (*Gemeinwille*) dos Estados, como na construção de Heinrich Triepel (1868-1946),[361] ou na "autovinculação do Estado" (*Selbstverpflichtung des Staates*), de acordo com Georg Jellinek (1851-1911).[362] Contra a doutrina da personificação do Estado, que ele considera constituir um afloramento dos resíduos de sincretismo metodológico na doutrina do Direito e do Estado, Kelsen propõe-se analisar o problema do Estado como expressão da unidade de uma ordem jurídica e vê na rejeição do dualismo entre Estado e Direito o pressuposto básico da renovação do instrumentário conceptual da doutrina do Direito Internacional, em especial da resposta ao problema da fundamentação da obrigatoriedade jurídica do Direito Internacional.[363]

1 A crítica do dualismo entre Estado e Direito

A rejeição do dualismo entre Estado e Direito e a defesa de um conceito jurídico de "Estado" constituem uma das "marcas de água" da "pureza" da Teoria Pura do Direito: Kelsen começa por avançar estas teses na dissertação *Problemas Fundamentais da Doutrina do Direito Estadual* (1911),[364] desenvolve-as com vista à renovação

361 Cf. TRIEPEL, Heinrich. *Völkerrecht und Landesrecht*. Leipzig: Duncker & Humblot, 1899.

362 Cf. JELLINEK, Georg. *Die rechtliche Natur der Staatenverträge*. Viena: Manzsche Verlagsbuchhandlung, 1880.

363 Cf. KELSEN, Hans. *Das Problem der Souveränität und die Theorie des Völkerrechts*: Beitrag zu einer reinen Rechtslehre. Tübingen: Mohr Siebeck, 1920, *maxime* pp. 16 e ss.

364 Cf. KELSEN, Hans. *Hauptprobleme der Staatsrechtslehre, entwickelt aus der Lehre vom Rechtssatze*. Tübingen: Mohr Siebeck, 1911, *maxime* pp. 162 e ss.

do instrumentário conceptual da doutrina do Direito Internacional em *O Problema da Soberania e a Teoria do Direito Internacional* (1920) e aprofunda-as em obras subsequentes, como, por exemplo, *O Conceito Sociológico e o Conceito Jurídico de Estado. Investigação Crítica sobre a Relação entre Estado e Direito* (1922), *Teoria Geral do Estado* (1925), *Teoria Pura do Direito* (primeira edição, 1934), *Teoria Geral do Direito e do Estado* (1945) e *Teoria Pura do Direito* (segunda edição, 1960). No entanto, a argumentação filosoficamente mais interessante no sentido da "dessubstancialização" da noção de Estado encontra-se, porventura, no ensaio intitulado "A Relação entre Estado e Direito à Luz da Crítica do Conhecimento",[365] que vem a constituir, no essencial, o capítulo final de *O Conceito Sociológico e o Conceito Jurídico de Estado. Investigação Crítica sobre a Relação entre Estado e Direito* (1922), e, também, no ensaio "Direito e Estado: Sobre o Problema do Conhecimento Sociológico e Jurídico do Estado".[366]

A rejeição da concepção sociológica e personificante do Estado e a sua substituição por uma concepção normativo-funcionalista constituem o ponto de partida metodológico para a crítica da noção tradicional de "soberania" e para a normativização dessa noção: para a Ciência do Direito, o Estado é uma ordem jurídica centralizada formada por órgãos especializados para a criação e aplicação de normas e a soberania não é um poder fáctico do Estado anterior ao Direito, mas uma propriedade da ordem jurídica como

---

365 Cf. KELSEN, Hans. "Das Verhältnis von Staat und Recht im Lichte der Erkenntniskritik". *Zeitschrift für öffentliches Recht*, vol 2, 1921, pp. 453-510. [Agora em: KLECATSKY, Hans; MARCIC, René; SCHAMBECK, Herbert (Coord.). *Die Wiener rechtstheoretische Schule*. vol. 1. Viena: Manzsche, 1968, pp. 77-119].

366 Cf. KELSEN, Hans. "Staat und Recht: Zum Problem der soziologischen oder juristischen Erkenntnis des Staates". *Kölner Vierteljahresschrift für Soziologie*, 1922, pp. 18-37. [Agora em: KLECATSKY, Hans; MARCIC, René; SCHAMBECK, Herbert (Coord.). *Die Wiener rechtstheoretische Schule*. vol. 1. Viena: Manzsche Verlags- und Universitätsbuchhandlung, 1968, pp. 121-137].

ordem normativa cuja força obrigatória só pode, de acordo com os postulados do formalismo metodológico, ser explanada com base numa pressuposição lógico-transcendental, a norma fundamental (*Grundnorm*) hipotética.

A consideração do Estado não como fenómeno social mas como ordem normativa permite reformular os problemas da doutrina tradicional do Estado em termos de conceitos jurídicos: o território estadual é, em sentido jurídico, o âmbito de validade espacial da ordem jurídica estadual;[367] o *povo* é, em sentido jurídico, o âmbito de validade pessoal da ordem jurídica – o âmbito de validade pessoal é derivado do âmbito de validade territorial; o *poder* estadual consiste na eficácia da ordem jurídica, no facto de que a ordem jurídica é genericamente obedecida.

A ideia de uma "soberania do Direito" (*Rechtssouveranität*) tinha sido anteriormente defendida por Hugo Krabbe (1857-1936), com base na ideia geral de que no Estado constitucional (*Rechtsstaat*) moderno não pode entender-se a "soberania" como uma *summa potestas* anterior e superior ao Direito, dado que a acção estadual está integralmente subordinada ao Direito:[368] mas enquanto para Krabbe a "soberania do Direito" (*Rechtssouveranität*) é o resultado da evolução histórica que culmina no Estado constitucional (*Rechtsstaat*), para Kelsen o afastamento de uma concepção substantiva

---

367 Cf., por exemplo, KELSEN, Hans. "Die Lehre von den drei Gewalten oder Funktionen des Staates". *Archiv für Rechts- und Wirtschaftsphilosophie*, XVII, 1923-1924, pp. 374-408. [Agora em: KLECATSKY, Hans; MARCIC, René; SCHAMBECK, Herbert (Coord.). *Die Wiener rechtstheoretische Schule*. vol. 2. Viena: Manzsche, 1968, pp. 1331-1359]; cf., igualmente, KELSEN, Hans. *Allgemeine Staatslehre*. Berlim: Mohr Siebeck, 1925, *maxime* pp. 229 e ss.; KELSEN, Hans. *General Theory of Law and State*. Cambridge: Harvard University Press, 1945, *maxime* pp. 255 e ss.

368 Cf. KRABBE, Hugo. *Die Lehre der Rechtssouveranität*: Beitrag zur Staatslehre. Groningen: J. B. Wolters, 1906.

de "soberania" constitui um postulado epistemológico.[369] Pode, legitimamente, questionar-se se aquilo que Kelsen apresenta como postulado epistemológico não se traduz, no fundo, na expressão de um desiderato político: Carl Schmitt (1888-1985), por exemplo, via no formalismo metodológico de Kelsen e no normativismo "puro" da Teoria Pura do Direito a expressão, por excelência, da estratégia liberal de despolitização das relações de poder; outros vêem no normativismo "puro" da Teoria Pura do Direito a expressão das condições socio-políticas específicas do Império Austro-Húngaro, onde na falta de uma homogeneidade étnica e cultural a unidade política era criada e mantida por via do Direito e de uma eficiente máquina administrativa;[370] por último, há quem defenda a interpretação global da Teoria Pura do Direito como teoria jurídica do Estado constitucional (*Rechtsstaat*).[371] A dissolução da ideia de "soberania" na noção de norma fundamental (*Grundnorm*) hipotética, como condição lógico-transcendental da interpretação da força obrigatória do Direito, constitui, em bom rigor, o ponto cimeiro da sublimação logicista das realidades sociais e políticas, exigida pelo postulado epistemológico da "pureza" da Teoria Pura do Direito.

Contra esta sublimação logicista na Teoria do Direito pronunciaram-se, com propósitos diversos entre si, autores como Carl

---

369 Para uma análise crítica das teses de Krabbe, cf. KELSEN, Hans. *Das Problem der Souveränität und die Theorie des Völkerrechts*: Beitrag zu einer reinen Rechtslehre. Tübingen: Mohr Siebeck, 1920, pp. 22 e ss.

370 A esse propósito, cf. BALDUS, Manfred. "Hapsburgian Multiethnicity and the 'Unity of State' – On the Structural Setting of Kelsen's Legal Thought". *In*: DINER, Dan; STOLLEIS, Michael (Coord.). *Hans Kelsen and Carl Schmitt*: a Juxtaposition. Gerlingen: Bleicher, 1999, pp. 13-25.

371 Cf., nesta linha, VINX, Lars. *Hans Kelsen's Pure Theory of Law*: Legality and Legitimacy. Oxford: Oxford University Press, 2007; esta mesma perspectiva pode encontrar-se em BOBBIO, Norberto. "Kelsen e il problema del potere". *In*: ______. *Diritto e Potere*: Saggi su Kelsen. Nápoles: Giappichelli, 1992, pp. 103-122, *maxime* pp. 121 e ss.

Schmitt (1888-1985),[372] Hermann Heller (1891-1933)[373] e Erich Kaufmann (1880-1972).[374] Mas, para além da satisfação de um postulado epistemológico, ela constituía um pressuposto necessário para configurar em novos termos o problema da fundamentação da obrigatoriedade jurídica do Direito Internacional e construir a ideia de uma verdadeira ordem jurídica internacional.

2 A fundamentação da obrigatoriedade jurídica do Direito Internacional

A crítica da doutrina da personificação do Estado como entidade dotada de vontade (*willensfähige Staatsperson*) constitui a base da crítica da fundamentação voluntarista da obrigatoriedade jurídica do Direito Internacional, que tem na doutrina da autovinculação (*Selbstverpflichtungslehre*) do Estado de Georg Jellinek (1851-1911) e na doutrina da "vontade comum" (*Gemeinwille*) dos Estados de Heinrich Triepel (1868-1946) as suas expressões mais conhecidas. Quando Kelsen dá à estampa *Das Problem der Souveränität und die*

---

372 Cf., sobretudo, SCHMITT, Carl. *Verfassungslehre*. Berlim: Duncker & Humblot, 1928. Em diversos dos seus escritos, Carl Schmitt dá combate à filosofia neo-kantiana e ao formalismo kelseniano, recusando a noção formal de "lei" (*Gesetz*), que ele faz radicar no normativismo do século XIX. Em escritos posteriores, chega a associar a integração pelo Direito ao espírito do povo judaico que, desprovido de território e de Estado, via na lei formal o único elemento de referência identificadora: cf., sobretudo, SCHMITT, Carl. *Der Nomos der Erde im Völkerrecht des Jus Publicum Europaeum*. Berlim: Duncker & Humblot, 1950, *maxime* pp. 36 e ss.

373 Cf., sobretudo, HELLER, Hermann. *Die Souveranität – Ein Beitrag zur Theorie des Staats- und Völkerrechts*. Berlim/Leipzig: De Gruyter, 1927.

374 Cf. KAUFMANN, Erich. *Kritik der neukantischen Rechtsphilosophie*. Tübingen: Mohr Siebeck, 1921; cf., igualmente, KAUFMANN, Erich. "Zur Problematik des Volkswillens" (1931). *In*: ______. *Gesammelte Schriften*. vol. 3. Göttingen: Vandenhoeck & Ruprecht, 1960, pp. 272-284.

Theorie des Völkerrechts (1920) estava já em curso um movimento de crítica da fundamentação voluntarista do Direito Internacional, levado a cabo por, entre outros, autores como Léon Duguit (1859-1928), Leonard Nelson (1882-1927) e Hugo Krabbe (1857-1936): a convicção geral ia no sentido de que essa fundamentação era insuficiente para estabelecer a ideia de uma verdadeira ordem jurídica internacional, pois afigurava-se ser mais adequada à velha concepção de Estado-potência (*Machtstaat*), apoiada no princípio monárquico.[375]

Kelsen rejeitava a construção dualista do Direito Internacional, segundo a qual o Direito interno consistia em relações de subordinação e o Direito Internacional em relações de coordenação, expressa, sobretudo, na teorização de Heinrich Triepel (1868-1946): a doutrina do acordo (*Vereinbarungslehre*) entre os Estados como a base da validade do Direito Internacional era ainda tributária da concepção hegeliana que via o Direito Internacional como Direito do Estado na esfera externa (*äußeres Staatsrecht*).[376] Kelsen defendia que o Direito interno e o Direito Internacional constituem um único sistema de normas e considerava que a construção monista do Direito Internacional era a única que garantia ao Direito Internacional as características de uma verdadeira ordem jurídica.

---

375 Para uma visão geral da discussão sobre a natureza e o carácter obrigatório do Direito Internacional, cf., por todos, KOSKENNIEMI, Martti. *The Gentle Civilizer of Nations*: The Rise and Fall of International Law 1870-1960. Cambridge: Cambridge University Press, 2001.

376 A doutrina do acordo (*Vereinbarungslehre*) entre os Estados como a base da validade do Direito Internacional e a construção dualista do Direito Internacional eram as concepções dominantes à época na doutrina internacionalista alemã, italiana e austríaca, tendo sido adoptadas, com alguns matizes, para além de Heinrich Triepel (1868-1916), por autores como Dionisio Anzilotti (1867-1950), Theodor Niemeyer (1857-1939) e Alexander Hold-Ferneck (1875-1955).

A perspectiva monista justificava-a Kelsen com base na "*unidade da perspectiva epistemológica*" [*Einheit des Erkenntnisstandpunktes*][377] que devia presidir à Ciência do Direito, que, enquanto ciência, devia "*almejar a Um sistema de juízos conexionados entre si e não contraditórios*":[378] a unidade do conhecimento normativo implica a recondução de todas as normas a uma mesma norma fundamental (*Grundnorm*) ou norma originária (*Ursprungsnorm*). Para Kelsen – tal como para os seus discípulos Alfred Verdross (1890-1980) e Josef L. Kunz (1890-1970) –, uma construção "científica" do Direito Internacional reclamava a adopção de uma perspectiva monista: se quisermos considerar a ordem jurídica internacional como vinculativa, então o Direito interno e o Direito Internacional não podem ser considerados como sistemas normativos distintos, válidos ao mesmo tempo para o mesmo espaço.[379] No quadro de uma construção monista, o conflito entre uma norma do Direito interno e uma norma do Direito Internacional resolve-se de acordo com a doutrina da estrutura escalonada (*Stufenbaulehre*) da ordem jurídica, isto é, em termos de hierarquia normativa no interior da mesma norma jurídica.

Em bom rigor, a perspectiva monista, que Kelsen justificava a partir de postulados epistemológicos, estava ao serviço de um ideário de cosmopolitismo liberal assente na normativização das relações internacionais e que tinha na Sociedade das Nações a sua expressão institucional mais marcante. Ora, nos tempos conturbados que se

---

377 Cf. KELSEN, Hans. *Das Problem der Souveränität und die Theorie des Völkerrechts*: Beitrag zu einer reinen Rechtslehre. Tübingen: Mohr Siebeck, 1920, p. 123.

378 Cf. KELSEN, Hans. *Das Problem der Souveränität und die Theorie des Völkerrechts*: Beitrag zu einer reinen Rechtslehre. Tübingen: Mohr Siebeck, 1920, p. 108.

379 Cf., por exemplo, KELSEN, Hans. *General Theory of Law and State*. Cambridge: Harvard University Press, 1945, pp. 373; cf., igualmente, KELSEN, Hans. *Teoria Pura do Direito*. Trad. João Baptista Machado. Coimbra: Arménio Amado, 1976, pp. 437 e ss.

seguiram à derrota dos Impérios Centrais, grande parte da doutrina internacionalista germânica via na Sociedade das Nações um instrumento das potências da *Entente* com vista à subalternização da Alemanha vencida na Guerra Mundial:[380] a polémica sobre o método e orientação (*Methoden- und Richtungsstreit*), que se desenrolou ao longo da curta e atribulada vida da República de Weimar (1919-1933) no quadro da doutrina do Direito Constitucional e do Direito Internacional de expressão germânica, não consistia apenas numa crítica ao formalismo gnosiológico e ao normativismo abstracto, que tinham na Teoria Pura do Direito de Kelsen a sua expressão mais acabada; a rejeição dessas pressuposições metodológicas encerrava, igualmente, uma rejeição da concepção individualista-liberal do Estado e da própria ideia de uma ordem jurídica internacional, a institucionalizar progressivamente, por via da criação de órgãos centralizados de criação de normas, de arbitramento de conflitos e de aplicação de sanções coercitivas – aquilo que a filosofia kantiana da História designava como "progresso do Direito".

Mas se Kelsen justificava a necessidade de uma construção monista com base na "*unidade da perspectiva epistemológica*" *[Einheit des Erkenntnisstandpunktes]*, a opção pelo primado da ordem jurídica interna ou da ordem jurídica internacional é uma escolha que, como diz Kelsen "(...) *apenas pode ser determinada por outras considerações que não as científicas – por considerações políticas*".[381] O monismo com primado do Direito Internacional defendido pela Escola de Viena decorre, em primeiro lugar, de considerações políticas, da necessidade de um instrumentário conceptual do Direito Internacional que favorecesse processos de integração regional e

380 Apesar de ser o representante das posições mais radicais a este respeito, Carl Schmitt (1888-1985) não se encontrava isolado quando fazia este diagnóstico: cf., sobretudo, SCHMITT, Carl. *Die Kernfrage des Völkerbundes*. Berlim: Otto Liebmann Verlag, 1926.

381 Cf. KELSEN, Hans. *Teoria Pura do Direito*. Trad. João Baptista Machado. Coimbra: Arménio Amado, 1976, p. 460.

global e permitisse o desenvolvimento do Direito Internacional como ordem jurídica institucionalizada.

3 O monismo com primado do Direito Internacional

Relativamente à construção do Direito Internacional como Direito positivo, Kelsen aponta dois princípios de construção opostos: *i*) a ideia de vontade soberana do Estado; *ii*) a ideia de comunidade internacional que emerge da coexistência das nações. O primeiro princípio chama-o de princípio "subjectivo" de construção do Direito Internacional; o segundo refere-o como princípio "objectivo".[382] Esta terminologia toma-a o nosso autor de um tratadista do Direito Internacional de meados do século XIX, docente em Halle e mais tarde professor em Königsberg, Carl Kaltenborn von Stachau (1817-1866), que tinha intentado proceder à construção do Direito Internacional como verdadeiro Direito positivo.[383]

A revisão radical dos conceitos de Estado e de soberania que Kelsen leva a cabo em *Hauptprobleme der Staatsrechtslehre, entwickelt aus der Lehre vom Rechtssatze* (Tübingen, 1911), nomeadamente a noção de Estado como expressão da unidade de uma ordem jurídica, está claramente prefigurada na obra de Kaltenborn. Essa revisão é sentida, tanto por Kaltenborn como por Kelsen, como necessária para a construção do Direito Internacional como ordem jurídica vinculativa. A construção hegeliana do Direito Internacional como Direito do Estado na esfera externa (*äußeres Staatsrecht*) e a fundamentação da sua validade no reconhecimento recíproco dos

382 Cf. KELSEN, Hans. *Das Problem der Souveränität und die Theorie des Völkerrechts*: Beitrag zu einer reinen Rechtslehre. Tübingen: Mohr Siebeck, 1920, *maxime* pp. 241 e ss.; cf., igualmente, KELSEN, Hans. *Teoria Pura do Direito*. Trad. João Baptista Machado. Coimbra: Arménio Amado, 1976, *maxime* p. 458.

383 Cf. STACHAU, Carl Kaltenborn von. *Kritik des Völkerrechts*. Leipzig: G. Mayer, 1847.

Estados individualmente considerados são julgadas como insuficientes por Kaltenborn, que vê no sistema dos Estados europeus resultante da Conferência de Viena de 1815 a emergência de uma verdadeira ordem jurídica internacional: os Estados europeus formavam, segundo Kaltenborn, uma verdadeira comunidade histórica de Estados civilizados (*Culturstaaten*), que dava corpo e substância ao acervo dos tratados multilaterais e às regras consuetudinárias.[384] A defesa do princípio "objectivo" da construção do Direito Internacional favorece a aceitação do primado da ordem jurídica internacional; a defesa do princípio "subjectivo" favorece a preferência pelo primado da ordem jurídica interna. Mas a opção por um dos dois princípios de construção só pode ser determinada por considerações políticas: no princípio "objectivo" podemos identificar o pressuposto de uma política pacifista e de integração regional e global progressiva; no princípio "subjectivo", fundado na pressuposição da soberania do Estado, podemos ver a expressão da concepção de Estado-potência (*Machtstaat*) e a defesa de uma política de interesses do Estado nacional.[385]

O monismo com primado do Direito Internacional defendido por Kelsen não teve grande aceitação na Alemanha e na Áustria dos anos 20 do século XX, onde a doutrina do Direito Internacional e as associações académicas para o estudo do Direito Internacional estavam postas ao serviço do objectivo central da política externa

---

384 O universalismo europeu a que Kaltenborn se referia era um universalismo baseado numa identidade cultural comum forjada pela tradição cristã, tendo, portanto, matizes distintos do idealismo cosmopolita liberal, que está subjacente à construção kelseniana do Direito Internacional.

385 Neste sentido, cf., por exemplo, KELSEN, Hans. *Das Problem der Souveränität und die Theorie des Völkerrechts*: Beitrag zu einer reinen Rechtslehre. Tübingen: Mohr Siebeck, 1920, pp. 102 e ss., 120 e ss., 152 e ss., 317-319; cf., igualmente, KELSEN, Hans. *Teoria Pura do Direito*. Trad. João Baptista Machado. Coimbra: Arménio Amado, 1976, p. 460.

alemã da altura: modificar as condições do Tratado de Paz de Versalhes.[386] Independentemente deste contexto histórico, a construção kelseniana do Direito Internacional veio a ser considerada como um dos elementos menos convincentes da Teoria Pura do Direito, sobretudo na sequência da crítica que lhe foi dirigida por Herbert Hart (1907-1992) e que punha em causa certas teses centrais da Teoria Pura do Direito, nomeadamente a tese da inexistência de verdadeiros conflitos entre normas e a resposta kelseniana ao problema do fundamento de validade de uma ordem jurídica.[387]

Não obstante e independentemente do juízo sobre os méritos da construção kelseniana do Direito Internacional, esta constitui um dos elementos da Teoria Pura do Direito onde se torna mais visível que o normativismo estrito, em obediência a um ideal de "pureza" como princípio metodológico fundamental, se consubstancia no plano da Teoria do Estado na defesa do Estado constitucional (*Rechtsstaat*) e no plano da doutrina do Direito Internacional na defesa de um projecto de cosmopolitismo liberal.[388]

---

386 Sobre a questão, cf., por todos, KOSKENNIEMI, Martti. *The Gentle Civilizer of Nations*: The Rise and Fall of International Law 1870-1960. Cambridge: Cambridge University Press, 2001, *maxime* pp. 236 e ss.

387 Cf., neste sentido, GIUDICE, Michael. "Hart and Kelsen on international law". *In*: GREEN, Leslie; LEITER, Brian (Coord.). *Oxford Studies in the Philosophy of Law*. vol. 2. Oxford: Oxford University Press, 2013, pp. 148-174; defendendo a abordagem kelseniana, cf., por último, KAMMERHOFER, Jörg. "Hans Kelsen in today's international legal scholarship". *In*: KAMMERHOFER, Jörg; D'ASPREMONT, Jean (Coord.). *International Legal Positivism in a Post-Modern World*. Cambridge: Cambridge University Press, 2014, pp. 81-113.

388 A este propósito é, a todos os títulos, recomendável a leitura da excelente monografia de BERNSTORFF, Jochen von. *Der Glaube an das universale Recht*: Zur Völkerrechtstheorie Hans Kelsens und seiner Schule. Baden-Baden: Nomos, 2001.

Bibliografia de aprofundamento

Para além das referências bibliográficas contidas no texto, aconselha-se a leitura de:

1. STARKE, Joseph G. "Monism and Dualism in the Theory of International Law" (1936). Agora em: PAULSON, Stanley L.; PAULSON, Bonnie Litschewski (Coord.). *Normativity and Norms*: Critical Perspectives on Kelsenian Themes. Oxford: Oxford University Press, 1998, pp. 537-552.
2. HART, H. L. A. "Kelsen's doctrine of the unity of law" (1968). Agora em: ______. *Essays in Jurisprudence and Philosophy*. Oxford: Oxford University Press, 1983, pp. 309-342.

15ª SESSÃO

A CRÍTICA DA DOUTRINA DO DIREITO NATURAL

A "pureza" do método dogmático de análise do Direito positivo pressupunha para Kelsen (1881-1973) uma dupla demarcação: *i*) em relação à abordagem sociológica do Direito, cujo método se consubstancia numa investigação empírico-causal; *ii*) em relação à doutrina do Direito natural, atribuindo à Ciência do Direito a tarefa de conhecer e expor o Direito positivo, abstraindo do problema da sua justificação moral. Kelsen procura satisfazer ambos os desideratos metodológicos por via da articulação de uma teoria do Direito positivo baseada no método crítico lógico-transcendental, a Teoria Pura do Direito.

A fase inicial da investigação de Kelsen é dominada, recorrendo às suas próprias palavras, pelo combate a um "*naturalismo empirista ingénuo*" na Ciência do Direito.[389] Como expressão deste desiderato metodológico podemos apontar, por exemplo, *Hauptprobleme*

389 Cf. KELSEN, Hans. "Rechtswissenschaft und Recht: Erledigung eines Versuchs zur Überwindung der 'Rechtsdogmatik'". *Zeitschrift für öffentliches Recht*, vol. 3, 1922, p. 104.

der Staatsrechtslehre, entwickelt aus der Lehre vom Rechtssatze (Tübingen, 1911) e *Über Grenzen zwischen juristischer und soziologischer Methode* (Tübingen, 1911). Só mais tarde é que Kelsen se vem ocupar da crítica do Direito natural, questionando a existência de um Direito natural como ordem normativa dotada de uma validade absoluta. Para além de argumentos parcelares contidos em obras anteriores, a exposição das bases filosóficas e a crítica sistematizada à doutrina do Direito natural só vêm a ser expostas em *Die philosophischen Grundlagen der Naturrechtslehre und des Rechtspositivismus* (Charlottenburg, 1928), escrito cuja versão em língua inglesa acabou por ser publicada como apêndice (pp. 389-446) a *General Theory of Law and State* (Cambridge Mass., 1945), com o título "Natural Law and Legal Positivism".[390]

Kelsen veio a dedicar ulteriormente um vasto conjunto de escritos ao exame das doutrinas do Direito natural. De entre estes cumpre salientar *Das Problem der Gerechtigkeit* [*O Problema da Justiça*], publicado como apêndice à segunda edição (1960) de *Teoria Pura do Direito* – texto traduzido para português por João Baptista Machado (1927-1989), com o título *A Justiça e o Direito Natural* (Coimbra, 1979) –, cuja segunda secção (pp. 89-172) constitui, a par de *Die philosophischen Grundlagen der Naturrechtslehre und des Rechtspositivismus*, a sistematização mais articulada da crítica de Kelsen à doutrina do Direito natural. Por último, e já depois da sua morte, foi dada à estampa *Die Illusion der Gerechtigkeit* (Viena, 1985), uma extensa investigação sobre a doutrina platónica do Direito natural.[391]

---

390 Existe tradução em língua portuguesa, a cargo de Luís Carlos Borges, com o título "A doutrina do Direito Natural e o positivismo jurídico", em apêndice (pp. 553-637) a KELSEN, Hans. *Teoria Geral do Direito e do Estado*. São Paulo: Martins Fontes, 1990.

391 Existe tradução em língua portuguesa, a cargo de Sérgio Tellaroli, com o título KELSEN, Hans. *A Ilusão da Justiça*. São Paulo: Martins Fontes, 1998.

Kelsen caracteriza a doutrina do Direito natural como doutrina jurídica idealista e dualista, assente numa cosmovisão religiosa e metafísica, e põe em paralelo a crítica à doutrina do Direito natural com o combate levado a cabo pela ciência e a teoria do conhecimento modernas à concepção metafísica do mundo. Numa carta dirigida a Renato Treves (1907-1992), datada de 3 de agosto de 1933, observa o nosso autor, numa afirmação que é claramente inspirada na interpretação neo-kantiana de Kant:

> Tal como a filosofia transcendental de Kant se opôs energicamente a toda a Metafísica, também a Teoria Pura do Direito rejeita o Direito natural, que é, no domínio da realidade social em geral e no domínio do Direito positivo em particular, o exacto correspondente da Metafísica.[392]

Simultaneamente, Kelsen passa em revista as funções ideológicas e políticas que desempenhou historicamente a doutrina do Direito natural, defendendo que a sua função foi essencialmente conservadora, como legitimação da ordem existente.

No que segue, e em relação à caracterização kelseniana da doutrina do Direito natural e da cosmovisão que lhe é subjacente, vamos tomar em conta, em primeira linha, o escrito *Die philosophischen Grundlagen der Naturrechtslehre und des Rechtspositivismus* (Charlottenburg, 1928),[393] onde o nosso autor procede à explicitação das bases filosóficas e psicológicas tanto do positivismo jurídico

392 Cf. KELSEN, Hans. "The Pure Theory of Law, 'Labandism und Neo-Kantianism: A Letter to Renato Treves'". *In*: PAULSON, Stanley L.; PAULSON, Bonnie Litschewski (Coord.). *Normativity and Norms*: Critical Perspectives on Kelsenian Themes. Oxford: Oxford University Press, 1998, p. 172.

393 Ao longo da exposição, iremos reportar-nos à versão em língua portuguesa, KELSEN, Hans. "A doutrina do Direito Natural e o positivismo jurídico". *In*: ______. *Teoria Geral do Direito e do Estado*. São Paulo: Martins Fontes, 1990.

como da doutrina do Direito natural: a base filosófica da doutrina do Direito natural é o dualismo metafísico-religioso, tal como a base filosófica do positivismo jurídico é a filosofia científico-crítica.

1 O dualismo metafísico-religioso como base filosófica da doutrina do Direito natural

Na sua caracterização da doutrina do Direito natural, Kelsen começa por defini-la como doutrina jurídica dualista, que entende o Direito positivo e o Direito natural como dois sistemas normativos distintos que incidem sobre o mesmo objecto de regulação: a conduta humana recíproca. Kelsen considera este dualismo entre Direito natural e Direito positivo como um caso especial de dualismo ontológico, típico de toda a Metafísica, que distingue entre uma esfera empírica e uma esfera transcendente das coisas em si mesmas, situada para além dos limites da "experiência".[394]

Passando a analisar as diferenças entre estes dois sistemas normativos, Kelsen aponta três ordens de diferenças: *i*) o Direito positivo é uma ordenação de conduta "artificial", cujas normas procedem de um legislador humano, enquanto a origem dos preceitos do Direito natural é atribuída a uma autoridade normativa transcendente; *ii*) o Direito positivo e o Direito natural recorrem a diferentes técnicas de motivação para orientar a conduta humana: o Direito positivo, que é, essencialmente, uma ordem coercitiva que monopoliza o uso da força, recorre a técnicas de motivação "indirecta", sendo a conduta em conformidade com a ordem conseguida por via de sanções associadas aos comportamentos que se pretende evitar, enquanto o Direito natural ordena ou proíbe directamente condutas, sem recurso à coerção e a órgãos sancionatórios; *iii*) o Direito positivo é um sistema normativo em que prevalece um princípio "dinâmico" de derivação,

---

394 Cf. KELSEN, Hans. "A doutrina do Direito Natural e o positivismo jurídico". *In*: ______. *Teoria Geral do Direito e do Estado*. São Paulo: Martins Fontes, 1990, pp. 599 e ss.

através da atribuição de competência para a produção de normas a certos órgãos (a unidade de um sistema normativo "dinâmico" é a unidade de um sistema de delegação), enquanto o Direito natural é um sistema normativo em que prevalece um princípio "estático" de derivação, como concordância material entre as normas de escalão superior e as normas de escalão inferior.[395]

Recorrendo ao método dos "tipos ideais", Kelsen identifica dois tipos ideais principais de dualismo metafísico-religioso e procede à caracterização das respectivas bases psicológicas: *i*) o dualismo pessimista, que se caracteriza por desvalorizar a realidade sensível, situando a verdadeira realidade num mundo mais além da "experiência", cuja base psicológica é a recusa da ordem política e jurídica existente em nome de um projecto utópico de uma sociedade futura perfeita; *ii*) o dualismo optimista, que vê a realidade empírica como manifestação ou reflexo de uma realidade transcendente e a ordem política do Direito positivo como uma emanação ou reflexo da ordem justa do Direito natural. A par destes dois tipos ideais principais, Kelsen identifica uma terceira variante de dualismo metafísico-religioso, o tipo conciliador de dualismo metafísico, que desemboca na defesa da ideia de um Direito natural ajustado às circunstâncias.[396]

Apesar de no plano da História das ideias a investigação de Kelsen não ser suficientemente pormenorizada e diferenciada,[397]

---

395 É precisamente a propósito da explicitação das diferenças entre Direito positivo e Direito natural que surge pela primeira vez na obra de Kelsen a distinção entre esses dois tipos de derivação e a caracterização do Direito positivo como sistema normativo "dinâmico": cf. KELSEN, Hans. "A doutrina do Direito Natural e o positivismo jurídico". *In*: ______. *Teoria Geral do Direito e do Estado*. São Paulo: Martins Fontes, 1990, pp. 570 e ss.

396 Cf. KELSEN, Hans. "A doutrina do Direito Natural e o positivismo jurídico". *In*: ______. *Teoria Geral do Direito e do Estado*. São Paulo: Martins Fontes, 1990, pp. 608 e ss.

397 A sua grelha analítica não permite, por exemplo, um enquadramento adequado do Direito Natural racionalista moderno e do impacto que

ela oferece, apoiando-se nestes tipos ideais de dualismo metafísico-religioso e na identificação das respectivas bases psicológicas, um quadro das funções ideológicas e políticas que historicamente desempenhou a doutrina do Direito natural: *i*) o tipo ideal "dualismo pessimista" vê-o Kelsen concretizado, por exemplo, no cristianismo primitivo, no ascetismo monástico, em certas seitas religiosas e no anarco-socialismo revolucionário do século XIX e inícios do século XX; *ii*) como concretização do tipo ideal "dualismo optimista" na História das ideias, Kelsen refere a filosofia platónico-aristotélica, que assimilada pelo cristianismo o despojou da sua visão inicial pessimista e "revolucionária", convertendo-o na religião oficial do Império Romano. Por último, de entre as doutrinas que assumem o "tipo conciliador" de dualismo metafísico, Kelsen destaca a filosofia do estoicismo, que vem a influenciar a teologia cristã por via da doutrina de São Paulo. Em termos gerais, Kelsen assinala à doutrina do Direito natural uma função essencialmente conservadora.

Uma filosofia jurídica e política emancipada da doutrina do Direito natural supõe a rejeição do dualismo metafísico, isto é, a adopção de uma atitude científico-crítica que recuse qualquer enunciado sobre um objecto situado para além da experiência racional e sensorial. É esta, segundo Kelsen, a base filosófica do positivismo jurídico, que se restringe a uma teoria do Direito positivo.

2 A filosofia científico-crítica como base do positivismo jurídico

Kelsen estabelece um paralelo entre uma filosofia que procura libertar-se da Metafísica, rejeitando a existência de objectos do conhecimento para além da experiência racional e sensorial, e uma filosofia jurídica e política emancipada da doutrina do Direito

---

essa corrente de pensamento, com a sua visão da liberdade como direito central e inalienável, teve nos movimentos revolucionários da Grã-Bretanha, França e Estados Unidos dos séculos XVII e XVIII.

natural que recusa a existência de uma justiça absoluta acima do Direito positivo.

Segundo o nosso autor, o golpe de morte no dualismo metafísico-religioso foi dado pela filosofia crítica de Immanuel Kant (1724-1804): na *Crítica da Razão Pura*, Kant investiga as condições transcendentais de todo o conhecimento empírico, contrapondo o seu dualismo epistemológico (transcendental e empírico) ao dualismo metafísico (transcendente e imanente) e concebendo a própria ideia de "coisa-em-si" como um conceito gnosiológico e crítico, isto é, não como expressão de uma realidade transcendente, mas como um símbolo dos limites da experiência.[398] Não obstante, Kelsen considera que Kant não levou até ao fim a luta contra o dualismo metafísico, que ele tão persistentemente combateu na sua teoria do conhecimento, mas permitiu que voltasse a emergir na sua filosofia prática: se Kant tivesse levado às últimas consequências a aplicação do método crítico lógico-transcendental ao domínio prático (à sua filosofia jurídica e moral), teria, na opinião de Kelsen, sido conduzido a uma Filosofia do Direito de cariz positivista e a uma filosofia moral de pendor relativista. O mesmo reparo é feito à filosofia moral e jurídica de Hermann Cohen (1842-1918), cujas convicções religiosas o impediram, tal como a Kant, de adoptar um ponto de vista relativista e defender uma filosofia jurídica positivista.[399] A coerência da filosofia crítica com os seus pontos de partida e a eliminação de toda a ingerência da Metafísica na filosofia exigiram, segundo o nosso autor, a adopção de um ponto de vista relativista, tanto no plano epistemológico como no plano axiológico.

---

398 Cf. KELSEN, Hans. "A doutrina do Direito Natural e o positivismo jurídico". *In*: ______. *Teoria Geral do Direito e do Estado*. São Paulo: Martins Fontes, 1990, pp. 619 e ss.

399 Cf. KELSEN, Hans. "The Pure Theory of Law, 'Labandism und Neo-Kantianism: A Letter to Renato Treves'". *In*: PAULSON, Stanley L.; PAULSON, Bonnie Litschewski (Coord.). *Normativity and Norms*: Critical Perspectives on Kelsenian Themes. Oxford: Oxford University Press, 1998, p. 173.

Ao defender que a Teoria Pura do Direito constitui a primeira tentativa consequente de fundamentação de uma teoria do Direito positivo no método crítico lógico-transcendental, Kelsen estava a sublinhar o carácter peculiar do positivismo jurídico da Teoria Pura do Direito: a "legalidade específica" (*Eigengesetzlichkeit*) das disciplinas normativas, em particular da Ciência do Direito, estabelecida com base na doutrina kantiana do apriorismo das formas transcendentais, implica a adopção de um método de análise distinto dos métodos empírico-causais e a impossibilidade de reduzir o conceito de validade normativa, como "dever-ser" (*Sollen*), a uma questão empírica; mas, como teoria jurídica positivista, a Teoria Pura do Direito tinha que rejeitar a ideia de um fundamento absoluto de validade de uma ordem jurídica, estabelecendo Kelsen uma fundamentação da validade de carácter hipotético-relativo: apenas com base numa pressuposição, a de que existe uma norma fundamental (*Grundnorm*) que estabelece a autoridade legislativa suprema, é que é possível estabelecer a validade das normas do Direito positivo.[400]

3 Fundamento absoluto e fundamento hipotético-relativo da validade de uma ordem jurídica

Kelsen faz contrastar a fundamentação lógico-transcendental da validade das normas do Direito positivo que é levada a cabo pela Teoria Pura do Direito, como teoria jurídica positivista, com a fundamentação ético-material dessas normas que é intentada pela doutrina do Direito natural. A Teoria Pura do Direito estabelece um fundamento de validade que é hipotético-relativo, a norma fundamental (*Grundnorm*) hipotética: a norma fundamental (*Grundnorm*) hipotética é condição de interpretação de certos actos como tendo o significado objectivo de normas obrigatórias ou válidas.

---

400 Cf. KELSEN, Hans. "A doutrina do Direito Natural e o positivismo jurídico". *In*: ______. *Teoria Geral do Direito e do Estado*. São Paulo: Martins Fontes, 1990, p. 562.

> A fundamentação ético-material das normas do Direito positivo característica da doutrina no Direito natural pressupõe a existência de critérios absolutos de justiça supraordenados ao Direito positivo e faz depender a validade das normas do Direito positivo da conformidade a esses critérios de justiça. Como explica Kelsen, "uma teoria jurídica positivista não reconhece o fundamento de validade de uma ordem jurídica positiva em qualquer das muitas normas de justiça – pois não pode dar a qualquer delas preferência sobre as demais –, mas, como já se mostrou, numa norma fundamental hipotética (isto é, pressuposta pelo pensamento jurídico) por força da qual nos devemos conduzir e por força da qual devemos tratar os homens tal como for conforme a uma primeira Constituição histórica, global e regularmente eficaz, sem importar a questão de saber se a ordem jurídica erigida em conformidade com esta Constituição corresponde ou não a qualquer norma de justiça. Na medida em que esteja em causa a validade do Direito positivo, nenhuma outra, além desta norma fundamental, importa tomar em consideração e, especialmente, nenhuma norma de justiça há que deva ser levada em conta.[401]

No quadro da fundamentação hipotético-relativa da validade de uma ordem jurídica que é levada a cabo pela Teoria Pura do Direito, como teoria jurídica positivista, os valores operativos são os valores licitude/ilicitude e não os valores justiça/injustiça. Um juízo sobre a licitude ou ilicitude de uma conduta traduz-se numa asserção de relação afirmativa ou negativa entre a conduta e a norma cuja existência é pressuposta pela pessoa que emite o juízo. Nessa base, os juízos sobre a licitude ou ilicitude de uma conduta possuem valor cognitivo, isto é, podem ser considerados como verdadeiros ou falsos relativamente a uma dada ordem jurídica positiva.[402] Ao

---

401 Cf. KELSEN, Hans. *A Justiça e o Direito Natural*. Coimbra: Arménio Amado, 1963, p. 93.

402 Cf. KELSEN, Hans. "Juízos de valor na ciência do Direito". *In*: ______. *O Que é Justiça?* Trad. Luís Carlos Borges. São Paulo: Martins Fontes, 1997, pp. 203-224.

invés, atribuir valor-de-verdade a um juízo sobre a justiça ou injustiça de uma norma ou de uma ordem jurídica tem como pressuposto a possibilidade de conhecimento racional dos valores de justiça nos quais se possa basear esse juízo. Mas, em obediência ao relativismo epistemológico e ao relativismo axiológico em que faz assentar a sua crítica à doutrina do Direito natural, Kelsen observa que

> o absoluto em geral e valores absolutos em particular encontram-se para além da razão humana, para a qual só é possível uma solução condicionada e, portanto, relativa do problema da justiça como um problema de justificação do comportamento humano.[403]

Se é, porventura, legítimo considerar a crítica kelseniana à doutrina do Direito natural como não oferecendo uma visão histórica suficientemente pormenorizada e diferenciada das múltiplas variantes dessa doutrina e das diversas funções ideológicas e políticas por elas desempenhadas ao longo de uma História de mais de dois mil e quinhentos anos, é incontestável que ela oferece um padrão estrutural de análise muito interessante quer da doutrina do Direito natural, que correlaciona com uma visão metafísico-religiosa do mundo e com um dogmatismo moral assente na crença em valores absolutos, quer do positivismo jurídico, que correlaciona com uma epistemologia crítica e com o relativismo axiológico. Essas perspectivas contrapostas, no plano epistemológico, ético e político, formatam a estrutura de duas cosmovisões distintas, que Kelsen denomina, respectivamente, como "absolutismo" e "relativismo".

---

403 Cf. KELSEN, Hans. "O Que é Justiça". *In*: ______. *O Que é Justiça?* Trad. Luís Carlos Borges. São Paulo: Martins Fontes, 1997, p. 11.

4 Absolutismo e relativismo como cosmovisões contrapostas

A crítica mais recorrente que se costuma fazer ao positivismo jurídico em geral e à Teoria Pura do Direito em particular é o seu indiferentismo ético-político, o seu cepticismo perante a possibilidade de apreciar ou valorar uma ordem jurídica positiva como justa ou injusta. Em obediência às suas pressuposições epistemológicas e metaéticas, Kelsen afasta a possibilidade de estabelecimento de um valor ou norma de justiça absoluta, como padrão ou critério para a valoração de uma ordem jurídica positiva. Esse relativismo axiológico é considerado por ele como o ponto de partida da teoria positivista do Direito, que se apoia em critérios de validade normativa de carácter formal e não ético-material: as normas jurídicas são válidas porque foram estabelecidas de forma determinada pelo próprio sistema de normas, dotado de eficácia global, e não em virtude da sua conformidade a critérios de justiça.[404] Mas a doutrina relativista dos valores é, em si própria, a base de uma filosofia moral e de uma teoria da justiça que se limitam a prescrever que a vida moral e política seja organizada de acordo com um princípio de tolerância, garantindo a cada um a possibilidade de viver de acordo com a sua própria concepção de "bem" e o seu código de valores morais.

Num ensaio de 1948, intitulado "Absolutism and Relativism in Philosophy and Politics",[405] Kelsen procede à análise das correspondências entre o absolutismo filosófico (epistemológico), que crê ser possível o estabelecimento de verdades absolutas por via especulativa e o absolutismo ético e político, que crê ser possível determinar racionalmente valores absolutos e uma ordem de conduta perfeita: em vários dos seus escritos, apresenta como exemplo, por

---

404 Cf. KELSEN, Hans. *A Justiça e o Direito Natural*. Coimbra: Arménio Amado, 1963, pp. 91 e ss.

405 Publicado originariamente em *The American Political Science Review*, vol. 42, 1948, pp. 906-914.

excelência, do absolutismo filosófico a filosofia de Platão (427-347 a.C.) e o seu dualismo ontológico – uma doutrina metafísica que o nosso autor caracteriza como "teoria da imagem" (*Abbildtheorie*), pois considera a esfera da realidade empírica como uma imagem da esfera transcendente das coisas em si mesmas.[406] Ao absolutismo filosófico e moral Kelsen contrapõe uma epistemologia crítica, baseada no conhecimento empírico, e uma doutrina relativista dos valores, que defende o carácter subjectivo e relativo dos juízos de valor. Estes dois diferentes tipos de concepções epistemológicas e metaéticas articulam-se com atitudes e perfis psicológicos e visões sobre o sentido da vida, que formam padrões mentais e globais, aquilo que Wilhelm Dilthey (1833-1911) referia como "cosmovisões" (*Weltanschauungen*).[407]

A crítica da doutrina do Direito natural e a defesa do positivismo jurídico surgem, assim, enquadradas numa cosmovisão crítico-relativista, em que é eliminada a referência ao transcendente e em que desaparece o suporte de uma ordem providencial – aquilo que Max Weber (1864-1920) descrevia como "desencantamento" (*Entzauberung*) do mundo, enquanto característica do processo de secularização. Para Kelsen, a ciência experimental, o positivismo

---

406 Cf., por exemplo, KELSEN, Hans. "Die platonische Gerechtigkeit". *Kant-Studien*, vol. 38, pp. 91-117. [Agora em: KLECATSKY, Hans; MARCIC, René; SCHAMBECK, Herbert (Coord.). *Die Wiener rechtstheoretische Schule*. vol. 1. Viena: Manzsche Verlags- und Universitätsbuchhandlung, 1968, pp. 289-312]; cf., por último, KELSEN, Hans. "Die Illusion der Gerechtigkeit: Eine kritische Untersuchung der Sozialphilosophie Platons". *Kant Studien*, vol. 38, 1933. Em *The Open Society and its Enemies* (1945), Karl Popper (1902-1994) refere Kelsen, de entre um conjunto de autores, como defendendo uma interpretação política da doutrina platónica das formas e das ideias em grande parte semelhante à sua: cf. POPPER, Karl. *The Open Society and its Enemies*. vol. I: The Spell of Plato. 5ª ed. rev. Londres: Routledge & Kegan Paul, 1966, p. 217.

407 Cf. DILTHEY, Wilhelm. *Die Typen der Weltanschauungen und ihre Ausbildung in der metaphysischen Systemen*. Berlim: De Gruyter, 1911.

jurídico, o relativismo dos valores e a ideologia democrático-liberal fazem parte da mesma cosmovisão (*Weltanschauung*), moderna e secular.[408]

Bibliografia de aprofundamento

Para além das referências bibliográficas contidas no texto, aconselha-se a leitura de:

1. KELSEN, Hans. "A Doutrina do Direito Natural perante o Tribunal da Ciência". *In*: ______. *O Que é Justiça*? Trad. Luís Carlos Borges. São Paulo: Martins Fontes, 1997, pp. 137-175.[409]
2. BOBBIO, Norberto. "Algunos argumentos contra el Derecho natural". *In*: KELSEN, Hans; BOBBIO, Norberto *et al*. *Critica del Derecho Natural* Madrid: Taurus, 1966, pp. 221-237. (Colectânea organizada por Elías Díaz).

---

408 Sobre o carácter pós-metafísico e pós-tradicional da teoria social e política de Kelsen, cf., por último, DREIER, Horst. "Der Preis der Moderne: Hans Kelsens Rechts- und Sozialtheorie". *In*: ÖZMEN, Elif. *Hans Kelsens Politische Philosophie*. Tübingen: Mohr Siebeck, 2017, pp. 3-27.

409 Ensaio publicado originariamente em *The Western Political Quarterly*, vol. 2, 1949, pp. 481-513, sob o título "The Natural Law Doctrine before the Tribunal of Science".

16ª SESSÃO

A DOUTRINA KELSENIANA DA JUSTIÇA

Na exposição que se segue, vamos tomar em consideração, sobretudo, a primeira secção do livro de Kelsen, *A Justiça e o Direito Natural* (1960),[410] intitulada "As Normas de Justiça". Das passagens iniciais do texto depreende-se de imediato uma referência à literatura clássica, em particular à filosofia grega e ao tratamento canónico do tema, o livro V da *Ética a Nicómaco*, de Aristóteles (382-332 a.C.), onde é analisada a justiça como a mais importante das virtudes éticas: Kelsen quase reproduz Aristóteles quando este fala da justiça como virtude atribuída a um indivíduo e que se manifesta como disposição relativamente a outrem (*Ética a Nicómaco*, 1130 a); diz Kelsen: "*a justiça é, portanto, a qualidade de uma específica*

410 Cf. KELSEN, Hans. *A Justiça e o Direito Natural*. Coimbra: Arménio Amado, 1963 – tradução a cargo de João Baptista Machado de "Das Problem der Gerechtigkeit" ["O Problema da Justiça"], texto publicado como apêndice à segunda edição (1960) de KELSEN, Hans. *Teoria Pura do Direito*. Trad. João Baptista Machado. Coimbra: Arménio Amado, 1976.

conduta humana, de uma conduta que consiste no tratamento dado a outros homens".[411]

Na tradição filosófica ocidental, de Aristóteles (382-332 a.C.) a John Rawls (1921-2002), o problema específico da justiça refere-se aos critérios de repartição dos bens, dos benefícios e das vantagens. Em *Uma Teoria da Justiça* (1971), Rawls fala da justiça como "*a primeira virtude das instituições sociais*"[412] e, ao procurar determinar o conceito de justiça, diz que a justiça tem primariamente que ver com

> (...) a estrutura básica da sociedade, ou, mais precisamente, com o modo como as principais instituições sociais distribuem os direitos e deveres fundamentais e determinam a repartição de vantagens decorrentes da cooperação social.[413]

É também conhecido o modo como Rawls desenvolve o ponto de vista deontológico da tradição contratualista, no sentido de alcançar princípios de justiça sem apelar a uma concepção particular de "bem", apresentando-os como resultantes de um procedimento de deliberação ideal, realizado sob um "véu de ignorância" (*veil of ignorance*). Por outro lado, Rawls reafirma, na linha da tradição liberal, que as instituições sociais devem ser orientadas por um princípio de neutralidade em relação às diversas concepções particulares de "bem".[414]

---

411 Cf. KELSEN, Hans. *A Justiça e o Direito Natural*. Coimbra: Arménio Amado, 1963, p. 3.

412 Cf. RAWLS, John. *A Theory of Justice*. Cambridge: Harvard University Press, 1971, p. 3.

413 Cf. RAWLS, John. *A Theory of Justice*. Cambridge: Harvard University Press, 1971, p. 7. Sobre o conceito de justiça e as diversas concepções de justiça como conjunto de critérios que estabelecem o modo dessa distribuição, cf. p. 10 da obra.

414 Cf., sobretudo, RAWLS, John. "The Priority of the Right and the Ideas of the Good". *Philosophy and Public Affairs*, vol. 17, 1988, pp. 251-276. Sobre o ideal de neutralidade do Estado, cf., sobretudo, ACKERMAN,

A teorização de Kelsen sobre o problema da justiça perfilha, igualmente, esta visão pluralista: mas não se filia, do ponto de vista filosófico, na tradição deontológica da Ética racionalista, que considera ser possível estabelecer princípios morais e de justiça por via de um acordo ou consenso racional. No plano da sua teorização do problema da justiça, Kelsen rejeita não apenas o objectivismo ético característico da tradição do Direito natural como também a própria ideia de razão prática como legisladora das normas da acção e a ideia de liberdade moral como autodeterminação racional: nesta negação do papel da razão na Ética, Kelsen revê-se mais em Hume (1711-1776) do que em Kant (1724-1804), assumindo como núcleo central da sua doutrina da justiça uma doutrina relativista dos valores.

Kelsen justifica o ideal de neutralidade do Estado (de que cada um possa viver segundo a sua concepção particular de "bem") com base na tese do carácter subjectivo e relativo dos juízos de valor. Da doutrina do relativismo dos valores faz derivar o princípio da tolerância: o conceito de tolerância, que no momento da sua formação (séculos XVI-XVII) estava relacionado com a questão de como tornar possível a coexistência de religiões diversas num mesmo Estado e implicou a separação entre a Igreja e o Estado e o reconhecimento da igual dignidade de todas as crenças, é o conceito central de uma filosofia moral e política relativista e pluralista. A tolerância tem que ver com uma visão da ordem política dominada pelo conflito e rivalidade entre sistemas de crenças em competição e a necessidade de promover os arranjos institucionais necessários à gestão desses conflitos e rivalidades de modo a preservar a existência da ordem política. São estas as premissas da doutrina kelseniana da justiça, a partir da qual ele elabora a sua concepção de Democracia como método para a resolução pacífica de conflitos.[415]

Bruce. *Social Justice in the Liberal State*. New Haven: Yale University Press, 1980.

415 Sobre os princípios da autodeterminação e da tolerância como ideias nucleares da teoria da Democracia de Kelsen, cf. *infra*, 17ª sessão.

1 A doutrina relativista dos valores

Na crítica que move à doutrina do Direito natural, Kelsen retoma, uma vez mais, a sua doutrina sobre a fundamentação da validade das normas do Direito positivo e apresenta uma doutrina sobre a fundamentação dos juízos de valor: em relação à primeira questão, procede a uma fundamentação da validade das normas do Direito positivo de cariz lógico-transcendental, que tem como elemento nuclear a noção de norma fundamental (*Grundnorm*) hipotética; quanto aos juízos de valor, Kelsen defende a tese do seu carácter subjectivo e relativo.

A doutrina kelseniana sobre a fundamentação da validade das normas do Direito positivo foi questionada quanto ao seu carácter verdadeiramente positivista, na medida em que assenta numa ideia apriorística – numa pressuposição lógico-transcendental, a norma fundamental (*Grundnorm*) hipotética – e implica a noção de um "dever-ser" (*Sollen*) objectivo: Fritz Sander (1889-1939) acusava Kelsen de defender um Direito natural logicista,[416] Hermann Heller (1891-1933) rotulava a Teoria Pura do Direito de "jusnaturalista formal"[417] e Alf Ross (1899-1979) qualificava a doutrina jurídica kelseniana como "quasi-positivista".[418] Kelsen não se cansou de refutar estas críticas, sublinhando que a norma fundamental (*Grundnorm*) hipotética carece de conteúdo e que o "dever-ser" (*Sollen*) das normas do Direito positivo corresponde a uma noção de validade formal e meramente relativa. Já a sua doutrina sobre a natureza e a fundamentação dos juízos de valor tem merecido menor atenção

---

416 Cf. SANDER, Fritz. "Rechtsdogmatik oder Theorie der Rechtserfahrung?" *Zeitschrift für öffentliches Recht*, 1921, pp. 511-670, *maxime* p. 615.

417 Cf. HELLER, Hermann. *Die Souveränität – Ein Beitrag zur Theorie des Staats- und Völkerrechts*. Berlim/Leipzig: De Gruyter, 1927.

418 Cf. ROSS, Alf. "Validity and the Conflict between Legal Positivism and Natural Law" (1961). *In*: PAULSON, Stanley L.; PAULSON, Bonnie Litschewski (Coord.). *Normativity and Norms*: Critical Perspectives on Kelsenian Themes. Oxford: Oxford University Press, 1998, pp. 147-163.

por parte dos estudiosos da sua obra, que só de relance se costumam ocupar dela, mormente a propósito da justificação relativista da Democracia e da caracterização da cosmovisão (*Weltanschauung*) crítico-relativista. Em termos gerais, pode dizer-se que a doutrina kelseniana sobre a natureza e a fundamentação dos juízos de valor assenta numa atitude antimetafísica e num relativismo axiológico, segundo o qual as normas e os valores não têm outro fundamento senão convenções arbitrárias.

Tal como na generalidade das suas abordagens, também no âmbito da sua doutrina dos valores Kelsen faz prova de um ecletismo de posições filosóficas. À primeira vista, a doutrina relativista dos valores de Kelsen apresenta similitudes com a filosofia do positivismo lógico e a sua análise dos juízos de valor de acordo com uma perspectiva estritamente empirista: a filosofia do positivismo lógico (Schlick, Neurath, Carnap) defendia que os juízos de valor, e, em particular, os juízos morais, não têm um correlato objectivo ou denotação semântica, são apenas expressões de sentimentos daqueles que os emitem e visam produzir nos interlocutores certos efeitos desejados.[419] O emotivismo ético associado à filosofia do positivismo lógico e à fase inicial da filosofia analítica da linguagem assentava numa concepção descritivista da linguagem e numa teoria verificacionista do significado, que rotulava como "desprovidas de sentido" (*nonsensical*) as asserções sobre valores e entidades metafísicas.[420]

---

419 A este propósito, cf., por todos, AYER, Alfred J. *Language, Truth and Logic*. Londres: Gollancz, 1936, *maxime* pp. 136 e ss.

420 No seu conhecido ensaio, "Superação da Metafísica através da Análise Lógica da Linguagem", Rudolf Carnap (1891-1970) afirma o seguinte: "*a análise lógica formula assim o juízo de desprovido de sentido em relação a qualquer pretenso conhecimento que pretenda apreender algo superior ou para além da experiência. Este juízo diz respeito, em primeiro lugar, a toda a Metafísica especulativa (...). Mas, para além disso, ele é igualmente válido para toda a filosofia dos valores ou das normas, para toda a Ética ou Estética, enquanto disciplinas normativas. Pois a validade objectiva de um valor ou de uma norma não pode (mesmo de acordo com a concepção dos filósofos dos valores)*

O ponto de partida filosófico de Kelsen não é, porém, a análise lógica e semântica da linguagem, mas os quadros da Lógica transcendental kantiana: Kelsen insiste na diferença entre realidade e valor, no dualismo lógico de "ser" (*Sein*) e "dever-ser" (*Sollen*), e constrói a partir desse dualismo a fundamentação da tese metaética segundo a qual não é possível justificar racionalmente juízos de valor e estabelecer uma hierarquia de valores; por outro lado, toma distâncias em relação ao "naturalismo" de que Moritz Schlick (1882-1936) faz prova em *Fragen der Ethik* (Viena, 1930), ao reduzir os juízos morais a asserções sobre factos e a Ética a uma ciência dos factos.[421]

Também aqui se nota a tensão entre a inspiração neo-kantiana original e elementos filosóficos empiristas, tensão que no desenvolvimento da obra de Kelsen se irá traduzir na acentuação de uma atitude filosófica empirista. Todavia, o nosso autor não abandona nunca a tese de que as normas são o significado objectivo de actos de vontade, apoiando-se na distinção husserliana entre "acto" e "sentido do acto"para formular uma concepção não empirista ou não naturalista da normatividade.

A fundamentação mais circunstanciada da tese do carácter não-cognitivista dos juízos de valor encontra-se, como referimos, nos argumentos de crítica da doutrina do Direito natural e, em particular, na rejeição do conceito de razão prática como fonte de normas morais e de justiça absolutas e incondicionadas.

---

ser empiricamente verificável ou deduzida de proposições empíricas" (cf. CARNAP, Rudolf. "Überwindung der Metaphysik durch logische Analyse der Sprache". *Erkenntnis*, vol. 2, 1931, p. 237).

421 Cf. KELSEN, Hans. *Teoria Pura do Direito*. Trad. João Baptista Machado. Coimbra: Arménio Amado, 1976, p. 38. Em *Teoria Geral das Normas* (Viena, 1979), Kelsen analisa mais detidamente (§17, V) a concepção da Ética de Moritz Schlick, incluindo-o entre os autores que negam o dualismo entre "ser" (*Sein*) e "dever-ser" (*Sollen*).

2 A rejeição do conceito de razão prática

Em *A Justiça e o Direito Natural*, Kelsen dedica algumas páginas à análise do conceito de razão prática, um conceito fundamental em que se baseia o cognitivismo ético característico da doutrina do Direito natural e de certas concepções objectivistas da Ética, e examina diversas doutrinas da razão prática, em particular as de Cícero (106 43 a.C.), S. Tomás de Aquino (1225-1274), Grócio (1583-1645) e Kant (1724-1804), pondo em evidência o erro comum a estas doutrinas, a confusão entre duas faculdades humanas, razão e vontade: a primeira ocupa-se do conhecimento, à segunda cabe em exclusivo a função de produção de normas.[422] De acordo com o nosso autor, "*a razão humana pode compreender e descrever, não prescrever. Encontrar normas para o comportamento humano na razão é tão ilusório quanto extrair tais normas da natureza*".[423]

A crítica do conceito de razão prática converge ou praticamente coincide com a crítica da doutrina do Direito natural, em termos de rejeição do objectivismo moral: segundo Kelsen, o facto da especulação ética se aferrar de modo tão pertinaz à noção de razão prática decorre de uma necessidade fundamental dessa especulação, a de que os juízos de dever-ser pareçam dotados de validade objectiva, tão objectiva como os juízos de ser que dimanam da razão teórica.[424]

Particularmente interessante é a análise que Kelsen dedica à concepção kantiana da razão prática como legisladora de acordo com o princípio da autonomia da vontade e a quem imputa a mesma confusão inadmissível entre razão e vontade que é comum às diversas

422 Cf. KELSEN, Hans. *A Justiça e o Direito Natural*. Coimbra: Arménio Amado, 1963, pp. 115 e ss.

423 Cf. KELSEN, Hans. "O Que é Justiça". *In*: ______. *O Que é Justiça?* Trad. Luís Carlos Borges. São Paulo: Martins Fontes, 1997, p. 22.

424 Cf. KELSEN, Hans. *A Justiça e o Direito Natural*. Coimbra: Arménio Amado, 1963, p. 123.

doutrinas da razão prática.[425] Na obra póstuma *Teoria Geral das Normas* (Viena, 1979), procede a uma análise mais pormenorizada (§§ 18 e 19) da doutrina kantiana da razão prática, concluindo que no que à relação entre "ser" e "dever-ser"diz respeito a filosofia de David Hume (1711-1776) é mais consequente do que a de Kant (1724-1804), pois para Hume não existe uma razão que seja prática, isto é, que seja legisladora das regras da moralidade (cf. § 20 da obra citada). A crítica radical de qualquer forma de racionalismo ético e a separação estrita entre a esfera do conhecimento e a esfera da vontade, situando a produção de normas exclusivamente nesta esfera, implica uma concepção de racionalidade no domínio da acção como racionalidade final ou instrumental, isto é, a ideia de que uma conduta só pode justificar-se relativamente, como adequação a uma norma ou como meio para a consecução de um fim: neste particular, o não-cognitivismo ético de Kelsen aproxima-o mais de Hume do que de Kant, apesar do elemento nuclear da sua doutrina relativista dos valores se apoiar na separação estrita entre "juízos de realidade" (*Wirklichkeitsurteilen*) e "juízos de valor" (*Werturteilen*), isto é, numa concepção transcendental de juízo e numa tipologia dos juízos de matriz neo-kantiana (Windelband, Simmel e, muito principalmente, Heinrich Rickert).[426]

Como relativista que é, Kelsen considera que a razão humana só pode oferecer uma resposta relativa e condicionada à pergunta sobre o conteúdo ou essência da ideia de justiça e vê a religião e o seu apelo de transcendência como uma espécie de instância compensatória da

425 Cf. KELSEN, Hans. *A Justiça e o Direito Natural*. Coimbra: Arménio Amado, 1963, pp. 124 e ss.

426 E que tem muitas afinitudes com o relativismo dos valores de Max Weber (1864-1920), que sustentava que descrever e valorar são actividades diferentes, pertencentes a duas esferas separadas entre si, a do "ser" (*Sein*) e a do "dever-ser" (*Sollen*), e que as proposições de dever-ser se baseiam, em última instância, em decisões valorativas ou convicções irracionais: cf., sobretudo, WEBER, Max. *Gesammelte Aufsätze zur Wissenschaftslehre*. Tübingen: Mohr Siebeck, 1988.

diluição de valores éticos substantivos característica da cosmovisão (*Weltanschauung*) crítico-relativista – diz o nosso autor:

> Em vez da felicidade terrena por amor da qual a justiça é tão apaixonadamente exigida, mas que qualquer justiça terrena relativa não pode garantir, surge a bem-aventurança supraterrena que promete a justiça absoluta de Deus àqueles que nele crêem e que, consequentemente, acreditam nela. Tal é o engodo desta eterna ilusão.[427]

A natureza da investigação de Kelsen sobre a estrutura dos juízos de valor e os tipos de normas de justiça corresponde ao que hoje chamaríamos de análise metaética e que ele refere como "*tratamento científico do problema da justiça*"e que consiste em "*analisar objectivamente as diversas normas que os homens efectivamente consideram como válidas quando valoram algo como 'justo'*" a fim de "*determinar nas diferentes normas de justiça um elemento comum para assim chegar a um conceito geral de justiça*".[428] Para esse efeito, começa por elaborar uma tipologia das normas de justiça, sublinhando o facto da existência de uma pluralidade de normas da justiça que são diferentes entre si, ou até mesmo contraditórias.

3 A tipologia das normas de justiça: normas de tipo metafísico e normas de tipo racional

Num ensaio de 1947, intitulado "The Metamorphoses of the Idea of Justice",[429] estabelece pela primeira vez uma tipologia das

---

427 Cf. KELSEN, Hans. *A Justiça e o Direito Natural*. Coimbra: Arménio Amado, 1963, p. 88.

428 Cf. KELSEN, Hans. *A Justiça e o Direito Natural*. Coimbra: Arménio Amado, 1963, pp. 16 e ss.

429 Publicado em SAYRE, Paul (Coord.). *Interpretations of Modern Legal Philosophies*: Essays in Honour of Roscoe Pound. Oxford: Oxford University Press, 1947, pp. 390-418.

normas ou princípios de justiça, agrupando-as em normas de justiça de tipo metafísico e normas de justiça de tipo racional, explicando que as primeiras se caracterizam pelo facto de se apresentarem como procedentes de uma instância transcendente – pelo que pressupõem, essencialmente, a crença na existência de uma tal instância transcendente –, enquanto as normas de justiça de tipo racional apresentam-se a si próprias como estabelecidas por actos humanos e acessíveis ao conhecimento humano. Esta tipologia é retomada, de passagem, em "What is Justice?" (1953) e aprofundada em *Das Problem der Gerechtigkeit* (1960): neste úlitmo escrito, traduzido para língua portuguesa com o título *A Justiça e o Direito Natural*, Kelsen ocupa-se, sobretudo, com a análise das normas de justiça de tipo racional – a fórmula do "*suum cuique*", a regra de oiro, o imperativo categórico de Kant, o preceito de tratar igualmente o que é igual etc.; relativamente às normas de justiça de tipo metafísico, procede à análise de apenas duas: a ideia de justiça na filosofia platónica e a justiça do amor de Deus, a justiça divina, que está para além do conhecimento humano, constituindo um dos muitos mistérios da fé.[430]

A conclusão a que chega o nosso autor é a de que no caso das normas de justiça de tipo racional essas fórmulas ou são tautológicas ou desprovidas de conteúdo e que no caso das normas de justiça de tipo metafísico, elas são, pela sua natureza, inacessíveis ao conhecimento humano. Além disso, perante uma tão grande variedade de normas de justiça, torna-se impossível identificar nessas normas um

430 A análise da ideia de justiça na filosofia platónica é um elemento de interesse permanente de Kelsen: para além da extensa investigação dada postumamente à estampa (Viena, 1985) com o título "Die Illusion der Gerechtigkeit: Eine kritische Untersuchung der Sozialphilosophie Platons". *Kant Studien*, vol. 38, 1933, pp. 91-117; e KELSEN, Hans. "Die platonische Liebe". *Imago*, vol. 19, 1933, pp. 34-98 e 225-255; à análise do conceito de justiça do cristianismo dedicou, entre outros, o ensaio KELSEN, Hans. "The Idea of Justice in the Holy Scriptures". *Revista Jurídica de la Universidad de Puerto Rico*, vol. 22, 1953, pp. 1-63.

elemento comum que permita chegar a um conceito geral de justiça: o único elemento comum às diferentes normas de justiça tem que ver com a sua natureza de normas, com a propriedade lógica da generalidade, quer dizer, com a característica de qualquer norma geral, verificadas determinadas condições nela própria previstas, prescrever a aplicação de um determinado tratamento; mas, assim sendo, argumenta Kelsen, a igualdade de tratamento é um postulado da lógica, não um princípio de justiça, nem mesmo da justiça formal.[431]

Este procedimento de examinar as diferentes fórmulas de justiça para nelas identificar um elemento comum que permita definir o conteúdo da ideia de justiça toma-o Kelsen de Chaïm Perelman (1912-1984), que por via da análise das principais fórmulas de justiça acaba por identificar no princípio do tratamento igual o núcleo essencial da ideia de justiça.[432] Bem entendido, trata-se de uma concepção de justiça estritamente formal, que nada diz sobre o conteúdo da justiça, isto é, o código de valores e a hierarquização dos valores que prescrevem um determinado tratamento em concreto.

Kelsen e Perelman coincidem em muito mais do que Kelsen parece admitir, pois os pontos de chegada de ambos são muito próximos. Não obstante, Perelman oferece uma defesa do pluralismo sem assumir um total relativismo. Numa formulação muito eloquente pergunta:

> Temos que abandonar todo o uso filosófico da razão prática e limitar-nos ao uso técnico da razão no domínio da acção? Temos de usar a nossa razão apenas para ajustar os nossos meios a fins totalmente irracionais? Respostas afirmativas

---

431 Cf. KELSEN, Hans. *A Justiça e o Direito Natural*. Coimbra: Arménio Amado, 1963, p. 79.

432 Cf. PERELMAN, Chaïm. "De la justice" (1945). *In*: ______. *Justice et Raison*. Bruxelas: Editions de l'Université de Bruxelles, 1963, pp. 9-80.

a estas questões constituem a posição de todos os filósofos positivistas, de Hume a Ayer.[433]

Perelman recusa estas teses – que ele denomina de "positivistas" – sobre os valores e propõe, como é sabido, uma lógica dos juízos de valor baseada não na teoria da demonstração da lógica formal mas numa lógica não formal enquanto teoria da argumentação.[434] Perelman desenvolve igualmente uma crítica ao ideal de um saber absoluto e a uma ideia de verdade revestida das características da unidade, imutabilidade e necessidade que, desde Parménides e Platão, marcou a tradição filosófica ocidental: a sua "Nova Retórica", que se assume criticamente face à tradição racionalista ocidental, propõe uma filosofia e uma metodologia do "razoável", que não se limita ao uso teórico da razão e à sua função de verificação e demonstração, mas compreende um uso prático, quando se trata de argumentar a favor ou contra uma decisão, uma acção ou uma escolha. O uso prático da razão supõe a livre expressão de opiniões e a sua discussão. A filosofia e a metodologia do "razoável", que faz radicar a racionalidade nos próprios processos argumentativos, tem como correlato político a defesa da livre expressão de opiniões e da coexistência pacífica entre os homens.

Kelsen segue um outro caminho, mas chega a um resultado semelhante: o seu relativismo crítico, segundo o qual o conhecimento humano só pode alcançar verdades e valores relativos, implica a disposição para a tolerância. A filosofia relativista, baseada na ciência e não na Metafísica ou na religião, é a base de uma filosofia moral e política de carácter pluralista e, em particular, de uma concepção formal e procedimental da Democracia entendida como um "método

---

433 Cf. PERELMAN, Chaïm. "Justice and Justification". *In*: ______. *Justice, Law and Argument*: Essays on Moral and Legal Reasoning. Dordrecht: Springer, 1980, p. 57.

434 Cf. PERELMAN, Chaïm; OLBRECHTS-TYTECA, Lucie. *Traité de l'argumentation*: la nouvelle réthorique. Bruxelas: Editions de l'Université de Bruxelles, 1958.

político" – um conjunto de arranjos institucionais para obter decisões políticas, legislativas e administrativas – que implica a rejeição de pretensões de validade absoluta de ideias ou programas políticos quaisquer que eles sejam.

4 Relativismo dos valores e Democracia como método de processamento de conflitos

Na obra de Kelsen, a defesa do positivismo jurídico e do relativismo dos valores está, como tivemos oportunidade de referir, enquadrada numa interpretação da sociedade moderna e secular, com esferas de valores autónomas regidas por princípios de racionalidade final (*Zweckrationalität*) ou instrumental: esta leitura denota inequivocamente a influência da análise sociológica de Max Weber (1864-1920).[435] A doutrina do relativismo dos valores e a negação da própria ideia de razão prática podem ser inseridas nesta cosmovisão (*Weltanschauung*) secular e individualista e no *ethos* característico do mundo moderno, caracterizado pela defesa prioritária da liberdade individual.

As teses de Kelsen sobre o relativismo dos valores correspondem, pese embora o seu quadro filosófico neo-kantiano, à época áurea da filosofia do positivismo lógico e do emotivismo ético, acompanhando o seu agnosticismo radical em matéria de valores e reduzindo a ideia (relativista) de justiça a uma aplicação correcta (uniforme e imparcial) de regras pré-determinadas. Este agnosticismo em matéria de valores foi objecto de uma crítica particularmente vigorosa no segundo pós-guerra, acompanhada da proposta de retorno à tradição do Direito natural como fonte de critérios éticos objectivos e padrão axiológico

435 Cf. sobretudo, WEBER, Max. *Wirtschaft und Gesellschaft*: Grundriß der verstehenden Soziologie. 5ª ed. revista. Tübingen: Mohr Siebeck, 1972.

para o Direito positivo.[436] É igualmente contra este relativismo ético que se dirige o essencial das críticas à Modernidade liberal e à perda da orientação normativa nas modernas sociedades seculares provocada pelo recuo da religião no espaço público e pelo predomínio de teorias éticas que têm como pressuposto básico não ser possível determinar critérios últimos para avaliar o teor das acções morais ou justificar racionalmente normas e valores.[437]

A filosofia moral e política das últimas cinco décadas lançou desafios vários ao relativismo ético radical (emotivismo ético) e à concepção "hobbesiana" de ordem política, segundo a qual a função das instituições políticas é preservar uma ordem em que o conflito é mantido sob controlo.[438] Por outro lado, a tese segundo a qual um regime constitucional estável não pode prescindir de certos valores substantivos compartilhados e de certos bens sociais comuns é sublinhada, sob ângulos diversos, por várias teorias filosóficas da Democracia constitucional.[439] Por último, a concepção formal e procedimental de Democracia tem sido confrontada com concepções alternativas, que pretendem reforçar o carácter discursivo e deliberativo da Democracia.[440] Não obstante, a justificação relativista da Democracia que oferece Hans Kelsen situa-se numa

---

436 Em "Foundations of Democracy" (1955), Kelsen confronta-se com esta ideia de necessidade do Direito Natural como padrão de justiça para o Direito Positivo e com as acusações de que uma atitude anti-metafísica, não religiosa e céptica deixou o caminho aberto para a emergência do Estado totalitário, resultado inevitável da desintegração da ideia de justiça no mundo ocidental.

437 O mais veemente e articulado defensor destas teses é hoje Alasdair MacIntyre (1929-): cf., sobretudo, MacINTYRE, Alasdair. *After Virtue*: A Study in Moral Theory. 2ª ed. Londres: Duckworth, 1981.

438 Para uma visão geral, cf., por todos, BARRY, Brian. *Theories of Justice*. Berkeley: University of California Press, 1989.

439 Cf., sobretudo, RAWLS, John. "The Idea of an Overlapping Consensus". *Oxford Journal of Legal Studies*, vol. 7, 1987, pp. 1-25.

440 Cf., por exemplo, BENHABIB, Seyla. "Toward a Deliberative Model of Democratic Legitimacy" (1996). *In*: D'AGOSTINO, Fred; GAUS,

linha de pensamento onde sobressaem figuras como David Hume (1711-1776), John Stuart Mill (1806-1873), Karl R. Popper (1902-1994), Isaiah Berlin (1909-1997) e Norberto Bobbio (1909-2004) e continua a ser uma base importante de interlocução no debate que se intensificou após a publicação (1971) de *Uma Teoria da Justiça*, de John Rawls (1921-2002).

Vejamos, então, como é que o relativismo crítico e a doutrina relativista dos valores se afirmam como a base filosófica de uma teoria da Democracia parlamentar como sistema político orientado por um princípio de tolerância e assente na técnica social do compromisso.

Bibliografia de aprofundamento

Para além das referências bibliográficas contidas no texto, aconselha-se a leitura de:

1. KELSEN, Hans. "Absolutismo e relativismo na filosofia e na política" (1948). Agora em: ______. *A Democracia*. São Paulo: Martins Fontes, 1993, pp. 345-357.
2. BOBBIO, Norberto. "Perelman e Kelsen". *In*: ______. *Diritto e Potere*: Saggi su Kelsen. Nápoles: Giappichelli, 1992, pp. 179-192.

Gerald F. (Coord.). *Public Reason*. Aldershot: Dartmouth Publishing, 1998, pp. 97-124.

17ª SESSÃO

"ESSÊNCIA" E "VALOR" DA DEMOCRACIA

A justificação da Democracia em Kelsen (1881-1973) está, como foi anteriormente referido, ligada à cosmovisão (*Weltanschauung*) crítico-relativista e à doutrina relativista dos valores. No entanto, Kelsen vai muito além de uma fundamentação filosófica da Democracia como forma de governo ou regime político e aborda problemas relativos à sua configuração real, tais como o papel do Parlamento, o procedimento legislativo, a administração, o sistema eleitoral, o federalismo, a protecção jurídica das minorias etc.

A defesa por Kelsen da Democracia parlamentar não assenta apenas em considerações de carácter abstracto e filosófico, mas representa um conjunto de propostas concretas sobre o modelo de regime político que veio a ser institucionalizado com a Constituição Federal austríaca de 1920, em cuja redacção Kelsen trabalhou activamente: é este o contexto à luz do qual devem ser analisados o conteúdo e a estrutura do seu escrito mais importante sobre o tema, *Vom Wesen und Wert der Demokratie* [*Da Essência e Valor da Democracia*], um curto ensaio de 38 páginas, publicado em 1920, na editora J. C. B. Mohr (Paul Siebeck), de Tübingen – a maioria dos estudiosos da obra de Kelsen prefere concentrar-se na segunda edição (1929), bastante mais alargada, deste ensaio.[441] A par destes dois textos, vamos considerar nesta nossa exposição, sobretudo, o ensaio "Foundations of Democracy" (1955), publicado por Kelsen já durante o exílio nos Estados Unidos.[442] Além disso, devem ser tomadas em conta as extensas explanações desenvolvidas por Kelsen em *Allgemeine Staatslehre* (Berlim, 1925), mormente nos § 43 a 50, bem como alguns outros escritos mais episódicos, dados à estampa nos anos 20 e 30 do século XX.[443]

A primeira edição (1920) de *Vom Wesen und Wert der Demokratie* é fortemente marcada pela conjuntura histórica em que surge, nomeadamente a necessidade de reformar num sentido democrático e parlamentar as instituições herdadas da monarquia habsburguiana. Nesses tempos de convulsão social e política perfilava-se um modelo político alternativo à Democracia parlamentar: a Democracia dos conselhos de operários, camponeses e soldados, posta em prática pela experiência bolchevista na Rússia e que exercia uma forte atracção em sectores da social-democracia alemã e austríaca.[444] É este o modelo que Kelsen explicitamente combate e rejeita

---

441 Existe tradução em língua portuguesa, a cargo de Vera Barkow, dessa segunda edição, "Essência e valor da democracia", publicada na colectânea KELSEN, Hans. *A Democracia.* São Paulo: Martins Fontes, 1993, pp. 23-107.

442 Cf. KELSEN, Hans. "Foundations of Democracy". *Ethics*, vol. 66, 1955, pp. 1-101. [Existe tradução em língua portuguesa, a cargo de Jefferson Luiz Camargo e Marcelo Brandão Cipola, publicada em KELSEN, Hans. *A Democracia.* São Paulo: Martins Fontes, 1993, pp. 137-297, com o título "Fundamentos da democracia"].

443 Cf., por exemplo, "Demokratie" (1926), "Zur Soziologie der Demokratie" (1926), "Verteidigung der Demokratie" (1932). Para uma resenha das publicações de Hans Kelsen sobre a teoria da Democracia, cf. a colectânea organizada por JESTAEDT, Matthias; LEPSIUS, Oliver (Coord.). *Hans Kelsen, Verteidigung der Demokratie.* Tübingen: Mohr Siebeck, 2006, pp. 387-389.

444 É este o modelo que inspira o levantamento "spartakista" em Berlim, em 5 de janeiro de 1919 – que, como é sabido, acaba no esmagamento e no assassinato, a 15 de janeiro, dos seus dois dirigentes principais, Karl

na sua monografia *Sozialismus und Staat. Eine Untersuchung der politischen Theorie des Marxismus*, publicada em 1920; o livro vem a ter uma segunda edição (Leipzig, 1923), em que figura um novo capítulo onde o nosso autor responde às críticas que tinham sido feitas à sua monografia no livro *Die Staatsauffassung des Marxismus. Ein Beitrag zur Unterscheidung von Soziologischer und Juristischer Methode* (Viena, 1922), da autoria de Max Adler (1873-1937), uma das figuras cimeiras do denominado "austro-marxismo" – a par de Otto Bauer (1881-1938), Rudolf Hilferding (1877-1941) e Karl Renner (1870-1950).[445] Nesta defesa do parlamentarismo e das instituições liberal-democráticas, Kelsen situa-se muito próximo do seu mentor político, Karl Renner, que, logo no início do século, tinha escrito, sob pseudónimo – era, na altura, bibliotecário da Biblioteca do Parlamento Imperial, em Viena –, um conjunto de ensaios sobre o papel central do Parlamento no sistema de governo e em defesa da Democracia parlamentar.

Anos mais tarde, já no exílio nos Estados Unidos, Kelsen dirige um vigoroso ataque ao modelo soviético de regime político em *The Political Theory of Bolshevism* (Berkeley, 1948); em "Foundations of Democracy" (1955), volta a criticar a doutrina soviética da Democracia socialista como "ditadura do proletariado" e a sua caracterização da Democracia burguesa como "formal", sob a alegação de que a Democracia socialista não se caracteriza pela existência de instituições de representação política e não se circunscreve a aspectos de igualdade jurídica formal, mas promove uma igualdade

---

Liebknecht (1871-1919) e Rosa Luxemburg (1871-1919) – e a curta experiência da República conselhista bávara, proclamada a 7 de abril de 1919 em Munique – em que teve participação activa Otto Neurath (1882-1945), um dos fundadores do Círculo de Viena e expoente do positivismo lógico ou empirismo lógico.

445 Sobre o "austro-marxismo", cf., por todos, LESER, Norbert. *Zwischen Reformismus und Bolschewismus*: Der Austromarxismus als Theorie und Praxis. Viena: Verlag der Österreichischen Akademie der Wissenschaften, 1968.

real entre os homens, dando satisfação aos interesses materiais das massas populares: a doutrina soviética da Democracia socialista como "ditadura do proletariado" substitui, segundo o nosso autor, o facto objectivamente constatável da representação política efectuada por órgãos eleitos por sufrágio universal, livre e secreto por um juízo de valor altamente subjectivo e questionável, o interesse das massas populares.[446]

Na sua caracterização da Democracia, Kelsen põe em primeiro lugar o "método", ou seja, os aspectos procedimentais relativos à formação da vontade colectiva, e não os "conteúdos" de determinada ordem social: para ele, a Democracia é, em primeira linha, autodeterminação política dos cidadãos. Por outro lado, a representação parlamentar constitui um elemento estrutural de uma ordem política democrática moderna: Kelsen explica a natureza do parlamentarismo como compromisso entre a ideia de liberdade como autodeterminação política e a necessidade de divisão de trabalho diferenciada – necessidade que é sublinhada, sobretudo, nos escritos de Max Weber (1864-1920) –, compromisso que resulta na defesa de um modelo de Democracia representativa, onde a regra é o mandato representativo e não o mandato imperativo, como no modelo da Democracia social ou "proletária", baseada nos conselhos de operários, camponeses e soldados.

Na sua defesa do parlamentarismo, Kelsen opõe-se, igualmente, ao modelo de Democracia "orgânica" ou "corporativa", baseada na representação dos corpos profissionais, modelo que na Áustria dessa altura tinha sido teorizado, sobretudo, por Othmar Spann (1878-1950)[447] e que concitava as simpatias dos sectores monárquicos e conservadores. Tanto nas propostas que apresenta no decurso do processo constituinte austríaco, que culmina na aprovação da

---

446 Cf. KELSEN, Hans. "Foundations of Democracy". *Ethics*, vol. 66, 1955, pp. 5 e ss.

447 Cf. SPANN, Othmar. *Der Wahre Staat*. Leipzig: Quelle & Meyer, 1921.

Constituição Federal de 1º de outubro de 1920, como nos seus escritos políticos dos anos 20 e 30 do século XX, Kelsen perfila-se como um defensor do parlamentarismo e do modelo de governo de gabinete (responsável perante o Parlamento) contra as derivas autoritárias e de presidencialização do regime. Estas derivas encontram a sua expressão mais radical nos escritos de Carl Schmitt (1888-1985) contra o parlamentarismo e a Constituição republicana de Weimar – aprovada em agosto de 1919 e de que Kelsen era um fiel admirador – e na concepção schmittiana de Democracia plebiscitária, que parte da ideia de identidade entre governantes e governados como expressão da natureza substancialmente homogénea de um povo e que baseia o processo de decisão na aclamação, na aprovação imediata e unânime do povo.[448]

A teorização de Kelsen sobre a "essência" e o "valor" da Democracia não pode ser dissociada da conjuntura histórica em que ocorreu e, em particular, da confrontação com as duas formas de Estado monopartidário do seu tempo, o fascismo e o bolchevismo, assentes na supressão de liberdade individual.[449] É, precisamente, o critério da liberdade, como autodeterminação política dos cidadãos, que Kelsen coloca no centro da sua tipologia das formas políticas e de governo e que faz assentar em dois tipos ideais: Democracia e Autocracia.

1 A caracterização kelseniana da Democracia

Kelsen começa por contrapor à classificação tradicional dos tipos de Constituição (*politeia*), originada em Aristóteles (382-322

---

448 Cf., sobretudo, SCHMITT, Carl. *Die geistesgeschichtliche Lage des heutigen Parlamentarismus*. Munique/Leipzig: Duncker & Humblot, 1923.

449 Cf., por exemplo, a "Observação Prévia" ["Vorbemerkung"] em KELSEN, Hans. *Vom Wesen und Wert der Demokratie*. 2ª ed. Tübingen: Mohr Siebeck, 1929, p. 2.

a.C.) e baseada no critério do número dos indivíduos que são detentores do poder soberano – *i*) monarquia; *ii*) aristocracia; *iii*) democracia[450] –, uma tipologia baseada no critério da existência ou inexistência de liberdade política, o que resulta num dualismo simples: *i*) Democracia e *ii*) Autocracia.[451] Trata-se, bem entendido, como adverte o nosso autor, de tipos-ideais, a que nenhum Estado em concreto se ajusta perfeitamente.

Os elementos caracterizadores da ideia de Democracia resultam, segundo Kelsen, da síntese de dois princípios, que procuram dar satisfação "*a dois instintos primordiais do ser social*" [*zwei Urinstinkte des geselligen Lebewesens*]: de um lado, "*a reacção contra a coerção resultante do estado de vida em sociedade, o protesto contra o tormento da heteronomia*" [*die Qual der Heteronomie*]; do outro, a ideia de igualdade, a ideia de que somos e devemos ser tratados como iguais, pelo que, nenhum homem deve estar sujeito à dominação de outro homem.[452] Mas, prossegue Kelsen, numa linha de argumentação sobre o processo de socialização humana que é praticamente decalcada na de Rousseau (1712-1778),[453] esta liberdade natural, como negação de qualquer vínculo social, entraria em colisão com a ideia de ordem social em geral e de Estado em particular, pelo que a liberdade natural tem de transformar-se em liberdade social, em liberdade concebida como autodeterminação

450 Cf. ARISTÓTELES. *Política*, livro III, 1279 a 32.

451 Cf. KELSEN, Hans. *Vom Wesen und Wert der Demokratie*. 2ª ed. Tübingen: Mohr Siebeck, 1929, p. 4; KELSEN, Hans. *Allgemeine Staatslehre*. Berlim: Mohr Siebeck, 1925, § 44, *maxime* p. 320; KELSEN, Hans. *General Theory of Law and State*. Cambridge: Harvard University Press, 1945, p. 284; KELSEN, Hans. "Foundations of Democracy". *Ethics*, vol. 66, 1955, p. 19.

452 Cf. KELSEN, Hans. *Vom Wesen und Wert der Demokratie*. Tübingen: Mohr Siebeck, 1920, p. 4; KELSEN, Hans. *Allgemeine Staatslehre*. Berlim: Mohr Siebeck, 1925, pp. 321 e ss.; KELSEN, Hans. "Foundations of Democracy". *Ethics*, vol. 66, 1955, pp. 18 e ss.

453 Cf. ROUSSEAU, Jean-Jacques. *O Contrato Social*. [S.l.]: [s.n.], 1762, Livro Primeiro, Capítulo VI.

política do cidadão. Do ponto de vista ideal, a Democracia é uma forma de Estado e de sociedade em que a ordem social é conformada por quem está submetido a essa ordem, isto é, o povo. Kelsen retoma a formulação lapidar de Rousseau, quando este se refere à ideia de Democracia: "*Encontrar uma forma de associação que defenda e proteja a pessoa e os bens de cada associado e em que cada uma, ao unir-se a todos, só a si mesmo obedeça e continue tão livre como antes*".[454]

Ao pôr em primeiro plano na caracterização da Democracia o elemento formal ou procedimental – a Democracia como método de formação da vontade colectiva –, Kelsen não deixava de prestar atenção à necessidade de restrição do poder das maiorias em ordem à preservação da liberdade individual: de facto, logo na primeira edição (1920) de *Vom Wesen und Wert der Demokratie*, sublinha que

> os direitos fundamentais constituem um requisito básico de qualquer Constituição democrática. Servem, antes do mais, como muro de protecção contra o abuso do poder, que não é de temer mais por parte de um monarca absoluto do que por parte da maioria, o rei da Democracia. Deste modo, os direitos fundamentais da Democracia funcionam como protecção da maioria e asseguram o tratamento igual também para quem não compartilha a convicção política, religiosa ou nacional da maioria.[455]

Procurando dar concretização a este ponto de vista, Kelsen, que no Verão de 1920 passa a participar nos trabalhos da subcomissão encarregue da redacção do texto final da Constituição Federal austríaca, propõe a introdução de uma secção especial sobre "*direitos*

---

454 Cf. ROUSSEAU, Jean-Jacques. *O Contrato Social*. [S.l.]: [s.n.], 1762, Livro Primeiro, Capítulo VI, citado por KELSEN, Hans. *Vom Wesen und Wert der Demokratie*. 2ª ed. Tübingen: Mohr Siebeck, 1929, p. 6.

455 Cf. KELSEN, Hans. *Vom Wesen und Wert der Demokratie*. Tübingen: Mohr Siebeck, 1920, p. 12.

fundamentais e de liberdade" [*Grund- und Freiheitsrechte*] e a definição do Tribunal Constitucional – que tinha sido instituído por lei de 25 de janeiro de 1919 – como "*defensor objectivo da Constituição*", pois que, para além de outras competências, lhe cabia julgar sobre queixas apresentadas por cidadãos contra actos da Administração lesivos de direitos constitucionalmente garantidos. Do mesmo modo, nos vários projectos de texto de Constituição que apresenta no quadro dos trabalhos da subcomissão é sempre vincado o princípio da legalidade da Administração, em termos que vêm a ter consagração na redacção definitiva da Constituição Federal austríaca de 1° de outubro de 1920.

Nos escritos que dedica à teoria da Democracia na fase do exílio nos Estados Unidos, sobretudo em "Foundations of Democracy" (1955), Kelsen enfatiza o facto de que a Democracia moderna não pode ser separada do liberalismo político: o princípio da Democracia moderna é o de que o governo não deve interferir com certas esferas de interesses do indivíduo que são protegidas pela lei enquanto direitos humanos ou liberdades fundamentais,[456] dimensão essa que não era devidamente relevada nos escritos iniciais de Kelsen sobre a teoria da Democracia. Ao tomar globalmente como fonte de inspiração a teoria da Democracia de Rousseau, a teorização política do nosso autor nos anos 20 do século XX relegava para um segundo plano os problemas que a doutrina política do autor de *O Contrato Social* podia suscitar, uma vez que o contratualismo político de Rousseau assentava na translação para a comunidade política de todos os direitos individuais – compreendendo, assim, a liberdade política como participação do cidadão na vida do Estado – e não reconhecia uma esfera de acção individual intangível por parte dos poderes públicos. Essas reservas à teoria da Democracia de Rousseau e ao conceito rousseauniano de "liberdade" tinham sido apresentadas,

456 Cf. KELSEN, Hans. "Foundations of Democracy". *Ethics*, vol. 66, 1955, *maxime* pp. 3 e ss.

com anterioridade a Kelsen, por exemplo, por Georg Jellinek (1851-1911),[457] na sequência de pontos de vista semelhantes anteriormente avançados por Benjamin Constant (1760-1830) e que vêm a ser retomados na filosofia política de inspiração liberal do século XX, mormente por Isaiah Berlin (1909-1997).[458]

A conceptualização da liberdade como liberdade civil ou política (como participação do cidadão na vida do Estado) e não como esfera de autonomia individual em relação à intervenção dos poderes públicos resultava, porventura, de duas ordens de razões, uma conjuntural e outra filosófica: a primeira tinha que ver com a defesa do modelo político a instaurar na Áustria republicana, decorrente de uma reforma de sentido democrático e parlamentar da monarquia habsburguiana; a segunda, com o facto de ao normativismo kelseniano repugnar a doutrina da prioridade normativa dos direitos individuais (naturais) relativamente ao Direito estadual positivo – a ideia de que os direitos do indivíduo pré-existem ao Estado e são por este reconhecidos –, doutrina em que se fundava tradicionalmente o liberalismo político e a conceptualização kantiana do Estado de Direito (*Rechtsstaat*).

Passando da caracterização da Democracia como tipo-ideal político à sua arquitectura institucional, Kelsen defende uma Democracia representativa baseada no sufrágio universal, livre e secreto, a centralidade do Parlamento no sistema de governo – com a subordinação do órgão executivo ao Poder Legislativo – e um sistema

---

457 Cf., sobretudo, JELLINEK, Georg. "Die Politik des Absolutismus und Radikalismus: Hobbes und Rousseau". *Conferência em Basileia*, 10 de fevereiro de 1891; cf., igualmente, JELLINEK, Georg. *Das Recht der Minoritäten*. Viena: Manzsche Verlagsbuchhandlung, 1898.

458 Cf. BERLIN, Isaiah. *Freedom and its Betrayal*: Six Enemies of Human Liberty. Princeton: Princeton University Press, 2002. [Trad. para o português: *Rousseau e Outros Cinco Inimigos da Liberdade*. Lisboa: Edições 70, 2005].

eleitoral proporcional, como a construção política mais adequada para garantir os direitos e as liberdades fundamentais.

2 O Parlamento e a representação política

De acordo com o relato de Kelsen, a luta contra as monarquias autocráticas que teve lugar nos finais do século XVIII e inícios do século XIX deve ser interpretada como uma luta em favor da instauração da Democracia parlamentar como instrumento de superação da velha organização social estamental.[459] Segundo a definição do nosso autor, "*o parlamentarismo é*: conformação da vontade estadual por um órgão colegial eleito democraticamente pelo povo, de acordo com o princípio maioritário, com base num direito eleitoral universal e igual".[460]

Na sua conceptualização da natureza e função do Parlamento como órgão representativo, Kelsen afasta-se do ideal rousseauniano da soberania popular e assume o carácter inevitavelmente indirecto da Democracia real, a necessidade de separação entre o Poder Legislativo e o Poder Executivo e a existência de um aparelho administrativo-burocrático constituído por funcionários profissionais. Esta visão geral denotava a influência de Max Weber (1864-1920), cujo escrito "Parlament und Regierung im neu geordneten Deutschland" (1918) é profusamente referido na primeira edição (1920) de *Vom Wesen und Wert der Demokratie*.[461]

A impossibilidade de realização da Democracia directa num grande Estado moderno era esgrimida por Kelsen contra o modelo

459 Cf., por exemplo, KELSEN, Hans. *Vom Wesen und Wert der Demokratie*. 2ª ed. Tübingen: Mohr Siebeck, 1929, p. 26; com maior pormenor, cf., igualmente, KELSEN, Hans. *Das Problem des Parlamentarismus*. Viena/ Leipzig: Deuticke, 1925.

460 Cf. KELSEN, Hans. *Vom Wesen und Wert der Demokratie*. 2ª ed. Tübingen: Mohr Siebeck, 1929, p. 28.

461 Cf. KELSEN, Hans. *Vom Wesen und Wert der Demokratie*. Tübingen: Mohr Siebeck, 1920, p. 17.

de Democracia dos conselhos de operários, camponeses e soldados e, muito principalmente, contra o projecto exposto por Lenine (1870-1924) no opúsculo *O Estado e a Revolução* (1918) e o modo da sua efectivação na Rússia soviética. Kelsen denunciava o sistema de representação previsto na Constituição soviética de 12 de julho de 1918 como tendo um carácter essencialmente classista e que conduzia à eliminação da Democracia: no dizer de Kelsen,

> os eleitores urbanos, isto é, o proletariado industrial, dispõem de um voto quíntuplo face aos eleitores do campo, os camponeses, mais precisamente os camponeses pobres, pois só esses possuem direitos políticos. Ao mesmo número de eleitores ou habitantes corresponde na cidade o quíntuplo dos representantes que cabem ao campo (...). De Democracia já não se pode, obviamente, falar. Pois, por força da Constituição, a liberdade de associação e de reunião, a liberdade de expressão de opinião e a liberdade de imprensa só estão garantidas à classe operária, se bem que de facto (...) apenas o estejam para os membros de um determinado partido. Deste modo, a ditadura do proletariado converte-se na ditadura de um determinado credo político, apoiado na absolutização de um determinado ideal político.[462]

A defesa da Democracia parlamentar implicava, por outro lado, a rejeição de modelos corporativos de representação profissional, propostos na Assembleia Nacional Constituinte austríaca pelos sectores conservadores, tanto nacionalistas como social-cristãos, visando a criação de uma segunda câmara de representação profissional, com o objectivo de limitar a importância dos partidos políticos e a centralidade do Parlamento no sistema de governo.[463] As

462 Cf. KELSEN, Hans. *Vom Wesen und Wert der Demokratie*. Tübingen: Mohr Siebeck, 1920, p. 34.

463 Sobre os debates na Assembleia Constituinte austríaca e a desconfiança dos sectores conservadores em relação ao modelo unicamaral

teses de Kelsen a este propósito tinham grandes afinidades com as orientações apresentadas na Assembleia Nacional Constituinte pela social-democracia austríaca – o *Sozialdemokratische Arbeiterpartei* (SDAP), existente entre 1888 e 1934, antecessor do actual *Sozialdemokratische Partei Österreichs* (SPÖ) – no sentido da criação de uma Democracia política de tipo parlamentar e, em particular, com as posições de Karl Renner (1870-1950), que, no início do século XX, tinha publicado, sob pseudónimo, alguns opúsculos de crítica ao sistema representativo do Império Austro-Húngaro – que deixava de fora as classes não proprietárias e dividia as classes proprietárias segundo critérios censitários –, defendendo a representação parlamentar e a adopção do sufrágio universal, directo e secreto.[464] Kelsen rejeita decididamente a substituição do parlamentarismo democrático por formas de representação corporativa e a contraposição da divisão "orgânica" do povo ao princípio maioritário "mecânico", defendida pelos teóricos da representação corporativa ou representação por interesses (*Interessenvertretung*).[465]

O modelo de representação política propugnado por Kelsen denota uma preferência pelo sistema eleitoral proporcional (*Proportionalwahlrechtssystem*). A lei que tinha introduzido o sistema

---

de representação política, cf. LAGI, Sara. *El Pensamento Político de Hans Kelsen (1911-1920)*: Los Orígenes de "De la Esencia y Valor de la Democracia". Madrid: Biblioteca Nueva, 2007, *maxime* pp. 120 e ss.

464 O sufrágio universal veio a ser introduzido no Império Austro-Húngaro por lei de 26 de janeiro de 1907: sobre esta legislação existe um curto comentário de KELSEN, Hans. *Kommentar zur österreichischen Reichsratswahlordnung*. Viena: Österreichische Staatsdruckerei, 1907, texto que está agora acessível no volume primeiro (1905-1910) da edição histórico-crítica integral da obra de Kelsen, supervisionada por Matthias Jestaedt, *Hans Kelsens Werke*. vol. 3. Tübingen: Mohr Siebeck, 2010, pp. 332-554.

465 Cf., por exemplo, KELSEN, Hans. *Allgemeine Staatslehre*. Berlim: Mohr Siebeck, 1925, §48, pp. 358 e ss.; KELSEN, Hans. *Vom Wesen und Wert der Demokratie*. 2ª ed. Tübingen: Mohr Siebeck, 1929, pp. 47 e ss.; KELSEN, Hans. *Das Problem des Parlamentarismus*. Viena/Leipzig: Deuticke, 1925, p. 21.

eleitoral proporcional na República austríaca tinha sido aprovada pela Assembleia Nacional Provisória em 18 de dezembro de 1918, na sequência do projecto de lei sobre o sistema de votação para a Assembleia Nacional Constituinte apresentada por Karl Renner ao Conselho de Estado em 27 de novembro.[466] Em 23 e 24 de novembro de 1918, Kelsen publica dois artigos de imprensa, "Das Proportionalsystem" ["O Sistema Proporcional"] e "Ein einfaches Wahlproportinalsystem" ["Um Sistema Eleitoral Proporcional Simples"], em que defendia o sistema eleitoral proporcional como aquele que melhor assegura a genuinidade da representação de acordo com o peso eleitoral de cada força política e reconhece às minorias o direito de representação, tendo como resultado um sistema democrático-parlamentar plural. Além disso, opunha-se à criação de círculos eleitorais delimitados arbitrariamente, como era prática no Império Austro-Húngaro, e defendia a criação de um colégio eleitoral único.[467] Em relação à justificação da preferência pelo sistema eleitoral proporcional, Kelsen retomava basicamente os argumentos anteriormente avançados por Karl Renner, afirmando que a passagem do sistema eleitoral maioritário a um sistema eleitoral proporcional implicava a necessidade de formação de coligações de partidos para alcançar maiorias estáveis, estimulando, assim, uma cultura política de compromisso.[468]

Estas propostas concretas entroncavam numa reflexão sobre o Parlamento como órgão legislativo e a natureza da representação.

---

466 Sobre o debate em torno da aprovação desta lei eleitoral, cf. LAGI, Sara. *El Pensamiento Político de Hans Kelsen (1911-1920)*: Los Orígenes de "De la Esencia y Valor de la Democracia". Madrid: Biblioteca Nueva, 2007, pp. 110 e ss.

467 Neste particular, Kelsen distanciava-se das propostas de Renner: cf. LAGI, Sara. *El Pensamiento Político de Hans Kelsen (1911-1920)*: Los Orígenes de "De la Esencia y Valor de la Democracia". Madrid: Biblioteca Nueva, 2007, pp. 147 e ss.

468 Sobre a justificação da preferência pelo sistema eleitoral proporcional, cf. KELSEN, Hans. *Allgemeine Staatslehre*. Berlim: Mohr Siebeck, 1925, §47, pp. 347 e ss.; cf., igualmente, KELSEN, Hans. *Vom Wesen und Wert der Demokratie*. 2ª ed. Tübingen: Mohr Siebeck, 1929, pp. 53 e ss.

Reflexão que estava já presente em *Hauptprobleme der Staatsrechtslehre, entwickelt aus der Lehre vom Rechtssatze* (1911), onde o nosso autor, partindo da sua concepção do Estado como realidade jurídico-normativa, remetia a produção legislativa e o Parlamento para a esfera da sociedade: Kelsen criticava, em termos gerais, o dogma da personificação do Estado e, em especial, a construção jurídica da relação entre Parlamento e povo apresentada por Georg Jellinek (1851-1911), onde este, distinguindo entre "órgãos primários" e "órgãos secundários" do Estado, concebia o povo como "órgão primário" do Estado e o Parlamento como "órgão secundário";[469] do mesmo modo, Kelsen rejeitava a noção de "povo" como "órgão primário" do Estado e a concepção que lhe estava subjacente, de que o povo podia ser representado como entidade unitária, dotada de vontade homogénea – bem como todas as propostas de fundamentar a vontade do Estado na vontade do povo, muito em particular a teoria organicista do Estado de Otto von Gierke (1841-1921).[470] Não obstante, logo na primeira edição (1920) de *Vom Wesen und Wert der Demokratie* vem a aproximar-se de algumas das posições de Jellinek, passando a definir o Parlamento como "órgão do Estado", depois de nos artigos de 1918 em defesa do sistema eleitoral proporcional ter considerado o Parlamento como "órgão do povo". Mais tarde, em *Allgemeine Staatslehre* (1925), Kelsen apresenta explanações mais claras e pormenorizadas sobre a natureza da representação e do mandato parlamentar e afina a sua concepção do Parlamento como "órgão secundário" do Estado.[471]

Kelsen sublinha que é somente com a independência do Parlamento face ao povo que nasce o parlamentarismo moderno e que

---

469 Cf., sobretudo, JELLINEK, Georg. *Allgemeine Staatslehre*. 2ª ed. Berlim: Duncker & Humblot, 1911, capítulo XVII, pp. 566 e ss.

470 Cf. KELSEN, Hans. *Hauptprobleme der Staatsrechtslehre, entwickelt aus der Lehre vom Rechtssatze*. Tübingen: Mohr Siebeck, 1911, *maxime* p. 164.

471 Cf. KELSEN, Hans. *Allgemeine Staatslehre*. Berlim: Mohr Siebeck, 1925, §43, pp. 310 e ss.

a ideia de soberania popular que se realiza por via das instituições parlamentares gera uma "ficção da representação", a qual, para além da sua função de legitimação, fazendo crer que a grande massa do povo se determina politicamente a si mesma no Parlamento eleito, impede uma hipertrofia excessiva da ideia democrática na realidade política, apresentando-se, assim, o parlamentarismo como um compromisso necessário entre a ideia originária de liberdade como autodeterminação política e o princípio da divisão do trabalho: a Democracia moderna é uma Democracia indirecta e representativa.[472]

Por outro lado, a organização da representação na Democracia moderna tem de partir do reconhecimento da complexidade social e da heterogeneidade dos interesses: como Kelsen explica, a Democracia é um método de processamento de conflitos, que possibilita que os conflitos sociais possam ser dirimidos de forma pacífica e não culminem em catástrofes revolucionárias sangrentas.[473] Se a "essência" da Democracia é a liberdade, como autodeterminação política dos cidadãos, o seu "valor" é a paz, a sua capacidade de assegurar a convivência política e civil em sociedades divididas pela heterogeneidade dos interesses e pelas diferenças de credos políticos e religiosos.

Esta relação entre Democracia parlamentar, pluralismo social e político e mecanismos de representação é objecto de críticas diversas ao longo dos anos 20 do século XX por todos aqueles que vêem na Constituição republicana de Weimar de 1919 e na Constituição Federal austríaca de 1920 a consagração de um Estado de partidos (*Parteienstaat*) e que avançam as bases doutrinárias no sentido de uma

---

472 Cf. KELSEN, Hans. *Vom Wesen und Wert der Demokratie*. 2ª ed. Tübingen: Mohr Siebeck, 1929.

473 Cf., por exemplo, KELSEN, Hans. "Verteidigung der Demokratie". *Blätter der Staatspartei*, vol. 2, 1932, pp. 90-98, texto acessível na colectânea organizada por JESTAEDT, Matthias; LEPSIUS, Oliver (Coord.). *Hans Kelsen, Verteidigung der Demokratie*. Tübingen: Mohr Siebeck, 2006, pp. 229-237.

evolução antiparlamentar do sistema de governo, dando expressão ao clima de hostilidade contra os partidos políticos e aos receios de desintegração pluralista do Estado que se vinham a adensar nesses tempos de conturbação social e política e que prepara o caminho para "*a viragem para o Estado total*", para usar a terminologia de Carl Schmitt (1888-1985).[474]

3 A Democracia parlamentar e os seus críticos

É conhecida a desafeição generalizada da doutrina juspublicista alemã e austríaca dos anos 20 do século XX pelo modelo de Democracia parlamentar consagrado na Constituição republicana de Weimar de 1919 e na Constituição Federal austríaca de 1920: como excepções podem, todavia, contar-se, a par de Kelsen (1881-1973), Hugo Preuβ (1860-1925) – o redactor da Constituição de Weimar –, Gerhard Anschütz (1867-1948) e Richard Thoma (1874-1975), no plano do Direito Constitucional, e Hans Nawiasky (1880-1961), no plano do Direito Administrativo.[475]

Não é possível no espaço de umas curtas linhas proceder à exposição e ordenação dos argumentos contra a Democracia parlamentar apresentados no contexto da atmosfera política polarizada da República de Weimar e da República Federal austríaca e que tinham como tónica comum o ataque à política conflitual dos partidos: *i*) uns defendiam a substituição da Democracia parlamentar por uma concepção orgânica do Estado, assente na representação dos corpos profissionais; *ii*) outros apontavam para o reforço das estruturas da Administração pública como elemento "imparcial" de neutralização

---

474 Cf. SCHMITT, Carl. "Die Wendung zum totalen Staat" (1931). *In*: ______. *Positionen und Begriffe im Kampf mit Weimar – Genf – Versailles 1923-1939*. 4ª ed. Berlim: Duncker & Humblot, 2014, pp. 166-178.

475 Um panorama bastante minucioso é o oferecido por GROH, Kathrin. *Demokratische Staatsrechtslehre in der Weimarer Republik*. Tübingen: Mohr Siebeck, 2010.

político-partidária; *iii*) todos eles propugnavam a transição da Democracia parlamentar para um regime presidencialista, o que veio, de facto, a acontecer na Alemanha com a sucessão, em 1925, de Friedrich Ebert (1871-1925) por Paul von Hindenburg (1847-1934) como *Reichspräsident* e com as experiências de Heinrich Brüning (1885-1970), Franz von Pappen (1879-1969) e Kurt von Schleicher (1882-1934) como *Reichskanzler*, no estertor da República de Weimar, a partir de 1930.

O mais radical crítico da concepção liberal da Democracia parlamentar e da representação individualista própria do parlamentarismo moderno, baseada no sufrágio universal, periódico e secreto, é, naturalmente, Carl Schmitt (1888-1985), que distingue entre esta representação por via eleitoral (*Vertretung*), que é, no seu entender, uma representação política inautêntica, uma vez que é uma representação de interesses, e a representação (*Repräsentation*) da unidade política como um todo, que se manifesta por via da identificação do povo com os seus líderes, mediante aclamação ou assentimento.[476] A sua argumentação mistura artifícios verbais com uma visão sociológica realista e com um domínio hábil da História das ideias políticas, partindo da dissociação entre representação e eleição: o representante não é um delegado da vontade dos representados (aquilo que existe são apenas vontades antagónicas), mas alguém que é capaz de identificar e executar o que há de homogéneo nos representados.

Nesta caracterização da *Repräsentation*, Schmitt capta certos traços "cesaristas" do funcionamento das lideranças nas Democracias de massas modernas que tinham sido identificados por Max Weber (1864-1920) e utiliza-os para elaborar a sua teoria da autoridade

476 Cf., sobretudo, SCHMITT, Carl. *Die geistesgeschichtliche Lage des heutigen Parlamentarismus*. Munique/Leipzig: Duncker & Humblot, 1923; para uma análise mais pormenorizada do conceito de "representação" (*Repräsentation*), cf. SCHMITT, Carl. *Verfassungslehre*. Berlim: Duncker & Humblot, 1928, pp. 208 e ss.

plebiscitária do *Reichspräsident* como representante da vontade comum do povo, em contraposição ao pluralismo dos partidos políticos e dos grupos de interesses;[477] na sua crítica do funcionamento do parlamentarismo, baseia-se, igualmente, na sociologia dos partidos políticos do discípulo de Weber, Robert Michels (1876-1936), e na sua tese da degenerescência oligárquica no funcionamento dos partidos políticos de massas.[478] Todavia, a visão sociológica realista da Democracia parlamentar de Max Weber não significava, como em Schmitt, a proposta da sua liquidação. Apesar de Weber ver na figura do *Reichspräsident* o elemento-chave do sistema constitucional, atribuía ao Parlamento duas funções essenciais: *i*) o controlo da Administração, em particular através do direito de inquérito parlamentar; *ii*) a formação e selecção das lideranças políticas.[479] A opção por um sistema presidencial e não por um sistema de gabinete parecia a Weber a mais adequada para assegurar a estabilidade e a liderança política. Ao invés, as doutrinas schmittianas sobre a representação e as suas concepções "cesaristas" forneceram a base de legitimação do *völkischer Führerstaat* do nacional-socialismo.

Esta rejeição por Schmitt da Democracia parlamentar era acompanhada pela rejeição da criação de um Tribunal Constitucional, de um tribunal cujos membros eram eleitos pelo Parlamento e que tinha

---

477 Sobre a utilização por Carl Schmitt das análises de Max Weber para defender o seu modelo de Democracia plebiscitária, cf., por todos, MOMMSEN, Wolfgang J. *Max Weber und die deutsche Politik 1890-1920*. 2ª ed. Tübingen: Mohr Siebeck, 1974, *maxime* pp. 408 e ss.

478 Cf. MICHELS, Robert. *Zur Soziologie des Parteiwesens in der modernen Demokratie*: Untersuchungen über die oligarchischen Tendenzen des Gruppenlebens. Leipzig: Duncker & Humblot, 1911. [Trad. para o português a cargo de José M. Justo: *Para uma sociologia dos partidos políticos na democracia moderna*: investigação sobre as tendências oligárquicas da vida dos agrupamentos políticos. Lisboa: Editorial Presença, 2000].

479 Cf., sobretudo, WEBER, Max. "Parlament und Regierung im neugeordneten Deutschland" (1918). *In*: _____. *Gesammelte Politische Schriften*. 5ª ed. Tübingen: Mohr Siebeck, 1988, pp. 306-443.

como função exercer o controlo da constitucionalidade das leis: essa era para Kelsen a instituição que rematava o edifício constitucional da Democracia parlamentar; ao invés, em conformidade com a sua noção de *Repräsentation*, Schmitt defendia que o verdadeiro garante da Constituição, como forma substancial da unidade política, era o *Reichspräsident*, enquanto representante do povo na sua unidade e verdadeiro "poder neutro" e tutelar.

Bibliografia de aprofundamento

Para além das referências bibliográficas contidas no texto, aconselha-se a leitura de:

1. PAULSON, Stanley L. "Kelsen as Political Theorist". *In*: GOYARD--FABRE, Simone (Coord.). *La Pensée Politique de Hans Kelsen*. Caen: Centre de publications de l'Université de Caen, 1990, pp. 79-95. (Cahiers de Philosophie Politique et Juridique, nº 17).
2. DREIER, Horst. "The Essence of Democracy – Hans Kelsen and Carl Schmitt Juxtaposed". *In*: DINER, Dan; STOLLEIS, Michael (Coord.). *Hans Kelsen and Carl Schmitt*: a Juxtaposition. Gerlingen: Bleicher, 1999, pp. 71-79.

18ª SESSÃO

A IDEIA DE JURISDIÇÃO CONSTITUCIONAL: O TRIBUNAL CONSTITUCIONAL COMO GARANTE DA CONSTITUIÇÃO

A paternidade do modelo de fiscalização jurisdicional concentrada da constitucionalidade das normas jurídicas costuma ser atribuída a Hans Kelsen (1881-1973). Todavia, a ideia de garantia jurisdicional da Constituição e a própria designação "Tribunal Constitucional" (*Verfassungsgerichtshof*) tinham sido anteriormente avançadas por Georg Jellinek (1851-1911), que, em 1885, publicara um pequeno livro em defesa da criação na Áustria de um Tribunal Constitucional, onde criticava algumas omissões da Constituição Imperial de 1867 e propunha a criação de um órgão jurisdicional que pudesse fiscalizar a regularidade das eleições para os órgãos representativos, os conflitos entre a legislação ordinária e a lei constitucional e entre a legislação do *Reich* e a dos *Länder*.[480]

---

480 Cf. JELLINEK, Georg. *Ein Verfassungsgerichtshof für Österreich*. Viena: Manzsche Verlagsbuchhandlung, 1885.

No contexto do processo constituinte que culminou na aprovação da Constituição Federal austríaca de 1° de outubro de 1920, estas considerações de Jellinek e a sua proposta de transformação do já existente Tribunal do Império (*Reichsgerichtshof*), instituído na sequência da Constituição Imperial de 1867, num Tribunal Constitucional (*Verfassungsgerichtshof*) constituíram a base principal de inspiração do Projecto de Lei sobre a Instituição de um Tribunal Constitucional, que Kelsen, na sua qualidade de assessor para a reforma constitucional da Chancelaria de Estado, apresentou em dezembro de 1918. A Lei de 25 de janeiro de 1919 procedeu à criação do Tribunal Constitucional do Estado Independente Austro-Alemão (*Deutschösterreich*) – uma das entidades políticas que resultou da desagregação do Império Austro-Húngaro na sequência da Primeira Grande Guerra e que corresponde à actual República Federal Austríaca; após uma melhor definição e alargamento das suas competências, efectuada por lei datada de 3 de abril de 1919, as competências e o funcionamento do Tribunal Constitucional Federal (*Bundesverfassungsgerichtshof*) vieram a ser fixados na Constituição Federal austríaca de 1920, nos artigos 137° a 148° – que, por sua vez, foram objecto de ajustamento na primeira revisão constitucional, de 30 de julho de 1925, e, sobretudo, na segunda revisão constitucional, de 7 de dezembro de 1929. No contexto do processo constituinte austríaco, o propósito de criação de um Tribunal Constitucional Federal (*Bundesverfassungsgerichtshof*) tinha na primeira linha das suas motivações a necessidade de proteger a unidade da Constituição contra eventuais tendências disruptivas por parte dos *Länder*, permitindo ao governo federal recorrer ao Tribunal Constitucional com vista à anulação das leis inconstitucionais emanadas dos Parlamentos regionais (*Landtage*). Do mesmo modo, o Tribunal Constitucional Federal (*Bundesverfassungsgerichtshof*) assumia-se como herdeiro e continuador do anterior Tribunal do Império (*Reichsgerichtshof*), mormente no que à tutela dos direitos políticos garantidos pela Constituição dizia respeito.

A teorização mais conhecida e articulada de Kelsen sobre a função do Tribunal Constitucional como órgão de garantia da Constituição é a contida na comunicação que apresentou ao congresso anual de 1928 da *Associação dos Professores Alemães de Direito Público* [*Vereinigung der Deutschen Staatsrechtslehrer*], onde o nosso autor desenvolvia a argumentação de que uma Constituição a que falte a garantia de anulabilidade dos actos inconstitucionais é destituída de obrigatoriedade em sentido técnico.[481] As teses principais em que assentava essa teorização remetiam para duas doutrinas basilares da Teoria Pura do Direito, a que fizemos já referência: *i*) a identificação entre Estado e Direito e a tese da natureza jurídica da totalidade das funções estaduais e das suas relações recíprocas; *ii*) a doutrina da estrutura escalonada (*Stufenbaulehre*) da ordem jurídica e a ideia dela decorrente segundo a qual as garantias da Constituição se traduzem, essencialmente, no asseguramento da conformidade à Constituição das normas de escalão inferior.

A ideia de garantia jurisdicional da Constituição está, pois, intrinsecamente ligada à concepção normativista de Constituição como norma de escalão superior situada no vértice de uma cadeia hierarquizada de processos de produção normativa.[482] A concepção normativista de Constituição foi objecto de críticas acirradas por

---

481 Cf. KELSEN, Hans. "Wesen und Entwicklung der Staatsgerichtsbarkeit". *Verhandlungen der Vereinigung der Deutschen Staatsrechtslehrer*. tomo V. Berlim/Leipzig: Duncker & Humblot, 1929, pp. 30-123. [Agora em: KLECATSKY, Hans; MARCIC, René; SCHAMBECK, Herbert (Coord.). *Die Wiener rechtstheoretische Schule*. vol. 2. Viena: Manzsche Verlags- und Universitätsbuchhandlung, 1968, pp. 1485-1531]. A versão em língua francesa, a cargo de Charles Eisenmann (1903-1980), foi publicada com o título "La garantie juridictionelle de la Constitution (La justice constitutionelle)" na *Revue de droit public et de la science politique*, vol. XXXV, 1928, pp. 197-257 – existe tradução em língua portuguesa dessa versão, a cargo de Maria Ermantina Galvão, com o título "A jurisdição constitucional", publicada na colectânea de textos organizada por Sérgio Sérvulo da Cunha: KELSEN, Hans. *Jurisdição Constitucional*. São Paulo: Martins Fontes, 2003, pp. 123-186.

482 Para uma análise do conceito de Constituição de Kelsen, cf., por todos, ALEXY, Robert. "Hans Kelsens Begriff der Verfassung". *In*: PAULSON, Stanley L.; STOLLEIS, Michael (Coord.). *Hans Kelsen*: Staatsrechtslehrer und Rechtstheoretiker des 20. Jahrhunderts. Tübingen: Mohr Siebeck, 2005, pp. 333-352.

parte de diversos autores – *v.g.*: Heinrich Triepel (1868-1946), Erich Kaufmann (1880-1972), Rudolf Smend (1882-1975), Hermann Heller (1891-1933) –, nos anos finais da República de Weimar, que, não obstante, defendiam a criação de um Tribunal Constitucional como órgão de garantia da Constituição. Esta ideia de garantia jurisdicional da Constituição era contestada por Carl Schmitt (1889-1985), que, em conformidade com a sua concepção cesarista e plebiscitária de regime político, defendia que o verdadeiro garante da Constituição é o Chefe de Estado, como representante máximo da unidade do povo.[483] A tese schmittiana sobre a garantia da Constituição radicava na sua noção de Constituição como forma substancial da unidade política de um povo. Nessa base, um jovem discípulo de Schmitt, Ernst Rudolf Huber (1903-1990), considerava que o livro *O Guardião da Constituição* [*Der Hüter der Verfassung*], de 1931, constituía a segunda parte da *Teoria da Constituição* [*Verfassungslehre*] que Schmitt publicara em 1928 e onde defendia uma noção de Constituição baseada num conjunto de concepções decisionistas e institucionalistas.[484] Schmitt detectava no modelo de garantia jurisdicional proposto por Kelsen a tendência, típica do pensamento liberal, para a jurisdicionalização de fenómenos que são essencialmente políticos e via no Presidente do *Reich* o garante da unidade e existência do povo alemão, defendendo, assim, uma inflexão radical no sentido presidencialista da forma de governo da República de Weimar. A concepção normativista de Constituição e a ideia de garantia jurisdicional da Constituição tinham subjacentes em Kelsen a defesa do pluralismo político e da Democracia parlamentar. No centro da discussão sobre política constitucional e sobre o modo de garantia da Constituição estava, pois, a própria noção de Constituição.

483 Cf. SCHMITT, Carl. *Der Hüter der Verfassung*. Berlim: Duncker & Humblot, 1931.

484 Cf. HUBER, Ernst Rudolf. "Verfassung und Verfassungswirklichkeit bei Carl Schmitt". *Blätter für Deutsche Philosophie*, vol. 5, 1931-1932, pp. 302-315, *maxime* p. 305.

1 A noção de Constituição e o modo de garantia da Constituição: a polémica entre Kelsen e Schmitt

A polémica entre Kelsen e Schmitt sobre o modo de garantia da Constituição constituiu o episódio mais conhecido do debate sobre a Teoria da Constituição do período de Weimar (1919-1933). Em termos gerais, esse debate tinha na origem a contestação ao domínio do positivismo jurídico e à redução da Teoria Geral do Estado (*Allgemeine Staatslehre*) a uma teoria exclusivamente jurídica, inspirando-se os críticos do positivismo jurídico num certo "realismo constitucional" de matriz hegeliana e neo-hegeliana, que punha em causa o isolamento absoluto da normatividade jurídica da realidade político-social.[485] Nessa contestação alinhavam autores tão diversos como Erich Kaufmann (1880-1972), Rudolf Smend (1882-1975), Hermann Heller (1891-1933) e Carl Schmitt (1888-1985).[486] Visados eram especialmente o normativismo logicista da Teoria Pura do Direito e a filosofia neo-kantiana em que se baseava.

Na sua *Teoria da Constituição* [*Verfassungslehre*], de 1928, Schmitt invoca a necessidade da construção sistemática de uma Teoria da Constituição, uma vez que, de acordo com a sua alegação, uma

---

485 Para uma visão geral sobre a discussão em matéria de Teoria da Constituição no período de Weimar, cf. JACOBSON, Arthur J.; SCHLINK, Bernhard (Coord.). *Weimar*: a Jurisprudence of Crisis. Berkeley: University of California Press, 2000; cf., igualmente, DYZENHAUS, David. *Legality and Legitimacy*: Carl Schmitt, Hans Kelsen and Hermann Heller in Weimar. Oxford: Clarendon Press, 1997; STOLLEIS, Michael. *Geschichte des öffentlichen Rechts in Deutschland*: Weimarer Republik und Nationalsozialismus. vol. 3. Munique: C. H. Beck, 2002, *maxime* pp. 153 e ss.; GANGL, Manfred (Coord.). *Die Weimarer Staatsrechtsdebatte*: Diskurs- und Rezeptionsstrategien. Baden-Baden: Nomos, 2011.

486 O ponto de partida desta contestação foi o livro de KAUFMANN, Erich. *Kritik der neukantischen Rechtsphilosophie*. Tübingen: Mohr Siebeck, 1921.

certa concepção de "positivismo" afastou as questões fundamentais da teoria constitucional do âmbito da doutrina do Direito Público.[487] Assinala que uma dificuldade específica da Teoria da Constituição decorre da identificação da noção de Constituição com a forma de Constituição do Estado constitucional burguês [*bürgerlicher Rechtsstaat*], assente nos direitos de liberdade individual, de propriedade, no princípio de divisão dos poderes e na separação entre Estado e sociedade civil: esta identificação, que não tem em conta a relatividade histórica e política dessa particular forma de Estado, conduziu, segundo Schmitt, ao negligenciamento ou ao desconhecimento dos processos essenciais da vida constitucional e, em particular, a uma noção de Constituição onde não estão devidamente articulados os elementos político-substancial e jurídico-formal da Constituição.

Schmitt procede à crítica da noção normativa pura de Constituição – do conceito formal de Constituição do normativismo –, que passa por alto o facto de que a Constituição resulta de um acto do poder constituinte, acto em que se origina a configuração global específica da unidade política de um determinado Estado: esta dissolução dos elementos político-substanciais da Constituição encontra a sua realização mais acabada na Teoria Pura do Direito de Kelsen, com a sublimação logicista do acto do poder constituinte por via da doutrina da norma fundamental (*Grundnorm*) hipotética, como Constituição em sentido lógico-jurídico e "norma originária" (*Ursprungsnorm*) por referência à qual se pode estabelecer a unidade de um determinado sistema jurídico. Diz Schmitt, no "Prefácio" à sua *Teoria da Constituição*:

> Foi sobretudo o tratamento da noção de soberania o que mais sofreu em resultado deste método de ficções e de desconsideração [*Ignorierung*] da realidade. Na prática, desenvolve-se então o exercício de actos apócrifos de soberania caracterizado

---

487 Cf. SCHMITT, Carl. *Verfassungslehre*. Berlim: Duncker & Humblot, 1928, "Vorwort" ["Prefácio"], p. XI.

> pelo facto de que funcionários ou orgãos estaduais, sem serem eles próprios soberanos, praticam em determinadas ocasiões e a coberto de uma tolerância tácita actos de soberania.[488]

A concepção normativista de Constituição conduz, segundo Schmitt, à identificação da Constituição com a lei constitucional, com uma lei cuja característica formal é a rigidez do seu processo de revisão, obliterando-se, assim, o verdadeiro sentido da noção de Constituição,[489] sentido esse que, no dizer de um discípulo de Schmitt, Ernst Rudolf Huber (1903-1990), designava o "estado de coisas" (*Zustand*) produzido pelas decisões políticas fundamentais.[490] Torna-se necessário, portanto, segundo Schmitt, distinguir entre "Constituição" (*Verfassung*) e "lei constitucional" (*Verfassungsgesetz*): a Constituição (*Verfassung*), enquanto estrutura global concreta da unidade política e da ordem social de um determinado Estado, não é redutível a um mero dado normativo, a lei constitucional (*Verfassungsgesetz*).

Garantir a Constituição é conservar a unidade política, preservando-a contra os seus elementos de dissolução, que Schmitt identificava como sendo: *i*) o pluralismo das forças sociais; *ii*) a policracia no domínio económico; *iii*) o federalismo.[491] Nessa base, Schmitt contestava a tese do *Staatsgerichtshof* (órgão jurisdicional instituído por lei de 9 de julho de 1921), afirmada no acórdão de 4 de novembro de 1925, de que a fiscalização da conformidade da legislação à Constituição do *Reich* constitui a garantia, por

---

488 Cf. SCHMITT, Carl. *Verfassungslehre*. Berlim: Duncker & Humblot, 1928, p. XIV.

489 Cf. SCHMITT, Carl. *Verfassungslehre*. Berlim: Duncker & Humblot, 1928, p. 19.

490 Cf. HUBER, Ernst Rudolf. "Verfassung und Verfassungswirklichkeit bei Carl Schmitt". *Blätter für Deutsche Philosophie*, vol. 5, 1931-1932, *maxime* p. 305.

491 Cf. SCHMITT, Carl. *Der Hüter der Verfassung*. Berlim: Duncker & Humblot, 1931, *maxime* pp. 73 e ss.

excelência, da Constituição;[492] mais tarde, nas alegações que produziu no processo em que o governo da Prússia pretendia impugnar o Decreto de emergência do Presidente do *Reich*, em que este, com base nos poderes que lhe eram atribuídos pelo parágrafo 2 do art. 48º da Constituição de Weimar, depôs o governo social-democrata da Prússia com o pretexto de restabelecimento da ordem pública, Schmitt afirmava que o "*verdadeiro guardião político da Constituição*" [*echter politischer Hüter der Verfassung*] é, nos termos da Constituição de Weimar, o Presidente do *Reich* e que o controlo da constitucionalidade que cabe ao Tribunal consubstancia, apenas, "*a protecção jurisdicional e jurídica da Constituição*" [*den gerichtlichen und justizförmigen Schutz der Verfassung*] – e, uma vez que a Constituição é a forma substancial da unidade política, é necessária, além dessa, uma garantia genuinamente política para a conservação da Constituição, que só o Chefe do Estado, o Presidente do *Reich*, está em condições de exercer.[493]

Em contrapartida, a atribuição da função de garantia da Constituição a uma instância jurisdicional especializada está intrinsecamente ligada, na argumentação kelseniana, a uma concepção normativista de Constituição, em que esta é considerada como norma de escalão superior, dado que determina o procedimento legislativo e, em certa medida, o próprio conteúdo das leis:

> Garantias da Constituição significam, portanto: garantia da regularidade [*Rechtmäßigkeit*] dos escalões jurídicos

---

492 Cf. SCHMITT, Carl. "Das Reichsgericht als Hüter der Verfassung" (1929). *In*: ______. *Verfassungsrechtliche Aufsätze aus den Jahren 1924-1954*. Berlim: Duncker & Humblot, 1958, pp. 63-100.

493 Cf. SCHMITT, Carl. "Schlußrede vor dem Staatsgerichtshof in Leipzig in dem Prozeß Preußen contra Reich". *In*: ______. *Positionen und Begriffe im Kampf mit Weimar – Genf – Versailles 1923-1939*. 4ª ed. Berlim: Duncker & Humblot, 2014, p. 209.

imediatamente subordinados à Constituição. Isto é, essencialmente: garantia da constitucionalidade das leis.[494]

Na construção kelseniana, é a doutrina da estrutura escalonada (*Stufenbaulehre*) do ordenamento jurídico e a ideia de supremacia hierárquico-normativa da Constituição que constituem a base teórica da defesa da jurisdição constitucional como a modalidade técnica de garantia da Constituição mais adequada para assegurar a eficácia da ordem constitucional.

2 Constituição e garantia jurisdicional da Constituição

A teorização mais completa de Kelsen sobre a organização das garantias da Constituição e sobre a natureza da jurisdição constitucional é, como foi referido, a desenvolvida na comunicação apresentada ao congresso anual de 1928 da *Associação dos Professores Alemães de Direito Público* [*Vereinigung der Deutschen Staatsrechtslehrer*].[495] A própria designação "*Staatsgerichtsbarkeit*" ["jurisdição estadual"] apontava para o problema político fundamental que tinha no contexto do processo constituinte (1918-1920) do Estado Independente Austro-Alemão (*Deutschösterreich*) feito sentir a necessidade de criação de um Tribunal Constitucional: a forma federal do Estado

494 Cf. KELSEN, Hans. "Wesen und Entwicklung der Staatsgerichtsbarkeit". *Verhandlungen der Vereinigung der Deutschen Staatsrechtslehrer*. tomo V. Berlim/Leipzig: Duncker & Humblot, 1929. [Agora em: KLECATSKY, Hans; MARCIC, René; SCHAMBECK, Herbert (Coord.). *Die Wiener rechtstheoretische Schule*. vol. 2. Viena: Manzsche Verlags- und Universitätsbuchhandlung, 1968, p. 1487].

495 Cf. KELSEN, Hans. "Wesen und Entwicklung der Staatsgerichtsbarkeit". *Verhandlungen der Vereinigung der Deutschen Staatsrechtslehrer*. tomo V. Berlim/Leipzig: Duncker & Humblot, 1929. [Agora em: KLECATSKY, Hans; MARCIC, René; SCHAMBECK, Herbert (Coord.). *Die Wiener rechtstheoretische Schule*. vol. 2. Viena: Manzsche Verlags- und Universitätsbuchhandlung, 1968].

aconselhava a criação de um Tribunal Constitucional que permitisse harmonizar as actividades do Parlamento Federal e as representações dos *Länder*.[496] No centro da questão estava a organização das relações entre poderes no quadro do modelo de organização federal da República austríaca e a necessidade de arbitramento dos conflitos de competência entre esses Poderes.

Não obstante, o texto de 1928, "Wesen und Entwicklung der Staatsgerichtsbarkeit", apresenta uma construção muito mais amadurecida no que toca à competência da jurisdição constitucional e à definição dos princípios essenciais do processo de controlo da constitucionalidade, construção que foi, com uma ou outra variante, assumida pelos países que adoptaram um modelo de controlo jurisdicional concentrado da constitucionalidade das leis (*v.g*: Alemanha, Áustria, Brasil, Espanha, Itália, Portugal, Bulgária, República Checa etc.).[497]

Tendo em conta que a consequência da decisão do Tribunal Constitucional que dá provimento ao pedido de declaração de inconstitucionalidade é a declaração de invalidade da norma sindicada,

---

496 Cf. KELSEN, Hans. "Verfassungs- und Verwaltungsgerichtsbarkeit im Dienste des Bundesstaates, nach der neuen österreichischen Bundesverfassung vom 1. Oktober 1920". *Zeitschrift für Schweizerisches Recht*, vol. XLII, 1923-1924, pp. 173-217; e, sobretudo, KELSEN, Hans. "Die Bundesexecution: Ein Beitrag zur Theorie und Praxis des Bundesstaates, unter besonderer Berücksichtigung der deutschen Reichs- und der österreichischen Bundesverfassung". *Festgabe für Fritz Fleiner zum 60. Geburtstag*, Tübingen: Mohr Siebeck, 1927, pp. 127-187. [Existe tradução em língua portuguesa deste artigo, com o título "A intervenção federal (Contribuição para a teoria e prática do Estado federativo, com particular atenção à Constituição do Reich alemão e à Constituição Federal austríaca)", na colectânea organizada por Sérgio Sérvulo da Cunha, KELSEN, Hans. *Jurisdição Constitucional*. São Paulo: Martins Fonte, 2003, pp. 47-117].

497 Para uma visão geral, cf. CAPPELLETTI, Mauro. *Il controllo giudiziario di costituzionalità delle leggi nel diritto comparato*. Milão: Giuffrè, 1973; cf., igualmente, STARCK, Christian; WEBER, Albrecht (Coord.). *Verfassungsgerichtsbarkeit in Westeuropa*. Baden-Baden: Nomos, 1986.

Kelsen chama o Tribunal Constitucional de "legislador negativo".[498] Em que é que consiste a actividade de "legislador negativo" exercida pelo Tribunal Constitucional? A diferença entre a função legislativa e a função jurisdicional consiste, antes do mais, em que a função legislativa cria normas gerais, e a função jurisdicional, unicamente normas individuais: nessa base, a declaração de invalidade de uma norma geral sindicada num processo de fiscalização abstracta de constitucionalidade consubstancia a alteração de uma regulamentação, pelo que consiste, em boa verdade, no exercício de uma função legislativa; mas o Tribunal Constitucional não substitui a norma declarada inconstitucional por uma nova norma por ele criada – é, tão-somente, como lhe chama Kelsen, "legislador negativo". Além disso, como explica o nosso autor, a livre criação que caracteriza a legislação está aqui praticamente ausente: a actividade de "legislador negativo" exercida pelo Tribunal Constitucional é absolutamente determinada pela Constituição e é precisamente nisso que a actividade do Tribunal Constitucional se assemelha à de qualquer outro tribunal em geral, pois ela é, precisamente, aplicação, e somente em escassa medida, criação do Direito.[499]

---

498 Cf., sobretudo, KELSEN, Hans. "Wesen und Entwicklung der Staatsgerichtsbarkeit". *Verhandlungen der Vereinigung der Deutschen Staatsrechtslehrer*. tomo V. Berlim/Leipzig: Duncker & Humblot, 1929. [Agora em: KLECATSKY, Hans; MARCIC, René; SCHAMBECK, Herbert (Coord.). *Die Wiener rechtstheoretische Schule*. vol. 2. Viena: Manzsche Verlags- und Universitätsbuchhandlung, 1968, *maxime* p. 1506]. Sobre a qualificação do valor negativo da lei inconstitucional, cf., por todos, MEDEIROS, Rui. *A decisão de inconstitucionalidade*. Lisboa: Fundação Calouste Gulbenkian, 1999, *maxime* pp. 37 e ss.

499 Cf., sobretudo, KELSEN, Hans. "Wesen und Entwicklung der Staatsgerichtsbarkeit". *Verhandlungen der Vereinigung der Deutschen Staatsrechtslehrer*. tomo V. Berlim/Leipzig: Duncker & Humblot, 1929. [Agora em: KLECATSKY, Hans; MARCIC, René; SCHAMBECK, Herbert (Coord.). *Die Wiener rechtstheoretische Schule*. vol. 2. Viena: Manzsche Verlags- und Universitätsbuchhandlung, 1968, *maxime* pp. 1505 e ss.].

A construção teórica da jurisdição constitucional como modalidade técnica de garantia da Constituição é toda ela dominada pela perspectiva "dinâmica" da análise do Direito e por uma concepção formal-procedimental da Constituição, que lhe atribui como função fundamental a determinação dos órgãos e procedimentos da Constituição – para Kelsen, a Constituição (em sentido material) consiste nas regras que disciplinam a criação de normas jurídicas gerais, em especial as normas legislativas[500] e a função da jurisdição constitucional traduz-se, em primeira linha, em garantir a regularidade [*Rechtsmäßigeit*] da produção legislativa. Mas, como sublinha também o nosso autor, as Constituições modernas contêm não apenas regras sobre os órgãos e os procedimentos legislativos, mas também um catálogo de direitos e liberdades individuais. Com isso, "(...) *a Constituição estabelece princípios, directivas e limites para o conteúdo das leis futuras*".[501] Estes dois pilares da Constituição, o relativo aos pressupostos e procedimentos da formação da lei, por um lado, e o relativo aos parâmetros constitucionais dos conteúdos das leis futuras, por outro, estão na base da distinção entre inconstitucionalidade formal e inconstitucionalidade material, se bem que Kelsen considere que a inconstitucionalidade dita material é, em última análise, uma inconstitucionalidade formal, pois que se a lei cujo conteúdo está em contradição com as prescrições da Constituição tivesse sido aprovada como lei constitucional (obedecendo aos pressupostos dessa aprovação), deixaria de ser inconstitucional,

---

500 Cf., por exemplo, KELSEN, Hans. *General Theory of Law and State*. Cambridge: Harvard University Press, 1945, p. 124; KELSEN, Hans. *Teoria Pura do Direito*. Trad. João Baptista Machado. Coimbra: Arménio Amado, 1976, p. 310.

501 Cf. KELSEN, Hans. "Wesen und Entwicklung der Staatsgerichtsbarkeit". *Verhandlungen der Vereinigung der Deutschen Staatsrechtslehrer*. tomo V. Berlim/Leipzig: Duncker & Humblot, 1929. [Agora em: KLECATSKY, Hans; MARCIC, René; SCHAMBECK, Herbert (Coord.). *Die Wiener rechtstheoretische Schule*. vol. 2. Viena: Manzsche Verlags- und Universitätsbuchhandlung, 1968, *maxime* p. 1490].

de acordo com o princípio da *lex posterior*,[502] raciocínio esse que é uma decorrência do facto do Direito positivo estabelecer uma forma constitucional especial, distinta da forma legal e, em termos teóricos, da doutrina da estrutura escalonada (*Stufenbaulehre*) da ordem jurídica. Ainda neste quadro de construção da base teórica do modelo de fiscalização jurisdicional concentrada da constitucionalidade das leis, Kelsen, com a sua obsessão de coerência conceptual, apresenta uma construção curiosa, a que fizemos já referência: a doutrina da cláusula alternativa tácita.[503] Em jeito de recapitulação, podemos resumir a doutrina da cláusula alternativa tácita, no que ao problema da lei inconstitucional diz respeito, nos seguintes termos: *i*) de acordo com a doutrina da estrutura escalonada (*Stufenbaulehre*) do ordenamento jurídico, a validade da norma (da norma legislativa) tem o seu fundamento de validade na norma de escalão superior (a norma constitucional); *ii*) todavia, a norma legislativa que é desconforme aos preceitos da Constituição, mas cuja inconstitucionalidade não foi ainda declarada, é uma norma válida; *iii*) esta contradição só pode ser resolvida mediante o ficcionamento da existência na Constituição de uma cláusula alternativa tácita que autorizaria o legislador a criar a norma desconforme aos preceitos da Constituição, norma essa que seria válida até à declaração da sua inconstitucionalidade pelo Tribunal Constitucional, no exercício da sua função de "legislador negativo".

A construção teórica da jurisdição constitucional como modalidade técnica de garantia da Constituição assenta, em Kelsen, nas teses e doutrinas nucleares da Teoria Pura do Direito e na sua concepção normativista da Constituição (da Constituição em sentido

---

502 Cf. KELSEN, Hans. "Wesen und Entwicklung der Staatsgerichtsbarkeit". *Verhandlungen der Vereinigung der Deutschen Staatsrechtslehrer*. tomo V. Berlim/Leipzig: Duncker & Humblot, 1929. [Agora em: KLECATSKY, Hans; MARCIC, René; SCHAMBECK, Herbert (Coord.). *Die Wiener rechtstheoretische Schule*. vol. 2. Viena: Manzsche Verlags- und Universitätsbuchhandlung, 1968, *maxime* p. 1491].

503 Sobre a doutrina da cláusula alternativa tácita, cf. *supra*, 10ª sessão.

material) como o conjunto das regras que disciplinam a criação de normas jurídicas gerais, em especial as normas legislativas, e que constituem o nível hierarquicamente mais elevado do sistema jurídico estadual. A dessubstancialização da noção da Constituição levada a cabo por Kelsen tem como consequência compreender a função política da Constituição como estabelecimento de limites jurídicos ao exercício do poder e a função da jurisdição constitucional como garante de que esses limites não são ultrapassados, isto é, como garante do ideal político do *rule of law*.

3 Jurisdição constitucional e Estado de Direito

A atribuição ao Chefe do Estado da função de "garante" ou "guardião" da Constituição estava ao serviço de uma interpretação extensiva do art.48° da Constituição de Weimar de 11 de agosto de 1919, sobre os poderes presidenciais, como um dos possíveis "*remédios e reacções*" [*Abhilfen und Gegenbewegungen*] contra a lógica do governo parlamentar. A construção de Schmitt assentava, como foi referido, na sua noção de Constituição como forma substancial da unidade política de um povo e apresentava elementos de continuidade com a doutrina constitucional do Estado monárquico autoritário (*Obrigkeitsstaat*), que pretendia assegurar ao Poder Executivo o maior grau possível de independência perante as reivindicações democráticas e a representação parlamentar: era este o modelo político corporizado na Constituição Imperial de 16 de abril de 1871 e que visava, em primeira linha, contrariar a parlamentarização do sistema de governo, salvaguardando a unidade do poder estadual a favor da pessoa do monarca, como Chefe do Estado.

A este propósito, a doutrina juspublicista alemã de matriz nacionalista e conservadora defendia a ideia de um modelo de constitucionalismo especificamente alemão (*deutscher Konstitutionalismus*) – por contraposição ao modelo constitucionalista inglês de monarquia constitucional como sistema de governo parlamentar e, sobretudo, ao modelo constitucionalista francês, radical e jacobino, fundado na ideia de soberania popular –, que via no princípio monárquico, isto é, na ideia de que o monarca é o detentor exclusivo do poder estadual, a "garantia institucional" da Constituição do Estado.[504] A tese de uma forma política autónoma da monarquia constitucional alemã é questionável, devendo antes essa especificidade ser interpretada como o resultado do esvaziamento das reivindicações democráticas e parlamentares contidas no programa político do constitucionalismo liberal alemão do *Vormärz* e da Revolução de 1848, esvaziamento que se traduziu, entre outras consequências, numa apropriação conservadora da noção de "Estado de Direito" (*Rechtsstaat*): esta noção, que em Kant (1724-1804) e nos juristas kantianos dos inícios do século XIX referia um modelo de Estado assente na ideia de direitos individuais naturais e na concepção dos fins do Estado como sendo a garantia dos direitos individuais, passa a constituir na doutrina juspublicista do período do Império uma mera categoria do Direito público, designando a subordinação da actividade administrativa do Estado a um princípio de legalidade, por contraposição ao *Polizeistaat* do absolutismo.[505] A teoria jurídica do Estado de Carl Friedrich von Gerber (1823-1891) e, sobretudo, de Paul Laband (1838-1918) vêm a constituir a expressão, por excelência,

---

504 Sobre a ideia de um modelo de constitucionalismo especificamente alemão (*deutscher Konstitutionalismus*) corporizado na Constituição imperial de 1871 e na experiência bismarckiana de uma monarquia constitucional autoritária, cf., por todos, HUMMEL, Jacky. *Le Constitutionalisme Allemand (1815-1918)*: Le Modèle Allemand de la Monarchie Limitée. Paris: Presses Universitaires de France, 2002.

505 Sobre esta redução da noção de "Estado de Direito" (*Rechtsstaat*) à ideia de "legalidade da Administração" na doutrina juspublicista alemã, cf., por todos, BÖCKENFÖRDE, Ernst-Wolfgang. "Entstehung und Wandel des Rechtsstaatsbegriffs" (1969). *In*: ______. *Recht, Staat, Freiheit*: Studien zur Rechtsphilosophie, Staatstheorie und Verfassungsgeschichte. Frankfurt: Suhrkamp, 1991, pp. 143-169; sobre os quadros jurídicos do Estado de polícia e o princípio moderno da vinculação legal da Administração, cf., entre nós, por todos, SOARES, Rogério Ehrardt. *Interesse público, legalidade e mérito*. Coimbra: Almedina, 1955, *maxime* pp. 54 e ss.

desta formalização da noção de "Estado de Direito" (*Rechtsstaat*), onde a limitação jurídica dos poderes não decorre da afirmação de uma prioridade normativa dos direitos individuais, como no modelo jusracionalista e kantiano do Estado de Direito (*Rechtsstaat*), mas do princípio da reserva da lei (*Vorbehalt des Gesetzes*) e da vinculação legal da Administração (*Gesetzmäßigkeit der Verwaltung*).[506] A própria teorização de Georg Jellinek (1851-1911) sobre as formas de autolimitação jurídica do Estado insere-se nesta linha de teorização característica do positivismo juspublicista do período do Império, se bem que Jellinek, ao qualificar o povo como "órgão primário" do Estado, se afaste do princípio monárquico e defenda um modelo constitucional baseado na centralidade do Parlamento.

A tese kelseniana da identificação entre Estado e Direito, bem como a relativização pela Teoria Pura do Direito da dicotomia entre Direito Público [e] método de produção de normas – mas em que Kelsen vê uma motivação ideológica subjacente, visando garantir a liberdade de acção à autoridade administrativa, com base na prevalência do interesse estadual ou bem público sobre o Direito estrito –, são alguns dos instrumentos conceptuais em que a Teoria Pura do Direito baseia a abordagem estritamente jurídica da realidade política e administrativa. Nesses termos, a Teoria Pura do Direito constitui o ponto de chegada do "método jurídico", como formalização da noção de "Estado de Direito" (*Rechtsstaat*). Por outro lado, no quadro da evolução constitucional alemã e austríaca, a concepção normativista de Constituição, como norma que regula a produção de normas jurídicas gerais, em especial as normas legislativas, gozando, assim, de uma prevalência (*Vorrang*) ou supremacia sobre as normas da legislação ordinária, constitui o contraponto à doutrina

506 Na doutrina juspublicista do tempo do Império, a ideia de Estado de Direito (*Rechtsstaat*) significa legalidade da Administração e institucionalização de uma justiça administrativa, sendo assim, compatibilizada com o princípio monárquico: sobre este ponto, cf. SORDI, Bernardo. *Tra Weimar e Vienna*: Amministrazione Pubblica e Teoria Giuridica nel Primo Dopoguerra. Milão: Giuffrè, 1987, *maxime* pp. 108 e ss.

do Estado-potência (*Machtstaat*), e à ideia de que é o monarca, como Chefe do Estado, o detentor do poder supremo.[507] O postulado da vinculação do legislador à Constituição e a proposta kelseniana de criação de uma jurisdição constitucional como modalidade técnica de garantia da Constituição inserem-se nesta lógica de institucionalização de um sistema de limitação jurídica dos poderes: a garantia jurisdicional da Constituição constitui a chave de abóboda do sistema de garantias da efectividade do princípio da legalidade.

Bibliografia de aprofundamento

Para além das referências bibliográficas contidas no texto, aconselha-se a leitura de:

1. KELSEN, Hans. "Quem Deve Ser o Guardião da Constituição?" *In*: ______. *Jurisdição Constitucional*. São Paulo: Martins Fontes, 2003, pp. 237-298. (Colectânea organizada por Sérgio Sérvulo da Cunha).
2. TROPER, Michel. "Kelsen et la Cour Constitutionelle". *In*: BEAUD, Olivier; PASQUINO, Pasquale (Coord.). *La Controverse sur "Le Gardien de la Constitution" et la Justice Constitutionelle*: Kelsen contre Schmitt. Paris: *La Controverse sur "Le Gardien de la Constitution" et la Justice Constitutionelle*: Kelsen contre Schmitt. Paris, 2007, 2007, pp. 83-101.

507 A este propósito veja-se já em KELSEN, Hans. *Hauptprobleme der Staatsrechtslehre, entwickelt aus der Lehre vom Rechtssatze*. Tübingen: Mohr Siebeck, 1911, a defesa da tese da "*natureza globalmente jurídica*" [*allrechtliche Natur*] do Estado e a crítica à teoria tradicional da "liberdade" da Administração, que Kelsen desenvolve no capítulo XIX (pp. 491 e ss.) desse seu livro.

19ª SESSÃO

EM DEFESA DA MODERNIDADE SECULAR

O último livro de Hans Kelsen (1881-1973), intitulado *Secular Religion. A polemic Against the Misinterpretation of Modern Social Philosophy, Science and Politics as "New Religion"*, foi publicado postumamente, em 2012, pelo Instituto Hans Kelsen de Viena. O conteúdo do livro corresponde a um manuscrito concluído em 1964 e retirado pelo autor da editora (University of California Press) quando estava já em vias de impressão.[508] Apesar do livro ter como origem uma extensa recensão à obra do seu antigo discípulo Eric Voegelin (1901-1985), intitulada *The New Science of Politics. An Introduction* (Chicago, 1952),[509] a argumentação de Kelsen dirige-se, em termos

508 Sobre as peripécias que rodearam a publicação, até à decisão final do *Kuratorium* do Instituto Hans Kelsen, em 2008, de autorizar a edição do manuscrito, cf. JABLONER, Clemens; ZELENY, Klaus; DONHAUSER, Gerhard. "Editorial Remarks". *In*: KELSEN, Hans. *Secular Religion*: a polemic against the misinterpretation of modern social philosophy, science and politics as "new religion". Viena/Nova Iorque: Springer, 2012, pp. IX-XV.

509 A recensão veio a ser publicada apenas em 2004, por iniciativa de Eckhart Arnold, com o título *A New Science of Politics*: Hans Kelsens reply to Eric

gerais, contra as críticas condenatórias da Modernidade, baseadas na tese de que a perda do princípio transcendente da ordem e a debilitação historicista dos valores de verdade constituem os grandes factores da "vulnerabilidade" das modernas sociedades seculares.

No âmbito da Filosofia do Direito, esta tese constituiu o cerne da crítica do positivismo jurídico e do relativismo dos valores, bem como a razão de ser das propostas de retorno à tradição do Direito natural clássico, apresentadas por autores como Heinrich Rommen (1897-1967), Leo Strauss (1899-1973) ou Michel Villey (1914-1988), por exemplo.[510] No plano da filosofia política e social, serviu de base à interpretação da Modernidade secular como "História de declínio" (*Verfallsgeschichte*) e a uma intenção de "des- secularização", defendida por autores tão diversos como os representantes do romantismo reaccionário do século XIX – Joseph de Maistre (1753-1821), Louis de Bonald (1754-1840), Karl Ludwig von Haller (1768-1854) ou Adam Müller (1779-1829) –, Alasdair MacIntyre (1929-), nos dias de hoje, passando, com outras tonalidades, por Martin Heidegger (1889-1976) e pelos expoentes clássicos do pensamento social católico de base tomista, como por exemplo, Étienne Gilson (1884-1978). A posição geral de Kelsen está bem retratada no título de uma série de manuscritos que antecederam a versão final de *Secular Religion* e que datam da segunda metade dos anos cinquenta do século XX: *Defense of Modern Times*.

Defensor de um modelo de conhecimento empírico-racional e do postulado da neutralidade axiológica da ciência, Kelsen

---

Voegelin's "New Science of Politics". A Contribution to the Critique of Ideology. Berlim: De Gruyter, 2004. O livro de Voegelin está traduzido em língua portuguesa sob o título *A Nova Ciência da Política*. Brasília: Editora Universidade de Brasília, 1979, tradução a cargo de José Viegas Filho, com introdução de José Pedro Galvão de Sousa.

510 Cf. ROMMEN, Heinrich A. *Die ewige Wiederkehr des Naturrechts*. 2ª ed. Munique: Beck, 1947; STRAUSS, Leo. *Direito Natural e História*. Trad. Miguel Morgado. Lisboa: Edições 70, 2009 [1953]; VILLEY, Michel. *Critique de la Pensée Juridique Moderne*. Paris: PUF, 1976.

considera que a existência de uma ciência objectiva e independente e a separação entre "fé" e "saber" constituem traços característicos fundamentais da Modernidade ocidental;[511] nesse mesmo registo, defende uma ciência social anti-metafísica, invocando aqui os exemplos de Thomas Hobbes (1588-1679), que afasta do âmbito da sua indagação a especulação sobre a ordem cosmológica (pp. 86 e ss.), de David Hume (1711-1776), com o seu cepticismo empirista (p. 131), e de Kant (1724-1804), cuja filosofia transcendental reconhece que a razão humana não tem condições para responder a questões que transcendem o âmbito da experiência humana (pp. 134 e ss.).

Voegelin caracteriza a racionalidade científico-técnica e a ciência moderna como uma nova forma de gnosticismo – entendendo por "gnosticismo" a crença no poder do conhecimento de transformar a realidade, para criar a perfeição terrena –, como uma fé secular que recusa a abertura à transcendência. Diz Voegelin:

> A morte do espírito é o preço do progresso. Nietzsche revelou este mistério do apocalipse do Ocidente quando anunciou que Deus estava morto e que Ele tinha sido assassinado. Este assassinato gnóstico é permanentemente perpetrado pelos homens que sacrificam Deus à civilização. Quanto mais fervoroso é o modo como todas as energias humanas são aplicadas na grande empresa da salvação através de uma actuação imanente ao mundo, tanto mais os seres humanos empenhados nesta empresa se afastam da vida do espírito. E uma vez que a vida do espírito é a fonte da ordem no Homem

---

511 Diz Kelsen: "*se existe um critério que distingue os tempos modernos da Idade Média – na civilização ocidental –, esse critério é a existência de uma ciência objectiva e independente. A regressão da ciência à metafísica e à teologia significa o retorno ao espírito da Idade Média. A literatura contra a qual este livro é escrito põe seriamente em risco a existência de uma ciência objectiva e independente e, portanto, o espírito dos tempos modernos*" (cf. KELSEN, Hans. *Secular Religion*: a polemic against the misinterpretation of modern social philosophy, science and politics as "new religion". Viena/Nova Iorque: Springer, 2012, p. 4).

> e na sociedade, o próprio sucesso de uma civilização gnóstica é a causa do seu declínio.[512]

Para Voegelin, a essência da Modernidade consiste nesta forma de gnosticismo, nesta forma de imanentização do significado da existência.

Voegelin identifica na imanentização do *éschaton* (aquilo que é último; o fim dos tempos) cristão a fonte das ideologias modernas (Iluminismo, humanismo, liberalismo e positivismo, bem como o bolchevismo e o nacional-socialismo), já analisados como movimentos político-religiosos no seu livro *As Religiões Políticas*.[513] Kelsen confronta-se criticamente com esta ideia de fé ou "religião secular" e, em termos gerais, com a interpretação das ideologias modernas a partir da "secularização" ou "imanentização" de um modelo escatológico – subjacente a esta confrontação crítica está a rejeição do método da teologia política de Carl Schmitt (1888-1985), baseado na tese de que os conceitos morais e políticos fundamentais do período moderno consistem numa "tradução" num registo secular dos conteúdos semânticos de conceitos teológicos.[514]

Feita esta introdução genérica, vamos passar a analisar as linhas de força da argumentação de Kelsen a partir de três vectores principais: *i*) a defesa de um pensamento agnóstico e anti-metafísico; *ii*) a diferenciação entre a religião e outros sistemas de crenças; *iii*) a defesa de uma concepção relativista da filosofia e da política.

---

512 Cf. VOEGELIN, Eric. *The New Science of Politics*: an introduction. Chicago: University of Chicago Press, 1952, pp. 130 e ss.

513 Cf. VOEGELIN, Eric. *Die politischen Religionen*. Viena: Böhlau, 1938; cf., igualmente, VOEGELIN, Eric. *Wissenschaft, Politik und Gnosis*. Munique: Piper, 1959.

514 Cf. SCHMITT, Carl. *Politische Theologie*: Vier Kapitel zur Lehre von Souveränität. 7ª ed. Berlim: Duncker & Humblot, 1996 [1922].

1 A defesa de um pensamento agnóstico e anti-metafísico

A atitude racionalista de Kelsen assenta numa ideia de razão que reconhece os seus limites e que deixa a investigação sobre a fonte transcendente do ser à teologia: as formas empírico-racionais de conhecimento são substancialmente distintas das "verdades" da Revelação. A racionalidade secular do Ocidente moderno proporciona um entendimento da realidade diferente da visão finalística característica do pensamento clássico e cristão, que consistia numa verdadeira onto-teo-teleologia; por outro lado, no âmbito da filosofia moral e política, essa defesa de formas empírico-racionais de conhecimento tem como corolário a tese de que os valores absolutos são matéria de escolhas baseadas em emoções e não objecto de conhecimento racional.

Sensivelmente pela mesma altura em que elabora a longa recensão ao livro de Voegelin, *The New Science of Politics*, Kelsen publica o ensaio "Foundations of Democracy",[515] no qual se confronta com as teses – defendidas, entre outros, pelos teólogos protestantes Emil Brunner (1889-1966) e Reinhold Niebuhr (1892-1971) e pelo filósofo e teólogo católico Jacques Maritain (1882-1973) – sobre a necessidade de uma concepção de justiça como eterna, sobrenatural e absolutamente válida e com a afirmação de que foi a desintegração desta concepção de justiça característica do Direito natural cristão, promovida pelo positivismo agnóstico e anti-metafísico do século XIX, que conduziu ao niilismo e ao totalitarismo do século XX. Esse libelo acusatório contra a racionalidade científico-técnica e o cientismo positivista como propiciadores do totalitarismo do século XX constitui o núcleo central das diversas versões de uma "Dialéctica da Ilustração", de Heidegger (1889-1976) e Carl Schmitt (1888-1985) a Walter Benjamin (1892-1940) e Max Horkheimer (1895-1973), ou de Voegelin (1901-1985) a Michel Foucault (1926-1984) e Roberto

515 Cf. KELSEN, Hans. "Foundations of Democracy". *Ethics*, vol. 66, 1955, pp. 1-101.

M. Unger (1947-)[516] – desembocando algumas dessas versões na defesa conservadora da tradição e outras em projectos de uma contra-cultura crítica.[517]

Para Voegelin, as diversas manifestações do pensamento secular têm na origem a imanentização do *éschaton* da teologia cristã, enquanto Karl Löwith (1897-1973) identifica no moderno pensamento secular do "progresso" motivos não assumidos de uma herança teológica, vendo na filosofia da História uma secularização do modelo escatológico da História da Salvação da religião cristã.[518] No livro *Religião Secular*, Kelsen sublinha a diferença estrutural entre a racionalidade secular do Ocidente moderno e a esfera religiosa: independentemente da força metafórica da expressão "religião secular", é manifesto que a ciência e o pensamento social e político modernos se abstêm da referência a uma esfera transcendente colocada para além da experiência humana. A posição de Kelsen é clara e inequívoca: consiste numa oposição à "reocupação" do espaço da ciência pela teologia e da política pela religião.

2 A diferenciação entre a religião e outros sistemas de crenças

É legítimo caracterizar um determinado sistema de crenças como uma "religião", a partir unicamente da intensidade das

---

516 Cf. UNGER, Robert M. *Knowledge and Politics*. Nova Iorque: Free Press, 1975, que, numa linha de argumentação que apresenta, paradoxalmente, muitas similitudes com a de Voegelin, acusa a ciência empírica e o liberalismo de terem procedido "*à deificação da humanidade*".

517 Sobre estas diferentes constelações é interessante a leitura de MacINTYRE, Alasdair. *Three Rival Versions of Moral Enquiry*: Encyclopaedia, Genealogy, and Tradition. Notre Dame: University of Notre Dame Press, 1990.

518 Cf. LÖWITH, Karl. *Weltgeschichte und Heilsgeschehen*: Die theologischen Voraussetzungen der Geschichtsphilosophie. Estugarda: W. Kohlhammer, 1953. [Trad. para o português a cargo de Maria Georgina Segurado: *O sentido da História*. Lisboa: Edições 70, 1990].

motivações que proporciona e independentemente da crença num ser transcendente? Podem os conceitos morais e políticos fundamentais da época moderna ser interpretados como traduções num registo secular de antecedentes teológicos, como pretende a teologia política schmittiana? Qual o sentido da interpretação voegeliana dos totalitarismos do século XX como o produto final da busca gnóstica de uma "teologia civil", inserindo as origens do totalitarismo na trajectória histórica da Modernidade?

As questões com que Kelsen se confronta no livro *Religião Secular* são questões centrais da história intelectual do século XX. A sua posição de base assenta na interpretação do processo histórico da "secularização" como diferenciação das esferas da ciência, da economia, da política e da moral em relação à religião, num registo que poderíamos considerar semelhante ao de Max Weber (1864-1920),[519] contrariando a visão conservadora e pessimista da Modernidade a que o livro de Voegelin confere uma nova radicalidade, com a sua tese da essência gnóstica da civilização moderna e a interpretação da génese das ideologias modernas como imanentização das experiências religiosas.

Naturalmente que a perspectiva kelseniana sobre a relação entre razão secular e fé religiosa é uma perspectiva marcadamente eurocêntrica, que não dá conta, sequer, da diversidade das dinâmicas de "secularização" ocorridas na Europa moderna, nomeadamente da especificidade daquelas que são desencadeadas pela Reforma protestante. Não obstante, a sua interpretação do processo histórico da "secularização" no Ocidente moderno merece ser contrastada com as visões pessimistas e conservadoras de, por exemplo, Martin

---

519 Cf., sobretudo, WEBER, Max. *Wirtschaft und Gesellschaft*: Grundriß der verstehenden Soziologie. 5ª ed. revista. Tübingen: Mohr Siebeck, 1972. Para uma perspectiva geral sobre a noção de "secularização", cf. a entrada MARRAMAO, Giacomo. "Säkularisierung". *In*: RITTER, Joachim; GRÜNDER, Karlfried (Coord.). *Historisches Wörterbuch der Philosophie*. vol. 8. Darmstadt: Wissenschaftliche Buchgesellschaft, 1992, pp. 1133-1161.

Heidegger (1889-1976), Carl Schmitt (1888-1985), Karl Löwith (1897-1973), Eric Voegelin (1901-1985), ou, mais recentemente, Reinhart Koselleck (1923-2006).[520] Este é, como referimos, um dos debates mais importantes da história intelectual do século XX, marcado posteriormente por intervenções tão determinantes como as de Hans Blumenberg (1920-1996), para quem, em vez de uma continuidade substantiva de conteúdos teológicos e da "tradução" da escatologia judaico-cristã em teorias seculares sobre o "progresso" – como defendiam, sobretudo, Karl Löwith ou Reinhart Koselleck –, se trata antes de uma "reocupação" (*Umbesetzung*) do âmbito teológico-religioso pela política, num processo de "mundanização" (*Verweltlichung*) que consubstancia uma ruptura com o passado,[521] ou, nos tempos mais recentes, por Jürgen Habermas (1929-), com a sua análise da constelação ocidental da fé e do saber, em que vai buscar as raízes de uma razão dissociada da transcendência (o que ele chama de "pensamento pós-metafísico").[522]

Ainda a propósito da sua confrontação com a teologia política schmittiana, em geral, e, em particular, com os paralelismos identificados por Voegelin entre as utopias políticas totalitárias do século XX e a Gnose do cristianismo primitivo – tendo em conta que a promessa de Redenção constitui um elemento essencial do gnosticismo –, Kelsen assinala a diferença dos registos discursivos em que se expressam a religião e os outros sistemas de crenças (*v.g.*: as ideologias políticas), sublinhando que a teologia política schmittiana estabelece como identidades aquilo que são apenas paralelismos e afinidades.

---

520 Cf., sobretudo, KOSELLECK, Reinhart. *Kritik und Krise*: Eine Studie zur Pathogenese der bürgerlichen Welt. 2ª ed. Freiburgo: Karl Alber Verlag, 1969.

521 Cf. BLUMENBERG, Hans. *Die Legitimität der Neuzeit*. Frankfurt: Suhrkamp, 1966.

522 Cf. HABERMAS, Jürgen. *Auch eine Geschichte der Philosophie*. vol. 1: Die okzidentale Konstellation von Glauben und Wissen. Frankfurt: Suhrkamp Verlag, 2019.

Relacionada com as teses de Kelsen sobre a "secularização" e o estatuto da religião na sociedade secular, está, por outro lado, a sua justificação relativista da Democracia liberal. Kelsen não pode ignorar aquilo que Leo Strauss (1899-1973), sem uma preocupação directamente religiosa, apontara, e que, de um ponto de visa empírico-sociológico, é verdadeiro: as ideias de matriz secular, como "direitos humanos", "contrato social", etc., têm um potencial de estabilização social mais reduzido do que a crença em princípios transcendentes da ordem, como a "natureza das coisas" ou as "verdades" da religião revelada. Essa constatação remete-nos para a discussão sobre a necessidade de "poderes sustentadores" como a religião ou qualquer outra substância pré-jurídica como meio de asseguramento do consenso normativo mínimo e, nessa base, da estabilidade do Estado liberal-democrático, questão que Ernst-Wolfgang Böckenförde (1930-2019) sintetizou na sua conhecida formulação: "*será que o Estado liberal secularizado se alimenta de pressupostos normativos que ele próprio não é capaz de garantir*?" – o chamado "paradoxo de Böckenförde".[523] Essa discussão esteve subjacente aos debates sobre a Teoria da Constituição da época de Weimar e ao apelo ao "retorno ao Direito natural" (clássico) no período posterior a 1945. Kelsen toma posição nessa discussão, atendo-se não apenas à sua interpretação da Modernidade ocidental como "secularização", como também a uma concepção relativista da filosofia e da política.

3 A defesa de uma concepção relativista da filosofia e da política

Do ponto de vista da metodologia do pensamento político, tanto Leo Strauss (1899-1973) como Eric Voegelin (1901-1985) rejeitavam o modelo de ciência política moderna, orientado desde Hobbes (1588-1679) pelo ideal cartesiano de ciência exacta. Essa

---

523 Cf. BÖCKENFÖRDE, Ernst-Wolfgang. "Die Entstehung des Staates als Vorgang der Säkularisation" (1967). *In*: ______. *Recht, Staat, Freiheit*: Studien zur Rechtsphilosophie, Staatstheorie und Verfassungsgeschichte. ed. ampl. Frankfurt: Suhrkamp, 2006, p. 112.

rejeição apoiava-se, porém, em perspectivas algo diferentes: enquanto a tese de Voegelin sobre a génese das ideologias modernas como imanentização de experiências religiosas se inspirava, como já referimos, na teologia política schmittiana, Leo Strauss defendia um retorno à filosofia política clássica, centrada na indagação sobre a melhor configuração da ordem política, inserida no contexto da questão prática (ética) da via boa e justa. Não obstante as diferenças, ambos os autores apresentavam um diagnóstico negativo da Modernidade secular, procurando Voegelin compensar os seus défices de orientação normativa mediante um retorno aos valores transcendentes da religião e Strauss por meio da referência à ideia de uma verdade objectiva ancorada nas estruturas do ser – uma estrutura de pensamento que constitui a matriz das doutrinas do Direito natural clássico.[524]

Kelsen situava-se nos antípodas desses dois autores: defendia um modelo de ciência social anti-metafísica e um relativismo crítico, quer no plano epistemológico quer no plano metaético. Do ponto de vista político-ideológico, Kelsen era um defensor do liberalismo político, enquanto Voegelin fazia abranger na sua concepção de "religiões políticas" ou "seculares" tanto as ideologias totalitárias (comunismo, nazi-fascismo) como o liberalismo ou "progressismo", com base numa comum função soteriológica análoga às promessas messiânicas da religião judaico-cristã. A tese voegeliana sobre a génese das ideologias modernas como imanentização das experiências religiosas e as catástrofes sociais e políticas que daí resultaram faz lembrar a diatribe de Joseph de Maistre (1753-1823) contra o cepticismo iluminista perante o Deus bíblico, que, segundo ele, conduziu a um ódio violento contra a autoridade política, e a acusação desse autor de que foi o Protestantismo que encorajou o orgulho humano a revoltar-se contra a autoridade.[525]

---

524 Cf. STRAUSS, Leo. *Direito Natural e História*. Trad. Miguel Morgado. Lisboa: Edições 70, 2009 [1953].

525 Sobre o ataque de Joseph de Maistre à ciência moderna e a sua condenação da influência subversiva dos *philosophes* do século XVIII, cf.

O problema da diluição da autoridade, consubstanciada na jurisdicionalização da vida do Estado, constitui também o cerne da crítica de Carl Schmitt (1888-1985) ao liberalismo político, vendo ele na concepção kelseniana do Estado como ordem normativa uma condensação das representações weberianas sobre a ordem política impessoal do Estado legal-racional moderno. Schmitt associa à secularização do poder estadual e ao desenvolvimento do Estado de Direito democrático a neutralização do "político" e identifica nesse processo a raiz da "vulnerabilidade" à crise das Democracias liberais.[526]

A tipologia kelseniana dos regimes políticos assenta no critério da existência ou não existência de liberdade política, definindo, nessa base, dois tipos-ideais de regimes políticos: *i*) Democracia; *ii*) Autocracia.[527] A esses dois tipo-ideais de regimes políticos correspondem duas cosmovisões contrapostas: *i*) a cosmovisão crítico-relativista; *ii*) a cosmovisão metafísico-absolutista. No plano da filosofia moral e política, a cosmovisão crítico-relativista está na base da concepção segundo a qual a vida moral e política deve ser organizada de acordo com um princípio de tolerância, garantindo a cada um a possibilidade de viver de acordo com a sua própria concepção de "bem" e o seu código de valores morais; a cosmovisão metafísico-absolutista assenta na crença na possibilidade de estabelecimento de verdades absolutas por via especulativa, tornando possível, assim, determinar racionalmente valores absolutos e uma ordem de conduta perfeita.[528]

BERLIN, Isaiah. "Joseph de Maistre and the Origins of Fascism". *In*: ______. *The Crooked Timber of Humanity*. Londres: Fontana Press, 1990, pp. 91-174.

526 Cf. SCHMITT, Carl. *O Conceito do Político*. Trad. Alexandre Franco de Sá. Lisboa: Edições 70, 2019 [1932].

527 Cf. *supra*, 17ª sessão.

528 Cf. KELSEN, Hans. "Absolutism and Relativism in Philosophy and Politics". *The American Political Science Review*, vol. 42, 1948, pp. 906-914. Esta tipologia encontra-se já em KELSEN, Hans. *Vom Wesen und Wert der Demokratie*. 2ª ed. Tübingen: Mohr Siebeck, 1929 e é

A fundamentação relativista da Democracia liberal apresentada por Kelsen constitui uma expressão clássica do secularismo do liberalismo moderno. Esta fundamentação é posta em causa não apenas pelos adversários da Democracia liberal (*v.g.*: Carl Schmitt, Leo Strauss, Eric Voegelin) como por aqueles que defendem que basear a ordem política num conceito agnóstico de "tolerância" não é suficiente para a manutenção da estabilidade social, rejeitando, assim, o secularismo do liberalismo moderno (*v.g.*: Emil Brunner, Reinhold Niebuhr, Jacques Maritain). No livro *Religião Secular*, Kelsen confronta-se criticamente com todas estas linhas de argumentação, a partir do relativismo da sua filosofia, de cariz anti-metafísico, não religioso e céptico.

Bibliografia de aprofundamento:

Para além das referências bibliográficas contidas no texto, aconselha-se a leitura de:

1. KELSEN, Hans. "Politics, ethics, religion and law". *In*: RITTER, Gerhard A.; ZIEBURA, Gilbert (Coord.). *Faktoren der politischen Entscheidung*: Festgabe für Ernst Fraenkel zum 65. Geburtstag. Berlim: De Gruyter, 1963, pp. 3-10.

2. TELMAN, D. A. Jeremy. "The Free Exercise Clause and Hans Kelsen's Modernist Secularism". *In*: ______ (Coord.). *Hans Kelsen in America*: Selective Affinities and the Mysteries of Academic Influence. Wiesbaden: Springer International Publishing, 2016, pp. 343-362.

---

desenvolvida no ensaio KELSEN, Hans. "Foundations of Democracy". *Ethics*, vol. 66, 1955.

20ª SESSÃO

O LEGADO DE KELSEN E AS SUAS DIFERENTES PROJECÇÕES

Uma breve resenha da "recepção" da obra de Kelsen, nas suas várias dimensões, está inexoravelmente condenada a que se lhe apontem duas deficiências fundamentais: um descritivismo generalista, por um lado, que é acompanhado por lacunas e omissões de aspectos essenciais, por outro. Mesmo com a consciência destes riscos, vamos procurar oferecer um retrato geral do impacto da obra de Kelsen, restringindo-nos às culturas jurídicas que nos são mais próximas e a cuja literatura fundamental o acesso não nos está vedado por razões linguísticas.

Mas logo aí deveríamos penitenciar-nos por uma omissão evidente: o Brasil. Esse país foi terra de acolhimento de dois membros da Escola de Viena, que aí foram obrigados a exilar-se: Hans (Itzhak) Klinghoffer (1905-1990)[529] e Rudolf Aladár Métall

529 Sobre a vida e a obra de Hans Klinghoffer, cf. KLEIN, Claude. "Hans (Itzhak) Klinghoffer". *In*: WALTER, Robert; JABLONER, Clemens; ZELENY, Klaus (Coord.). *Der Kreis um Hans Kelsen*: Die Anfangsjahre der Reinen Rechtslehre. Viena: Manz, 2008, pp. 175-184.

(1903-1975), confidente e biógrafo de Kelsen.[530] No entanto, como não temos informação sistematizada sobre a "recepção" de Kelsen no Brasil, remetemos para a relação de publicações coligida por Gabriel Nogueira Dias (1976-), correspondente no Brasil do Instituto Hans Kelsen de Viena, que está publicada como "apêndice" ao estudo introdutório para a edição brasileira da *Autobiografia de Hans Kelsen* (pp. LVIII e ss.).[531] As monografias e artigos reunidos nessa relação de publicações incidem sobre aspectos parcelares da obra de Kelsen ou procuram relacionar o programa de análise do Direito de Kelsen com outros programas de análise do Direito de orientação positivista, como os de Alf Ross (1899-1979) e Herbert Hart (1907-1992).

Uma Teoria do Direito que visa articular o universo lógico do Direito – uma "gramática pura" (no sentido de Husserl) da linguagem do Direito positivo – é apresentada no livro de Lourival Vilanova (1915-2001) intitulado *As Estruturas Lógicas e o Sistema do Direito Positivo* (São Paulo, 1977). Trata-se, a meu ver, da reelaboração mais sólida e conseguida na literatura jurídica de língua portuguesa do projecto da Teoria Pura do Direito, assente numa base filosófica geral que é a fenomenologia de Husserl (1859-1938), e que caiu injustificadamente no esquecimento.

Uma perspectiva útil para analisar as projecções da obra de Kelsen seria atender não aos escritos daqueles que a tomam como fonte de inspiração ou que com ela travam um diálogo crítico, mas

---

530 Sobre Rudolf A. Métall, cf. LADAVAC, Nicoletta Barsier. "Rudolf Aladár Métall". *In*: WALTER, Robert; JABLONER, Clemens; ZELENY, Klaus (Coord.). *Der Kreis um Hans Kelsen*: Die Anfangsjahre der Reinen Rechtslehre. Viena: Manz, 2008, pp. 315-324. A Rudolf A. Métall deve-se a obra canónica sobre a biografia de Kelsen e a Escola de Viena, MÉTALL, Rudolf A. *Hans Kelsen*: Leben und Werk. Viena: Manzsche Verlags- und Universitätsbuchhandlung, 1969.

531 Cf. KELSEN, Hans. *Autobiografia de Hans Kelsen*. Trad. Gabriel Nogueira Dias e José Ignácio Mendes Neto. 4ª ed. São Paulo: Forense Universitária, 2012.

sim passar em revista as objecções dos seus detractores de vários matizes: da crítica de Carl Schmitt (1888-1985) ou Karl Larenz (1903-1993) ao normativismo e ao liberalismo do pensamento de Kelsen, às teses de Evgeny B. Pashukanis (1891-1937) sobre o carácter burguês e reaccionário da Teoria Pura do Direito ou à defesa de um "objectivismo moral" contra o relativismo dos valores de Kelsen por parte dos partidários do Direito natural;[532] ou os pontos de vista que compartilhavam a cosmovisão antimetafísica e crítica de Kelsen, mas criticavam a base filosófica do seu pensamento, em nome de uma orientação empirista na filosofia e realista no plano da análise do Direito, como Axel Hägerström (1868-1939) ou, mais tarde, Alf Ross (1899-1979).

Estas explorações, por interessantes que sejam (e são, efectivamente), seriam uma espécie de "veredas do bosque", percursos intermináveis e sucessivamente ramificados, por onde se perderia a linha da exposição. Deste modo, limitar-nos-emos, como referimos, a um esboço geral da "recepção" da Teoria Pura do Direito num conjunto de países com os quais a cultura jurídica portuguesa mantém uma relação mais permanente, organizando a exposição na base das referências seguintes: *i*) Alemanha e Áustria; *ii*) Grã-Bretanha e Estados Unidos; *iii*) Itália; *iv*) França; *v*) Espanha; *vi*) Argentina (Escola Analítica de Buenos Aires); *vii*) Portugal.

i) Alemanha e Áustria

A atitude do mundo académico alemão em relação à Teoria Pura do Direito foi essencialmente determinada pela tentativa de culpabilizar, após 1945, o positivismo jurídico pela passividade das magistraturas judiciais e da academia perante o regime de violência e arbítrio do nacional-socialismo. Socorrendo-se da autoridade moral

532 A este esse propósito, cf. o conspecto geral oferecido por BOBBIO, Norberto. "La teoria pura del diritto e i suoi critici". *In*: ______. *Diritto e Potere*: Saggi su Kelsen. Nápoles: Giappichelli, 1992, pp. 15-39.

e intelectual de Gustav Radbruch (1878-1949), que, em 1946, tinha escrito sobre a não juridicidade do Direito injusto e a existência de um Direito supralegal,[533] difundiu-se a ideia de que apenas uma concepção sobre o conceito de Direito vinculada a valores morais substantivos e o reconhecimento da legitimidade dos juízes para "corrigirem" o Direito legislado com base nesses valores poderia contrariar o arbítrio do poder.

O ataque ao positivismo desencadeado logo a seguir ao termo da guerra acabou por servir estratégias de ocultação da continuidade e de recalcamento do passado (*Vergangenheitsverdrängung*): no período imediatamente anterior à ascensão do nacional-socialismo, a República de Weimar (1918-1933), o positivismo jurídico tinha estado associado à defesa de formas democráticas e republicanas de governo,[534] enquanto os autores politicamente identificados com a direita nacional-conservadora e o pensamento nacional popular faziam do positivismo jurídico e do formalismo metodológico, rotulados como manifestações da interpretação individualista-liberal do Estado e do Direito, os alvos a abater intelectualmente.

Nesse quadro, é eloquente o juízo de Karl Larenz (1903-1993) sobre a Teoria Pura do Direito, que apresentava como sendo

> (...) nada mais do que um nominalismo jurídico levado ao extremo, que nega qualquer substância moral-espiritual do Direito e do Estado e que com o seu formalismo brutal destrói todos os laços mais profundos do indivíduo com valores supra-individuais e dissolve a comunidade. É nihilismo político, a expressão

---

533 Cf. RADBRUCH, Gustav. "Gesetzliches Unrecht und übergesetzliches Recht". *Süddeutsche Juristenzeitung*, vol. 1, 1946, pp. 105-108. [Reimpresso em: RADBRUCH, Gustav, *Rechtsphilosophie*. 8ª ed. Estugarda: Ferdinand Enke Verlag, 1973, pp. 327-329].

534 Para um panorama geral, cf., por todos, GROH, Kathrin. *Demokratische Staatsrechtslehrer in der Weimarer Republik*. Tübingen: Mohr Siebeck, 2010.

filosófica da desintegração política que atingiu o clímax na Democracia liberal do período subsequente à Guerra.[535]

Carl Schmitt (1888-1985) culpava a recepção do Direito Romano e os judeus pela difusão de uma orientação normativista no pensamento jurídico germânico e criticava o formalismo neo-kantiano e a Teoria Pura do Direito de Kelsen por terem levado ao extremo essa orientação.[536]

A culpabilização do positivismo jurídico pela passividade perante o nacional-socialismo há muito que foi desmentida pela historiografia: a esse propósito, refiram-se, sobretudo, os inúmeros trabalhos de Bernd Rüthers (1930-)[537] e Michael Stolleis (1941-).[538] Mas existiam outras questões, mais circunstanciais, que estiveram na base da rejeição por parte do mundo académico alemão no pós-guerra do pensamento de Kelsen, mormente por parte da doutrina juspublicista: a tese, defendida por Kelsen, da extinção do Estado alemão em 1945 e o estatuto jurídico das potências ocupantes.[539]

---

535 Cf. LARENZ, Karl. *Rechts- und Staatsphilosophie der Gegenwart*. 2ª ed. Berlim: Springer, 1935, pp. 49 e ss.

536 Sobre a crítica de Schmitt ao normativismo kelseniano, cf., por todos, ENGLARD, Yzhak. "Nazi Criticism against the Normative Theory of Hans Kelsen – Its Intellectual Basis and Post-Modern Tendencies". *In*: DINER, Dan; STOLLEIS, Michael (Coord.). *Hans Kelsen and Carl Schmitt*: a Juxtaposition. Gerlingen: Bleicher, 1999, pp. 133-188.

537 Cf., sobretudo, RÜTHERS, Bernd. *Die unbegrenzte Auslegung*: Zum Wandel der Privatrechtsordnung im Nationalsozialismus. 3ª ed. Heidelberg: C. F. Müller Verlag, 1988; sobre a ideologia jurídica do nacional-socialismo, cf., igualmente, RÜTHERS, Bernd. *Entartetes Recht*: Rechtslehren und Kronjuristen im Dritten Reich. 2ª ed. Munique: Beck, 1988.

538 Cf., por exemplo, STOLLEIS, Michael. *Studien zur Rechtsgeschichte des Nationalsozialismus*. Frankfurt: Vittorio Klostermann, 1994.

539 Cf. KELSEN, Hans. "The international legal status of Germany to be established immediately upon termination of the war". *The American Journal of International Law*, vol. 38, 1944, pp. 689-694; cf., igualmente, KELSEN, Hans. "The legal status of Germany according to the

Todavia, uma relação mais distanciada e descomprometida com o passado veio possibilitar uma visão despida de preconceitos e um interesse renovado pela obra de Kelsen na Alemanha nas últimas três décadas: a esse propósito e a título exemplificativo, refiram-se as monografias de Horst Dreier (1954-), sobre a filosofia jurídica e política de Kelsen,[540] e de Carsten Heidemann (1968-), sobre a teoria das normas de Kelsen,[541] ou a investigação de Jochen von Bernstorff (1970-) sobre a construção kelseniana do Direito Internacional.[542] Facto sintomático da nova atitude da comunidade académica alemã em relação à Teoria Pura do Direito e ao positivismo jurídico em geral é a publicação, iniciada em 2007, de uma edição histórico-crítica integral da obra de Kelsen, supervisionada por Matthias Jestaedt (1961-), em cooperação com o Instituto Hans Kelsen de Viena e o Centro de Investigação Hans Kelsen da Universidade Friedrich Alexander de Erlangen-Nuremberga. Não obstante este interesse

---

Declaration of Berlin". *The American Journal of International Law*, vol. 39, 1945, pp. 518-526. Sobre a hostilidade da doutrina juspublicista alemã da época a estas teses de Kelsen, cf. STOLLEIS, Michael. "Besatzungsherrschaft und Wiederaufbau deutscher Staatlichkeit 1945-1949". *In*: ISENSEE, Josef; KIRCHHOFF, Paul (Coord.). *Handbuch des Staatsrechts der Bundesrepublik Deutschlands*. vol. 1: Historische Grundlagen. 3ª ed. Heidelberg: C. F. Müller Verlag, 2003, pp. 269-312, *maxime* p. 283 e ss.; DREIER, Horst. *Rezeption und Rolle der Reinen Rechtslehre*: Festakt aus Anlass des 70. Geburtstags von Robert Walter. Viena: Manzsche, 2001, pp. 17-34, *maxime* pp. 27 e ss.; RÜCKERT, Joachim. "Die Beseitigung des Deutschen Reiches – die geschichtliche und rechtsgeschichtliche Dimension einer Schwebelage". *In*: DOERING-MANTEUFFEL, Anselm (Coord.). *Strukturmerkmale der deutschen Geschichte des 20. Jahrhunderts*. Munique: Oldenbourg, 2006, pp. 65-95.

540 Cf. DREIER, Horst. *Rechtslehre, Staatssoziologie und Demokratietheorie bei Hans Kelsen*. 2ª ed. Baden-Baden: Nomos, 1990.

541 Cf. HEIDEMANN, Carsten. *Die Norm als Tatsache*: Zur Normentheorie Hans Kelsens. Baden-Baden: Nomos, 1997.

542 Cf. BERNSTORFF, Jochen von. *Der Glaube an das universale Recht*: Zur Völkerrechtstheorie Hans Kelsens und seiner Schule. Baden-Baden: Nomos, 2001.

renovado, o relativismo dos valores afirmado por Kelsen continua a ser questionado por todos aqueles que defendem a necessidade de um fundamento espiritual para a ordem política fornecido pela religião e que consideram que o recuo da religião no espaço público e a destruição dos padrões morais objectivos que eram fornecidos pela doutrina do Direito natural estão na base das catástrofes políticas e morais que assolaram o século XX.[543] É este o sentido mais profundo da crítica por parte do pensamento conservador ao predomínio da racionalidade científico-técnica no mundo moderno, ao individualismo liberal e ao positivismo jurídico. Se na Áustria o pensamento de Kelsen se confrontou também com o mesmo tipo de reservas que lhe foram apontadas na Alemanha, é inquestionável que ele influenciou decisivamente a investigação no domínio do Direito Administrativo – seja directamente, seja por via do seu seguidor mais proeminente, Adolf Julius Merkl (1890-1970) – e no do Direito Internacional – sobretudo, por via de outro seu discípulo directo, Alfred Verdross (1890-1980). Para além disso, o próprio texto da Constituição Federal austríaca de 1° de outubro de 1920 e a criação do Tribunal Constitucional do Estado Independente Austro-Alemão (*Deutschösterreich*) tiveram um contributo decisivo por parte de Kelsen, como referimos.[544] A República Federal austríaca reconheceu estes contributos de Kelsen e a sua personalidade científica, tendo criado em 30 de outubro de 1971, por ocasião do nonagésimo aniversário do nosso autor, o Instituto Hans Kelsen, em Viena, com o objectivo de cuidar da divulgação da sua obra científica.

Face a este quadro geral, seria difícil recensear as linhas de influência do pensamento de Kelsen na Áustria, tão intensa e variada ela acabou por ser. Concentremo-nos, então, na "recepção" e desenvolvimentos no âmbito da Teoria do Direito: nesse domínio

543 Sobre esta rede de argumentos, cf., por todos, McALLISTER, Ted V. *Revolt Against Modernity*: Leo Strauss, Eric Voegelin, & the Search for a Postliberal Order. Lawrence: University Press of Kansas, 1996.

544 Cf. *supra*, *maxime* 18ª sessão.

os desenvolvimentos mais interessantes devem-se, no nosso entender, a Ota Weinberger (1919-2009). A formação de Weinberger é como lógico – foi professor de lógica em Praga, antes do seu exílio voluntário na Áustria, em 1968[545] – e os seus interesses iniciais consistiam, sobretudo, no desenvolvimento da análise lógica no âmbito da filosofia prática. Do ponto de vista das suas perspectivas em matéria de Teoria do Direito, Weinberger seguia a linha geral da Escola de Brünn (Brno) da Teoria Pura do Direito, que tinha em Franz (Frantisek) Weyr (1879-1951) o seu principal representante.[546]

Em termos gerais, Weyr propunha uma base ontológica para a Teoria do Direito que concebia o Direito como realidade social e não apenas como entidade ideal. É esta, igualmente, a ideia-chave da ontologia do positivismo jurídico institucionalista de Weinberger.[547] Weinberger partilha com Kelsen o não-cognitivismo metaético e a tese da idealidade dos conteúdos semânticos, mas recusa, na linha de Weyr, o normativismo "puro"da Teoria Pura do Direito.

Estas perspectivas aproximaram-no de Neil MacCormick (1941-2009), no sentido de estruturar uma concepção geral sobre

---

545 Desse período, refira-se o estudo "Die Sollsatzproblematik in der modernen Logik" (1958), republicado em WEINBERGER, Ota. *Studien zur Normenlogik und Rechtsinformatik*. Berlim: Schweitzer, 1974, pp. 59-186.

546 Weyr era, juntamente com Kelsen e Léon Duguit (1859-1928), editor da revista *Internationale Zeitschrift für Rechtstheorie*, que teve o seu número inaugural em 1926 e que acolheu estudos ainda hoje marcantes no âmbito da Teoria do Direito e, sobretudo, da lógica das normas. Sobre a Escola de Brünn (Brno) da Teoria Pura do Direito, cf. KUBES, Vladimir; WEINBERGER, Ota (Coord.). *Die Brünner rechtstheoretische Schule*. Viena: Manz, 1980.

547 Cf. WEINBERGER, Ota. "Die Norm als Gedanke und Realität". *Österreichische Zeitschrift für Öffentliches Recht*, vol. 20, 1970, pp. 203-216.

o Direito e a análise do Direito a que chamaram de "positivismo jurídico institucionalista".[548]

Para além disso, Weinberger é o autor da crítica mais pormenorizada às teses de Kelsen sobre a inaplicabilidade de princípios lógicos às relações entre normas, que este expõe na obra póstuma *Teoria Geral das Normas* (1979); propõe, como alternativa, uma semântica para a filosofia prática em geral e para a teoria analítica do Direito em particular que evidencia a especificidade semântica das orações normativas face às orações declarativas ou indicativas: o significado de uma oração normativa é uma "norma"; o significado de uma oração declarativa é uma "proposição".[549] Esta "semântica gnoseologicamente diferenciada" (*gnoseologisch differenzierte Semantik*) admite o estabelecimento de relações conceptuais ou lógicas tanto entre proposições, como significados de orações declarativas, como entre normas – concebidas estas como conteúdos significativos de orações normativas, isto é, como entidades ideais.[550] A crítica fundamental que Weinberger dirige a Kelsen é a de que este se afastou na sua obra póstuma de uma ontologia das normas assente na tese da idealidade dos conteúdos semânticos e se aproximou de uma ontologia das normas de cariz empirista e voluntarista, posição que o conduziu à sua tese da não aplicabilidade de princípios lógicos às relações entre normas.[551]

---

548 Cf. MacCORMICK, Neil; WEINBERGER, Ota. *Grundlagen des institutionalistischen Rechtspositivismus*. Berlim: De Gruyter, 1985.

549 Cf. WEINBERGER, Ota. *Normentheorie als Grundlage der Jurisprudenz und Ethik*: Eine Auseinandersetzung mit Hans Kelsens Theorie der Normen. Berlim: Duncker & Humblot, 1981.

550 Cf., por exemplo, WEINBERGER, Ota. "Die Bedeutung der Logik für die moderne Rechtstheorie. Grundlagenprobleme des institutionalistischen Normativismus". *In*: ______. *Recht, Institution, Rechtspolitik*. Estugarda: Ferdinand Enke Verlag, 1987, pp. 85-105.

551 Cf., igualmente, WEINBERGER, Ota. "The Expressive Conception of Norms – An Impasse for the Logic of Norms". *Law and Philosophy*, vol. 4, 1985, pp. 165-198.

ii) Grã-Bretanha e Estados Unidos

Quando se fala dos contributos para uma Teoria do Direito de orientação positivista no século XX, o nome que vem à ideia, depois de Hans Kelsen (1881-1973), é Herbert Hart (1907-1992): a obra de Hart pode ser vista como um desenvolvimento do programa de John Austin (1790-1859) de uma "*autonomous analytical jurisprudence*", consistindo numa revisão crítica de Austin apoiada na metodologia da análise conceptual característica da filosofia analítica da linguagem. No "pós-escrito" à segunda edição (1994) de *O Conceito de Direito*, Hart explica que o seu propósito, ao escrever esse livro,

> era fornecer uma teoria acerca do que é o Direito que seja simultaneamente geral e descritiva. É *geral* no sentido de que não está ligada a nenhum sistema jurídico ou cultura jurídica em particular, mas procura oferecer um balanço explanatório do Direito enquanto instituição social e política complexa, com um aspecto governado por regras (e, nesse sentido, "normativo").[552]

Este propósito coincidia com o da Teoria do Direito ou Teoria Geral do Direito (*Allgemeine Rechtslehre*) continental – Adolf Merkel (1836-1896), Karl Bergbohm (1849-1927), Ernst Rudolf Bierling (1841-1919) etc. – e, naturalmente, com o da Teoria Pura do Direito de Kelsen, como versão mais sofisticada de uma teoria formal do Direito positivo. Só que para Hart a Teoria Pura do Direito é demasiado "pura" para atender a certos factos sociais relevantes para a determinação da existência e validade das normas jurídicas: isso é visível, por exemplo, na resposta que Hart dá ao problema dos critérios de individualização de uma ordem jurídica, com a sua construção da "regra de reconhecimento" (*rule of recognition*), muito distanciada do instrumentário conceptual kelseniano e da sua

---

552 Cf. HART, H. L. A. *The Concept of Law*. 2ª ed. Oxford: Oxford University Press, 1994, "Postscript", p. 239.

ideia de norma fundamental (*Grundnorm*) hipotética, a que atribui o estatuto de pressuposição lógico-transcendental. Não obstante, o livro de Hart, *O Conceito de Direito* (1961), é, depois do livro de Kelsen, *Teoria Pura do Direito* (*maxime* a segunda edição, de 1960), o grande clássico da teoria analítica do Direito do século XX: nesse livro, os dois interlocutores fundamentais de Hart são, sem dúvida alguma, John Austin (1790-1859) e Hans Kelsen (1881-1973).

Joseph Raz (1939-2022), que fez estudos de doutoramento em Oxford sob orientação de Herbert Hart, apresenta em *The Concept of a Legal System. An Introduction to the Theory of Legal System* (1970, segunda edição, Oxford, 1980) uma teoria do sistema jurídico como base da explanação da "natureza" do Direito – a partir das suas características principais, a "normatividade", a "institucionalização" e a "coercibilidade" –, teoria que, como ele próprio diz, tem como referências fundamentais as teorias analíticas do sistema jurídico de Kelsen e de Hart.[553] Da caracterização kelseniana do sistema jurídico como sistema normativo "dinâmico" retira perspectivas importantes para a solução do problema da identidade dos sistemas jurídicos (cf. *maxime* cap. VIII). Raz é ainda autor de alguns artigos interpretativos, de grande agudeza, de aspectos parcelares da obra de Kelsen.[554]

Naturalmente, a "recepção" de Kelsen na cultura jurídica anglo-saxónica era prejudicada por dificuldades linguísticas – a referência principal (ou quase exclusiva) da maioria dos autores é *General Theory of Law and State* (Cambridge Mass., 1945) – e, sobretudo, pelo facto do quadro de referência filosófico fundamental

---

553 Cf. RAZ, Joseph. *The Concept of a Legal System*: an Introduction to the Theory of Legal System. 2ª ed. Oxford: Clarendon Press, 1980, *maxime* p. 3.

554 Refira-se, sobretudo, RAZ, Joseph. "The Purity of the Pure Theory". *Revue Internationale de Philosophie*, nº 138, 1981, pp. 441-459; cf., igualmente, RAZ, Joseph. "Kelsen's Theory of the Basic Norm" (1974). *In*: ______. *The Authority of Law*: Essays on Law and Morality. Oxford: Oxford University Press, 1979, pp. 122-145.

da Teoria Pura do Direito ser o idealismo neo-kantiano, muito pouco compreensível em países onde a tradição filosófica era de cunho empirista ou pragmatista. Estes obstáculos são referidos num conhecido manual de Filosofia do Direito publicado nos Estados Unidos nos seguintes termos:

> Em *O Conceito do Direito*, Hart dá à teoria do positivismo jurídico a formulação mais sistemática e poderosa que ela alguma vez recebeu e que é provável que venha alguma vez a receber. Se bem que em muitos aspectos ela derive da obra do positivista jurídico austríaco Hans Kelsen, a teoria de Hart consegue preservar as perspectivas fundamentais de Kelsen sem as rodear com a prosa complexa de Kelsen e sem conservar a obscuridade e ambiguidade que frequentemente se encontram no desenvolvimento do positivismo do próprio Kelsen.[555]

A isto acresce o facto de o ensino do Direito nas universidades norte-americanas ser baseado no método de *case law*, o que conduz à desconsideração das abordagens teóricas e conceptuais que são características no ensino do Direito nos países de tradição jurídica romano-germânica da Europa continental. Tudo somado, porém, há que registar que ainda nos finais dos anos 20 e durante os anos 30 do século XX são publicados diversos ensaios em língua inglesa que têm por objecto a Teoria Pura do Direito de Kelsen e cuja autoria se deve, sobretudo, a exilados na Grã-Bretanha e nos Estados Unidos oriundos da Europa Central.[556]

---

555 Cf. MURPHY, Jeffrie G.; COLEMAN, Jules L. *Philosophy of Law*. Boulder: Westview Press, 1990, p. 27.

556 Cf., por exemplo: VOEGELIN, Eric. "Kelsen's Pure Theory of Law". *Political Science Quarterly*, vol. 52, 1927, pp. 268-276; LAUTERPACHT, Hersch. "Kelsen's Pure Science of Law". *In*: SUMMERS, Robert S. *Modern Theories of Law*. Londres: Macmillan, 1933, pp. 105-139; JANZEN, Henry. "Kelsen's Theory of Law". *American Political Science Review*, vol. 31, 1937, pp. 205-226; HUSIK,

Paradoxalmente, o maior estudioso da obra de Kelsen na actualidade, sobretudo numa perspectiva de historiografia das ideias, é norte-americano: Stanley L. Paulson (1941-), a quem se deve uma extensíssima bibliografia sobre o pensamento de Kelsen – a alguma desta bibliografia fomos fazendo referência ao longo da exposição.

Deixando agora de lado o plano da Teoria do Direito no sentido estrito, há que referir que Kelsen teve durante o seu exílio nos Estados Unidos uma extensa produção, sobretudo em matéria de Direito Internacional, teoria política, psicologia social e sociologia das religiões: no campo do Direito Internacional, é de sublinhar a sua teorização sobre a arquitectura institucional da sociedade internacional a criar no período subsequente ao termo da Segunda Grande Guerra;[557] no campo da teoria política, Kelsen publica *The*

Isaac. "The Legal Philosophy of Hans Kelsen". *Journal of Social Philosophy*, vol. 3, 1938, pp. 279-324. Joseph L. Kunz (1890-1970), um membro da Escola de Viena que se dedicou ao estudo do Direito Internacional, publicou "The 'Vienna School' and International Law". *New York University Law Quarterly Review*, vol. 11, 1934, pp. 370-421. O próprio Kelsen deu a conhecer um resumo das suas teses principais, sob o título "The Pure Theory of Law" (traduzido para inglês por C. H. Wilson), na *Law Quarterly Review*, vol. 200, 1934, pp. 474-498 e 203; 1935, pp. 517-535. Kelsen confrontou ainda a Teoria Pura do Direito com a tradição da *analytical jurisprudence* em "Pure Theory of Law and Analytical Jurisprudence". *Harvard Law Review*, vol. 55, 1941/1942, pp. 44-70. Em 1945, Kelsen dá à estampa, com o propósito de divulgar a Teoria Pura do Direito junto dos leitores de língua inglesa, *General Theory of Law and State*. Cambridge: Harvard University Press, 1945. Nesse mesmo ano, é publicada em língua inglesa uma das melhores exposições gerais que conheço sobre a Teoria Pura do Direito, EBENSTEIN, William. *The Pure Theory of Law*. Nova York: Macmillan, 1945. [Versão alemã: *Die Rechtsphilosophische Schule der Reinen Rechtslehre*. Praga: Sauer & Auvermann, 1938].

557 Cf., por exemplo, KELSEN, Hans. *Law and peace in international relations*: The Oliver Wendell Holmes Lectures 1940-41. Cambridge: Harvard University Press, 1942; KELSEN, Hans. *Peace through Law*. Chapel Hill: University of North Carolina Press, 1944; KELSEN, Hans. "The Old and The New League: The Covenant and the Dumbarton Oaks Proposals". *American Journal of International Law*, vol. 39, 1945, pp. 45-83.

Political Theory of Bolshevism. A Critical Analysis (Berkeley – Los Angeles, 1948), *The Communist Theory of Law* (Nova Iorque, 1955) e "Foundations of Democracy" (1955), a sua conceptualização mais articulada da Democracia liberal, a que fizemos já referência[558] – neste campo, porém, o escrito mais marcante de Kelsen é a discussão das teses do seu antigo doutorando Eric Voegelin (1901-1985), apresentadas em *The New Science of Politics* (Chicago, 1952), a que ele procede em *Secular Religion. A Polemic against the Misinterpretation of Modern Social Philosophy, Science and Politics as "New Religions"* (Viena e Nova Iorque, 2012),[559] que merece uma referência em separado.

A tese central de Voegelin é, como referimos, a de que os totalitarismos modernos (o comunismo, o nacional-socialismo e o fascismo) são o resultado do processo de secularização iniciado com o Iluminismo, mas reproduzem as estruturas das religiões monoteístas no que à hierarquia, relações com as massas e o funcionamento diz respeito – seriam, assim, "religiões seculares". Do ponto de vista filosófico, a obra de Voegelin constitui uma crítica do individualismo liberal e daquilo que Max Weber (1864-1920) chama de "desencantamento do mundo" (*Entzauberung der Welt*), provocado pelo processo moderno de secularização e por uma ideia de racionalidade de cariz científico e técnico. Kelsen, pelo contrário, afirma-se como um defensor da Democracia liberal, da neutralidade valorativa da ciência e de uma cosmovisão não religiosa e céptica: esta crítica global de Kelsen a Voegelin constitui uma defesa do liberalismo político contra os seus críticos que defendem a necessidade de uma refundação neoconservadora das Democracias ocidentais, assente numa abertura à transcendência dos valores da religião.

558 Cf. *supra*, 17ª sessão.

559 Edição póstuma, promovida por Robert Walter, Clemens Jabloner e Klaus Zeleny. Na 19ª sessão, passamos em revista as teses aí defendidas por Kelsen.

iii) Itália

Apoiando-nos nas palavras de Norberto Bobbio (1909-2004), é um ensaio de Renato Treves (1907-1992), com o título "Il fondamento filosofico della dottrina pura del diritto di Hans Kelsen",[560] que "*pode ser considerado como o início do extraordinário êxito da teoria pura do Direito em Itália, o início daquilo que foi chamado de kelsenianismo italiano*".[561] O fundamento filosófico da Teoria Pura do Direito que Treves identificava era, precisamente, a filosofia de Hermann Cohen (1842-1918), na fase do pensamento de Kelsen em que a referência ao neo-kantismo era mais intensa.[562]

Bobbio e Treves tinham coincidido no Verão de 1932 em Marburgo: desse contacto com a cultura jurídica alemã resultou um curto, incisivo e muito bem articulado livro de Bobbio, com o título *L'indirizzo fenomenologico nella filosofia sociale e giuridica* (Turim, 1934), bem como o supracitado ensaio de Treves e o seu livro *Il diritto come relazione. Saggio critico sul neo-kantismo contemporaneo* (Turim, 1934). Nessa visita à Alemanha, Treves deslocou-se a Colónia, onde então ensinava Kelsen: dele recebeu a incumbência de traduzir para italiano um resumo das suas teses principais – originariamente publicado com o título *Grundriß einer allgemeinen Theorie des Staates* (Brno, 1926) –, tradução que veio

---

560 Publicado em *Atti della Reale Accademia delle Scienza di Torino*, vol. 69, 1933/1934, pp. 52-90. [Republicado em: KELSEN, Hans; TREVES, Renato (Coord.). *Formalismo giuridico e realtà sociale*. Nápoles: Editoriale Scientifica, 1992, pp. 59-87]. Se o início da "recepção" do pensamento de Kelsen em Itália deve reportar-se, como indica Bobbio, a este escrito de Renato Treves, contavam-se já nessa altura algumas traduções em língua italiana de escritos de Kelsen.

561 Cf. BOBBIO, Norberto. "Recuerdo de Renato Treves". *Doxa*, vol. 15-16, 1992, p. 1054.

562 A este propósito, cf. *supra*, 5ª sessão. Sobre a "recepção" de Kelsen em Itália, cf., por todos, LOSANO, Mario G. "La fortuna di Hans Kelsen in Italia". *Quaderni Fiorentini per la Storia del Pensiero Giuridico Moderno*, vol. 9, 1979, pp. 465-500.

a ser dada à estampa com o título *La dottrina pura del diritto. Metodo e concetti fondamentali* (Modena, 1933). Renato Treves escreveu ainda sobre a relação entre o pensamento kelseniano e a Sociologia do Direito.[563]

Já no exílio em Genebra, Kelsen teve como estudante de doutoramento um jovem filósofo italiano, Umberto Campagnolo (1904-1976), que, sob a sua orientação, apresentou uma dissertação de doutoramento com o título *Diritto internazionale e Stato sovrano*.[564] Paradoxalmente, a divulgação em Itália dos escritos de Kelsen em defesa da Democracia parlamentar deveu-se a um partidário do corporativismo fascista, Arnaldo Volpicelli (1892-1968), discípulo de Giovanni Gentile (1875-1944) e Ugo Spirito (1896-1979).[565]

A linha fundamental de projecção do pensamento de Kelsen em Itália é, porém, a representada por Norberto Bobbio e a sua Escola: a perspectiva geral de Bobbio é a de um positivismo normativista de matriz kelseniana. Bobbio difundiu na cultura jurídica italiana abordagens baseadas no positivismo lógico e na filosofia analítica

---

563 Cf., por exemplo, TREVES, Renato. "I due problemi fondamentali della sociologia del diritto e l'insegnamento di Hans Kelsen". *In*: ______. *Sociologia e socialismo*: Ricordi e incontri. Milão: Giuffrè, 1990, pp. 181-195.

564 A informação é retirada de LOSANO, Mario G. "Kelsen teórico da Democracia e o corporativismo dos anos 1930". *In*: OLIVEIRA, Júlio Aguiar de; TRIVISONNO, Alexandre Travessoni Gomes(Coord.). *Hans Kelsen*: Teoria Jurídica e Política. Rio de Janeiro: Renovar, 2013, pp. 281-320. Mario Losano organizou, igualmente, a publicação de manuscritos de Kelsen e Campagnolo, sob o título *Diritto internazionale e Stato sovrano*. Milão: Giuffrè, 1999. [Trad. para o português a cargo de Marcela Varejão. São Paulo: Malheiros, 2002].

565 Sobre as relações entre Kelsen e Volpicelli, cf. LOSANO, Mario G. "Kelsen teórico da Democracia e o corporativismo dos anos 1930". *In*: OLIVEIRA, Júlio Aguiar de; TRIVISONNO, Alexandre Gomes Travessoni (Coord.). *Hans Kelsen*: Teoria Jurídica e Política. Rio de Janeiro: Renovar, 2013.

da linguagem:[566] é essa a base filosófica sobre a qual "reconstrói" as teses fundamentais da Teoria Pura do Direito, à qual reconhece como méritos mais significativos o ter chamado a atenção para a natureza e a estrutura do ordenamento jurídico.[567] O método da análise da linguagem introduzido na cultura jurídica italiana por Norberto Bobbio frutificou, sobretudo, em duas direcções: uma orientação normativista, representada pela denominada "Escola de Turim" – em que se contam autores como Uberto Scarpelli (1924-1993), alguns discípulos directos de Bobbio, como Giacomo Gavazzi (1932-2006), Amedeo Giovanni Conte (1934-), Giogio Lazzaro (1938-) e Mario Losano (1939-) e discípulos de Scarpelli, como Alfonso Catania (1945-), Mario Jori (1946-) e Letizia Gianformaggio (1944-2004) – e uma orientação de pendor mais realista, representada pela denominada "Escola de Génova", que teve Giovanni Tarello (1934-1987) como iniciador e que é hoje continuada por autores como Silvana Castignone (1931-), Riccardo Guastini (1946-), Paolo Comanducci (1950-) e, na geração mais recente, por nomes como Pierluigi Chiassoni (1961-) e Giovanni Battista Rati (1975-), entre outros. Todos estes autores dedicaram uma grande atenção ao pensamento de Kelsen, que constitui um interlocutor permanente das obras respectivas.[568]

---

566 Cf., em primeiro lugar, BOBBIO, Norberto. "Scienza del Diritto e Analisi del Linguaggio" (1950). *In*: SCARPELLI, Uberto (Coord.). *Diritto e Analisi del Linguaggio*. Milão: Giuffrè, 1979, pp. 287-324. Para um conspecto geral sobre a orientação analítica na filosofia jurídica italiana, cf. JORI, Mario; PINTORE, Anna (Coord.). *Law and Language*: The Italian Analytical School. Liverpool: Liverpool University Press, 1997; PATTARO, Enrico. "Il positivismo giuridico italiano della rinascita alla crisi". *In*: SCARPELLI, Uberto (Coord.). *Diritto e Analisi del Linguaggio*. Milão: Giuffrè, 1979, pp. 451-487.

567 Este programa é desenvolvido por Bobbio, sobretudo, nos livros *Studi sulla teoria generale del diritto* (Turim, 1955) – que acolhe um conjunto de ensaios escritos entre 1949 e 1954 –, e *Teoria dell'ordinamento giuridico* (Turim, 1960).

568 A isto acresce uma actividade porfiada da tradução das obras de Kelsen, sobretudo por parte de Mario Losano (1939-), que, ainda como estudante de licenciatura, traduziu em língua italiana a segunda edição

É de referir que Paolo Comanducci e Riccardo Guastini são os editores da revista *Analisi e Diritto. Ricerche di Giurisprudenza Analitica*, que se publica desde 1990 e que pretende oferecer uma tribuna para os autores de orientação analítica da Itália e do espaço ibérico e latino-americano, constituindo uma forma de articulação de investigações em matéria de Teoria do Direito levadas a cabo por membros, entre outras, das Universidades de Génova, em Itália, de Barcelona, em Espanha, de Buenos Aires, na Argentina e de Lisboa, em Portugal.[569]

(1960) de *Teoria Pura do Direito* – *La dottrina pura del diritto* (Turim, 1966) – e supervisionou a tradução da obra póstuma *Teoria Geral das Normas* – *Teoria generalle delle norme* (Turim, 1985). Losano é ainda autor de *Forma e realtà in Kelsen* (Milão, 1981) e de inúmeros artigos sobre a vida e obra de Kelsen.

569 Por via do "Lisbon Legal Theory Group", a que fazemos referência *infra*, *VII*. Membro deste "Lisbon Legal Theory Group" é Giovanni Damele (1975-), também ligado ao grupo de investigadores que em Génova tiveram em Giovanni Tarello (1934-1987) a sua figura tutelar. Giovanni Damele acaba de publicar, em co-autoria com Guido Bonino (1972-), um ensaio sobre a crítica à filosofia transcendental kantiana (neo-kantiana) – que constitui o suporte filosófico da Teoria Pura do Direito na fase do pensamento de Kelsen anterior ao seu exílio nos Estados Unidos – levada a cabo por um representante do positivismo lógico exilado nos Estados Unidos, Gustav Bergmann (1906-1987): cf. BONINO, Guido; DAMELE, Giovanni. "Divergenze teoriche e vite parallele: Gustav Bergmann, Hans Kelsen e la Teoria Pura del Diritto". *Quaderni Fiorentini per la Storia del Pensiero Giuridico Moderno*, vol. 47, 2018, pp. 507-539.

Num plano mais especificamente de exegese da obra de Kelsen, há que mencionar, nos tempos mais recentes, os trabalhos de Agostino Carrino (1950-)[570] e Bruno Celano (1961-).[571]

iv) França

Na doutrina francesa sobressai como único discípulo directo de Kelsen, seguidor da maioria das suas construções e tradutor de escritos seus,[572] Charles Eisenmann (1903-1980). Em 1926 e 1927, Charles Eisenmann faz investigação em Viena com vista à preparação da sua dissertação de doutoramento, que defende na Universidade de Paris em 1928 e que tem como título *La justice constitutionnelle et la Haute-Cour constitutionnelle d'Autriche*, obra que conta com um prefácio de Kelsen. A relação entre ambos manteve-se ao longo dos anos, mesmo depois do exílio de Kelsen nos Estados Unidos,

---

570 Cf. CARRINO, Agostino. *L'ordine delle norme*: Stato e diritto in Hans Kelsen. Nápoles: Edizioni Scientifiche Italiane, 1992; CARRINO, Agostino. *Kelsen e il problema della scienza giuridica*. Nápoles: Edizioni Scientifiche Italiane, 1987; CARRINO, Agostino. *Das Recht zwischen Reinheit und Realität*: Hermann Cohen und die philosophischen Grundlagen der Rechtslehre Kelsens. Baden-Baden: Nomos, 2011. A Agostino Carrino deve-se a tradução em língua italiana de várias obras de Kelsen, entre as quais *Problemi fondamentali della dottrina del diritto publico* (Nápoles, 1997).

571 Cf. CELANO, Bruno. *Dover essere e intenzionalitá*: una critica all'ultimo Kelsen. Turim: Giappichelli, 1990; CELANO, Bruno. *La teoria del diritto de Hans Kelsen*: una introduzione critica. Bolonha: Il Mulino, 1999.

572 Cf. KELSEN, Hans. "La garantie juridictionelle de la constitution". *Revue de Droit Public et de La Science Politique en France et à l'Étranger*, vol. XXXV, 1928, pp. 197-257 [tradução de "Wesen und Entwicklung der Staatsgerichtsbarkeit"]; KELSEN, Hans. *La démocratie, sa nature, sa valeur*. Paris: Sirey, 1932 [tradução da segunda edição de *Vom Wesen und Wert der Demokratie*]; KELSEN, Hans. *Théorie pure du droit*. Paris: Dalloz, 1962 [tradução da segunda edição (1960) de *Reine Rechtslehre*].

por via epistolar.[573] De modo mais indirecto, a influência das teses da Escola de Viena faz-se igualmente sentir nas dissertações de doutoramento de dois contemporâneos de Charles Eisenmann, René Capitant (1901-1970)[574] e Georges Burdeau (1905-1988).[575]

A fundamentação do modelo de fiscalização jurisdicional concentrada da constitucionalidade das leis apresentada por Charles Eisenmann, na esteira da doutrina da Escola de Viena, foi objecto de discussão e crítica por autores representativos à época da doutrina juspublicista francesa, como Raymond Carré de Malberg (1861-1935).[576] Por outro lado, o normativismo "puro" da Teoria Pura do Direito e a sua "*eliminação da moral e da justiça*", bem como a noção kelseniana de "direito subjectivo" como "reflexo" da norma jurídica, eram objecto de anátema por outro dos nomes maiores da ciência jurídica francesa de então, Maurice Hauriou (1856-1929), baseado numa leitura simplificadora e distorcida da Teoria Pura do Direito, à qual imputava a defesa da abstenção de "*qualquer crítica das leis que não fosse fundada meramente em puras razões técnicas*" e indicava como pressuposição da Teoria Pura do Direito a substituição do primado da liberdade pelo primado da ordem e da autoridade.[577] A difusão no meio académico francês da imagem distorcida da Teoria Pura do Direito terá estado na base da recusa,

---

573 Sobre as relações entre Kelsen e Eisenmann, cf. PFERSMANN, Otto. "Charles Eisenmann". *In*: WALTER, Robert; JABLONER, Clemens; ZELENY, Klaus (Coord.). *Der Kreis um Hans Kelsen*: Die Anfangsjahre der Reinen Rechtslehre. Viena: Manz, 2008, pp. 75-98.

574 Cf. CAPITANT, René. *Introduction à l'étude de l'illicite*: l'impératif juridique. Paris: Librairie Générale de Droit et de Jurisprudence, 1928.

575 Cf. BURDEAU, Georges. *Essai d'une théorie de la révision des lois constitutionnelles au droit positif français*. Mâcon: Imprimerie de l'Académie, 1930.

576 Cf. CARRÉ DE MALBERG, Raymond. *Confrontation de la théorie de la formation du droit par degrés*. Paris: Librairie Générale de Droit et de Jurisprudence, 1933.

577 Cf. HAURIOU, Maurice. *Précis de droit constitutionnel*. 2ª ed. Paris: Sirey, 1929, *maxime* p. 11.

por duas vezes, da concessão do doutoramento *honoris causa* a Kelsen pela Faculdade de Direito de Paris.

Na geração subsequente, e em resultado do magistério de Eisenmann, a obra de Kelsen passa a ser olhada com outra atenção e profundidade: Kelsen constitui uma das inspirações principais – conjuntamente com Felix Kaufmann (1895-1949), Fritz Schreier (1897-1981) e o próprio Adolf Reinach (1883-1917) – da Teoria do Direito baseada no método fenomenológico da "redução eidética" que é desenvolvida por Paul Amselek (1937-),[578] que se descreve a si próprio como "positivista fenomenológico": Amselek é autor de uma vasta obra no domínio da Teoria e da Filosofia do Direito[579] e dirigiu o "Centre de Philosophie du Droit" – actualmente "Institut Michel Villey" – na Universidade Paris II Panthéon-Assas. Mas é, sobretudo, no domínio da doutrina constitucional que o magistério de Eisenmann frutifica e prolonga o interesse pela obra de Kelsen na geração seguinte à sua: é sob a sua orientação que Michel Troper (1938-) escreve a sua dissertação de doutoramento, versando a doutrina da separação dos poderes;[580] mais tarde, Michel Troper reúne em livro uma série de artigos, em que aborda alguns dos

578 Cf. AMSELEK, Paul. *Méthode phénoménologique et théorie du droit*. Paris: Presses Universitaires de France, 1964 – o livro conta com um prefácio de Charles Eisenmann e suscitou a atenção do próprio Kelsen, que lhe dedicou um ensaio, intitulado "Eine phänomenologische Rechtstheorie". *Österreichische Zeitschrift für öffentliches Recht*, vol. 15, 1965, pp. 353-409.

579 Onde se incluem várias abordagens críticas das teses e construções de Kelsen: cf., por exemplo, AMSELEK, Paul. "Kelsen et les contradictions du positivisme juridique". *Archives de Philosophie du Droit*, vol. 28, 1983, pp. 271-282; AMSELEK, Paul. "A propos de la théorie kelsénienne de l'absence de lacunes dans le droit". *In*: GOYARD-FABRE, Simone (Coord.). *La Pensée Politique de Hans Kelsen*. Caen: Centre de publications de l'Université de Caen, 1990, pp. 119-146.

580 Cf. TROPER, Michel. *La séparation des pouvoirs et l'histoire constitutionnelle française*. Paris: PUF, 1973 – o livro conta com um prefácio de Charles Eisenmann.

aspectos da obra de Kelsen, como a concepção de Ciência do Direito, a doutrina da interpretação ou a teoria kelseniana do Estado[581] – Troper foi igualmente fundador do Centre de Théorie de Droit da Universidade de Nanterre. Um outro constitucionalista francês que apesar de não ter sido discípulo directo de Charles Eisenmann é um seguidor das suas doutrinas e propostas, nomeadamente a defesa de uma jurisdição constitucional, é Louis Favoreu (1936-2004): a ele se deve, por exemplo, a reedição (Paris, 1986) da dissertação de doutoramento de Charles Eisenmann, *La justice constitutionnelle et la Haute Cour constitutionnelle d'Autriche*, que conta com uma introdução de Georges Vedel (1910-2002) e um importante ensaio, em anexo, de Louis Favoreu.[582]

Nos tempos mais recentes, uma obra muito informada e abrangente publicada em França deve-se a Carlos Miguel Herrera (1966-) e apresenta o título *Théorie Juridique et Politique chez Hans Kelsen* (Paris, 1997). A Carlos Miguel Herrera deve-se, igualmente, um conjunto de publicações de divulgação do pensamento de Hans Kelsen junto do público de língua francesa.[583]

v) Espanha

A "recepção" do pensamento de Kelsen em Espanha deve-se, em primeira linha, à obra das duas figuras cimeiras da filosofia

581 Cf. TROPER, Michel. *Pour une Théorie Juridique de l'État*. Paris: PUF, 1994; cf., igualmente, TROPER, Michel. "Normativisme". *In*: ALLAND, Denis; RIALS, Stéphane (Coord.). *Dictionnaire de la culture juridique*. Paris: PUF, 2003, pp. 1074-1079.

582 Cf. FAVOREU, Louis. "La modernité des vues de Charles Eisenmann sur la justice constitutionnelle". *In*: EISENMANN, Charles. *La justice constitutionnelle et la Haute Cour constitutionnelle d'Autriche*. Paris : Presses Universitaires d'Aix-Marseille, 1986, pp. 367-383.

583 Cf., por exemplo, HERRERA, Carlos Miguel. *La Philosophie du Droit de Hans Kelsen*: une introduction. Québec: Presses de l'Université Laval, 2004; cf., igualmente, HERRERA, Carlos Miguel (Coord.). *Actualité de Kelsen en France*. Paris: L'Harmattan, 2001.

jurídica espanhola da primeira metade do século XX: Luis Recaséns Siches (1903-1977) e Luis Legaz y Lacambra (1906-1980). Apesar da cultura académica "oficial" estabelecida com a derrota do regime republicano na Guerra Civil Espanhola (1936-1939) favorecer os pontos de vista do jusnaturalismo clássico espanhol, de base aristotélico-tomista,[584] e considerar o kelsenianismo como uma filosofia jurídica de inspiração demo-liberal e agnóstica, e pese embora estes dois pensadores não poderem, de forma alguma, ser considerados kelsenianos de obediência estrita, os seus escritos colocaram o diálogo com a obra de Kelsen e a Escola de Viena num patamar de grande rigor e exigência intelectual.

Luis Recaséns Siches era um espírito cosmopolita, tendo, após a conclusão das licenciaturas em Direito e Filosofia e Letras em Barcelona e o doutoramento em Direito em Madrid, estudado em Itália (1925) com Giorgio Del Vecchio (1878-1970), na Alemanha (1926) com Rudolf Stammler (1865-1938), Rudolf Smend (1882-1975) e Hermann Heller (1891-1933) e em Viena (1926) com Hans Kelsen (1881-1973), Adolf J. Merkl (1890-1970), Felix Kaufmann (1895-1949) e Fritz Schreier (1897-1981). Director-Geral da Administração Local, Deputado e Sub-Secretário da Indústria e Comércio no governo da Frente Popular, acaba por se exilar no México, sendo nomeado, em 1937, catedrático de Filosofia do Direito na Universidade Nacional Autónoma de México; foi ainda professor na *New School for Social Research*, de Nova Iorque (1949-1954), da Faculdade de Direito da

584 De acordo com o relato de José Delgado Pinto (1932-), a Filosofia do Direito em Espanha nas décadas de 40 e 50 do século XX, "(...) *caracterizava-se por um predomínio quase exclusivo, sobretudo na docência e em menor grau nas publicações da época, de um jusnaturalismo de inspiração tradicional, em grande medida pré-moderno, exposto de forma simplificada e bastante desconectado com as correntes doutrinais de proveniência estrangeira* (...)" (cf. PINTO, José Delgado. "Breves notas sobre la evolución de la filosofia del Derecho española entre 1960 y 1984". *In*: ZAPATERO, Virgilio (Coord.). *Horizontes de la Filosofía del Derecho*: Homenaje a Luis García San Miguel. vol. 2. Alcalá de Henares: Ediciones Universidad de Alcalá, 2002, p. 104).

Universidade de Nova Iorque (1953-1954) e professor visitante em várias universidades latino-americanas.[585]

Escritor prolífico, com uma obra notável no domínio da Sociologia Geral,[586] com investigações muito diversas no âmbito da História das ideias políticas,[587] é, porém, como filósofo do Direito que o seu nome é mais conhecido.[588] Em termos filosóficos, Recaséns assume-se como discípulo de Ortega y Gasset (1883-1955), sendo também nele visível a influência da filosofia fenomenológica dos valores de Max Scheler (1874-1928) e Nicolaï Hartmann (1882-1950) como base de uma perspectiva tridimensional de análise do Direito (norma/facto/valor).[589] Estas referências no plano filosófico conduziam-no à rejeição do esquema epistemológico neo-kantiano e à atitude metodológica nele baseada de reduzir a análise da experiência jurídica apenas à perspectiva analítico-formal. Tendo sido professor em universidades norte-americanas, manifesta sensibilidade

---

585 Sobre o percurso pessoal de Recaséns Siches, cf. RIVAYA, Benjamín. "El exilio jusfilosófico español". *Doxa*, vol. 40, 2017, pp. 175-202.

586 Cf., por exemplo, RECASÉNS SICHES, Luis. *Lecciones de Sociologia*. Cidade do México: Porrúa, 1948; e RECASÉNS SICHES, Luis. *Tratado General de Filosofia del Derecho*. 12ª ed. Cidade do México, 1997 [1956].

587 Cf., por exemplo, RECASÉNS SICHES, Luis. *El actual viraje del socialismo germánico*. Madrid: Jiménez, 1928, onde analisa com especial interesse o pensamento de Hermann Heller; cf., igualmente, RECASÉNS SICHES, Luis. *Las teorias políticas de Francisco de Vitória*. Madrid: Sucesores de Rivadeneyra, 1931.

588 Sobre a Filosofia do Direito de Recaséns Siches, cf., por todos, CID, Benito de Castro. *La filosofia jurídica de Luis Recaséns Siches*. Salamanca: Ediciones Universidad de Salamanca, 1974; sobre a sua relação com a Teoria Pura do Direito de Kelsen, cf., por último, DIAS, Gabriel Nogueira. "Luis Recaséns Siches". *In*: WALTER, Robert; JABLONER, Clemens; ZELENY, Klaus (Coord.). *Der Kreis um Hans Kelsen*: Die Anfangsjahre der Reinen Rechtslehre. Viena: Manz, 2008, pp. 365-393.

589 Cf., por exemplo, o magistral RECASÉNS SICHES, Luis. *Tratado General de Filosofia del Derecho*. 12ª ed. Cidade do México, 1997 [1956], *maxime* p. 66.

aos pontos de vista da "sociological jurisprudence", criticando em Kelsen a desconsideração dos dados sociológicos para descrever a realidade do Direito.

Não obstante, é muito marcante no seu pensamento a influência da Teoria Pura do Direito – preferindo ele fundamentar o seu formalismo apriorístico não no formalismo gnosiológico neo-kantiano mas na ideia de essências formais universais da fenomenologia de Husserl (1859-1938), de um jeito próximo do de Felix Kaufmann (1895-1949) e de Fritz Schreier (1897-1981). Essa influência é visível, por exemplo, na caracterização da normatividade do Direito – pondo em evidência a nota da "coercibilidade" ou, na expressão de Recaséns, a sua "*impositividade inexorável*" ou "*inexorabilidade*"[590] – na análise da estrutura lógica da norma jurídica,[591] na descrição da estrutura escalonada do sistema jurídico,[592] na sua aceitação da doutrina da norma fundamental – que ele, desligado do esquema epistemológico neo-kantiano, considera que se consubstancia na facticidade ou efectividade do sistema[593] –, ou na definição dos conceitos jurídicos fundamentais, tais como "dever jurídico", "direito subjectivo" ou "personalidade jurídica", onde é evidente a proximidade com a perspectiva normativista kelseniana segundo a

590 Cf. RECASÉNS SICHES, Luis. *Tratado General de Filosofia del Derecho*. 12ª ed. Cidade do México, 1997 [1956], *maxime* pp. 184 e ss.; cf., igualmente, RECASÉNS SICHES, Luis. *Introducción al Estudio del Derecho*. 15ª ed. Cidade do México: Porrúa, 2006 [1970], *maxime* pp. 91 e ss.

591 Cf., por exemplo, RECASÉNS SICHES, Luis. *Introducción al Estudio del Derecho*. 15ª ed. Cidade do México: Porrúa, 2006 [1970], *maxime* pp. 121 e ss.

592 Cf. RECASÉNS SICHES, Luis. *Tratado General de Filosofia del Derecho*. 12ª ed. Cidade do México, 1997 [1956], *maxime* pp. 281 e ss.; cf., igualmente, RECASÉNS SICHES, Luis. *Introducción al Estudio del Derecho*. 15ª ed. Cidade do México: Porrúa, 2006 [1970], *maxime* pp. 184 e ss.

593 Cf. RECASÉNS SICHES, Luis. *Tratado General de Filosofia del Derecho*. 12ª ed. Cidade do México, 1997 [1956], *maxime* pp. 351 e ss.

qual os conceitos jurídicos são derivações do que vem estatuído nas normas jurídicas.[594]

Já no domínio da doutrina dos valores e da axiologia jurídica, Recaséns procede à crítica do relativismo axiológico kelseniano e apresenta uma axiologia jurídica (que ele refere como "estimativa jurídica") baseada na ideia de dignidade da pessoa humana individual.[595]

Um conhecimento muito próximo e uma relação muito intensa com a obra de Kelsen são manifestados por Luis Legaz y Lacambra (1906-1980), que, sob recomendação de Recaséns Siches, chega a Viena nos inícios de 1929, preparando aí a sua dissertação de doutoramento e assistindo aos seminários de Kelsen, bem como a prelecções de Alfred Verdross (1890-1980), Felix Kaufmann (1895-1949) e Fritz Schreier (1897-1981).[596] Apresentada em 1932 na Universidade de Madrid, a versão reformulada da dissertação é publicada no ano seguinte com o título *Kelsen: Estudio crítico de la Teoria Pura del*

---

594 Cf., por exemplo, RECASÉNS SICHES, Luis. *Introducción al Estudio del Derecho*. 15ª ed. Cidade do México: Porrúa, 2006 [1970], *maxime* pp. 128 e ss., 140 e ss., 148 e ss.

595 Uma exposição muito completa da Teoria Pura do Direito pode encontrar-se no livro RECASÉNS SICHES, Luis. *Panorama del Pensamiento Jurídico en el Siglo XX*. Cidade do México: Porrúa, 1963, no cap. 11, pp. 138-221, onde sob a epígrafe "La obra de Hans Kelsen: su Teoria Pura del Derecho y del Estado, y su relativismo axiológico", o autor expõe os méritos da construção kelseniana, mas critica a sua doutrina relativista dos valores.

596 Destes pormenores dá o próprio Legaz conta na conferência que proferiu na Faculdade de Direito da Universidade de Coimbra em 10 de abril de 1972, com o título "Kelsen hoy", publicada no *Boletim da Faculdade de Direito*, vol. XLVIII, 1972, pp. 233-252. Em geral, sobre as relações de Luis Legaz y Lacambra com a Teoria Pura do Direito, cf., por todos, MORCHON, Gregorio Robles. "Luis Legaz y Lacambra". *In*: WALTER, Robert; JABLONER, Clemens; ZELENY, Klaus (Coord.). *Der Kreis um Hans Kelsen*: Die Anfangsjahre der Reinen Rechtslehre. Viena: Manzsche Verlags- und Universitätsbuchhandlung, 2008, pp. 261-291.

Derecho y del Estado de la Escuela de Viena (Barcelona, 1933), com um prefácio de Recaséns.

Este livro continua ainda hoje a ter um interesse manifesto, nomeadamente no que diz respeito à identificação das orientações filosóficas a que Kelsen se arrimou na elaboração da Teoria Pura do Direito, num momento em que esta atingia o zénite da sua fase "clássica" (cf., sobretudo o capítulo 6): aponta aí a influência do neo-kantismo axiológico da Escola de Baden, de Wilhelm Windelband (1848-1915) e Heinrich Rickert (1863-1936), como base da distinção entre "norma" e "lei natural" em *Hauptprobleme der Staatsrechtslehre, entwickelt aus der Lehre vom Rechtssatze* (Tübingen, 1911); em termos gerais, realça a influência de Hermann Cohen (1842-1918) e a tentativa de Kelsen de conjugar o criticismo kantiano com o método da "economia do pensamento" (Denkökonomie) de Ernst Mach (1836-1916); identifica o normativismo e a pureza do método como as pedras angulares da Teoria Pura do Direito (capítulo 1); procede à exposição do esquema kelseniano dos conceitos jurídicos fundamentais e da doutrina kelseniana da forma lógica da proposição jurídica (capítulo 3), bem como da doutrina da produção e realização do ordenamento jurídico estadual (capítulo 4); no capítulo 5, analisa as relações da Teoria Pura do Direito com os contributos de outros autores, nomeadamente o conceito de "direito subjectivo" de Jhering (1818-1892) e de August Thon (1834-1912).

Legaz y Lacambra manteve ao longo da vida um diálogo permanente com a obra de Kelsen, cuja influência se pode notar, por exemplo, na sua *Filosofia Del Derecho* (Barcelona, 1953) ou nos seus escritos no âmbito do Direito Internacional; escreveu continuadamente sobre aspectos da Teoria Pura do Direito e a sua influência na ciência jurídica espanhola; e contribuiu com traduções de vários escritos de Kelsen[597] para a divulgação do seu pensamento nos países de língua

597 Entre outros, KELSEN, Hans. *Teoria Pura del Derecho*: Método y conceptos fundamentales. Madrid: Revista de Derecho Privado, 1933; KELSEN, Hans. *Teoria General del Estado*, Barcelona: Labor, 1934.

espanhola. Não obstante essa admiração pela obra de Kelsen e o reconhecimento de que a sua produção no âmbito da Filosofia do Direito estava influenciada pelas teses principais da Teoria Pura do Direito,[598] Legaz y Lacambra manifestava já na sua dissertação de doutoramento reservas em relação ao seu excessivo formalismo e ao facto de Kelsen não considerar as dimensões fácticas e valorativas do Direito, postura crítica essa que era muito similar à de Recaséns.

Defensor de uma Teoria do Direito que acentue a dimensão social e histórica do fenómeno jurídico e, nessa base, bastante distanciado do formalismo gnosiológico neo-kantiano e da "pureza metodológica" da Teoria Pura do Direito, é Felipe González Vicén (1908-1991). Possuidor de uma sólida cultura filosófica, poderia rotular-se a sua orientação geral como de inspiração neo-hegeliana: todavia, ensaios seus tais como "El positivismo en la filosofia del derecho contemporánea" (1950),[599] "Sobre los orígenes y supuestos del formalismo jurídico contemporáneo" (1961)[600] ou "Sobre el neokantismo lógico-jurídico" (1985)[601] constituem um bom enquadramento relativamente aos pressupostos filosóficos da obra de Kelsen. Por outro lado, González Vicén é um dos autores que dá início ao combate contra o jusnaturalismo dominante que acompanhava uma certa visão confessional do Estado na Espanha posterior à Guerra Civil (1936-1939).[602]

---

598 A melhor exposição sobre a relação do pensamento de Legaz y Lacambra com a obra de Kelsen é, porventura, o seu ensaio "Kelsen hoy". *Boletim da Faculdade de Direito*, vol. XLVIII, 1972, pp. 233-252.

599 Acessível agora em: VICÉN, Felipe González. *Estudios de Filosofia del Derecho*. Santa Cruz de Tenerife: Universidad de la Laguna, 1979, pp. 47-140.

600 Acessível agora em: VICÉN, Felipe González. *Estudios de Filosofia del Derecho*. Santa Cruz de Tenerife: Universidad de la Laguna, 1979, pp. 141-169.

601 Publicado na revista *Doxa*, vol. 2, 1985, pp. 27-54.

602 A este propósito, cf. PINTO, José Delgado. "Breves notas sobre la evolución de la Filosofia del Derecho española entre 1960 e 1984".

Na geração académica seguinte, um autor que no seu ensino e investigação deu especial atenção à obra de Kelsen foi José Delgado Pinto (1932-), catedrático de Filosofia do Direito na Universidade de Salamanca, até à sua jubilação em 2003: esta atenção a aspectos particulares da obra de Kelsen pode documentar-se, por exemplo, no seu livro *Estudios de Filosofia del Derecho* (Madrid, 2006), se bem que Delgado Pinto rejeite o não-cognitivismo ético radical de Kelsen e o modo como este fundamenta a obrigatoriedade do Direito.[603] Do seu magistério, nomeadamente dos seminários que dirigiu na Universidade de Salamanca sobre o pensamento de Kelsen (1881-1973), Alf Ross (1899-1979) e Herbert Hart (1907-1992), enquanto expoentes principais do positivismo jurídico no século XX, resultou uma atenção acrescida em Espanha em relação a estes autores.

No entanto, o renovado interesse pela obra de Kelsen em Espanha resulta não apenas destes desenvolvimentos, mas, sobretudo, do facto de se ter constituído no espaço académico ibero-latino-americano uma comunidade alargada de discussão, que tem no positivismo jurídico de inspiração analítica o seu denominador comum e em Kelsen o ponto de partida incontornável. Um dos pólos

---

In: ZAPATERO, Virgilio. *Horizontes de la Filosofia del Derecho*: Homenaje a Luis Garcia San Miguel. vol. 2. Alcalá de Henares: Servicio de Publicaciones de la Universidad de Alcalá, 2002, pp. 103-114. [Agora em: SEELMANN, Kurt. *Estudios de Filosofia del Derecho*. Madrid: Marcial Pons, 2006, pp. 417-429, *maxime* pp. 421 e ss.].

603 Cf., por exemplo, PINTO, José Delgado. "Obligatoriedad del derecho y deber jurídico en el positivismo contemperáneo: el pensamento de Hans Kelsen" (1978). *In*: ______. *Estudios de Filosofia del Derecho*. Madrid: Centro de Estudios Políticos y Constitucionales, 2006, pp. 151-191. Sobre este ponto, cf. PASCUA, José Antonio Ramos. "Validez e obligatoriedad del Derecho en la obra de J. Delgado Pinto". *In*: PINTO, José Delgado; PASCUA, José Antonio Ramos; ÁNGEL, Miguel. *El Positivismo Jurídico a Examen*: Estudios en Homenaje a José Delgado Pinto. Salamanca: Ediciones Universidad de Salamanca, 2006, pp. 1233-1253.

mais vibrantes dessa comunidade alargada de discussão é a Escola analítica de Buenos Aires.

vi) Argentina (a Escola analítica de Buenos Aires)

Um conspecto geral sobre as principais direcções de irradiação da Teoria Pura do Direito de Kelsen tem, necessariamente, que mencionar a Escola analítica de Buenos Aires. O contacto com a obra de Kelsen na Universidade de Buenos Aires foi iniciado por via de Carlos Cossio (1902-1987), o autor da teoria egológica do Direito, de inspiração fenomenológica. Mas os começos da Escola analítica de Buenos Aires podem fazer-se remontar a Ambrosio L. Gioja (1912-1971), um discípulo de Cossio, que tinha frequentado os seminários de Kelsen em Berkeley e que, nos Estados Unidos, se tinha aproximado da filosofia analítica da linguagem.

Em torno de Gioja, que publicou pouco, reuniu-se, a partir de meados da década de 50 do século XX, um conjunto marcante de investigadores, tais como Genaro R. Carrió (1922-1997) – que nos anos de 1968/69 realizou trabalhos de investigação em Filosofia do Direito na Universidade de Oxford, junto de Herbert Hart (1907-1992) –, Roberto J. Vernengo (1926-), Eduardo Rabossi (1930-2005) e, sobretudo, Carlos Eduardo Alchourrón (1931-1996) e Eugenio Bulygin (1931-). Mais tarde, juntaram-se ao grupo analítico de Buenos Aires Ricardo Caracciolo (1944-), Martin D. Farrell (1939-), Ricardo A. Guibourg (1938-), Antonio A. Martino (1937-) e Carlos Santiago Nino (1943-1993).[604]

---

604 A estrutura do manual de NINO, Carlos Santiago. *Introducción al Análisis del Derecho*. Buenos Aires: Editorial Astrea, 1980, contém uma excelente exposição e análise crítica do conceito kelseniano de Direito, da sua teoria das normas jurídicas, do sistema jurídico, dos conceitos básicos do Direito e do modelo de Ciência do Direito, afastando-se, porém, o autor do relativismo e do cepticismo ético de Kelsen.

De entre estes autores, talvez somente Gioja possa ser enquadrado numa certa ortodoxia kelseniana: todos eles tinham uma atracção pela filosofia analítica da linguagem, tendo, em 1972, por iniciativa de Eduardo Rabossi, sido criada a *Sociedad Argentina de Análisis Filosófico* (SADAF), um pouco ao estilo da *Philosophical Society*, de Oxford – entre os anos de 1968 e 1970, Eugenio Bulygin, Genaro R. Carrió e Eduardo Rabossi tinham coincidido em Oxford, onde frequentaram, entre outros, os Seminários de Herbert Hart (1907-1992). No quadro das suas investigações, os temas clássicos da Teoria do Direito ocupam um lugar central.

O trabalho mais emblemático da Escola analítica de Buenos Aires é, porventura, o de Carlos E. Alchourrón e Eugenio Bulygin, *Normative Systems* (Viena e Nova Iorque, 1971). Nessa obra, Alchourrón e Bulygin desenvolvem a concepção kelseniana de sistemas normativos "dinâmicos" – que, por via das normas de competência, permitem adicionar (promulgação) e subtrair (revogação) normas ao sistema –, recorrendo à noção de sistema lógico dedutivo de Tarski (1902-1983) e representando o sistema jurídico como um conjunto de normas *explícitas* (as normas promulgadas por uma *autoridade*) e normas *implícitas* (as consequências lógicas das primeiras).

Num testemunho autobiográfico, Bulygin refere o facto de a Teoria Pura do Direito de Kelsen ter constituído a sua porta de entrada na filosofia jurídica, confessando que "*ainda hoje continuo a acreditar que uma boa formação kelseniana é fundamental para todos aqueles que querem iniciar-se na filosofia jurídica*".[605] E acrescenta que "*de Kelsen tomei a sua temática: a estrutura da ordem jurídica e das normas que a compõem, assim como o seu positivismo jurídico e o seu cepticismo em matéria de valores*".[606] Mas nele é igualmente determinante a influência da filosofia do

605 Cf. BULYGIN, Eugenio. "Mi visión de la filosofía del Derecho". *Doxa – Cuadernos de Filosofía del Derecho*, vol. 32, 2009, p. 86.

606 Cf. BULYGIN, Eugenio. "Mi visión de la filosofía del Derecho". *Doxa – Cuadernos de Filosofía del Derecho*, vol. 32, 2009, p. 86.

positivismo lógico, como resulta evidente da análise crítica que faz de muitas das teses e concepções de Kelsen, nomeadamente em matéria de ontologia das normas e, em termos gerais, do idealismo normativista kelseniano.[607]

A análise linguística e lógica das normas e dos sistemas normativos continua a ser um dos temas centrais da Escola analítica de Buenos Aires, tomando como referência principal as investigações de Georg Henrik von Wright (1916-2003) e de Carlos E. Alchourrón (1931-1996) e Eugenio Bulygin (1931-) e tendo sempre como interlocutor incontornável Kelsen e a sua concepção do sistema jurídico como sistema normativo "dinâmico": neste âmbito, as publicações de Pablo E. Navarro (1963-)[608] e Jorge L. Rodríguez (1964-)[609] dão continuidade à linha de orientação fundamental da Escola analítica de Buenos Aires.

Esta linha de orientação tem projecção noutros países latino-americanos, como, por exemplo, no México, onde, desde 1994, se edita *Isonomia. Revista de Teoria y Filosofía del Derecho*, e articulações várias com investigadores em Espanha, Itália, França e Portugal, tendo dado lugar, em abril de 1995, à organização dos Congressos Imperia de Teoria Analítica do Direito, cuja edição de 2017 teve lugar na Faculdade de Direito da Universidade de Lisboa.

---

607 Para uma visão geral, cf. os ensaios reunidos em ALCHOURRÓN, Carlos E.; BULYGIN, Eugenio. *Análisis lógico y Derecho*. Madrid: Centro de Estudios Constitucionales, 1991.

608 Cf., por exemplo, MORESO, José Juan; NAVARRO, Pablo. *Ordem jurídico y sistema jurídico*: una investigación sobre la identidade y la dinámica de los sistemas jurídicos. Madrid: Centro de Estudios Constitucionales, 1993; NAVARRO, Pablo E.; RODRÍGUEZ, Jorge L. *Deontic Logic and Legal Systems*. Cambridge: Cambridge University Press, 2014.

609 Cf., por exemplo, RODRÍGUEZ, Jorge L. *Lógica de los sistemas jurídicos*. Madrid: Tecnos, 2002.

O ressurgimento actual em Portugal do interesse pelo pensamento de Kelsen deve, pois, ser contextualizado neste diálogo universitário plurinacional, que tem como denominador comum um quadro geral de positivismo jurídico de orientação analítica, mais do que uma "recepção" em linha directa da obra de Kelsen.

vii) Portugal

Apoiando-nos nas observações de Luís Cabral de Moncada (1888-1974), a única afirmação de uma influência kelseniana no início dos anos 30 do século XX regista-se nas suas *Lições de Direito Civil*, publicadas em 1932-1933, mormente no que à teoria do negócio jurídico e aos vícios da vontade diz respeito.[610] Moncada dava nota de que a atitude filosófica essencialmente logicista e formalista dos cultores de *Allgemeine Rechtslehre* – Adolf Merkel (1836-1896), Karl Bergbohm (1849-1927), Ernst Rudolf Bierling (1841-1919) – "*nunca penetrou entre nós*".[611] Em termos gerais, Cabral de Moncada acusava o formalismo de inspiração neo-kantiana de trocar "(...) *a realidade por um magno esquema abstracto de silhuetas e contornos lógicos das coisas*".[612]

Em 1938 surge uma tradução da *Teoria Geral do Estado* de Kelsen, a cargo de Fernando de Miranda (Arménio Amado, Editor, Coimbra), que, em 1939, vê também publicada uma sua tradução de Teoria Pura do Direito, na mesma editora: esta tradução conta com um extenso "Prefácio" (pp. V-LXXIII) do estudante do 4º ano

610 Cf. MONCADA, Luís Cabral de. "Subsídios para uma história da Filosofia do Direito em Portugal (concl.)". *Boletim da Faculdade de Direito*, vol. 15, 1938-1939, p. 111.

611 Cf. MONCADA, Luís Cabral de. "Subsídios para uma história da Filosofia do Direito em Portugal (concl.)". *Boletim da Faculdade de Direito*, vol. 15, 1938-1939, p. 111.

612 Cf. MONCADA, Luís Cabral de. *Filosofia do Direito e do Estado*. vol. I. 2ª ed. Coimbra: Almedina, 1955, p. 331.

jurídico Fernando Pinto Loureiro, onde são expostas as linhas gerais do pensamento kelseniano e de outros autores da Escola de Viena.

Num ensaio de 1930/1931, Cabral de Moncada confronta-se com a teorização kelseniana da Democracia parlamentar apresentada na 2ª edição (1929) de *Vom Wesen und Wert der Demokratie*: Moncada procede à crítica da concepção kelseniana de Democracia que é própria daquilo que ele chama de "democratismo" ou "demo-liberalismo", a Democracia representativa e o parlamentarismo, identificando o seu "*subsolo filosófico*" como sendo a ideologia personalista.[613] Em recensão a algumas publicações, Moncada volta a confrontar-se com a Teoria Pura do Direito e, apesar de manifestar reservas ao que diz ser "*um excesso de visão lógico-formalista*", expressa acordo em relação ao desiderato kelseniano de salvaguardar o carácter "científico" da Ciência do Direito, remetendo a consideração dos valores éticos transcendentes ou metajurídicos para a reflexão que é característica da Filosofia do Direito.[614]

Se bem que certas teses e construções da Teoria Pura do Direito constituíssem, entre nós, "tópicos" habituais do ensino de disciplinas como a Introdução ao Estudo do Direito – *v.g.*: a doutrina da estrutura escalonada (*Stufenbau*) da ordem jurídica, a doutrina da norma fundamental (*Grundnorm*), a distinção entre "validade" e "eficácia" – ou a Teoria Geral do Direito Civil – *v.g.*: a noção de "direito subjectivo" ou de "personalidade jurídica" – ou, por exemplo, a construção monista do Direito Internacional fosse obrigatoriamente explanada na cadeira de Direito Internacional Público, o facto é que uma apreciação geral dos pressupostos da Teoria Pura do Direito só volta a ser feita, depois de Cabral de Moncada, por João

---

613 Cf. MONCADA, Luiz Cabral de. "Do valor e sentido da democracia". *Boletim da Faculdade de Direito*, ano XII, 1930-1931, pp. 1-106.

614 Cf., por exemplo, MONCADA, Luiz Cabral de. "Novos horizontes filosófico-jurídicos do após-guerra". *In*: ______. *Estudos Filosóficos e Históricos*. vol. II. Coimbra: Coimbra Editora, 1959, pp. 421-435, *maxime* p. 434.

Baptista Machado (1927-1991). Tradutor da segunda edição (1960) de *Teoria Pura do Direito* e do apêndice a essa segunda edição, sob o título *A Justiça e o Direito Natural*, a "nota preambular" à tradução do apêndice, com a epígrafe "Do formalismo kelseniano e da cientificidade do pensamento jurídico" (1963), questiona o carácter redutor do que chama "*perspectiva lógico-objectivante*" do método normológico e propõe, numa linha que faz lembrar Recaséns Siches, a consideração do Direito na sua tridimensionalidade, enquanto norma, facto e valor.

No contexto posterior à Revolução de 25 de abril de 1974, a conceptualização kelseniana do problema da identidade dos sistemas jurídicos é utilizada para analisar o próprio fenómeno da Revolução por Miguel Galvão Teles (1939-2015), em três magníficos estudos, "O problema da continuidade da ordem jurídica e a revolução portuguesa" (1985), "A revolução portuguesa e a teoria das fontes de Direito" (1989) e "Revolution, *lex posterior* and *lex nova*" (1991).[615]

A regência por José de Sousa e Brito (1939-) da cadeira de Filosofia do Direito e do Estado na Faculdade de Direito da Universidade de Lisboa, a partir de meados da década de 70 do século XX, conferiu ao estudo da obra de Kelsen um outro peso e rigor: não se tratava, bem entendido, de uma profissão de fé num kelsenianismo ortodoxo, mas de um diálogo com a obra de Kelsen a partir de perspectivas mais recentes, sobretudo a *ordinary language philosophy*.[616] Por outro lado, como Presidente da secção portuguesa

---

615 Estudos agora acessíveis GALVÃO TELES, Miguel. *Escritos Jurídicos*. vol. II. Coimbra: Almedina, 2014, pp. 243-275, 277-326 e 327-345, respectivamente.

616 Cf., sobretudo, SOUSA E BRITO, José de. "Hume's Law and Legal Positivism". *In*: X Congresso Mundial Ordinario de Filosofia del Derecho y Filosofia Social. México D.F.: UNAM, 1981; cf., por último, SOUSA E BRITO, José de. "Fontes de Direito, reconhecimento e unidade da ordem jurídica". *Juízo ou Decisão? O Problema da Realização Jurisdicional do Direito*, VI Jornadas de Teoria do Direito, Filosofia do Direito e Filosofia Social, Coimbra, 2016, pp. 365-391.

da *Internationale Vereinigung für Rechts- und Sozialphilosophie*, Sousa e Brito estimulou uma abertura de horizontes que resgatou o ensino da disciplina de uma certa propensão para a historiografia das ideias.

A análise linguística e lógica do Direito, difundida entre nós por Sousa e Brito, é a matriz, por exemplo, da *Introdução ao Direito* (2012), de Miguel Teixeira de Sousa (1954-): o livro, que constitui um manual de ensino universitário, contém uma "Parte I", "Elementos de Teoria do Direito", onde são expostos os temas clássicos da "normatividade do Direito", da "teoria da norma jurídica", da "teoria do sistema jurídico" e da "doutrina das fontes do Direito", onde é permanente o diálogo com a obra de Kelsen e com outros representantes da teoria jurídica de orientação analítica.

Agregando um conjunto de investigadores da geração académica mais recente, há que fazer referência ao "Lisbon Legal Theory Group", que funciona no âmbito da Faculdade de Direito da Universidade de Lisboa e que, na sua diversidade interna, professa uma orientação analítica mais vincada, não deixando, porém, de dar o devido relevo à obra de Kelsen como precursor e marco de referência fundamental dessa orientação. Dissertações de doutoramento que expressam o tipo de reflexão desenvolvida nesse círculo de estudos são, por exemplo, as de David Duarte (1967-), com o título *A norma de legalidade procedimental administrativa* (Coimbra, 2006), e Pedro Moniz Lopes (1981-), com o título *Derrotabilidade normativa e normas administrativas* (em vias de publicação).[617] Evidenciando vínculos estreitos quer em termos geracionais quer em termos de orientação intelectual com o "Lisbon Legal Theory Group", Luís Duarte de Almeida (1976-), investigador que fez parte do seu percurso académico na Grã-Bretanha (Oxford e Edimburgo), é coeditor, conjuntamente com John Gardner e Leslie Green, de uma importante colectânea

---

617 Cf., igualmente, por último, LOPES, Pedro Moniz. *Estudos de Teoria do Direito*. vol. I. Lisboa: Fundação Calouste Gulbenkian, 2018.

de ensaios sobre a obra de Kelsen, intitulada *Kelsen Revisited: New Essays on the Pure Theory of Law* (Oxford, 2013); é também autor de diversos ensaios sobre alguns pontos específicos da Teoria Pura do Direito de Kelsen, como, por exemplo, a doutrina da norma jurídica "completa".

Dir-se-ia que, após algumas décadas em que o pensamento de Hans Kelsen foi olhado com algum desfavor em Portugal, em razão da preponderância entre nós de orientações jusfilosóficas anti-positivistas, se assiste hoje a um renovado interesse pela sua obra, como marco de referência fundamental de um positivismo jurídico de orientação analítica.

REFERÊNCIAS BIBLIOGRÁFICAS

ACKERMAN, Bruce. *Social Justice in the Liberal State*. New Haven: Yale University Press, 1980.

ALCHOURRÓN, Carlos E.; BULYGIN, Eugenio. *Análisis lógico y Derecho*. Madrid: Centro de Estudios Constitucionales, 1991.

_____. "The Expressive Conception of Norms". *In*: HILPINEN, Risto (Coord.). *New Studies in Deontic Logic*. Dordrecht: Reidel, 1981.

ALENCAR, Ana Valderez Ayres Neves de. "A competência do Senado Federal para suspender a execução dos atos declarados inconstitucionais". *Revista de Informação Legislativa*, Brasília: Senado Federal, ano 15, nº 57, jan./mar. 1978.

ALEXY, Robert. "Hans Kelsens Begriff der Verfassung". *In*: PAULSON, Stanley L.; STOLLEIS, Michael (Coord.). *Hans Kelsen*: Staatsrechtslehrer und Rechtstheoretiker des 20. Jahrhunderts. Tübingen: Mohr Siebeck, 2005.

ALVES, Pedro M. S. "Giudizi e norme: atti tetici e atti nomotetici". *Rivista Internazionale di Filosofia del Diritto*, vol. XCII, 2015.

AMSELEK, Paul. "A propos de la théorie kelsénienne de l'absence de lacunes dans le droit". *In*: GOYARD-FABRE, Simone (Coord.). *La Pensée Politique de Hans Kelsen*. Caen: Centre de publications de l'Université de Caen, 1990. (Cahiers de Philosophie Politique et Juridique, nº 17).

______. "Kelsen et les contradictions du positivisme juridique". *Archives de Philosophie du Droit*, vol. 28, 1983.

______. *Méthode phénoménologique et théorie du droit*. Paris: Presses Universitaires de France, 1964.

ARNOLD, Eckhart. *A New Science of Politics*: Hans Kelsen's Reply to Eric Voegelin's "New Science of Politics" – A Contribution to the Critique of Ideology. Frankfurt: Suhrkamp, 2004. [*A Nova Ciência da Política*. Trad. José Viegas Filho. Intr. José Pedro Galvão de Sousa. Brasília: Editora Universidade de Brasília, 1979].

AUSTIN, John L. *How to do things with words*. Oxford: Oxford University Press, 1962.

______. *The Province of Jurisprudence Determined*. Ed. Wilfrid E. Rumble Cambridge: Cambridge University Press, 1995.

AYER, Alfred J. *Language, Truth and Logic*. Londres: Gollancz, 1936.

BADURA, Peter. "Staat, Recht und Verfassung in der Integrationslehre". *Der Staat*, vol. 16, 1977.

BALDUS, Manfred. "Hapsburgian Multiethnicity and the 'Unity of State' – On the Structural Setting of Kelsen's Legal Thought". *In*: DINER, Dan; STOLLEIS, Michael (Coord.). *Hans Kelsen and Carl Schmitt*: a Juxtaposition. Gerlingen: Bleicher, 1999.

______. *Die Einheit der Rechtsordnung*. Berlim: Duncker & Humblot, 1995.

BARRY, Brian. *Theories of Justice*. Berkeley: University of California Press, 1989.

BELTRÁN, Jordi Ferrer. *Las normas de competencia*: un aspecto de la dinámica jurídica. Madrid: Centro de Estudios Políticos y Constitucionales, 2000.

BENHABIB, Seyla. "Toward a Deliberative Model of Democratic Legitimacy" (1996). *In*: D'AGOSTINO, Fred; GAUS, Gerald F. (Coord.). *Public Reason*. Aldershot: Dartmouth Publishing, 1998.

BENTHAM, Jeremy. *Of Laws in General*. Ed. H. L. A. Hart. Londres: Athlone Press, 1970.

BERGBOHM, Karl. *Jurisprudenz und Rechtsphilosophie*: Kritische Abhandlungen. vol. I. Leipzig: Duncker & Humblot, 1892.

BERLIN, Isaiah. "Joseph de Maistre and the Origins of Fascism". *In*: BERLIN, Isaiah. *The Crooked Timber of Humanity*. Londres: Fontana Press, 1990.

______. *Freedom and its Betrayal*: Six Enemies of Human Liberty. Princeton: Princeton University Press, 2002. [Trad. para o português: *Rousseau e Outros Cinco Inimigos da Liberdade*. Lisboa: Edições 70, 2005].

BERNSTORFF, Jochen von. "Peace and Global justice through Prosecuting the Crime of Agression? Kelsen and Morgenthau on the Nuremberg Trials and the International Judicial Function". *In*: TELMAN, D. A. Jeremy (Coord.). *Hans Kelsen in America*: Selective Affinities and the Mysteries of Academic Influence. Wiesbaden: Springer International Publishing, 2016.

______. *Der Glaube an das universale Recht*: Zur Völkerrechtstheorie Hans Kelsens und seiner Schule. Baden-Baden: Nomos, 2001.

BIERLING, Ernst Rudolf. *Juristische Prinzipienlehre*. vol. I. Freiburgo/ Leipzig: Mohr Siebeck, 1894.

BINDREITER, Uta U. "Presupposing the Basic Norm". *Ratio Juris*, Oxford: Blackwell, vol. 14, nº 2, 2001.

______. *Why Grundnorm?* A Treatise on the Implications of Kelsen's Doctrine. Haia: Springer, 2002.

BIX, Brian H. "Kelsen in the United States: still misunderstood". *In*: TELMAN, D. A. Jeremy (Coord.). *Hans Kelsen in America*: Selective Affinities and The Mysteries of Academic Influence. Wiesbaden: Springer, 2016.

BLANCO DE MORAIS, Carlos. *O sistema político*. Coimbra: Almedina, 2018.

BLUMENBERG, Hans. *Die Legitimität der Neuzeit*. Frankfurt: Suhrkamp, 1966.

BOBBIO, Norberto. "Kelsen e il problema del potere". *In*: ______. *Diritto e Potere*: Saggi su Kelsen. Nápoles: Giappichelli, 1992.

______. "La teoria pura del diritto e i suoi critici". *In*: ______. *Diritto e Potere*: Saggi su Kelsen. Nápoles: Giappichelli, 1992.

______. "Recuerdo de Renato Treves". *Doxa*, vol. 15-16, 1992.

______. "Scienza del Diritto e Analisi del Linguaggio" (1950). *In*: SCARPELLI, Uberto (Coord.). *Diritto e Analisi del Linguaggio*. Milão: Giuffrè, 1979.

_____. "Struttura e funzione nella teoria del diritto di Kelsen". *In*: _____. *Diritto e Potere*: Saggi su Kelsen. Nápoles: Giappichelli, 1992.

BÖCKENFÖRDE, Ernst-Wolfgang. "Die Entstehung des Staates als Vorgang der Säkularisation" (1967). *In*: _____. *Recht, Staat, Freiheit*: Studien zur Rechtsphilosophie, Staatstheorie und Verfassungsgeschichte. ed. ampl. Frankfurt: Suhrkamp, 2006.

_____. "Entstehung und Wandel des Rechtsstaatsbegriffs" (1969). *In*: _____. *Recht, Staat, Freiheit*: Studien zur Rechtsphilosophie, Staatstheorie und Verfassungsgeschichte. Frankfurt: Suhrkamp, 1991.

BONINO, Guido; DAMELE, Giovanni. "Divergenze teoriche e vite parallele: Gustav Bergmann, Hans Kelsen e la Teoria Pura del Diritto". *Quaderni Fiorentini per la Storia del Pensiero Giuridico Moderno*, vol. 47, 2018.

BROCKMÖLLER, Annette. *Die Entstehung der Rechtstheorie im 19. Jahrhundert in Deutschland*. Baden-Baden: Nomos, 1997.

BULYGIN, Eugenio. "Algunas consideraciones sobre los sistemas jurídicos". *Doxa – Cuadernos de Filosofía del Derecho*, vol. 9, 1991.

_____. "An Antinomy in Kelsen's Pure Theory of Law". *Ratio Juris*, vol. 3, 1990.

_____. "Das Problem der Geltung bei Kelsen". *In*: PAULSON, Stanley L.; STOLLEIS, Michael (Coord.). *Hans Kelsen*: Staatsrechtslehrer und Rechtstheoretiker des 20. Jahrhunderts. Tübingen: Mohr Siebeck, 2005.

_____. "Mi visión de la filosofía del Derecho". *Doxa – Cuadernos de Filosofía del Derecho*, vol. 32, 2009.

_____. "Norms and Logic: Kelsen and Weinberger on the Ontology of Norms". *Law and Philosophy*, vol. 4, 1985.

_____. "On Competence Norms". *Law and Philosophy*, vol. 11, 1982.

BURDEAU, Georges. *Essai d'une théorie de la révision des lois constitutionnelles au droit positif français*. Mâcon: Imprimerie de l'Académie, 1930.

CAPITANT, René. *Introduction à l'étude de l'illicite*: l'impératif juridique. Paris: Librairie Générale de Droit et de Jurisprudence, 1928.

CAPPELLETTI, Mauro. *Il controllo giudiziario di costituzionalità delle leggi nel diritto comparato*. Milão: Giuffrè, 1973.

CARNAP, Rudolf. "Überwindung der Metaphysik durch logische Analyse der Sprache". *Erkenntnis*, vol. 2, 1931.

CARRÉ DE MALBERG, Raymond. *Confrontation de la théorie de la formation du droit par degrés*. Paris: Librairie Générale de Droit et de Jurisprudence, 1933.

CARRINO, Agostino. *Das Recht zwischen Reinheit und Realität*: Hermann Cohen und die philosophischen Grundlagen der Rechtslehre Kelsens. Baden-Baden: Nomos, 2011.

_____. *Kelsen e il problema della scienza giuridica*. Nápoles: Edizioni Scientifiche Italiane, 1987.

_____. *L'ordine delle norme*: Stato e diritto in Hans Kelsen. Nápoles: Edizioni Scientifiche Italiane, 1992.

CASTRUCCI, Emanuele. *Tra Organicismo e "Rechtsidee"*: il pensiero giuridico di Erich Kaufmann. Milão: Giuffrè, 1984.

CELANO, Bruno. *Dover essere intenzionalitá*: una critica all'ultimo Kelsen. Turim: Giappichelli, 1990.

_____. *La teoria del diritto de Hans Kelsen*: una introduzione critica. Bolonha: Il Mulino, 1999.

CID, Benito de Castro. *La filosofia jurídica de Luis Recaséns Siches*. Salamanca: Ediciones Universidad de Salamanca, 1974.

COHEN, Herman. *Kants Theorie der Erfahrung*. 2ª ed. Berlim: Ferd. Dümmler, 1885.

_____. *Logik der reinen Erkenntnis*. 2ª ed. Berlim: B. Cassirer, 1914.

_____. *Logik der reinen Erkenntnis*. Berlim: B. Cassirer, 1902.

DAMELE, Giovanni; PINHEIRO, Inês. "Kelsen e a Górgona do poder: uma resposta a Kaufmann". *Revista da Faculdade de Direito da Universidade de Lisboa*, ano LXIV, nº 2, 2023.

DIAS, Gabriel Nogueira. "Luis Recaséns Siches". *In*: WALTER, Robert; JABLONER, Clemens; ZELENY, Klaus (Coord.). *Der Kreis um Hans Kelsen*: Die Anfangsjahre der Reinen Rechtslehre. Viena: Manz, 2008.

DILTHEY, Wilhelm. *Die Typen der Weltanschauungen und ihre Ausbildung in der metaphysischen Systemen*. Berlim: De Gruyter, 1911.

DREIER, Horst. "'Secular Religion' im Kontext von Kelsens Gesamtwerk". *In*: JABLONER, Clemens; OLECHOWSKI, Thomas; ZELENY, Klaus (Coord.). *Secular Religion*: Rezeption und Kritik von Hans Kelsens Auseinandersetzung mit Religion und Wissenschaft. Viena: Manzsche, 2013.

______. "Der Preis der Moderne: Hans Kelsens Rechts- und Sozialtheorie". *In*: ÖZMEN, Elif. *Hans Kelsens Politische Philosophie*. Tübingen: Mohr Siebeck, 2017.

______. "Die (Wieder-)Entdeckung Kelsens in der 1980er Jahren – Ein Rückblick (auch in eigener Sache)". *In*: JESTAEDT, Matthias (Coord.). *Hans Kelsen und die deutsche Staatsrechtslehre*: Stationen eines wechselvollen Verhältnisses. Tübingen: Mohr Siebeck, 2013.

______. *Rechtslehre, Staatssoziologie und Demokratietheorie bei Hans Kelsen*. Baden-Baden: Nomos, 1986.

______. *Rechtslehre, Staatssoziologie und Demokratietheorie bei Hans Kelsen*. 2ª ed. Baden-Baden: Nomos, 1990.

______. *Rezeption und Rolle der Reinen Rechtslehre*: Festakt aus Anlass des 70. Geburtstags von Robert Walter. Viena: Manzsche, 2001.

DYZENHAUS, David. *Legality and Legitimacy*: Carl Schmitt, Hans Kelsen and Hermann Heller in Weimar. Oxford: Clarendon Press, 1997.

EBENSTEIN, William. *The Pure Theory of Law*. Nova Iorque: Macmillan, 1945. [Versão alemã: *Die Rechtsphilosophische Schule der Reinen Rechtslehre*. Praga: Sauer & Auvermann, 1938].

EDEL, Geert. *Von der Vernunftkritik zur Erkenntnislogik*: Die Entwicklung der theoretischen Philosophie Hermann Cohens. Freiburgo: Alber, 1988.

EHS, Tamara. "Erziehung zur Demokratie: Hans Kelsen als Volksbildner". *In*: WALTER, Robert; OGRIS, Werner; OLECHOWSKI, Thomas (Coord.). *Hans Kelsen*: Leben – Werk – Wirksamkeit. Ergebnisse einer Internationalen Tagung, veranstaltet von der Kommission für Rechtsgeschichte Österreichs und dem Hans Kelsen-Institut (19.–21. April 2009). Viena: Manzsche Verlags- und Universitätsbuchhandlung, 2009.

EISENMANN, Charles. "Sur la théorie kelsénienne du domaine de validité des normes juridiques". *In*: ______. *Écrits de Théorie du Droit, de Droit Constitutionnel et d'Idées Politiques*. Paris: Éditions Panthéon-Assas, 2003.

______. *La Justice Constitutionnelle et la Haute Cour Constitutionnelle d'Autriche*. Paris: LBDJ, 1928.

EISLER, Rudolf. "Rein". *In*: ______. *Kant Lexikon*. Berlim: de Gruyter, 1930 [10ª reimp. Hildesheim: Georg Olms Verlag, 1989].

ENGLARD, Yzhak. "Nazi Criticism against the Normative Theory of Hans Kelsen – Its Intellectual Basis and Post-Modern Tendencies". *In*:

DINER, Dan; STOLLEIS, Michael (Coord.). *Hans Kelsen and Carl Schmitt*: a Juxtaposition. Gerlingen: Bleicher, 1999.

ERMACORA, Felix. *Die Bundesverfassung und Hans Kelsen*: Analysen und Materialien. Viena: Manzsche, 1981.

EWALD, Oscar. "Die deutsche Philosophie im Jahre 1911". *Kant-Studien*, vol. 17, 1912.

FALCK, Niels Nikolaus, *Juristische Encyclopädie, auch zum Gebrauche bei academischen Vorlesungen*. Kiel: Im Verlage der academischen Buchhandlung, 1821.

FAVOREU, Louis. "La modernité des vues de Charles Eisenmann sur la justice constitutionnelle". *In*: EISENMANN, Charles. *La justice constitutionnelle et la Haute Cour constitutionnelle d'Autriche*. Paris: Presses Universitaires d'Aix-Marseille, 1986.

FERREYRA, Raúl Gustavo. "Epílogo". *In*: HÄBERLE, Peter. *Libro constitucional, de lectura y de la vida latinoamericano*. Trad. Laura Carugati e Gastón Rossi. Buenos Aires: Ediar, 2024.

FREGE, Gottlob. "Über Sinn und Bedeutung" (1892). *In*: ______. *Funktion – Begriff – Bedeutung*. 2ª ed. Göttingen: Vandenhoeck & Ruprecht, 2007.

GALVÃO TELES, Miguel. *Escritos Jurídicos*. vol. II. Coimbra: Almedina, 2014.

GANGL, Manfred (Coord.). *Die Weimarer Staatsrechtsdebatte*: Diskurs- und Rezeptionsstrategien. Baden-Baden: Nomos, 2011.

GAVAZZI, Giacomo. "L'interpretazione giuridica in Hans Kelsen". *Rivista Internazionale di Filosofia del Diritto*, vol. 34, 1957.

GIANFORMAGGIO, Letizia. *In difesa del silogismo pratico, ovvero alcuni argomenti kelseniani alla prova*. Milão: Giuffrè, 1987.

GIUDICE, Michael. "Hart and Kelsen on international law". *In*: GREEN, Leslie; LEITER, Brian (Coord.). *Oxford Studies in the Philosophy of Law*. vol. 2. Oxford: Oxford University Press, 2013.

GLOCK, Hans-Johann. "Neukantianismus und analytische Philosophie". *In*: ALEXY, Robert; MEYER, Lukas H.; PAULSON, Stanley L.; SPRENGER, Gerhard (Coord.). *Neukantianismus und Rechtsphilosophie*. Baden-Baden: Nomos, 2002.

______. "Vorsprung durch Logik: The German Analytic Tradition". *In*: O'HEAR, Anthony (Coord.). *German Philosophy since Kant*. Cambridge: Cambridge University Press, 1999.

GOLDING, Martin P. "Kelsen and the concept of 'legal system'". *Archiv für Rechts- und Sozialphilosophie*, vol. 47, 1961.

GRIMM, Dieter. "Direito ou política? A controvérsia Kelsen-Schmitt sobre a jurisdição constitucional e situação atual". Trad. Gilmar Mendes e Paulo Sávio Maia. *In*: ______. *Jurisdição constitucional e democracia*: ensaios escolhidos. São Paulo: Contracorrente, 2023.

______. "Zum Verhältnis von Interpretationslehre, Verfassungsgerichtsbarkeit und Demokratieprinzip bei Kelsen". *Rechtstheorie*, 1982.

GROH, Kathrin. *Demokratische Staatsrechtslehre in der Weimarer Republik*. Tübingen: Mohr Siebeck, 2010.

GROYSMAN, Simeon. "On the Kelsenian concept of revolution: a theory of the relationship between social and legal revolution and the case of the first Bulgarian constitutional transition (1944-1947)". *In*: BELOV, Martin; ABAT I NITET, Antoni (Coord.). *Revolution, Transition, Memory and Oblivion*. Cheltenham: Edward Elgar Publishing, 2020.

GUASTINI, Riccardo. "Kelsen on Legal Knowledge and Scientific Interpretation". *In*: GIANFORMAGGIO, Letizia; PAULSON, Stanley L. (Coord.). *Cognition and Interpretation of Law*. Turim: Giappichelli, 1995.

______. "Norme, giudizi di validità, e scienza giuridica nell'ultimo Kelsen". *In*: ______. *Distinguendo*: Studi di teoria e metateoria del diritto. Turim: Giappichelli, 1996.

GÜNTHER, Frieder. *Denken vom Staat her*: Die bundesdeutsche Staatsrechtslehre zwischen Dezision und Integration 1949-1970. Munique: Beck, 2004.

HABERMAS, Jürgen. *Auch eine Geschichte der Philosophie*. vol. 1: Die okzidentale Konstellation von Glauben und Wissen. Frankfurt: Suhrkamp Verlag, 2019.

HAMMER, Stefan. "Kelsens Grundnormkonzeption als Erkenntnistheorie des Rechts?" *In*: PAULSON, Stanley L.; WALTER, Robert (Coord.). *Untersuchungen zur Reinen Rechtslehre*. Viena: Manzsche, 1986.

HARE, Richard M. *The Language of Morals*. Oxford: Clarendon Press, 1952.

HARRIS, J. W. "Kelsen and Normative Consistency". *In*: TUR, Richard; TWINING, William (Coord.). *Essays on Kelsen*. Oxford: Oxford University Press, 1986.

HART, H. L. A. "Kelsen visited". *In*: _____. *Essays in Jurisprudence and Philosophy*. Oxford: Oxford University Press, 1983.

_____. *O Conceito de Direito*. Trad. Armindo Ribeiro Mendes. Lisboa: Editora Almedina, 1986 [1961].

_____. *The Concept of Law*. 2ª ed. Oxford: Oxford University Press, 1994.

HAURIOU, Maurice. *Précis de droit constitutionnel*. 2ª ed. Paris: Sirey, 1929.

HEIDEMANN, Carsten. "Der Begriff der Zurechnung bei Hans Kelsen". *In*: PAULSON, Stanley L.; STOLLEIS, Michael (Coord.). *Hans Kelsen*: Staatsrechtslehrer und Rechtstheoretiker des 20. Jahrhunderts. Tübingen: Mohr Siebeck, 2005.

_____. "Hans Kelsens Theorie normativer Erkenntnisse". *In*: BROCKMÖLLER, Annette; BUCHWALD, Delf; TAPPE, Katja; PFORDTEN, Dietmar von der (Coord.). *Ethische und strukturelle Herausforderungen des Rechts*. Estugarda: Franz Steiner Verlag, 1997.

_____. *Die Norm als Tatsache*: Zur Normentheorie Hans Kelsens. Baden-Baden: Nomos, 1997.

HELLER, Hermann. *Die Souveranität – Ein Beitrag zur Theorie des Staats- und Völkerrechts*. Berlim/Leipzig: De Gruyter, 1927.

HERRERA, Carlos Miguel (Coord.). *Actualité de Kelsen en France*. Paris: L'Harmattan, 2001.

_____. *La Philosophie du Droit de Hans Kelsen*: une introduction. Québec: Presses de l'Université Laval, 2004.

HOHFELD, Wesley N. *Fundamental Legal Conceptions as Applied in Judicial Reasoning and Other Essays*. New Haven: Yale University Press, 1923 [Trad. para o português: *Os conceitos jurídicos fundamentais aplicados na argumentação judicial*. Lisboa: Teoria Jurídica, 2008].

HOLLAND, Thomas E. *The Elements of Jurisprudence*. Oxford: Clarendon Press, 1880.

HOLZEY, Helmut. "Kelsen Rechts- und Staatslehre in ihrem Verhältnis zum Neukantianismus". *In*: PAULSON, Stanley L.; WALTER, Robert (Coord.). *Untersuchungen zur Reinen Rechtslehre*. Viena: Springer, 1986.

_____. "Rechtserfahrung oder Rechtswissenschaft: Eine fragwürdige Alternative. Zu Sanders Streit mit Kelsen". *In*: WEINBERGER, Ota; KRAWIETZ, Werner (Coord.). *Reine Rechtslehre im Spiegel ihrer Fortsetzer und Kritiker*. Viena: Springer, 1988.

HUBER, Ernst Rudolf. "Verfassung und Verfassungswirklichkeit bei Carl Schmitt". *Blätter für Deutsche Philosophie*, vol. 5, 1931-1932.

HUMMEL, Jacky. *Le Constitutionalisme Allemand (1815-1918)*: Le Modèle Allemand de la Monarchie Limitée. Paris: Presses Universitaires de France, 2002.

HUSIK, Isaac. "The Legal Philosophy of Hans Kelsen". *Journal of Social Philosophy*, vol. 3, 1938.

IPSEN, Jörn. *Rechtsfolgen der Verfassungwsidrigkeit von Norm und Einzelakt*. Baden-Baden: Nomos Verlag, 1980.

JABLONER, Clemens. "Objektive Normativität. Zu einem Bezugspunkt von Reiner Rechtslehre und Wiener Kreis". *In*: ______. *Methodenreinheit und Erkenntnisvielfalt*: Aufsätze zur Rechtstheorie, Rechtsdogmatik und Rechtsgeschichte. Viena: Manzsche Verlags- und Universitätsbuchhandlung, 2013.

______. "Verrechtlichung und Rechtsdynamik". *Zeitschrift für öffentliches Recht*, Viena: Springer, vol. 54,1999.

JACOBSON, Arthur J.; SCHLINK, Bernhard (Coord.). *Weimar*: a Jurisprudence of Crisis. Berkeley: University of California Press, 2000.

JAKOB, Ludwig Heinrich. *Philosophische Rechtslehre oder Naturrecht*. Halle: Renger, 1795.

JANICK, Allan; TOULMIN, Stephen. *Wittgenstein's Vienna*. Nova Iorque: Basic Books, 1973.

JANZEN, Henry. "Kelsen's Theory of Law". *American Political Science Review*, vol. 31, 1937.

JELLINEK, Georg. "Die Politik des Absolutismus und Radikalismus: Hobbes und Rousseau". *Conferência em Basileia*, 10 de fevereiro de 1891.

______. *Allgemeine Staatslehre*. 2ª ed. Berlim: Duncker & Humblot, 1911.

______. *Allgemeine Staatslehre*. 3ª ed. Berlim: Duncker & Humblot, 1914.

______. *Das Recht der Minoritäten*. Viena: Manzsche Verlagsbuchhandlung, 1898.

______. *Die rechtliche Natur der Staatenverträge*. Viena: Manzsche Verlagsbuchhandlung, 1880.

______. *Ein Verfassungsgerichtshof für Österreich*. Viena: Manzsche Verlagsbuchhandlung, 1885.

______. *System der subjektiven öffentlichen Rechte*. 2ª ed. Tübingen: J. C. B. Mohr, 1905.

JELLINEK, Walter. *Gesetz, Gesetzesanwendung und Zweckmäßigkeitserwägung*. Tübingen: Mohr, 1913.

JESTAEDT, Matthias; LEPSIUS, Oliver (Coord.). *Hans Kelsen, Verteidigung der Demokratie*. Tübingen: Mohr Siebeck, 2006.

JORI, Mario; PINTORE, Anna (Coord.). *Law and Language*: The Italian Analytical School. Liverpool: Liverpool University Press, 1997.

KALINOWSKI, Georges. "Il significato della deontica per la filosofia morale e giuridica". *In*: BERNARDO, Giuliano di (Coord.). *Logica deontica e semantica*. Bolonha: Il Mulino, 1983.

KAMMERHOFER, Jörg. "Hans Kelsen in today's international legal scholarship". *In*: KAMMERHOFER, Jörg; D'ASPREMONT, Jean (Coord.). *International Legal Positivism in a Post-Modern World*. Cambridge: Cambridge University Press, 2014.

KANT, Immanuel. *Prolegomena zu einer künftigen Metaphysik, die als Wissenschaft wird auftreten können*. Berlim: Akademie Verlag, [s.d.]. (Akademie Textausgabe, vol. IV).

KAUFMANN, Erich. "Zur Problematik des Volkswillens" (1931). *In*: ______. *Gesammelte Schriften*. vol. 3. Göttingen: Vandenhoeck & Ruprecht, 1960.

______. *Kritik der neukantischen Rechtsphilosophie*. Tübingen: Mohr Siebeck, 1921.

KAUFMANN, Felix. *Die Kriterien des Rechts*: Eine Untersuchung über die Prinzipien der juristischen Methodenlehre. Tübingen: Mohr Siebeck, 1924.

______. *Logik und Rechtswissenschaft*: Grundriß eines Systems der Reinen Rechtslehre. Tübingen: Mohr Siebeck, 1922.

KELSEN, Hans. "A competência da Assembleia Nacional Constituinte" [Vorbemerkung]. *In*: SIQUEIRA, Gustavo. *Hans Kelsen no Brasil*: o parecer sobre a Constituinte brasileira de 1934, a Teoria Pura do Direito no Brasil e a viagem ao Rio de Janeiro em 1949. Rio de Janeiro: UERJ, 2021.

______. "Absolutism and Relativism in Philosophy and Politics". *The American Political Science Review*, vol. 42, 1948.

______. "Collective and Individual Responsability in International Law with Particular Regard to Punishment of War Criminals". *California Law Review*, vol. 31, 1943.

______. "Das Urteil des Staatsgerichtshofs vom 25. Oktober 1932". *Die Justiz*, vol. 8, 1932.

______. "Das Verhältnis von Staat und Recht im Lichte der Erkenntniskritik". *Zeitschrift für öffentliches Recht*, vol 2, 1921. [Agora em: KLECATSKY, Hans; MARCIC, René; SCHAMBECK, Herbert (Coord.). *Die Wiener rechtstheoretische Schule*. vol. 1. Viena: Manzsche, 1968].

______. "Die Bundesexecution: Ein Beitrag zur Theorie und Praxis des Bundesstaates, unter besonderer Berücksichtigung der deutschen Reichs- und der österreichischen Bundesverfassung". *Festgabe für Fritz Fleiner zum 60. Geburtstag*, Tübingen: Mohr Siebeck, 1927.

______. "Die Entstehung des Kausalgesetzes aus dem Vergeltungsprinzip". *The Journal of Unified Science (Erkenntnis)*, vol. 8, 1939.

______. "Die Funktion der Verfassung", *Forum*, vol. XI, 1964. [Agora em: KLECATSKY, Hans; MARCIC, René; SCHAMBECK, Herbert (Coord.). *Die Wiener rechtstheoretische Schule*. vol. 2. Viena: Manzsche, 1968].

______. "Die Gleichheit vor dem Gesetz im Sinne des Art. 109 der Reichsverfassung". *Veröffentlichungen der Vereinigung der Deutschen Staatsrechtslehrer*, Heft 3, Berlim/Leipzig: Duncker & Humblot, 1927.

______. "Die Illusion der Gerechtigkeit: Eine kritische Untersuchung der Sozialphilosophie Platons". *Kant Studien*, vol. 38, 1933.

______. "Die Lehre von den drei Gewalten oder Funktionen des Staates". *Archiv für Rechts- und Wirtschaftsphilosophie*, XVII, 1923-1924. [Agora em: KLECATSKY, Hans; MARCIC, René; SCHAMBECK, Herbert (Coord.). *Die Wiener rechtstheoretische Schule*. vol. 2. Viena: Manzsche, 1968].

______. "Die platonische Gerechtigkeit". *Kant-Studien*, vol. 38. [Agora em: KLECATSKY, Hans; MARCIC, René; SCHAMBECK, Herbert (Coord.). *Die Wiener rechtstheoretische Schule*. vol. 1. Viena: Manzsche Verlags- und Universitätsbuchhandlung, 1968].

______. "Die platonische Liebe". *Imago*, vol. 19, 1933.

______. "Die Rechtswissenschaft als Norm- oder als Kulturwissenschaft: Eine methodenkritische Untersuchung". *Schmollers Jahrbuch*, vol. 40, 1916. [Agora em: KLECATSKY, Hans; MARCIC, René; SCHAMBECK,

Herbert (Coord.). *Die Wiener rechtstheoretische Schule*. vol. 1. Viena: Manzsche Verlags- und Universitätsbuchhandlung, 1968].

_____. "Die Selbstbestimmung des Rechts" (1963). [Agora em: KLECATSKY, Hans; MARCIC, René; SCHAMBECK, Herbert (Coord.). *Die Wiener rechtstheoretische Schule*. vol. 2. Viena: Manzsche Verlags- und Universitätsbuchhandlung, 1968].

_____. "Die Technik des Völkerrechts und die Organisation des Friedens". *Zeitschrift für öffentliches Recht*, vol. XIV, 1934.

_____. "Eine 'Realistische' und die Reine Rechtslehre. Bemerkungen zu Alf Ross: On Law and Justice". *Österreichische Zeitschrift für öffentliches Recht*, vol. 10, 1959.

_____. "Essência e valor da democracia". Trad. Vera Barkow. *In*: _____. *A Democracia*. São Paulo: Martins Fontes, 1993.

_____. "Foundations of Democracy". *Ethics*, vol. 66, 1955.

_____. "Judicial review of legislation: a comparative study of the Austrian and the American constitution". *The Journal of Politics*, Illinois: University of Chicago Press, vol. 4, nº 2, 1942.

_____. "Juízos de valor na ciência do Direito". *In*: _____. *O Que é Justiça?* Trad. Luís Carlos Borges. São Paulo: Martins Fontes, 1997.

_____. "Juristischer Formalismus und Reine Rechtslehre". *Juristische Wochenschrift*, vol. 58, 1929.

_____. "Kausalität und Zurechnung". *Österreichische Zeitschrift für öffentliches Recht*, vol. 6, 1954. [Agora em: KLECATSKY, Hans; MARCIC, René; SCHAMBECK, Herbert (Coord.). *Die Wiener rechtstheoretische Schule*. vol. 1. Viena: Manzsche Verlags- und Universitätsbuchhandlung, 1968].

_____. "La garantie juridictionelle de la constitution". *Revue de Droit Public et de La Science Politique en France et à l'Étranger*, vol. XXXV, 1928.

_____. "O Que é Justiça". *In*: _____. *O Que é Justiça?* Trad. Luís Carlos Borges. São Paulo: Martins Fontes, 1997.

_____. "Professor Stone and the Pure Theory of Law". *Stanford Law Review*, vol. 17, nº 6, jul. 1965.

_____. "Recht und Logik". *Forum*, vol. XII, 1965. [Agora em: KLECATSKY, Hans; MARCIC, René; SCHAMBECK, Herbert (Coord.). *Die*

Wiener rechtstheoretische Schule. vol. 2. Viena: Manzsche Verlags- und Universitätsbuchhandlung, 1968].

_____. "Rechtswissenschaft und Recht: Erledigung eines Versuchs zur Überwindung der 'Rechtsdogmatik'". *Zeitschrift für öffentliches Recht*, vol. 3, 1922.

_____. "Reichsgesetz und Landesgesetz nach österreichischer Verfassung". *Archiv des öffentlichen Rechts*, vol. 32, 1914. [Reimpresso em: KELSEN, Hans. *Hans Kelsens Werke*. vol. 3. Ed. Matthias Jestaedt. Tübingen: Mohr Siebeck, 2010].

_____. "Staat und Recht: Zum Problem der soziologischen oder juristischen Erkenntnis des Staates". *Kölner Vierteljahresschrift für Soziologie*, 1922. [Agora em: KLECATSKY, Hans; MARCIC, René; SCHAMBECK, Herbert (Coord.). *Die Wiener rechtstheoretische Schule*. vol. 1. Viena: Manzsche Verlags- und Universitätsbuchhandlung, 1968].

_____. "The Idea of Justice in the Holy Scriptures". *Revista Jurídica de la Universidad de Puerto Rico*, vol. 22, 1953.

_____. "The international legal status of Germany to be established immediately upon termination of the war". *The American Journal of International Law*, vol. 38, 1944.

_____. "The Law as a Specific Social Technique". *The University of Chicago Law Review*, vol. 9, 1941.

_____. "The legal status of Germany according to the Declaration of Berlin". *The American Journal of International Law*, vol. 39, 1945.

_____. "The Metamorphoses of the Idea of Justice". SAYRE, Paul (Coord.). *Interpretations of Modern Legal Philosophies*: Essays in Honour of Roscoe Pound. Oxford: Oxford University Press, 1947.

_____. "The Natural Law Doctrine before the Tribunal of Science". *The Western Political Quarterly*, vol. 2, 1949.

_____. "The Old and The New League: The Covenant and the Dumbarton Oaks Proposals". *American Journal of International Law*, vol. 39, 1945.

_____. "The Pure Theory of Law and Analytical Jurisprudence". *Harvard Law Review*, vol. 55, 1941-1942. [Trad. para o português: "A Teoria Pura do Direito e a jurisprudência analítica". *In*: _____. *O Que é Justiça?* São Paulo: Martins Fontes, 1997].

_____. "The Pure Theory of Law, 'Labandism und Neo-Kantianism: A Letter to Renato Treves'". *In*: PAULSON, Stanley L.; PAULSON, Bonnie

Litschewski (Coord.). *Normativity and Norms*: Critical Perspectives on Kelsenian Themes. Oxford: Oxford University Press, 1998.

_____. "The Pure Theory of Law". Trad. C. H. Wilson. *Law Quarterly Review*, nº 200, 1934.

_____. "The Rule Against Ex Post Facto Laws and the Prosecution of Axis War Criminals". *Judge Advocate Journal*, vol. 2, 1945.

_____. "Über Grenzen zwischen juristischer und soziologischer Methode" (1911). *In*: KLECATSKY, Hans; MARCIC, René; SCHAMBECK, Herbert (Coord.). *Die Wiener rechtstheoretische Schule*. vol. 1. Viena: Manzsche Verlags- und Universitätsbuchhandlung, 1968.

_____. "Verfassungs- und Verwaltungsgerichtsbarkeit im Dienste des Bundesstaates, nach der neuen österreichischen Bundesverfassung vom 1. Oktober 1920". *Zeitschrift für Schweizerisches Recht*, vol. XLII, 1923-1924.

_____. "Verteidigung der Demokratie". *Blätter der Staatspartei*, vol. 2, 1932.

_____. "Vom Geltungsgrund des Rechts". *In*: ZEMANEK, Karl; VERDROSS, Alfred. *Völkerrecht und rechtliches Weltbild*: Festschrift für Alfred Verdross. Viena: Springer, 1960. [Agora em: KLECATSKY, Hans; MARCIC, René; SCHAMBECK, Herbert (Coord.). *Die Wiener rechtstheoretische Schule*. vol. 2. Viena: Manzsche Verlags- und Universitätsbuchhandlung, 1968].

_____. "Was ist die Reine Rechtslehre?" *Demokratie und Rechtsstaat*: Festschrift für Zaccaria Giacometti, Zurique, 1953. [Agora em: KLECATSKY, Hans; MARCIC, René; SCHAMBECK, Herbert (Coord.). *Die Wiener rechtstheoretische Schule*. vol. 1. Viena: Manzsche Verlags- und Universitätsbuchhandlung, 1968].

_____. "Was ist Juristischer Positivismus?" *Juristen-Zeitung*, vol. 20, 1965. [Agora em: KLECATSKY, Hans; MARCIC, René; SCHAMBECK, Herbert (Coord.). *Die Wiener rechtstheoretische Schule*. vol. 1. Viena: Manzsche, 1968]

_____. "Wer soll der Hüter der Verfassung sein?" *Die Justiz*, vol. 6, 1931.

_____. "Wesen und Entwicklung der Staatsgerichtsbarkeit". [Agora em: KLECATSKY, Hans; MARCIC, René; SCHAMBECK, Herbert (Coord.). *Die Wiener rechtstheoretische Schule*. vol. 2. Viena: Manzsche Verlags- und Universitätsbuchhandlung, 1968].

_____. "Wesen und Entwicklung der Staatsgerichtsbarkeit". *Verhandlungen der Vereinigung der Deutschen Staatsrechtslehrer*. tomo V. Berlim/ Leipzig: Duncker & Humblot, 1929.

_____. "Will the Judgment in the Nuremberg Trial constitute a Precedent in International Law?" *International Law Quarterly*, vol. I, 1947.

_____. "Zum Begriff der Norm". *Festschrift für Hans Carl Nipperdey*. Munique/Berlim: C. F. Müller Verlag, 1965. [Agora em: KLECATSKY, Hans; MARCIC, René; SCHAMBECK, Herbert (Coord.). *Die Wiener rechtstheoretische Schule*. vol. 2. Viena: Manzsche Verlags- und Universitätsbuchhandlung, 1968].

_____. "Zur Soziologie des Rechtes". *Archiv für Sozialwissenschaft und Sozialpolitik*, vol. 34, 1912.

_____. "Zur Theorie der Interpretation". *Internationale Zeitschrift für Theorie des Rechts*, vol. 8, 1934. [Agora em: KLECATSKY, Hans; MARCIC, René; SCHAMBECK, Herbert (Coord.). *Die Wiener rechtstheoretische Schule*. vol. 2. Viena: Manzsche Verlags- und Universitätsbuchhandlung, 1968].

_____. *A Ilusão da Justiça*. Trad. Sérgio Tellaroli. São Paulo: Martins Fontes, 1998.

_____. *A Justiça e o Direito Natural*. Coimbra: Arménio Amado, 1963.

_____. *Allgemeine Staatslehre*. Berlim: Mohr Siebeck, 1925.

_____. *Allgemeine Theorie der Normen*. Viena: Manzsche, 1979. [Trad. para o português: *Teoria Geral das Normas*. Porto Alegre: Sergio Antonio Fabris Editor, 1986].

_____. *Allgemeine Theorie der Normen*. Viena: Österreichische Staatsdruckerei, 1974.

_____. *Autobiografia de Hans Kelsen*. Trad. Gabriel Nogueira Dias e José Ignácio Mendes Neto. 4ª ed. São Paulo: Forense Universitária, 2012.

_____. *Das Problem der Souveränität und die Theorie des Völkerrechts*: Beitrag zu einer reinen Rechtslehre. Tübingen: Mohr Siebeck, 1920.

_____. *Das Problem des Parlamentarismus*. Viena/Leipzig: Deuticke, 1925.

_____. *Der soziologische und der juristische Staatsbegriff*: Kritische Untersuchung des Verhältnis zwischen Staat und Recht. Tübingen: Mohr Siebeck, 1922.

_____. *Der Staat als Integration*: Eine prinzipielle Auseinandersetzung. Viena: Deuticke, 1930. [Trad. para o português: *O Estado como integração*: um confronto de princípios. São Paulo: Martins Fontes, 2003].

_____. *Die philosophischen Grundlagen der Naturrechtslehre und des Rechtspositivismus*. Charlottenburg: Rolf Heise Verlag, 1928. [Agora em: KLECATSKY, Hans; MARCIC, René; SCHAMBECK, Herbert (Coord.). *Die Wiener rechtstheoretische Schule*. vol. 1. Viena: Manzsche Verlags- und Universitätsbuchhandlung, 1968].

_____. *Essays in Legal and Moral Philosophy*. Dordrecht: Reidel, 1973.

_____. *General Theory of Law and State*. Cambridge: Harvard University Press, 1945.

_____. *Hauptprobleme der Staatsrechtslehre, entwickelt aus der Lehre vom Rechtssatze*. 2ª ed. Tübingen: Mohr Siebeck, 1923.

_____. *Hauptprobleme der Staatsrechtslehre, entwickelt aus der Lehre vom Rechtssatze*. Tübingen: Mohr Siebeck, 1911.

_____. *Hauptprobleme der Staatsrechtslehre, entwickelt aus der Lehre vom Rechtssatze*. 2ª ed. Tübingen: Mohr Siebeck, 1923.

_____. *Jurisdição Constitucional*. São Paulo: Martins Fonte, 2003.

_____. *Kommentar zur österreichischen Reichsratswahlordnung*. Viena: Österreichische Staatsdruckerei, 1907.

_____. *Law and peace in international relations*: The Oliver Wendell Holmes Lectures 1940-41. Cambridge: Harvard University Press, 1942.

_____. *Legge del Reich e legge del Land nella costituzione austriaca*. Ed. Nicoletta Ladavac Bersier. Turim: Giappichelli, 2006 [1914].

_____. *Peace through Law*. Chapel Hill: University of North Carolina Press, 1944.

_____. *Reine Rechtslehre*. Viena: Österreichische Staatsdruckerei, 1992.

_____. *Reine Rechtslehre*: Einleitung in die rechtswissenschaftliche Problematik. Leipzig/Viena: Deuticke, 1934.

_____. *Secular Religion*: a polemic against the misinterpretation of modern social philosophy, science and politics as "new religion". Viena/Nova Iorque: Springer, 2012.

_____. *Teoria Geral do Direito e do Estado*. São Paulo: Martins Fontes, 1990.

_____. *Teoría Pura del Derecho*: método y conceptos fundamentales. Madrid: Instituto de Estudios Políticos, 1933.

_____. *Teoria Pura do Direito*. Trad. João Baptista Machado. São Paulo: Martins Fontes, 2000.

_____. *Teoria Pura do Direito*. Trad. João Baptista Machado. Coimbra: Arménio Amado, 1976.

_____. *Über Grenzen zwischen juristischer und soziologischer Methode*. Tübingen: J. C. B. Mohr, 1911.

_____. *Vom Wesen und Wert der Demokratie*. 2ª ed. Tübingen: Mohr Siebeck, 1929.

_____. *Vom Wesen und Wert der Demokratie*. Tübingen: Mohr Siebeck, 1920.

KELSEN, Hans; TREVES, Renato (Coord.). *Formalismo giuridico e realtà sociale*. Nápoles: Editoriale Scientifica, 1992.

KERSTING, Wolfgang. "Neukantische Rechtsbegründung: Rechtsbegriff und richtiges Recht bei Cohen, Stammler und Kelsen". *In*: ALEXY, Robert; MEYER, Lukas H.; PAULSON, Stanley L.; SPRENGER, Gerhard (Coord.). *Neukantianismus und Rechtsphilosophie*. Baden--Baden: Nomos, 2002.

KLECATSKY, Hans; MARCIC, René; SCHAMBECK, Herbert (Coord.). *Die Wiener rechtstheoretische Schule*. vol. 1. Viena: Manzsche, 1968.

KLEIN, Claude. "Hans (Itzhak) Klinghoffer". *In*: WALTER, Robert; JABLONER, Clemens; ZELENY, Klaus (Coord.). *Der Kreis um Hans Kelsen*: Die Anfangsjahre der Reinen Rechtslehre. Viena: Manz, 2008.

KLETZER, Christoph. "Kelsen's development of the Fehlerkalkül – Theory". *Ratio Juris*, vol. 18, 2005.

KLUG, Ulrich. *Rechtsnormen und logische Analyse*: Ein Briefwechsel 1959 bis 1965. Viena: F. Deuticke, 1981.

KORIOTH, Stefan. *Integration und Bundesstaat*: Ein Beitrag zur Staats- und Verfassungslehre Rudolf Smends. Berlim: Duncker & Humblot, 1990.

KOSELLECK, Reinhart. *Kritik und Krise*: Eine Studie zur Pathogenese der bürgerlichen Welt. 2ª ed. Freiburgo: Karl Alber Verlag, 1969.

KOSKENNIEMI, Martti. *The Gentle Civilizer of Nations*: The Rise and Fall of International Law 1870-1960. Cambridge: Cambridge University Press, 2001.

KRABBE, Hugo. *Die Lehre der Rechtssouveranität*: Beitrag zur Staatslehre. Groningen: J. B. Wolters, 1906.

KUBES, Vladimir. "Das neueste Werk Hans Kelsens über die allgemeine Theorie der Normen und die Zukunft der Reinen Rechtslehre". *Österreichische Zeitschrift für öffentliches Recht*, vol. 31, 1980.

KUBES, Vladimir; WEINBERGER, Ota (Coord.). *Die Brünner rechtstheoretische Schule*. Viena: Manz, 1980.

KUCSKO-STADLMAYER, Gabriele. "Rechtsnormbegriff und Arten der Rechtsnorm". *In*: WALTER, Robert (Coord.). *Schwerpunkte der Reinen Rechtslehre*. Viena: Manz, 1992.

KUNZ, Joseph L. "The 'Vienna School' and International Law". *New York University Law Quarterly Review*, vol. 11, 1934.

LADAVAC, Nicoletta Barsier. "Rudolf Aladár Métall". *In*: WALTER, Robert; JABLONER, Clemens; ZELENY, Klaus (Coord.). *Der Kreis um Hans Kelsen*: Die Anfangsjahre der Reinen Rechtslehre. Viena: Manz, 2008.

_____. "Hans Kelsen (1881-1973): Biographical Note and Bibliography". *European Journal of International Law*, 1998.

_____. "Hans Kelsen in Genf: Friedensproblematik zwischen Wissenschaft und Politik". *In*: WALTER, Robert; OGRIS, Werner; OLECHOWSKI, Thomas (Coord.). *Hans Kelsen*: Leben – Werk – Wirksamkeit. Ergebnisse einer Internationalen Tagung, veranstaltet von der Kommission für Rechtsgeschichte Österreichs und dem Hans Kelsen-Institut (19.–21. April 2009). Viena: Manzsche Verlags- und Universitätsbuchhandlung, 2009.

LAGI, Sara. "La forma di governo meno imperfetta: la democrazia rappresentativa in Hans Kelsen (1920-1929)". *Il Pensiero Politico*: Rivista di Storia delle Idee Politiche e Sociali, ano XLVIII, nº 1-2, 2015.

_____. *El Pensamento Político de Hans Kelsen (1911-1920)*: Los Orígenes de "De la Esencia y Valor de la Democracia". Madrid: Biblioteca Nueva, 2007.

LAMEGO, José. "A argumentação transcendental em Kelsen". *In*: _____. *Caminhos da Filosofia do Direito Kantiana*. vol. I: De Kant ao Neo-Kantismo. Lisboa: AAFDL, 2014.

_____. "A função epistemológica e a função sistémica da norma fundamental". *In*: _____. *Caminhos da Filosofia do Direito Kantiana*. vol. I: De Kant ao Neo-Kantismo. Lisboa: AAFDL, 2014].

_____. "A Teoria do Pura do Direito e o ficcionalismo". *In*: _____. *Caminhos da Filosofia do Direito Kantiana*. vol. I: De Kant ao Neo-Kantismo. Lisboa: AAFDL, 2014.

_____. "A Teoria Pura do Direito entre logicismo e voluntarismo". *In*: MIRANDA, Jorge. *Estudos em Homenagem a Miguel Galvão Teles*. Coimbra: Almedina, 2012. [Agora em: LAMEGO, José. *Caminhos da Filosofia do Direito Kantiana*. vol. I: De Kant ao Neo-Kantismo. Lisboa: AAFDL, 2014].

_____. "O conceito de Direito como forma lógica da 'experiência' jurídica: a filosofia do Direito do neo-kantismo de Marburgo". *In*: _____. *Caminhos da Filosofia do Direito Kantiana*. vol. I: De Kant ao Neo-Kantismo. Lisboa: AAFDL, 2014.

_____. "O método transcendental na filosofia do Direito: a polémica entre Kelsen e Sander". *In*: _____. *Caminhos da Filosofia do Direito Kantiana*. vol. I: De Kant ao Neo-Kantismo. Lisboa: AAFDL, 2014.

_____. *Caminhos da Filosofia do Direito Kantiana*. vol. I: De Kant ao Neo-Kantismo. Lisboa: AAFDL, 2014.

LANGE, F. A. *Geschichte des Materialismus und Kritik seiner Bedeutung in der Gegenwart* (1865). Leipzig: J. C. B. Mohr, 1881.

LARENZ, Karl. *Metodologia da Ciência do Direito*. Trad. José Lamego. Lisboa: Fundação Calouste Gulbenkian, 1983.

LARENZ, Karl. *Rechts- und Staatsphilosophie der Gegenwart*. 2ª ed. Berlim: Springer, 1935.

LAUTERPACHT, Hersch. "Kelsen's Pure Science of Law". *In*: SUMMERS, Robert S. *Modern Theories of Law*. Londres: Macmillan, 1933.

LEPSIUS, Oliver. "Die Wiederentdeckung Weimars durch die bundesdeutsche Staatsrechtslehre". *In*: GUSY, Christoph (Coord.). *Weimars lange Schatten – "Weimar" als Argument nach 1945*. Baden-Baden: Nomos, 2003.

LESER, Norbert. *Zwischen Reformismus und Bolschewismus*: Der Austromarxismus als Theorie und Praxis. Viena: Verlag der Österreichischen Akademie der Wissenschaften, 1968.

LOPES, Pedro Moniz. *Estudos de Teoria do Direito*. vol. I. Lisboa: Fundação Calouste Gulbenkian, 2018.

LOSANO, Mario G. "Kelsen teórico da Democracia e o corporativismo dos anos 1930". *In*: OLIVEIRA, Júlio Aguiar de; TRAVESSONI, Alexandre

Gomes Trivisonno (Coord.). *Hans Kelsen*: Teoria Jurídica e Política. Rio de Janeiro: Renovar, 2013.

_____. "La fortuna di Hans Kelsen in Italia". *Quaderni Fiorentini per la Storia del Pensiero Giuridico Moderno*, vol. 9, 1979.

_____. *Diritto internazionale e Stato sovrano*. Milão: Giuffrè, 1999. [Trad. Marcela Varejão. São Paulo: Malheiros, 2002].

LÖWITH, Karl. *Weltgeschichte und Heilsgeschehen*: Die theologischen Voraussetzungen der Geschichtsphilosophie. Estugarda: W. Kohlhammer, 1953. [Trad. para o português: *O sentido da História*. Lisboa: Edições 70, 1990].

LUF, Gerhard. "Überlegungen zum transzendentallogischen Stellenwert der Grundnormkonzeption Kelsens". *In*: KRAWIETZ, Werner. *Theorie der Normen*: Festgabe für Ota Weinberger zum 65. Geburtstag. Berlim: Duncker & Humblot, 1984.

MacCORMICK, Neil; WEINBERGER, Ota. *Grundlagen des institutionalistischen Rechtspositivismus*. Berlim: De Gruyter, 1985.

MacINTYRE, Alasdair. *After Virtue*: A Study in Moral Theory. 2ª ed. Londres: Duckworth, 1981.

_____. *Three Rival Versions of Moral Enquiry*: Encyclopaedia, Genealogy, and Tradition. Notre Dame: University of Notre Dame Press, 1990.

MARCIC, René. *Verfassungsgerichtsbarkeit und Reine Rechtslehre*. Viena: Franz Deuticke, 1966.

MARRAMAO, Giacomo. "Säkularisierung". *In*: RITTER, Joachim; GRÜNDER, Karlfried (Coord.). *Historisches Wörterbuch der Philosophie*. vol. 8. Darmstadt: Wissenschaftliche Buchgesellschaft, 1992.

MARX, Werner. *Transzendentale Logik als Wissenschaftstheorie*: Systematisch-kritische Untersuchungen zur philosophischen Grundlegungsproblematik in Cohen's Logik der reinen Erkenntnis. Frankfurt: Suhrkamp, 1977.

McALLISTER, Ted V. *Revolt Against Modernity*: Leo Strauss, Eric Voegelin, & the Search for a Postliberal Order. Lawrence: University Press of Kansas, 1996.

MEDEIROS, Rui. *A decisão de inconstitucionalidade*. Lisboa: Fundação Calouste Gulbenkian, 1999.

MENDES, Gilmar. "Kelsen e o controle de constitucionalidade do Direito brasileiro". *In*: _____. *Direitos Fundamentais e Controle de Constitucionalidade*. 3ª ed. São Paulo: Saraiva, 2004.

_____. *Controle de constitucionalidade*: aspectos jurídicos e políticos. 2ª ed. São Paulo: Saraiva, 2024.

MERKEL, Adolf. "Ueber das Verhältnis der Rechtsphilosophie zur 'positiven' Rechtswissenschaft und zum allgemeinen Teil derselben". *Zeitschrift für Privat- und Öffentliches Recht der Gegenwart*. vol. I. Viena: Hölder, 1874.

MERKL, Adolf J. "Das doppelte Rechtsantlitz: Eine Betrachtung aus der Erkenntnistheorie des Rechts". *Juristische Blätter*, vol. 47, 1918.

_____. "Das Recht im Lichte seiner Anwendung". *Deutsche Richterzeitung*, vol. 9, 1917. [Agora em: KLECATSKY, Hans; MARCIC, René; SCHAMBECK, Herbert (Coord.). *Die Wiener rechtstheoretische Schule*. vol. 1. Viena: Manzsche, 1968].

_____. "Die Unveränderlichkeit von Gesetzen – ein normlogisches Prinzip". *Juristische Blätter*, vol. 46, 1917. [Agora em: KLECATSKY, Hans; MARCIC, René; SCHAMBECK, Herbert (Coord.). *Die Wiener rechtstheoretische Schule*. vol. 1. Viena: Manzsche, 1968].

_____. "Prolegomena einer Theorie des rechtlichen Stufenbaues". *In*: VERDROSS, Alfred; DOBRETSBERGER, Josef. *Gesellschaft, Staat und Recht*: Festschrift für Hans Kelsen. Viena: Springer, 1931. [Agora em: KLECATSKY, Hans; MARCIC, René; SCHAMBECK, Herbert (Coord.). *Die Wiener rechtstheoretische Schule*. vol. 2. Viena: Manzsche, 1968].

MÉTALL, Rudolf A. *Hans Kelsen*: Leben und Werk. Viena: Manzsche Verlags- und Universitätsbuchhandlung, 1969.

MICHELS, Robert. *Zur Soziologie des Parteiwesens in der modernen Demokratie*: Untersuchungen über die oligarchischen Tendenzen des Gruppenlebens. Leipzig: Duncker & Humblot, 1911. [Trad. para o português: *Para uma sociologia dos partidos políticos na democracia moderna*: investigação sobre as tendências oligárquicas da vida dos agrupamentos políticos. Lisboa: Editorial Presença, 2000].

MOMMSEN, Hans. *Aufstieg und Untergang der Republik von Weimar 1918-1933*. Berlim: Siedler, 2009.

MOMMSEN, Wolfgang J. *Max Weber und die deutsche Politik 1890-1920*. 2ª ed. Tübingen: Mohr Siebeck, 1974.

MONCADA, Luís Cabral de. "Subsídios para uma história da Filosofia do Direito em Portugal (concl.)". *Boletim da Faculdade de Direito*, vol. 15, 1938-1939.

_____. *Filosofia do Direito e do Estado*. vol. I. 2ª ed. Coimbra: Almedina, 1955.

_____. "Do valor e sentido da democracia". *Boletim da Faculdade de Direito*, ano XII, 1930-1931.

_____. "Novos horizontes filosófico-jurídicos do após-guerra". *In*: _____. *Estudos Filosóficos e Históricos*. vol. II. Coimbra: Coimbra Editora, 1959.

MORESO, José Juan; NAVARRO, Pablo. *Ordem jurídico y sistema jurídico*: una investigación sobre la identidade y la dinámica de los sistemas jurídicos. Madrid: Centro de Estudios Constitucionales, 1993.

MOTTA, Mario. *Kelsen e il Leviatano*. Palermo: Sellerio Editore, 2006.

MURPHY, Jeffrie G.; COLEMAN, Jules L. *Philosophy of Law*. Boulder: Westview Press, 1990.

NATORP, Paul. "Kant und die Marburger Schule". *Kant-Studien*, vol. XVII, 1912.

NAVARRO, Pablo E.; RODRÍGUEZ, Jorge L. *Deontic Logic and Legal Systems*. Cambridge: Cambridge University Press, 2014.

NESCHWARA, Christian. "Kelsen als Verfassungsrichter. Seine Rolle in der Dispensehen-Kontroverse". *In*: PAULSON, Stanley L.; STOLLEIS, Michael (Coord.). *Hans Kelsen*: Staatsrechtslehrer und Rechtstheoretiker des 20. Jahrhunderts. Tübingen: Mohr Siebeck, 2005.

NINO, Carlos Santiago. "Some Confusions around Kelsen's Concept of Validity". *Archiv für Rechts- und Sozialphilosophie*, vol. 64, 1978.

_____. *Introducción al Análisis del Derecho*. Buenos Aires: Editorial Astrea, 1980.

NOVAIS, Jorge Reis. *Semipresidencialismo*: teoria geral e sistema português. 2ª ed. Coimbra: Almedina, 2021.

OERTZEN, Peter von. *Die soziale Funktion des staatsrechtlichen Positivismus*. Frankfurt: Vittorio Klostermann, 1974.

ÖHLINGER, Theo. "Hans Kelsen: Vater der österreichischen Bundesverfassung?" *In*: KOHL, Gerald; BRAUNEDER, Wilhelm. *Festschrift für*

Wilhelm Brauneder zum 65. Geburtstag: Rechtsgeschichte mit internationaler Perspektive. Viena: Manz, 2008.

______. "The Genesis of the Austrian Model of Constitutional Review of Legislation". *Ratio Juris*, vol. 16, 2003.

OLECHOWSKI, Thomas. "Hans Kelsens Gutachten zur Neugestaltung Österreichs und Deutschland nach dem Zweiten Weltkrieg". *In*: JABLONER, Clemens; OLECHOWSKI, Thomas; ZELENY, Klaus (Coord.). *Das Internationale Wirken Hans Kelsens*. Viena: Manzsche Verlags- und Universitätsbuchhandlung, 2016.

______. "Hans Kelsens Verfassungsentwürfe". *In*: JABLONER, Clemens; OLECHOWSKI, Thomas; ZELENY, Klaus (Coord.). *Die Verfassungsentwicklung 1918-1920 und Hans Kelsen*. Viena: Manzsche Verlags- und Universitätsbuchhandlung, 2020.

______. "Kelsens Debellatio-These: Rechtshistorische und rechtstheoretische Überlegungen zur Kontinuität von Staaten". *In*: WALTER, Robert *et al. Gedenkschrift Robert Walter*. Viena: Manz, 2013.

OOYEN, Robert Chr. van. *Hans Kelsen und die offene Gesellschaft*. 2ª ed. Wiesbaden: Springer, 2017.

OPALEK, Kasimierz. *Überlegungen zu Hans Kelsens Allgemeine Theorie der Normen*. Viena: Springer, 1980.

PASCUA, José Antonio Ramos. "Validez e obligatoriedad del Derecho en la obra de J. Delgado Pinto". *In*: PINTO, José Delgado; PASCUA, José Antonio Ramos; ÁNGEL, Miguel. *El Positivismo Jurídico a Examen*: Estudios en Homenaje a José Delgado Pinto. Salamanca: Ediciones Universidad de Salamanca, 2006.

PATTARO, Enrico. "Il positivismo giuridico italiano della rinascita alla crisi". *In*: SCARPELLI, Uberto (Coord.). *Diritto e Analisi del Linguaggio*. Milão: Giuffrè, 1979.

PAULSON, Stanley L. "A 'Justified Normativity' Thesis in Hans Kelsen's Pure Theory of Law?" *In*: KLATT, Matthias (Coord.). *Institutionalized Reason*: The Jurisprudence of Robert Alexy. Oxford: Oxford University Press, 2012.

______. "An Empowerment Theory of Legal Norms". *Ratio Juris*, vol. 1, 1998.

______. "Arriving at a Defensible Periodization of Hans Kelsen's Legal Theory". *Oxford Journal of Legal Studies*, vol. 19, 1999.

_____. "Die unterschiedlichen Formulierungen der Grundnorm". *In*: AARNIO, Aulis *et al.* (Coord.). *Rechtsnorm und Wirklichkeit*: Festschrift für Werner Krawietz zum 60. Geburtstag, Berlim: De Gruyter, 1993.

_____. "Faktum/Wert-Distinktion: Zwei-Welten-Lehre und immanenter Sinn. Hans Kelsen als Neukantianer". *In*: ALEXY, Robert; MAYER, Lukas H.; PAULSON, Stanley L.; SPRENGER, Gerhard (Coord.). *Neukantianismus und Rechtsphilosophie*. Baden-Baden: Nomos Verlag, 2002.

_____. "Four Phases in Hans Kelsen's Legal Theory? Reflections on a Periodization". *Oxford Journal of Legal Studies*, vol. 18, 1998.

_____. "Hans Kelsen et les fictions juridiques". *Droits – Revue Française de Théorie Juridique*, vol. 21, 1995.

_____. "Hans Kelsen's Doctrine of Imputation". *Ratio Juris*, vol. 14, 2001.

_____. "Hans Kelsen's Earliest Legal Theory: Critical Constructivism". *In*: PAULSON, Stanley L.; PAULSON, Bonnie Litschewski (Coord.). *Normativity and Norms*: Critical Perspectives on Kelsenian Themes. Oxford: Oxford University Press, 1998.

_____. "Introduction". *In*: PAULSON, Stanley L.; PAULSON, Bonnie Litschewski (Coord.). *Normativity and Norms*: Critical Perspectives on Kelsenian Themes. Oxford: Oxford University Press, 1998.

_____. "Kelsen and the Marburg School: Reconstructive and Historical Perspectives". *In*: KRAWIETZ, Werner; MacCORMICK, Neil; WRIGHT, Georg Henrik von (Coord.). *Prescriptive Formality and Normative Rationality in Modern Legal Systems*: Festschrift for Robert S. Summers. Berlim: De Gruyter, 1994.

_____. "Läßt sich die Reine Rechtslehre transzendental begründen?" *Rechtstheorie*, vol. 21, 1990.

_____. "Material and Formal Authorisation in Kelsen's Pure Theory". *Cambridge Law Journal*, vol. 36, 1977.

_____. "On the Early Development of the Grundnorm". *In*: FLEERACKERS, Frank; LEEUWEN, Evert van; ROERMUND, Bert van. *Law, Life and the Images of Man*: Festschrift for Jan M. Broekman. Berlim: De Gruyter, 1997.

_____. "On the Puzzle Surrounding Hans Kelsen's Basic Norm". *Ratio Juris*, vol. 13, 2000.

_____. "On the Status of the lex posterior Derogating Rule". *In*: TUR, Richard; TWINING, William (Coord.). *Essays on Kelsen*. Oxford: Oxford University Press, 1986.

_____. "Stellt die 'Allgemeine Theorie der Normen' einen Bruch in Kelsens Lehre dar?" *Die Reine Rechtslehre in wissenschaftlicher Diskussion*, Viena, Manzsche Verlags- und Universitätsbuchhandlung, 1982.

_____. "The Theory of Public Law in Germany 1914-1945". *Oxford Journal of Legal Studies*, vol. 25, 2005.

_____. "Zur neukantianischen Dimension der Reinen Rechtslehre". *In*: _____. (Coord.). *Die Rolle des Neukantianismus in der Reinen Rechtslehre*: Eine Debatte zwischen Sander und Kelsen. Aalen: Scientia Verlag, 1988.

_____. "Zur Stufenbaulehre Merkls in ihrer Bedeutung für die Allgemeine Rechtslehre". *In*: WALTER, Robert (Coord.). *Adolf J. Merkl*: Werk und Wirksamkeit. Viena: Manzsche Verlagsbuchhandlung, 1990.

PERELMAN, Chaïm. "De la justice" (1945). *In*: _____. *Justice et Raison*. Bruxelas: Editions de l'Université de Bruxelles, 1963.

_____. "Justice and Justification". *In*: _____. *Justice, Law and Argument*: Essays on Moral and Legal Reasoning. Dordrecht: Springer, 1980.

PERELMAN, Chaïm; OLBRECHTS-TYTECA, Lucie. *Traité de l'argumentation*: la nouvelle réthorique. Bruxelas: Editions de l'Université de Bruxelles, 1958.

PFERSMANN, Otto. "Charles Eisenmann". *In*: WALTER, Robert; JABLONER, Clemens; ZELENY, Klaus (Coord.). *Der Kreis um Hans Kelsen*: Die Anfangsjahre der Reinen Rechtslehre. Viena: Manz, 2008.

PINTO, José Delgado. "Breves notas sobre la evolución de la filosofia del Derecho española entre 1960 y 1984". *In*: ZAPATERO, Virgilio (Coord.). *Horizontes de la Filosofía del Derecho*: Homenaje a Luis García San Miguel. vol. 2. Alcalá de Henares: Ediciones Universidad de Alcalá, 2002. [Agora em: SEELMANN, Kurt. Estudios de Filosofia del Derecho. Madrid: Marcial Pons, 2006].

_____. "Obligatoriedad del derecho y deber jurídico en el positivismo contemperáneo: el pensamento de Hans Kelsen" (1978). *In*: _____. *Estudios de Filosofia del Derecho*. Madrid: Centro de Estudios Políticos y Constitucionales, 2006.

PITAMIC, Leonid. "Denkökonomische Voraussetzungen der Rechtswissenschaft". *Österreichische Zeitschrift für öffentliches Recht*, vol. 3, 1997.

POPPER, Karl. *The Open Society and its Enemies*. vol. I: The Spell of Plato. 5ª ed. rev. Londres: Routledge & Kegan Paul, 1966.

POUND, Roscoe. "Law and Science of Law in Recent Theories". *Yale Law Journal* XLIII, 1933-1934.

RADBRUCH, Gustav. "Gesetzliches Unrecht und übergesetzliches Recht". *Süddeutsche Juristenzeitung*, vol. 1, 1946. [Reimpresso em: RADBRUCH, Gustav, *Rechtsphilosophie*. 8ª ed. Estugarda: Ferdinand Enke Verlag, 1973].

RAWLS, John. "The Idea of an Overlapping Consensus". *Oxford Journal of Legal Studies*, vol. 7, 1987.

______. "The Priority of the Right and the Ideas of the Good". *Philosophy and Public Affairs*, vol. 17, 1988.

______. *A Theory of Justice*. Cambridge: Harvard University Press, 1971.

RAZ, Joseph. "Kelsen's Theory of the Basic Norm" (1974). *In*: ______. *The Authority of Law*: Essays on Law and Morality. Oxford: Oxford University Press, 1979.

______. "The Purity of the Pure Theory". *Revue Internationale de Philosophie*, nº 138, 1981.

______. *Practical Reason and Norms*. 2ª ed. Princeton: Princeton University Press, 1990.

______. *The Authority of Law*: essays on Law and Morality. Oxford: Oxford University Press, 1979.

______. *The Concept of a Legal System*: an Introduction to the Theory of Legal System. 2ª ed. Oxford: Clarendon Press, 1980.

RECASÉNS SICHES, Luis. *El actual viraje del socialismo germánico*. Madrid: Jiménez, 1928.

______. *Introducción al Estudio del Derecho*. 15ª ed. Cidade do México: Porrúa, 2006 [1970].

______. *Las teorias políticas de Francisco de Vitória*. Madrid: Sucesores de Rivadeneyra, 1931.

______. *Lecciones de Sociologia*. Cidade do México: Porrúa, 1948.

______. *Panorama del Pensamiento Jurídico en el Siglo XX*. Cidade do México: Porrúa, 1963.

_____. *Tratado General de Filosofia del Derecho*. 12ª ed. Cidade do México, 1997 [1956].

RENNERT, Klaus. *Die "geisteswissenschaftliche Richtung" in der Staatsrechtslehre der Weimarer Republik*: Untersuchungen zu Erich Kaufmann, Günther Holstein und Rudolf Smend. Berlim: Duncker & Humblot, 1987.

RENZIKOWSKI, Joachim. "Der Begriff der 'Zurechnung' in der Reinen Rechtslehre Hans Kelsens". *In*: ALEXY, Robert; MEYER, Lukas H.; PAULSON, Stanley L.; SPRENGER, Gerhard (Coord.). *Neukantianismus und Rechtsphilosophie*. Baden-Baden: Nomos, 2002.

_____. "Die Unterscheidung von primären Verhaltens- und sekundären Sanktionsnormen in der analytischen Rechtstheorie". *In*: GÖSSEL, Karl Heinz; DÖLLING, Dieter; ERB, Volker. *Festschrift für Karl Heinz Gössel zum 70. Geburtstag*. Heidelberga: C. F. Müller, 2002.

RIJPKEMA, Bastiaan. *Militant Democracy*: The Limits of Democratic Tolerance. Londres: Routledge, 2018.

RIVAYA, Benjamín. "El exilio jusfilosófico español". *Doxa*, vol. 40, 2017.

RODRÍGUEZ, Jorge L. *Lógica de los sistemas jurídicos*. Madrid: Tecnos, 2002.

ROMMEN, Heinrich A. *Die ewige Wiederkehr des Naturrechts*. 2ª ed. Munique: Beck, 1947.

ROSS, Alf. "Validity and the Conflict between Legal Positivism and Natural Law" (1961). *In*: PAULSON, Stanley L.; PAULSON, Bonnie Litschewski (Coord.). *Normativity and Norms*: Critical Perspectives on Kelsenian Themes. Oxford: Oxford University Press, 1998.

ROSS, Alf. *Directives and Norms*. Londres: Routledge & Kegan Paul, 1968.

_____. *On Law and Justice*. Berkeley: University of California Press, 1959.

ROUSSEAU, Jean-Jacques. *O Contrato Social*. [S.l.]: [s.n.], 1762.

RUB, Alfred. *Hans Kelsen Völkerrechtslehre*: Versuch einer Würdigung. Zurique: Juris, 1995.

RÜCKERT, Joachim. "Die Beseitigung des Deutschen Reiches – die geschichtliche und rechtsgeschichtliche Dimension einer Schwebelage". *In*: DOERING-MANTEUFFEL, Anselm (Coord.). *Strukturmerkmale der deutschen Geschichte des 20. Jahrhunderts*. Munique: Oldenbourg, 2006.

RÜTHERS, Bernd. *Die unbegrenzte Auslegung*: Zum Wandel der Privatrechtsordnung im Nationalsozialismus. 3ª ed. Heidelberg: C. F. Müller Verlag, 1988.

______. *Entartetes Recht*: Rechtslehren und Kronjuristen im Dritten Reich. 2ª ed. Munique: Beck, 1988.

RUTKOFF, Peter M.; SCOTT, William B. *New School*: A History of the New School for Social Research. Nova Iorque: Free Press, 1986.

SANDER, Fritz. "Die transzendentale Methode der Rechtsphilosophie und der Begriff der Rechtserfahrung". *Zeitschrift für öffentliches Recht*, vol. 1, 1919-1920.

______. "Rechtsdogmatik oder Theorie der Rechtserfahrung?" *Zeitschrift für öffentliches Recht*, 1921.

______. *Rechtstheorie oder Theorie der Rechtserfahrung?* Kritische Studie zur Rechtslehre Hans Kelsen. Viena/Leipzig: F. Deuticke, 1921.

SCARPELLI, Uberto. *Filosofia analitica e giurisprudenza*. Milão: Nuvoletti, 1953.

SCHLAICH, Klaus; KORIOTH, Stefan. *Das Bundesverfassungsgericht*: Stellung, Verfahren, Entscheidungen. Munique: C. H. Beck, 2018.

SCHMID, Reinhold. *Theorie und Methodik des bürgerlichen Rechts*. Jena: Verlag von Gustav Fischer, 1848.

SCHMITT, Carl. "Das Reichsgericht als Hüter der Verfassung" (1929). *In*: ______. *Verfassungsrechtliche Aufsätze aus den Jahren 1924-1954*. Berlim: Duncker & Humblot, 1958.

______. "Das Reichsgericht als Hüter der Verfassung". *In*: SCHREIBER, Otto. *Die Reichsgerichtspraxis im deutschen Rechtsleben*: Festgabe der juristischen Fakultäten zum 50jährigen Bestehen des Reichsgerichts. Berlim/Leipzig: De Gruyter, 1929.

______. "Die Wendung zum totalen Staat" (1931). *In*: ______. *Positionen und Begriffe im Kampf mit Weimar – Genf – Versailles 1923-1939*. 4ª ed. Berlim: Duncker & Humblot, 2014 [1ª ed. Hamburgo: Hanseatische Verlagsanstalt, 1940].

______. "Schlußrede vor dem Staatsgerichtshof in Leipzig in dem Prozeß Preußen contra Reich". *In*: ______. *Positionen und Begriffe im Kampf mit Weimar – Genf – Versailles 1923-1939*. 4ª ed. Berlim: Duncker & Humblot, 2014.

_____. "Völkerrechtliche Formen des modernen Imperialismus" (1932). *In*: _____. *Positionen und Begriffe im Kampf mit Weimar – Genf – Versailles 1923-1939*. 4ª ed. Berlim: Duncker & Humblot, 2014.

_____. *Der Hüter der Verfassung*. Berlim: Duncker & Humblot, 1931.

_____. *Der Nomos der Erde im Völkerrecht des Jus Publicum Europaeum*. Berlim: Duncker & Humblot, 1950.

_____. *Die geistesgeschichtliche Lage des heutigen Parlamentarismus*. Munique/Leipzig: Duncker & Humblot, 1923.

_____. *Die Kernfrage des Völkerbundes*. Berlim: Otto Liebmann Verlag, 1926.

_____. *O Conceito do Político*. Trad. Alexandre Franco de Sá. Lisboa: Edições 70, 2019 [1932].

_____. *Politische Theologie*: Vier Kapitel zur Lehre von Souveranität. 7ª ed. Berlim: Duncker & Humblot, 1996 [1922].

_____. *Verfassungslehre*. Berlim: Duncker & Humblot, 1928.

_____. *Verfassungsrechtliche Aufsätze aus den Jahren 1924-1954*. Berlim: Duncker & Humblot, 1958.

SCHREIER, Fritz. *Die Interpretation der Gesetze und Rechtsgeschäfte*. Viena: Hölder-Pichler-Tempsky, 1927.

_____. *Grundbegriffe und Grundformen des Rechts*: Entwurf einer phänomenologisch begründeten formalen Rechts- und Staatslehre. Leipzig/Viena: Franz Deuticke, 1924.

SIQUEIRA, Gustavo. *Hans Kelsen no Brasil*: o parecer sobre a Constituinte brasileira de 1934, a Teoria Pura do Direito no Brasil e a viagem ao Rio de Janeiro em 1949. Rio de Janeiro: Ed. UERJ, 2021.

SMEND, Rudolf. *Verfassung und Verfassungsrecht*. Munique: Beck, 1928.

SOARES, Rogério Ehrardt. *Interesse público, legalidade e mérito*. Coimbra: Almedina, 1955.

SOMEK, Alexander. "Ermächtigung und Verpflichtung: Ein Versuch über Normativität bei Hans Kelsen". *In*: PAULSON, Stanley L.; STOLLEIS, Michael (Coord.). *Hans Kelsen*: Staatsrechtslehrer und Rechtstheoretiker des 20. Jahrhunderts. Tübingen: Mohr Siebeck, 2005.

SORDI, Bernardo. *Tra Weimar e Vienna*: Amministrazione Pubblica e Teoria Giuridica nel Primo Dopoguerra. Milão: Giuffrè, 1987.

SOUSA E BRITO, José de. "Fontes de Direito, reconhecimento e unidade da ordem jurídica". *Juízo ou Decisão? O Problema da Realização Jurisdicional do Direito*, VI Jornadas de Teoria do Direito, Filosofia do Direito e Filosofia Social, Coimbra, 2016.

SPANN, Othmar. *Der Wahre Staat*. Leipzig: Quelle & Meyer, 1921.

STACHAU, Carl Kaltenborn von. *Kritik des Völkerrechts*. Leipzig: G. Mayer, 1847.

STADLER, Friedrich. "Logischer Empirismus und Reine Rechtslehre – Über Familienähnlichkeiten". *In*: JABLONER, Clemens; STADLER, Friedrich (Coord.). *Logischer Empirismus und Reine Rechtslehre*: Beziehungen zwischen dem Wiener Kreis und der Hans Kelsen-Schule. Viena: Springer, 2001.

STARCK, Christian; WEBER, Albrecht (Coord.). *Verfassungsgerichtsbarkeit in Westeuropa*. Baden-Baden: Nomos, 1986.

STOLLEIS, Michael. "Besatzungsherrschaft und Wiederaufbau deutscher Staatlichkeit 1945-1949". *In*: ISENSEE, Josef; KIRCHHOFF, Paul (Coord.). *Handbuch des Staatsrechts der Bundesrepublik Deutschlands*. vol. 1: Historische Grundlagen. 3ª ed. Heidelberg: C. F. Müller Verlag, 2003.

______. *Geschichte des öffentlichen Rechts in Deutschland*: Weimarer Republik und Nationalsozialismus. Munique: C. H. Beck, 2002.

______. *Geschichte des öffentlichen Rechts in Deutschland*: Weimarer Republik und Nationalsozialismus. vol. 3. Munique: C. H. Beck, 1999.

______. *Studien zur Rechtsgeschichte des Nationalsozialismus*. Frankfurt: Vittorio Klostermann, 1994.

STONE-SWEET, Alec. *Governing with Judges*: Constitutional Politics in Europe. Oxford: Oxford University Press, 2000.

STOURZH, Gerald. "Hans Kelsen, die österreichische Bundesverfassung und die rechtsstaatliche Demokratie". *Die Reine Rechtslehre in wissenschaftlicher Diskussion*, Viena: Manzsche Verlags- und Universitätsbuchhandlung, 1982.

STRAUSS, Leo. *Direito Natural e História*. Trad. Miguel Morgado. Lisboa: Edições 70, 2009 [1953].

SUCHARIPA-BEHRMANN, Lilly. "Kelsens 'Recht der Vereinten Nationen': Welche Relevanz hat der Kommentar heute noch für die Praxis?" *In*:

WALTER, Robert; JABLONER, Clemens; ZELENY, Klaus (Coord.). *Hans Kelsen und das Völkerrecht*. Viena: Manz, 2004.

THON, August. *Rechtsnorm und subjectives Recht*: Untersuchungen zur allgemeinen Rechtslehre. Weimar: Hermann Böhlaus Nachfolger, 1878.

TREVES, Renato. "I due problemi fondamentali della sociologia del diritto e l'insegnamento di Hans Kelsen". *In*: ______. *Sociologia e socialismo*: Ricordi e incontri. Milão: Giuffrè, 1990.

TRIEPEL, Heinrich. *Völkerrecht und Landesrecht*. Leipzig: Duncker & Humblot, 1899.

TROPER, Michel. "Le positivisme juridique". *In*: ______. *Pour une théorie juridique de l'État*. Paris: Presses Universitaires de France, 1994.

______. "Normativisme". *In*: ALLAND, Denis; RIALS, Stéphane (Coord.). *Dictionnaire de la culture juridique*. Paris: PUF, 2003.

______. *La séparation des pouvoirs et l'histoire constitutionnelle française*. Paris: PUF, 1973.

______. *Pour une Théorie Juridique de l'État*. Paris: PUF, 1994.

TUR, Richard H. S. "Kelsen as a Defeasibilist?" *In*: DUARTE D'ALMEIDA, Luís; GARDNER, John; GREEN, Leslie (Coord.). *Kelsen Revisited*: new essays on the Pure Theory of Law. Oxford: Oxford University Press, 2013.

UNGER, Robert M. *Knowledge and Politics*. Nova Iorque: Free Press, 1975.

VERDROSS, Alfred. "Die gesellschaftswissenschaftlichen Grundlagen der Völkerrechtstheorie". *Archiv für Rechts- und Wirtschaftsphilosophie*, XVIII, 1924-1925. [Agora em: KLECATSKY, Hans; MARCIC, René; SCHAMBECK, Herbert (Coord.). *Die Wiener rechtstheoretische Schule*. vol. 2. Viena: Manzsche, 1968].

VICÉN, Felipe González. *Estudios de Filosofia del Derecho*. Santa Cruz de Tenerife: Universidad de la Laguna, 1979.

VILLEY, Michel. *Critique de la Pensée Juridique Moderne*. Paris: PUF, 1976.

VINX, Lars. *Hans Kelsen's Pure Theory of Law*: Legality and Legitimacy. Oxford: Oxford University Press, 2007.

______. *The Guardian of the Constitution*: Hans Kelsen and Carl Schmitt on the Limits of the Constitutional Law. Cambridge: Cambridge University Press, 2015.

VOEGELIN, Eric. *Die politischen Religionen*. Viena: Böhlau, 1938.

_____. *The New Science of Politics*: an introduction. Chicago: University of Chicago Press, 1952.

_____. *Wissenschaft, Politik und Gnosis*. Munique: Piper, 1959.

_____. "Kelsen's Pure Theory of Law". *Political Science Quarterly*, vol. 52, 1927.

VVDStRL. *Wesen und Entwicklung der Staatsgerichtsbarkeit*: Überprüfung von Verwaltungsakten durch die ordentlichen Gerichte (Verhandlungen der Tagung der Deutschen Staatsrechtslehre zu Wien am 23. und 24. April 1928). Berlim: De Gruyter, 1929.

WALTER, Robert (Coord.). *Schwerpunkte der Reinen Rechtslehre*. Viena: Manzsche Verlags- und Universitätsbuchhandlung, 1992.

_____. "Das Auslegungsproblem im Lichte der Reinen Rechtslehre". *In*: KOHLMANN, Günter (Coord.). *Festschrift für Ulrich Klug zum 70. Geburtstag*. Köln: Deubner, 1983.

_____. "Das Problem des Verhältnisses von Recht und Logik in der Reinen Rechtslehre". *Rechtstheorie*, vol. 11, 1980.

_____. "Der gegenwärtige Stand der Reinen Rechtslehre". *Rechtstheorie*, vol. 1, 1970.

_____. "Der Positivismus der Reinen Rechtslehre". *In*: JABLONER, Clemens; STADLER, Friedrich (Coord.). *Logischer Empirismus und Reine Rechtslehre*: Beziehungen zwischen dem Wiener Kreis und der Hans Kelsen-Schule. Viena: Manzsche Verlags- und Universitätsbuchhandlung, 2001.

_____. "Entstehung und Entwicklung des Gedankens der Grundnorm". *In*: _____. *Schwerpunkte der Reinen Rechtslehre*. Viena: Manz, 1992.

_____. "Origine e sviluppo dell'idea di norma fondamentale". *In*: _____. *La teoria di Kelsen*: contributi alla dottrina pura del diritto. Ed. Antonino Scalone. Turim: Giappichelli, 2005.

_____. *Der Aufbau der Rechtsordnung*. 2ª ed. Viena: Manzsche Verlags- und Universitätsbuchhandlung, 1974.

_____. *Hans Kelsen als Verfassungsrichter*. Viena: Manzsche Verlags- und Universitätsbuchhandlung, 2005.

_____. *Hans Kelsen*: Ein Leben im Dienste der Wissenschaft. Viena: Manzsche Verlags- und Universitätsbuchhandlung, 1985.

WALTER, Robert; JABLONER, Clemens; ZELENY, Klaus (Coord.). *Der Kreis um Hans Kelsen*: Die Anfangsjahre der Reinen Rechtslehre. Viena: Manzsche Verlags- und Universitätsbuchhandlung, 2008.

______. *Hans Kelsens stete Aktualität*. Viena: Manzsche Verlags- und Universitätsbuchhandlung, 2003.

WARNKÖNIG, Leopold August. *Juristische Encyclopädie oder Organische Darstellung der Rechtswissenschaft*. Erlangen: Palm & Enke, 1853.

WEBER, Max. "Parlament und Regierung im neugeordneten Deutschland" (1918). *In*: ______. *Gesammelte Politische Schriften*. 5ª ed. Tübingen: Mohr Siebeck, 1988.

______. *Gesammelte Aufsätze zur Wissenschaftslehre*. Tübingen: Mohr Siebeck, 1988.

______. *Wirtschaft und Gesellschaft*: Grundriß der verstehenden Soziologie. 5ª ed. revista. Tübingen: Mohr Siebeck, 1972.

WEINBERGER, Ota. "Die Bedeutung der Logik für die moderne Rechtstheorie. Grundlagenprobleme des institutionalistischen Normativismus". *In*: ______. *Recht, Institution, Rechtspolitik*. Estugarda: Ferdinand Enke Verlag, 1987.

______. "Die Norm als Gedanke und Realität". *Österreichische Zeitschrift für Öffentliches Recht*, vol. 20, 1970.

______. "Kelsens These von der Unanwendbarkeit logischer Regeln auf Normen". *Die Reine Rechtslehre in wissenschaftlicher Diskussion*, Viena, Manzsche Verlags- und Universitätsbuchhandlung, 1982.

______. "The Expressive Conception of Norms – An Impasse for the Logic of Norms". *Law and Philosophy*, vol. 4, 1985.

______. *Normentheorie als Grundlage der Jurisprudenz und Ethik*: Eine Auseinandersetzung mit Hans Kelsens Theorie der Normen. Berlim: Duncker & Humblot, 1981.

______. *Studien zur Normenlogik und Rechtsinformatik*. Berlim: Schweitzer, 1974.

WIEDERIN, Ewald. "Der österreichische Verfassungsgerichtshof als Schöpfung Hans Kelsens und sein Modellcharakter als eigenständiges Verfassungsgericht". *In*: SIMON, Thomas; KALWODA, Johannes (Coord.). *Schutz der Verfassung*. Berlin: Duncker & Humblot, 2014.

WILHELM, Walter. *Zur juristischen Methodenlehre im 19. Jahrhundert*: Die Herkunft der Methode Paul Labands aus der Privatrechtswissenschaft. Frankfurt: Vittorio Klostermann, 1958.

WINDELBAND, Wilhelm. "Normen und Naturgesetze". *In*: ______. *Präludien*. Freiburg/Tübingen: Mohr, 1884.

WINKLER, Günther. *Rechtstheorie und Erkenntnislehre*. Viena: Manzsche Verlags- und Universitätsbuchhandlung, 1990.

ZIEMANN, Sascha. "Internationale Zeitschrift für Theorie des Rechts/Revue Internationale de la Théorie du Droit". *Rechtstheorie*, vol. 38, 2007.

ZITELMANN, Ernst. *Irrtum und Rechtsgeschäft*: Eine psychologisch-juristische Untersuchung. Leipzig: Duncker & Humblot, 1879.

VIDA E OBRA DE HANS KELSEN (1881-1973)

Cronologia

1881 – Nasce em Praga, a 11 de outubro, filho de Adolf Kelsen (1850-1907) e Auguste Löwy (1859-1950).

1884 – A família muda-se para Viena.

1900 – Conclusão dos estudos liceais em Viena.

1901 – Início dos estudos de Direito na Universidade de Viena.

1905 – Escreve *Die Staatslehre des Dante Alighieri*, que apresenta como tese de licenciatura.

1906 – 18 de junho: obtenção do grau *Doctor Juris*.

1908 – Estudos na Universidade de Heidelberga, onde frequenta os seminários de Georg Jellinek (1851-1911) e Gerhard Anschütz (1867-1948).

1910 – Novo período de investigação nas Universidade de Heidelberga e de Berlim.

1911 – Habilitação para o ensino de Direito Constitucional e Filosofia do Direito na Universidade de Viena. Publicação da sua dissertação de habilitação, *Hauptprobleme der Staatsrechtslehre, entwickelt aus der Lehre vom Rechtssatze*. Publicação de *Über die Grenzen zwischen juristischer und soziologischer Methode*. Início da actividade docente, nas áreas de Direito Constitucional e Filosofia do Direito, na Universidade de Viena.

1912 – Casa-se, a 25 de maio, com Margarete Bondy (1890-1973).

1914 – Fundação conjuntamente com Edmund Bernatzik (1854-1919), Adolf Menzel (1857-1938), Heinrich Lammasch (1853-1920) e Max Hussarek (1865-1935) do *Österreichiche Zeitschrift für Öffentliches Recht*. 4 de agosto: chamado ao serviço militar, como oficial de reserva. 23 de novembro: nascimento da filha Anna Renate (1914-2001).

1915 – 14 de setembro: nomeação como Professor extraordinário. 1° de outubro: transferido para o Departamento de Justiça do Ministério da Guerra. 5 de dezembro: nascimento da filha Maria Beatrice (1915-1994).

1917 – É nomeado assessor do Ministro da Guerra, Rudolf Stöger-Steiner von Steinstätten (1861-1921), último Ministro da Guerra da monarquia austro-húngara.

1918 – Em 21 de outubro de 1918, é criada a Assembleia Nacional Provisória do Estado Independente Austro-Alemão, consumando o processo de dissolução do Império. O político social-democrata Karl Renner (1870-1950) é nomeado Chanceler do Governo provisório. Em novembro, por indicação do Chanceler Karl Renner, Kelsen dá início à sua colaboração na elaboração da Constituição da República austríaca. Em dezembro de 1918, Kelsen apresenta um *Projecto de Lei sobre a Instituição de um Tribunal Constitucional*.

1919 – 25 de janeiro: é instituído o Tribunal Constitucional. 30 de março: Kelsen é nomeado juiz do Tribunal Constitucional Federal austríaco. Entre maio e junho de 1919, redige a solicitação da Chancelaria de Estado uma proposta de texto de Constituição, que vem a ter ainda cinco versões subsequentes, em atenção aos equilíbrios entre as diversas forças políticas.

1920 – 1° de outubro: Aprovação da Constituição Federal da República da Áustria. Kelsen dá à estampa *Das Problem der Souveränität und die Theorie des Völkerrechts* e o opúsculo *Sozialismus und Staat*. Publicação de *Vom Wesen und Wert der Demokratie*.

1921 – 15 de julho: é nomeado juiz a título vitalício do Tribunal Constitucional austríaco (cargo que exerce até 1930). Obtém o lugar de Decano da Faculdade de ciências jurídicas e estaduais da Universidade de Viena.

1922 – Publica *Der soziologische und der juristische Staatsbegriff*.

1925 – Publicação de *Allgemeine Staatslehre*.

1926 – Funda, conjuntamente com Léon Duguit (1859-1928) e Franz Weyr (1879-1951), a *Revue internationale de la théorie du droit.*

1928 – Publicação de *Die philosophischen Grundlagen der Naturrechtslehre und des Rechtspositivismus.*

1929 – Publicação da segunda edição de *Vom Wesen und Wert der Demokratie.*

1930 – 15 de fevereiro: demissão de juiz do Tribunal Constitucional. 15 de outubro: nomeação como Professor de Direito Internacional Público na Universidade de Colónia.

1931 – Publicação de *Wer soll der Hüter der Verfassung sein?*

1933 – 12 de abril: Kelsen é demitido do cargo de Professor na Universidade de Colónia, em razão das suas origens judaicas; consegue abandonar a Alemanha e inicia, a 18 de setembro, funções como Professor de Direito Internacional Público no *Institut universitaire des hautes études internationales* de Genebra.

1934 – Publicação da primeira edição de *Teoria Pura do Direito.*

1936 – 20 de abril: doutoramento *honoris causa* pela Universidade de Utreque. 18 de setembro: doutoramente *honoris causa* pela Universidade de Harvard. Inicia, em outubro, funções como Professor de Direito Internacional Público na Universidade Alemã de Praga.

1938 – Cessa a actividade docente na Universidade de Praga, na sequência de distúrbios provocados por organizações estudantis nacional-socialistas.

1940 – 28 de maio: Hans e Margarete Kelsen abandonam Genebra. 10 de junho: o casal embarca em Lisboa no paquete SS Washington, com destino a Nova Iorque. 21 de junho: chegada a Nova Iorque. Hans Kelsen assume funções na New School of Social Research.

1941 – 29 de setembro: doutoramento *honoris causa* pela Universidade de Chicago. Publicação de *Vergeltung und Kausalität.*

1942 – Professor convidado na Universidade de Berkeley, Califórnia. Publicação de *Law and Peace in International Relations.*

1945 – 28 de julho: atribuição da cidadania norte-americana. Publicação de *General Theory of Law and State.*

1947 – 24 de junho: atribuição do título de Professor honorário da Universidade de Viena.

1948 – Publicação de *The Political Theory of Bolshevism: A Critical Analysis.*

1949 – 25 de junho: atribuição do título de Professor honorário da Universidade do Rio de Janeiro.

1950 – 2 de fevereiro: morte da mãe de Kelsen, Auguste Kelsen (1859-1950), em Bled, na Eslovénia. Publicação de *The Law of the United Nations*.

1952 – 28 de janeiro: doutoramento *honoris causa* pela Universidade de Berkeley, Califórnia. 27 de maio: Lição de jubilação em Berkeley.

1953 – Professor convidado no Naval College, Newport, Rhode Island.

1955 – Publicação de *The Communist Theory of Law*.

1960 – Publicação da segunda edição de *Teoria Pura do Direito*. 5 de abril: atribuição do título de Professor honorário da Universidade Autónoma Nacional do México.

1961 – 20 de julho: doutoramento *honoris causa* pela Universidade Livre de Berlim. 18 de setembro: doutoramento *honoris causa* pela Universidade de Viena. 19 de setembro: atribuição da condecoração Grã-Cruz do Mérito pela República Federal Alemã. 27 de setembro: doutoramento *honoris causa* pela New School of Social Research, de Nova Iorque.

1963 – 7 de novembro: doutoramento *honoris causa* pela Universidade da Sorbonne, Paris.

1967 – 1 de junho: doutoramento *honoris causa* pela Universidade de Salzburgo.

1971 – 30 de outubro: por ocasião do nonagésimo aniversário de Hans Kelsen, a República austríaca institui, sob a forma de Fundação, o Instituto Hans Kelsen. 20 de junho: doutoramento *honoris causa* pela Universidade de Estrasburgo.

1973 – 5 de janeiro: morte de Margarete Kelsen (1890-1973), em Berkeley. 19 de abril: morte de Hans Kelsen (1881-1973), na sua casa de Orinda, Berkeley, Califórnia.

NOTAS

A Editora Contracorrente se preocupa com todos os detalhes de suas obras! Aos curiosos, informamos que este livro foi impresso no mês de agosto de 2025, em papel Pólen Natural 80 g/m^2.